**금융대국
중국의 탄생**

금융대국 중국의 탄생

1판 1쇄 펴냄_ 2010년 5월 3일
1판 8쇄 펴냄_ 2011년 10월 15일

지은이_ 전병서
펴낸이_ 하진석
펴낸곳_ 참돌

주   소_ 서울시 마포구 독막로 3길 8
전   화_ 02-518-3919
팩   스_ 0505-318-3919
이메일_ book@charmdol.com

신고번호_ 제313-2011-228호
신고일자_ 2011년 8월 11일

ISBN 978-89-963401-3-3 13320

이 책 내용의 전부나 일부를 이용하려면 반드시 저작권자와
참돌의 서면 동의를 받아야 합니다.

책값은 뒤표지에 있습니다.

잘못된 책은 구입하신 곳에서 바꾸어 드립니다.

금융대국 중국의 탄생

전병서 지음

차례

머리말 8

1장 금융위기, 나쁜 것만은 아니다

1. 서브프라임이 아닌 경기주기상으로 보면 21
60년, 30년, 10년, 4년 사이클이 충돌했다 21 | 미국 베이비붐 세대의 변화가 불러온 위기다 25 | 청교도 자본주의의 변심에 대한 경고? 26

2. 강대국, 제조로 일어서 금융에서 소멸한다 28
강대국의 흥망, 제조대국 → 무역대국 → 금융대국 28 | 아버지 세대의 신용으로 먹고 사는 미국 31 | 금리는 강대국의 역사다 34

3. 금융위기 이후, 신성장산업이 온다 36
기술과 금융의 애증관계에서 본 경제위기 36 | 국가와 자본이 재결합하면 빨리 일어선다 38 | 사막과 고원에서 진검승부가 난다 40

2장 금융위기 이후에 나타날 변화

1. 1초(超)1강(强)의 G2 시대가 온다 47
S&ED에서 보여진 슬픈 미국, 입 찢어진 중국 47 | 글로벌 증시엔 이미 G2 시대가 왔다 50 | 미국의 친구는 미국 국채 매입 순이다 51

2. 중국은 +3년, 서방세계는 -3년 53
달러로 쌓은 만리장성, 중국을 구했다! 53 | 중국이 금융위기에 강한 진짜 이유 55

3. 달러 패권, 미국이 시들어간다? 59
미국, 트리핀의 딜레마 vs 세뇨리지 효과 59 | 미국식 자본주의의 수출길이 막혔다 63 | 미국, 부채대국의 말로(末路)에 들어선 것일까? 64 | 기축통화 논의? 센 주먹에 함부로 대들지 마래! 65 | 가장 발전한 나라와 가장 빨리 발전하는 나라의 교체? 68

3장 2020년, 새로운 대국 중국이 궐기한다

1. 난쟁이들이 거인을 삼킨 짧은 역사 200년 75
18세기까지 세계의 중심은 아시아 75 | 유럽, 가난이 만든 강대국 77 | 정화(鄭和)와 콜럼버스의 비교 80 | 연어가 되어 다시 돌아온 중국의 사상 82

2. 역사의 수레바퀴는 다시 오른쪽으로 85
중국, +1840년, -138년, +30년의 역사 85 | 아시아를 품은 자가 세계를 지배한다 88 | 강대국의 역사, 길면 200년 짧으면 50년 90

3. 2019년, 중국이 미국 된다 92

중국의 과거 두 번의 30년, 앞으로 30년 92 | 국부의 측정수단 GDP, 철저한 '인구상품'이다 94 | 2019년 경제력에서, 2049년 군비에서 미국 추월 96 | 60년 공산주의가 가져온 재테크 폭발 100

4. 중국의 파워 103

500년의 낙후를 30년 만에 회복한 힘 103 | 지도자들의 파워-정권교체의 소프트 랜딩 시스템 104 | 인력의 파워-630만의 대학생, 연 13만 명의 유학생 108 | 시장의 파워-세계를 흡입하는 중국 상위 10%의 힘 109 | 토지의 파워-세계 최고 SOC 건설의 비결 112 | 현금의 파워-2.4조+3조 달러가 레버리지를 걸면 114

5. 중국의 대외전략 116

팍스시니카 전략-도광양회에서 유소작위로 116 | 차이완 전략-돈은 피보다 진하다 119 | 아시아 전략-정화시대부터 뿌려놓은 씨앗 121 | 차이프리카 전략-아프리카를 위한 레드카펫 서비스 125 | 페트로차이나 전략-미국에 멍든 중동 끌어안기 127

6. 중국의 산업전략 130

닭을 빌려 알을 낳는다 130 | 웰컴 핫머니! 133 | 기술이 아니라 기업을 사버린다 134 | 큰 것은 잡고 작은 것은 놓아주라 136

4장 중국의 꿈, '위안화 식민지' 건설

1. 제조, 무역, 금융대국 다음은 금융강국 141

하수는 무력으로, 고수는 화폐로 세계를 지배 141 | 미국의 최대 비즈니스-세뇨리지 장사 143 | 중국은 금융약소국 145

2. 중국의 금융위기, 미국 국채가격 폭락에 있다 147

아편전쟁의 교훈, 달러 덫에 갇힌 중국 147 | 중국의 미국채 무상원조 150 | 달러가 휴지조각 되면 전쟁 난다 152

3. 중국 위안화의 외출-조우추취(走出去) 전략 155

미국 국채 쇼핑, 망나니 부잣집 아들에게 돈 더 퍼주기 155 | 중국이 미국 한복판에서 핵폭탄 실험을? 157 | 중국의, 뒤로 호박씨 까기 160 | 위대한 화상(華商) 리콴유를 모방하라 163 | 정부가 찍고 기업이 산다 165

4. 2020년 아시아에 위안화 식민지를 건설하라 167

진시황이 살아났다 167 | 위안화의 세계통화의 꿈 168 | 위안화 국제화의 전략적 의미 175 | 화폐주조이익을 얻으려면 176

5. 상하이가 아시아의 금융수도다 179

홍콩을 상하이로 옮겨라 179 | 상하이 국제금융중심의 꿈과 현실 180 | 자본시장 개방을 위한 리허설 184

6. 중국증시 세계 1위를 꿈꾼다 187

중국의 신증권시장 건설, '119 전략' 187 | 중국증시 세계 1위 전략 188 | 중신증권이 골드만삭스 된다 190 | 나스닥, 코스닥, 차이넥스트 192 | 중국 돈이 레버리지를 배우면? 194

5장 중국은 무너질 수밖에 없다?

1. 세계의 공장, 세계의 쓰레기 하치장 199
GDP, 차라리 닭궁둥이(鷄的屁)라고 하라 199 | 중국, '후발자 이익'의 저주에 걸렸다 201 | 인공위성 쏘는 나라가 치약이 불량? 203

2. 고령화의 인구폭탄이 온다 205
'4+2+1'이 '8+4+2+1' 된다 205 | 도시화의 성숙기, 저축률이 하락하면 고성장은 끝? 208

3. 중국은 마사지 전문가 210
중국에서 투명한 것은 화장실밖에 없다 210 | 중국, GDP는 속여도 전력량은 못 속여 213 | 짝퉁은 후발자의 정당한 생존방식? 215

4. 마(魔)의 4,000달러? 중국은 220
중국은 민주화 요구를 극복할 수 없다? 220 | 중국이 티베트와 신장을 잡아두는 이유 223

5. 핫머니와 부동산 투기 226
서방이 FDI를 회수하면 중국은 알거지? 226 | 부동산 투기-정부가 유도한 투자붐 232 | 정부가 가진 최강의 투기억제 수단 236

6. 2,000년을 내려온 통치기술 238
'꽌시(关系)'에 녹아 있는 2,000년의 통치 노하우 238 | 인구의 8.5명당 1명이 공산당원, '재야'가 없다 240 | 못 먹을 때 역성혁명, 잘살면 혁명이 없다 243 | 통제사회의 갑옷, 통제 때문에 벗겨진다 246

6장 중국의 부상, 한국에는 큰 위기다

1. 한국과 중국의 2,000년간의 커플링, 디커플링 253
1,900년간의 커플링, 운명에 순응한 결과? 253 | 50년간의 디커플링, 공산주의가 가져다준 행운 255 | 10~20년 안에 승부 내지 못하면 다시 조공이다 256

2. '용'을 길들일 재간이 한국에 있을까 259
타이완과 중국이 합쳐지면 한국 IT가 위험하다 259 | IT 기술의 속성, 오히려 중국과 인도에 딱 맞다 262 | 중국증시가 개방되면 한국증시에는 해일(海溢)이? 265 | 국제적 산업이전의 기러기형 패턴이 깨질 수 있다 268

3. 금융대국 중국이 한국 기업을 싸게 먹는 방법 271
한국 금융회사, 이미 중국의 벤치마크가 아니다 271 | 한국판 엑슨플로리오 법이 필요하다? 274 | 중국의 미래 30년의 그림 277

4. 중국시장이 한국 재벌의 순위를 바꾼다 279
일본통 회장이 아니라 중국통 회장이 뜬다 279 | 중국 내수를 잡는 자가 승리한다 282 | MBA가 아니라 C-MBA 시대가 온다 287 | 중국의 아킬레스건, 중국 금융에 승부를 걸어라 292

7장 한국의 중국투자: 21세기 조공은 배당과 이자다

1. 한국의 중국펀드 투자, 장님투자를 멈춰라 301
감각의 승부, 오래갈 수 없다 301 | 리서치 없는 투자, 성공하기 어렵다 303 | IB, 이젠 IPO가 아니라 PE다 305 | 만만디의 나라에서 3년이 길다? 307

2. 중국, 아직은 경제대국이지 경제강국은 아니다 309
이름도 없고 힘과 덩치만 있는 코끼리 309 | 위안화 문제, 한국이 카드가 될 수 있다? 311 | 후기공업화 단계, 신중산층이 폭발한다 313 | 하수는 제품을, 고수는 브랜드를 판다 316

3. 현대차 주가 100만 원 만들기 전략 319
현대차를 국제반 1호로? 319 | 대 중국 금융엔지니어가 필요하다 323 | 한국 IB, 중국 금융지도의 변화를 읽어야 한다 324

4. 21세기 조공은 배당과 이자다 329
한국, 제조업에서는 승산이 없다 329 | 금융, 삶의 흔적만으로 돈 버는 산업 333 | 국부펀드, 연기금 10년에 100배 먹을 투자를 하라 334

5. 한국의 중국투자, 타이밍인가 338
먹기 위해 일하는 나라, 놀기 위해 일하는 나라 338 | 2위가 1위 될 때가 최고의 시기다 341 | 슈퍼 유동성의 시대, 돈은 어디로? 344 | 한국에게 중국은 황금 10년? 349

6. 중국투자는? 354
사막에서 낚시하는 것처럼 354 | 중국에 투자하기 전에 할 일 355

8장 중국투자, 이런 분야를 주목하라

1. 13억 인구가 만들어내는 성장산업 361
13억 켤레 운동화 타령, 이젠 진실? 361 | 땅이 넓어도 살 만한 땅은 좁다 363 | 7억 농민이 쓰는 것이 신성장산업이다 365

2. 중국의 성장과 함께 가는 산업 371
시외버스 없던 사회에 시외버스가 다니면 371 | 유럽 침략자들이 남긴 100년의 역사가 담긴 산업 375 | 중국 실물경기의 척도인 산업 377

3. 중국만의 독특한 산업 381
'산업의 비타민' 쟁탈전이 벌어진다 381 | 불로장생의 노하우를 주목하라 383

4. 중국의 신성장산업 385
녹색 고양이와 날개 달린 고양이 385 | 경제성장과 지재권 보호가 환경파괴를 막는다 388 | 사막과 고원과 바람이 돈이다 391

부록 _ 중국의 주요 경제·금융 지표 396
감사의 말 406

머리말

자기부상열차와 변검 배우의 얼굴 - 60년간의 변모

상하이 푸동 신공항에서 시속 430킬로미터로 달리는 자기부상열차를 타면 택시로 30~40분 걸리는 거리를 단 5분 만에 주파한다. 베이징-텐진 간 고속철도는 1시간 20분 걸리던 운행 소요시간을 27분으로 단축시켰다. 이런 속도로 발전하는 곳이 지금 중국이다. 중국의 변모가 눈부시다.

중국에 사회주의 정부가 들어선 것이 1949년이니 2009년은 일명 신중국 건설 60주년이 된다. 60년간 세계시장에서 중국은 동방의 신비로운 나라에서, 공산주의 혁명의 격정이 넘치는 나라였고 이제는 세계의 공장이자 세계의 시장인 나라로 부상했다.

중국은 지금 신중국 건설 60주년을 맞아 세계 '빅2'로 부상했다. 경극, 곤극과 함께 중국의 3대 전통연희 중 하나인 사천의 변검(變臉)을 보면 순식간에 배우의 얼굴이 바뀐다. 중국의 지난 60년간의 얼굴이 변검을 하는 배우와 같았다면 과장일까? 시속 430킬로미터의 자기부상열차와 순식간에 배우의 얼굴이 바뀌는 경극이 마치 지금 중국의 모습 같다.

불과 7~8년 전에 중국이 망한다고 하는 '중국 위기론'이 돌아다녔는데 2003년 이후 중국의 급부상에 '중국 위협론'이 떠돌았다. 2008년 금융위기에 처하자 세계 최대 외환보유국인 중국을 두고 이제는 '중국 역할론'이 부상하고 있다.

그러나 중국은 중국경제의 설계사로 칭송받는 덩샤오핑의 유지를 받들어, 기본적으로는 어둠 속에서 사태를 관망하며 은밀히 자신의 능력을 기르는 도광양회(韜光養晦)의 태도를 견지하지만, 조금씩 자기 소리를 내면서 차츰차츰 2인자의 자리를 잡아가고 있다.

아프리카를 위한 레드카펫 서비스-무서운 상인의 나라 중국

베이징에 일이 있어 베이징 수도공항에 내려 시내로 들어가는 고속도로를 탔다. 고속도로 양편에는 아프리카 대륙이 옮겨와 있었다. 아프리카 초원의 석양을 배경으로 기린이 떼 지어 다니고 사자와 코끼리가 한가롭게 거닐고 있었다. 반짝이는 검은 피부의 아프리카인들이 환하게 웃는 초대형 사진들이 전시회 작품처럼 수도공항 고속도로에서 베이징 시내 삼원교(三元桥)까지 걸려 있었다. 무슨 아프리카 사진전시회에 온 것 아닌가 하는 착각이 들었다.

후진타오 주석이 자원외교의 일환으로 아프리카 53개국 중 48개 주요국 원수들을 초빙한 중국-아프리카 정상회의 때문이었다. 중국은 아프리카 주요국 원수들에게 공항에서는 의전의 최고봉인 '레드카펫 서비스'를, 공항고속도로 전체에는 '그린카펫 서비스'를 한 것이다. 영국, 프랑스 등 유럽 선진국에서 식민지 취급을 받던 자원부국 국가원수들의 마음에 감동의 물결이 일지 않았겠는가.

만일 한국이 후진타오 주석을 환영하기 위해 중국의 전통과 문화를 알리는 대형 사진들을 인천공항고속도로 입구에서 올림픽도로 진입로까지 붙여놓는다면 리무진을 타고 서울로 들어오는 후 주석의 마음은 어떨까? 우리나라는 외국 수반이 방한했을 때 그 나라 수반을 위한 특별 서비스를 공항부터 서울 진입로까지 한 적이 있었던가?

그런 서비스는 북한처럼 무지막지한 인력을 동원해 길거리에서 환영 깃발을 흔드는 것보다, 그 어떤 레드카펫 서비스를 하는 것보다 백배는 더 깊은 감동을 줄 것이다. 중국이 지금 그런 나라다. 자본주의가 '고객만족'을 외치지만, 중국은 '고객을 졸도' 시키고 있다.

상하이에 가보면 참 헷갈린다. 도로 이름이 푸저우로, 우루무치로, 장수로, 한단로 등 전부 중국 지명에서 따온 것이다. 신도시를 만들 때 한국도 배울 만한 점이다. 지방에서 상하이에 오는 사람들 입장에서는 까마귀도 고향 까마귀가 반갑다고, 택시를 탔는데 그 길 이름이 자기 고향 지명과 같다면 얼마나 친숙하고 반갑겠는가.

서울의 길 이름이 종로, 인사동, 을지로가 아니고 부산로, 광주로, 대구로라고 붙여져 있으면 어떤 느낌일까. 길 이름 짓는 것부터 차원이 다르다. 이러니 포춘 500대 기업들이 아시아 본부를 앞 다투어 모두 상하이로 옮기는 것이다.

금융대국 중국이 다가오고 있다

우리의 2,000년 역사를 되돌아보면 오늘날 대한민국은 한마디로 상전벽해다. 한국은 지금 OECD에 가입한 선진국이고, 후진국 중국의 좋은 벤치마크가 되고 있다. 우리의 2,000년 역사를 돌아보았을 때 언제 이런 적이 있었던가. 우리는 한 번도 중국을 앞선 적이 없었다.

지금 한국이 중국을 앞서게 된 비결은 무엇일까? 역설적이지만 지금의 한국을 만든 것은 한국전쟁과 공산주의다. 한국전쟁을 겪고 공산주의에 진절머리를 낸 우리 아버지 세대들이 공산주의와 대치하며 폐허 속에서 살아남기 위해 미친 듯이 일한 덕분에 경제성장을 이루었고, 그 결과 세계 15위의 경제대국으로 올라설 수 있었다.

과거 2,000년간 한국과 중국의 관계에서 보면 최근 50년이 한국이 중국을 앞선 유일한 시대다. 어떻게 보면 지금 우리는 2,000년간 중국에 매여 지냈던 선조들의 한풀이를 하는 시대에 있는지도 모른다.

1600년대까지 세계 최강대국이었던 중국은 만주족이 세운 청나라가 중국대륙을 지배한 이후 300여 년간 펼친 쇄국정책으로 세계에서 가장 낙후한 지역으로 추락했다. 1800년대 후반 유럽의 해양세력들이 함대를 몰고 와 중국 연안지역을 모조리 초토화하고 식민지화해도 해군이 없었던 중국은 속수무책으로 당하고 있을 수밖에 없었다.

청나라 이후에도 중국은 우리나라와는 달리 줄을 잘못 섰다. 자본주의가 아닌 공산주의를 택한 것이다. 중국에 공산주의가 들어서고 계획경제로 중국경제를 망쳐놓은 것이 지금 한국을 중국보다 선진국이 되게 하고 벤치마크 대상이 되게 한 결정적 이유다. 그러나 이런 시대가 얼마나 갈 수 있을까? 지금은 우리가 중국에 큰소리치며 살고 있지만 이런 시대가 조만간 끝날 것 같아 무섭다.

1,000년을 기다릴 줄 아는 사람들에게 100년은 잠깐이고 10년은 순간이다. 중국은 시간이라는 거대한 용광로 속에 무엇이든 모두 녹여내 자기 것으로 만드는 데 탁월한 나라다. 중국은 2,000년 역사 속에서 수많은 이민족을 모두 '한족'으로 통일시켰다. 우리 역사책에서 본 많은

중국의 변방민족들, 예를 들면 선비족, 돌궐족, 말갈족, 여진족, 만주족 등은 지금 중국인들의 호적에서는 찾아볼 수 없다. 중국인들의 주민등록증을 보면 모두 '한족' 이다.

키 작은 사람들 중 역사를 바꾼 사람들이 많다. 나폴레옹과 박정희 대통령이 그렇고 중국의 덩샤오핑이 그렇다. 덩샤오핑은 불과 30여 년 만에 중국을 완전히 탈바꿈시켰다. 그는 폐쇄적으로 문을 닫아걸었던 중국의 문을 세계에 활짝 열었다. 예전에는 독일과 한국의 라인강과 한강의 기적을 얘기했지만, 중국 '황허강의 기적' 에 비하면 게임이 안 된다. 중국은 개방 30년 만에 세계 2위로 올라섰고, 이번 금융위기를 계기로 당당하게 미국과 맞짱을 뜨는 G2, 차이메리카(Chimerica)로 부상했다.

역사에서 말해주는 강대국의 흥망은 '제조대국' 에서 시작해 '무역대국' 과 동시에 무역을 위한 교역제품의 수송 안전을 위해 엄청난 군사비를 지출하는 '군사대국' 으로 부상한다. 경제대국과 군사대국의 면모를 갖추면 그다음은 바로 경제와 군사력을 유지하는 데 가장 중요한 돈을 국제화시키는 '금융대국' 의 시대가 온다.

즉, 경제대국, 군사대국 다음은 금융대국이다. 해양대국 영국이 그랬고, 지금 미국이 그렇게 성장했다. 그런데 이번 금융위기를 계기로 100년 패권 미국이 초강대국의 면모를 잃어가고 있다. 미국 다음의 초강대국은 누가 될까? 중국이다. 중국이 제조대국, 무역대국에 이어 금융대국으로 다가오고 있다. 중국이 초강대국으로 다시 세계패권을 잡는 날 한국은 어떻게 될까?

21세기 조공은 이자와 배당

중국이 아시아의 강대국으로 군림하면서 잘 먹고 잘살았던 것은 주변국을 무력으로 굴복시켜 엄청난 물량의 조공을 받았기 때문이다. 형식상으로는 조공무역이지만 실질적으로는 반식민지 수탈이었다. 21세기도 다르지 않다. 그러면 21세기의 조공은 무엇일까?

지금은 미사일, 핵폭탄과 같은 무력이 힘쓰는 시대가 아니고 '돈이 말하는 시대'다. 공산주의의 원조였고 미국과 쌍벽을 이루던 소련이 망한 것은 핵폭탄이 없어서가 아니라 경제파탄 때문이었다. 최근 북한이 지하땅굴에서 핵실험을 하는 등 난리를 치고 있지만 전 세계는 냉담하다. 경제가 파탄 나서 먹고살 식량이 없는데 전쟁을 할 수 있다고 보지 않기 때문이다.

1990년대 초반 한국증시가 개방된 후 한국에는 '비자발적 다국적기업'들이 대거 등장했다. 삼성전자, 포스코, KB은행 같은 한국 대표기업들의 지분율을 보면, 국내 대주주보다 지분이 높은 외국인 주주가 등장했다. 좋게 얘기하면 기업의 국제화 수준이 높아졌다고 할 수 있지만, 다르게 생각하면 조공을 바칠 새로운 대상이 생긴 것이다. 주주총회 때마다 전 세계를 돌아다니며 주주총회 참석장을 받아오는 것이 IR팀의 중요임무가 되었고, 주주총회에서 외국인 주주의 단기적인 이해관계가 기업의 장기적인 전략보다 더 중요한 지경에 이르렀다.

한국의 최대 기업인 모 전자회사의 이익은 연간 10조 원에 이르지만 그중 절반은 외국인 몫이다. 그리고 주가관리와 주주이익을 환원한다고 매년 2조 원, 많게는 4조 원을 풀어 자사주를 샀다. 그때마다 외국인들은 보유 주식을 팔아서 차익을 챙겼다.

금융의 세계 최대강국인 미국은 재정적자, 무역적자에 금융위기까지 나서 경제가 엉망인데도 여전히 잘 먹고 잘산다. 철강, 자동차, 가전 등 주요 제조업체가 모두 망해도 미국은 전 세계 금융시장에 깔아놓은 자본이 끌어들이는 배당과 이자 덕분에 자국의 부동산시장이 망가지고 투자은행이 부도가 나도 끄떡없이 잘 지내고 있는 것이다.

이번 금융위기 사고는 미국에서 터졌지만 먼저 인도, 베트남, 중국, 아이슬란드, 영국, 그리스 등 미국과 멀리 떨어진 나라의 주가가 폭락했다. 오히려 미국의 주가하락 폭은 이들 국가 하락 폭의 절반도 안 된다. 결국, 21세기는 창과 칼로 다른 나라를 정복하는 제국이 아니라 자본을 가진 금융제국이 다른 나라를 지배하는 시대다. 이런 시대에 21세기 현대판 조공은 이자와 배당이다.

중국시장에 돈 묻어두기 – 한국이 길게 잘 먹고 잘사는 방안

물은 높은 곳에서 낮은 곳으로 흐르지만 돈은 성장률이 낮은 곳에서 높은 곳으로 흘러간다. 선진국들은 아시아의 네 마리 호랑이라는 이름으로 고성장을 하던 아시아 4개 국가에 열심히 투자했다. 그러나 이들의 성장이 시들해지자 이제는 브릭스(BRICs)란 거창한 이름을 지어놓고 신흥시장의 잘나가는 기업에 투자해 성장의 과실을 따 먹고 있다.

2,000년 역사를 되돌아보면 중국이 세계의 강국이 되었을 때 한국도 잘살았다. 당나라가 강했을 때 신라가 융성했고, 명나라가 해상대국을 건설했던 시절에 조선이 500년간 태평성대를 누렸다. 그런데 지금 중국이 다시 세계사의 주역으로 일어서고 있다. 지금 우리 한국에 다시 호시절이 오고 있다.

전 세계가 중국에 투자해 돈을 벌려고 혈안이 되어 있다. 한국만큼 중국과 오래 같이 있었고 중국을 잘 아는 나라가 있을까? 초강대국 옆에서 중국을 포함한 아시아를 누비며 2,000년의 역사를 지켜온 우리 조상의 지혜가 자랑스럽다.

바다의 전설이었던 '장보고', 고구려의 후예로 비록 당나라 군복을 입기는 했지만 파미르고원을 넘어 중앙아시아 전역을 정복해 72개국이 당나라에 조공을 바치게 했고 서방에 제지기술을 전해준 동양의 한니발 '고선지 장군', 청나라의 베이징에 가서 중국 상인들을 대상으로 떼돈을 번 장사의 신, 조선의 거상 '임상옥'의 피가 우리 몸에 흐른다.

21세기의 조공은 배당과 이자고, 잘나가는 나라의 주요기업 주식을 사서 성장의 수혜를 탐닉하는 것이 21세기의 돈벌이 방식이다. 우리가 살아온 '삶의 경험'만으로도 돈을 벌 수 있는 분야가 중국의 금융시장이다.

10~20년 뒤에 미국을 제치고 세계 1위를 하겠다고 큰소리치는 나라, 한강의 기적은 저리 가라 할 정도로 불과 30년 만에 세계 2위로 우뚝 선 나라가 중국이다. 앞으로 한국이 길게 잘 먹고 잘사는 길은 이런 중국에 어떻게 투자하고 어떻게 관리할 것인가에 달려 있다.

중국투자, 10년 묵혀 20배 남기는 전략을 시작하라

한국의 첨단기술을 탐내는 중국이 어설프게 한국 기술자를 스카우트하던 시대는 지났다. 중국은 아예 문 열린 자본시장에서 당당하게 우리 기업들을 M&A한 다음 우리의 기술을 가져간다. 정당하게 '돈 주고 사버렸으니' 할 말도 없다. 미국, 유럽 투자가가 한국 기업을 사는 것은 괜찮고 중국이 사는 것은 안 된다고 막을 방법이 현실적으로 없다.

중국이 반도체산업에서 뒤처져 있다고 생각할지 모르지만 단번에 역전시킬 수도 있다. 중국이 가진 넘치는 달러로 만든 중국의 국부펀드 3,000억 달러 중 10%를 들고 헤지펀드를 통해 주식시장에서 삼성전자와 하이닉스를 30여 개 펀드로 분산해서 산다면 막을 방법이 있을까?

이 과정에서 주가가 100만 원이 되든, 200만 원이 되든 무슨 상관이겠는가. 결국은 중국 기업이 되고, 30년간 축적된 세계 초일류의 반도체, LCD, 휴대폰 기술을 통째로 먹을 수 있고, 그 가치는 수십조 원이 넘을 텐데.

한국이 한 수 위라고 하는 IT 분야의 기술도 안심할 게 못 된다. 한국 외에 2위, 3위 하는 나라들이 중국과 시장과 기술을 맞바꾸는 전략을 쓰면 한국의 기술은 순식간에 중국에 따라잡힌다. 현재 타이완과 중국과의 관계 개선도 심상치 않다. 금융중심지 홍콩을 '1국 2체제'로 보존한 것처럼 IT 중심지 타이완을 '1국 3체제' 방식으로 흡수한다면 한국의 IT산업은 초비상이 걸릴 수밖에 없다. IT 기술은 기술수준의 절대 차이가 아니라 시간 차이가 중요하기 때문이다. 1위와 2위의 차이는 6개월에서 1년의 개발 시차일 뿐이다. 중국본토의 돈맛을 본 타이완의 IT 기술도 중국에 개방할 준비를 하고 있다. 중국의 달러가 결국 이념 문제, 기술문제를 해결하는 만능해결사 노릇을 하고 있다.

제조업이 해외로 빠져나가면 이때 생기는 제조업의 공백은 금융이 메워야 한다. 그리고 일정시간이 지나 투자할 제조업이 없어지면 금융도 해외로 가버린다. 이미 한국의 제조업은 중국으로 빠른 속도로 빨려들어갔다. 다음은 금융 차례다. 우리가 공격적으로 먹지 않으면 먹힐 수밖에 없는 구조다.

향후 10년은 한국이 1980년대에 그랬던 것처럼 중국에는 고성장시대가 지속되고 한국 투자가들에게는 투자하기 좋은 '황금 10년'이 온다. 중국펀드에 투자해서 망했는데 무슨 헛소리냐고 반문할지 모르지만, 1인당 GDP가 3,000달러에서 1만 달러가 될 때까지 한국증시가 어떤 변동을 거쳤는지 보라.

2009년 중국의 1인당 GDP는 3,500달러다. 2010년 9.7% 성장에 3% 내외의 환율절상을 가정하면 중국의 1인당 GDP는 4,000달러에 안착한다. 한국의 과거와 비교하면 이는 한국이 잘나가던 1980년대 후반 수준이다.

금융은 살아온 '삶의 지혜'만을 가지고도 돈을 버는 산업이다. 선진국 투자가들이 한국에서 장기투자해 대박을 낸 것은 우리보다 10~20년 앞서 산업과 기업의 변화를 경험했기 때문이다.

중국증시에는 앞으로 10년간 한국이 경험한 것보다 심한 주가변동이 두세 번은 더 올 것 같다. 그래서 앞으로 10년은 중국의 황금시대가 아니라, 중국이 드라마틱한 경기변동을 겪을 때 이런 변동성을 서너 번 겪은 한국 투자가들이 중국에 투자해서 수익을 낼 수 있는, 한국 투자가들의 '투자의 황금시대'다.

하루빨리 똑똑한 우리의 젊은 인재들을 금융중심지 상하이에 있는 푸단대, 정치중심지 베이징에 있는 칭화대와 베이징대 등 중국의 일류 대학으로 유학 보내 인적 네트워크를 쌓아야 한다. 좀더 길게 보고 중국의 연 10%씩 성장하는 고성장 분야에 주식이든, 펀드든, 부동산이든 돈을 묻어야 한다. 외국인이 삼성전자 주식을 3만 원에 사서 10년간 묵혔다가 20배 이익을 남기고 파는 그런 전략을 지금 우리도 중국에서 시작해야 한다.

2010년 봄
상하이 푸단대학교 교정에서
전병서

1장

금융위기,
나쁜 것만은 아니다

1_ 서브프라임이 아닌 경기주기상으로 보면
2_ 강대국, 제조로 일어서 금융에서 소멸한다
3_ 금융위기 이후, 신성장산업이 온다

SECTION ___ 1

서브프라임이 아닌
경기주기상으로 보면

60년, 30년, 10년, 4년 사이클이 충돌했다

1930년 대공황 이래 최대의 불황이 터졌다. 미국 월가의 불장난이 미국 전역을 태우고 전 세계로 불똥이 튀어 큰 사고가 났다. 미국의 자랑이었던 월가는 역사의 치욕적인 한 페이지를 장식하게 생겼다.

금융업은 근본적으로 제조업 투자를 통해 부가가치를 창조하는 산업이다. 금융업 그 자체로는 불임산업이다. 미국은 제조업이 모두 아시아로 이민 간 자리에 금융업만이 덩그렇게 홀로 남았다. 미국의 금융가는 제대로 된 제조업이 없어지자 부동산에다 바람을 넣어 뻥튀기 장사를 했다가 버블이 터지면서 대형사고를 낸 것이다.

미국의 부동산 버블을 만든 주역으로 연방준비제도이사회(FRB)의 앨런 그린스펀 전 의장과 정부, 엄청난 레버리지로 사기를 친 미국의 금융가, 감독을 제대로 안 한 금융당국이 욕을 먹고 있지만 정말 이들 세 집단의 판단착오와 탐욕만이 문제였을까?

역사는 반복된다. 그런데 매번 다른 옷을 입고 나타나기 때문에 그 모습이 매번 새롭게 느껴질 뿐이다. 역사적으로 사람의 삶은 수명에서만 차이가 있을 뿐 그 패턴은 1,000년 전이나 지금이나 별 차이가 없는 것이다.

이번 전대미문의 금융위기를 역사상 일정한 주기를 두고 항상 나타났던 경기 사이클 측면에서 보면 어떤 해석이 가능할까? 이번 불황은 미국의 부동산 버블 붕괴가 단초를 제공한 것이 틀림없지만 더 큰 그림을 볼 필요가 있다.

각국 정부가 경기부양을 위해 엄청난 돈을 퍼붓고 있지만 기대와는 달리 회복이 늦어지고 있다. 이번 불황을 금융사건의 측면이 아니라 장단기 경기 사이클 측면에서 보면 경기회복이 늦어지는 이유가 나온다.

1930년 이래로 세계는 수차례의 전쟁, 오일쇼크, 정치 역학 변화, 경제구조 변화, 강대국의 패권 변화, 생활 패턴의 변화, 그리고 엄청난 과학기술의 진보를 경험했다. 그런데 이 모든 것은 큰 그림으로 봤을 때 어떤 큰 흐름 안에 있다. 이번 금융위기를 경기 사이클 측면에서 살펴보면 특이한 점이 나타난다.

인류역사를 보면 500년마다 신문명과 거대한 혁신이 출현했다. 60년 주기로 기술혁신 사이클이 나타나고, 30년을 주기로 1세대주기가 나타나고 상품가격 조정이 있다. 좀더 짧게 보면 10년 주기 사이클과, 대통령 선거와 금리로 인한 4년 주기의 올림픽 사이클이 나타난다.

그런데 2008년에는 콘트라티에프(Kondratiev) 60년 장기 사이클과, 한 세대가 살아가면서 마주치는 30년 주기 사이클, 10년 주기 투자 사이클, 그리고 정권교체기와 맞물리는 4년 주기 사이클의 경기바닥이 동시에 충돌하는 현상이 나타났다.

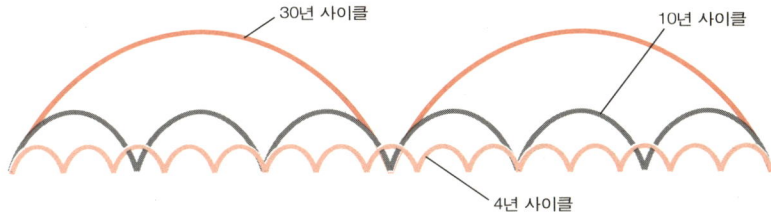

　그간 많은 경기변동이 있기는 했지만 이번 미국발 금융위기에 비해 상대적으로 큰 충격을 못 느낀 것은 장단기 경기 사이클이 서로 동시에 충돌한 적이 없었기 때문이다.

　1949년부터 시작된 콘트라티에프 장기 60년 사이클로 보면 2009년은 한겨울이다. 29~30년 주기의 1세대 사이클과 원자재 상품가격 주기로 보면 1920년, 1951년, 1980년 다음은 2009~2010년이 경기저점이 된다. 10년 주기의 경기 사이클은 증시에서 가장 적나라하게 나타나는데, 1989년에 일본 닛케이의 버블붕괴가 있었고, 1999년 나스닥 버블붕괴, 2008년에는 중국 상하이증시가 폭락했다.

　주가폭락의 발단인 금융위기는 1987년 블랙 먼데이, 1997년 아시아 금융위기, 2007년 서브프라임 등 10년 주기로 나타났다. 미 대통령 선거와 올림픽 개최 주기와 일치하는 4년 주기 사이클을 보면 2004년에 이은 2008년에 베이징 올림픽과 미 대선이 있었고, 증시는 폭락했다.

60년 콘트라티에프 사이클의 저점 : 1949+60=2009
30년 세대주기 및 상품가격 사이클 : 1980+30=2010
10년 사이클 : 1997+10=2007
4년 사이클 : 2004+4=2008

이번 금융위기와 관련해 특히 주목할 만한 것은 30년 주기의 1세대주기 사이클이다. 미국 서던메소디스트 대학교의 라비 바트라 교수는 미국이 1750년 이래로 산업혁명, 두 차례의 세계대전, IT혁명 등 많은 변화를 겪어왔지만 통화량과 인플레이션 주기는 30년 단위로 정점이 나타났다는 사실을 발견했다. 이는 정부가 생산성이 늘어나는 만큼 디플레이션을 막기 위해 통화를 늘리고 그것이 다시 GDP로 나타났기 때문이다.

생산성의 증가는 여러 가지 기술적 요인이 있지만 근본적으로는 인구변수가 중요하다. 생산성 향상은 나중에 소비증가로 나타나고, 이것이 다시 투자와 생산에 영향을 주는 경기로 나타난다.

세대주기로 보면 한 세대가 가장 왕성한 경제활동을 하는 기간은 30년이다. 그 기간 중에 문제가 생기면 통화공급을 늘려 문제를 해결하고 그 후유증도 겪는다. 그러나 그다음 세대는 전 세대의 실수를 알지 못하고 같은 패턴의 행위를 계속한다. 특히 미국의 경우는 30년 주기로 이런 행태가 아주 적나라하게 나타난다. 미국의 과거 90년 역사를 보면 30년 주기로 붕괴(Disruption), 회복(Recuperation), 혁신(Innovation)의 사이클을 보인다.

라비 바트라 교수의 설명에 따르면, 이는 한 세대가 기성세대를 제치고 시대의 주류가 되면 전반 15년은 기존 세대를 부정하는 데, 후반 15년은 자기 뜻을 펼치는 데 시간을 보내고, 다음 세대는 다시 이 후반부의 15년을 부정하는 데 시간을 보내기 때문에 이런 세대주기가 나타난다고 한다.

미국 베이비붐 세대의 변화가 불러온 위기다

30년 주기인 세대 사이클의 소비패턴 변화는 피할 길이 없다. 이번 미국발 금융위기는 결국 사람이 만든 재앙이다. 그렇다면 30년 주기로 반복되는 한 세대의 사이클로 이번 금융위기를 살펴보면 어떨까?

이번 미국의 금융위기는 미국의 베이비붐 세대가 불러온 위기다. 인구구조로 보면 미국은 베이비붐 세대의 은퇴기로, 소비가 쇠퇴기로 접어들고 있다.

베이비붐 세대에 대한 시기의 정의와 세대주기도 정확히 정의된 것은 없지만, 미국의 경우 1945~1964년 출생한 전후 세대를 베이비붐 세대로 보고, 대개 45세 내외를 은퇴시기로 본다. 일본의 경우에 이를 적용해보면 일본은 1992~1994년에 이미 베이비붐 효과가 끝났다고 할 수 있다.

일본이 1990년대 이후 장기불황에서 빠져나오지 못하고 있는 데에는 부동산이나 경제정책의 실패뿐만 아니라, 보다 근본적으로는 베이비붐 세대의 은퇴 이후 급격한 인구 노령화라는 진짜 이유가 있다.

미국에서 세계적인 대재앙인 서브프라임 금융위기가 터진 것이 공교롭게도 2008년이다. 2008년은 미국으로 보면 베이비붐 세대의 은퇴기로 소비활동의 쇠퇴기로 접어드는 시점이었다. 최대 구성인구 베이비붐 세대의 투자와 소비패턴의 변화는 한 나라의 장기적인 경제성장과 경기에 결정적인 영향을 미친다. 은퇴기를 앞둔 소비계층은 미래를 위한 자산증대 욕구가 매우 강할 수밖에 없고, 이는 부동산파생상품이라는 투기상품과 궁합이 너무 잘 맞았다.

주요국의 베이비붐 세대 비교

나라	베이비붐 시기	은퇴시기(가정)		
		45년	48년	50년
미국	1946~1964년	1991~2009	1994~2012	1996~2014
일본	1947~1949년	1992~1994	1995~1997	1997~1999
중국	1978~1985년	2023~2030	2026~2033	2028~2035

자료: Kevin H. Zhang, *Innovation Management*, Fudan University, 2009.

청교도 자본주의의 변심에 대한 경고?

원래 미국 자본주의는 프로테스탄티즘의 청렴하고 깨끗한 자본주의였다. 그런데 냉전시대에 이르러 공산주의를 누르고 경쟁상대가 없어지면서 자본주의 내부의 감시가 느슨해졌고 이것이 미국 자본주의를 부패시켰다. 청렴했던 자본주의는 돈 먹기식 '카지노 자본주의'로 변질되었고, 수학과 통계학을 도입한 '사기 자본주의'로 대형 사고를 쳤다.

뭐든 과하면 사고가 나고, 다시 균형을 찾아가는 과정이 생긴다. 부동산파생상품에서 대박을 꿈꾸던 미국의 탐욕이 부른 이번 재앙은 부패한 자본주의에 대한 경고다.

365일 죽어라 일해서 버는 돈이 연간 15% 수익률이면 초우량 기업이고, 10%면 그래도 견딜 만한 게 제조업이다. 컴퓨터 키보드만으로 엄청난 레버리지를 통해 하루에 수십 퍼센트, 연간 수백 퍼센트의 수익을 내는 금융업의 초고수익이 결코 오래갈 수는 없다.

자본주의와 통계학이 만들어낸 자본주의 최고의 금융상품이었던 파생상품은 반드시 거래 상대방이 있기 마련이다. 대박 뒤에는 반드시 눈물 흘리는 누군가가 있다.

원래 금융공학은 프랑스가 개발했지만 상용화는 미국이 했다. 주식과 채권을 사고파는 중계업무만 있던 월가에 통계학과 수학이 가세하지 않았더라면 이런 기막힌 파생상품은 출생신고를 할 수 없었다.

이런 복잡한 금융파생상품은 약삭빠른 미국 월가의 선수들이 냉전 이후 용도 폐기된 옛 소련의 수학자와 통계학자들을 헐값에 수입해 만든 작품이다. 패망한 공산주의의 수학, 통계학 천재들이 만든 통계학의 폭탄이 의도하지는 않았지만 파생상품으로 자본주의를 한방에 녹다운 시켜 버렸다.

사회주의의 종주국인 소련이 붕괴하고 중국이 시장경제를 도입하면서 순수한 사회주의는 세상에서 사라졌다. 그래서 자본주의의 일방적인 승리라는 느낌이 서방세계에 확산되었다.

그러나 이번 서브프라임 사태로 자본주의는 어쩔 수 없이 국유화를 통한 사회주의 시스템으로 이번 위기를 벗어나려 하고 있다. 시체가 된 사회주의의 영혼이 아이러니하게도 자본주의의 중심에서 다시 꿈틀거리고 있다.

SECTION 2

강대국, 제조로 일어서 금융에서 소멸한다

강대국의 흥망, 제조대국 → 무역대국 → 금융대국

이번 금융위기를 계기로 지금 미국은 100년간 지속되어온 세계의 패권을 잃어버릴 위기에 처했다. 강대국의 흥망을 보면 제조대국으로 일어서서 군사대국으로 융성하고, 금융대국을 마지막으로 사라진다.

북유럽의 청어잡이로 연명하던 네덜란드가 해운업을 키워 강대국으로 일어섰지만 교역제품이 향료에서 커피와 면직물로 바뀌어버리자 힘을 잃었고, 인도라는 거대한 식민지를 가진 영국이 강대국으로 일어섰다.

공업혁명을 통해 제조대국으로 일어선 영국은 시간이 흐르면서 원자재와 식품을 수입했고 당시 신흥공업국이었던 독일과 미국의 공산품을 수입하기 시작하면서 무역수지 적자는 계속 확대되었다. 그러나 영국은 무역적자를 해운업과 보험료 수입 그리고 이자와 배당으로 메워가면서 제조대국에서 금융대국, 그리고 세계의 은행으로 변신했다.

제조대국에서 소비대국으로 변신한 영국은 1919년 제1차 세계대전, 1929년 대공황, 1939년 제2차 세계대전 등 10년을 주기로 다가온 대변혁에서 인플레이션과 경기침체를 이겨내지 못했고, 재정적자로 파운드화가 힘을 잃자 결국 패권을 미국에 내놓고 말았다.

영국의 사례에서 살펴보았듯이 강대국은 기술혁신에 의해, 또는 내재적인 체제변화를 통해 제조대국으로 일어선다. 제조대국 다음에는 외국과의 무역증가로 무역대국이 되고, 그러면 그 돈으로 무역상을 보호하기 위해 해군을 강화시켜 동시에 군사대국이 된다.

그러나 한두 세대가 지나면 열심히 일하고 저축하던 아버지 세대와는 달리 부유하게 자란 자식 세대는 일하기 싫어한다. 이 때문에 제조업 쇠퇴와 소비 증가에다 주요산업의 국제적인 이전으로 무역적자와 재정적자는 늘어난다.

그런데도 이런 강대국이 여전히 잘 먹고 잘살 수 있는 것은 두 가지 방법 덕분이다. 그 첫 번째는 전쟁이다. 아버지 세대가 만들어놓은 강한 군사력을 바탕으로 가끔 전쟁을 일으키고 공포 분위기를 조성한다. 그리고 나서는 가격을 멋대로 정한 첨단무기를 전쟁국 인근 주변국에 팔아 돈을 챙긴다. 또 다른 방법은 아버지 세대가 벌어놓은 돈으로 돈놀이를 하는 것이다. 아버지 세대가 쌓아놓은 돈과 군사력 덕분에 통화는 기축통화로 부상하고, 그러면 바로 금융강국으로 올라선다. 돈과 힘이 있는 곳이 가장 안전한 곳이기 때문에 전 세계의 돈이 몰릴 수밖에 없다.

그러나 아버지의 돈마저 다 써버리고 그것도 모자라 아버지의 신용으로 돈을 빌려 쓰는 시절이 오면서 금융대국 시절도 끝이 난다. 고대 로마 시절이나 중국이 쇠퇴하는 말기에는 언제나 가짜돈이 판치고 화폐유통 질서가 무너졌다. 해가 지지 않는 제국 영국도 공업혁명의 효과가 사라지고 소비가 경제의 주축이 되면서 기축통화였던 파운드화가 자리를 잃어버리자 초강대국에서 멀어졌다.

미국은 1971년 달러와 금태환을 정지하는 쇼킹한 화폐전략을 써서 최근 40년간 세계경제를 이끌어왔다. 그러나 미국이 무한정 종이달러를 찍어내 전 세계를 상대로 소비하고 그 대가로 세계에 달러 유동성을 공급하는, 미국 주도의 국제금융 시스템은 구조적인 문제를 안고 있다.

미국에서 흘러나와 누적되어 쌓인 유동성이 잘 조절되지 않아 특정 지역에 쏠리면 그 지역에는 엄청난 자산버블이 만들어졌다. 1980년대 이후 전 세계 주요 대륙을 넘나들며 주기적인 신용위기를 만든 주범은 바로 미국의 유동성이다.

1987년 미국의 블랙 먼데이, 1992년 유럽의 통화위기, 1994년 멕시코 금융위기, 1997년 아시아 금융위기, 1998년 러시아와 브라질의 금융위기, 2002년 아르헨티나 금융위기, 2008년 미국발 서브프라임 금융위기 등 세계는 주기적으로 신용위기를 겪었다.

이번 서브프라임 금융위기에는 세계금융의 중심인 미국의 주요 금융기관이 자기자본을 홀랑 다 날려버리는 황당한 일이 발생했다. 미국 금융기관이 날린 자본금을 아시아와 중동의 후진국 기관 투자가들이 폼 잡으며 메워주는 기이한 현상이 일어났다. 세계 각국은 이번 기회에 초강대국 미국도 통화량을 억제하기가 쉽지 않고 미국 정부의 의도대로 무한정 찍어내는 달러가 일정한 주기로 금융시장과 실물시장을 뒤흔드는 원흉임을 알아버렸다. 그리고 미국은 이번 서브프라임 사태에서 증권화 기술로 만든 금융상품을 통제하거나 터진 문제를 스스로 해결하지 못한다는 걸 보여주고 말았다.

세계는 슬슬 종이달러가 아닌 금이든, 아니면 다른 희소가치를 가진 자원과 연동된 화폐를 원하기 시작했다. 최근 금융위기 이후 금 가격이 폭등했지만 하락할 생각을 않고 있다. 중국과 인도를 포함한 일부 국가들은 달러 자산 매입을 줄이는 대신 금을 사서 모으고 있다.

아버지 세대의 신용으로 먹고사는 미국

저축은 하지 않고 빌려 쓰기만 하다 보면 결국 사고를 치게 된다. 부잣집 아들이 사기죄로 감옥에 가는 것도 이 때문이다. 고대 로마시대 말기에도 엄청난 재정지출 때문에 금이 모자라자 99.999%의 순금이 아닌 불순물을 넣은 금화를 제조하다가 주변국들이 더 이상 로마의 금화를 신뢰하지 않으면서 로마는 망해갔다.

1930년대 제조대국으로 일어선 미국이 냉전 이후 군사대국으로 우뚝 서고, 그런 다음 제조업이 떠난 자리에 기축통화와 군사력을 바탕으로 금융대국으로 일어섰다. 하지만 지금 미국이 저물어가고 있다. 저축률은 1~2%대이고 재정적자와 무역적자는 조 단위를 넘어섰다. 부족한 재정을 보충하고 망가진 금융기관과 기업을 살리기 위해 윤전기로 신문을 찍어내듯이 달러와 국채를 찍어내고 있다. 그 돈을 구멍 난 월가의 금융가에 퍼붓고 있다.

미국의 국채를 사는 각국의 대형 채권자들은 이미 '종이호랑이'가 마구잡이로 내보내는 배설물이 영양가가 없다는 걸 알아챘다. 달러가 불순물이 든 금화라는 걸 눈치 챈 이들은 2009년부터 미국 국채 매입을 줄이고 있다. 미국은 겉으로는 큰소리치지만 이미 한계에 도달한 자기네 사정을 잘 알고 있다.

강대국에 새로 취임한 '검은 황제' 오바마의 특사로 전임 황제의 부인이 선임되어 방문한 곳은 200년 동지이자 외갓집인 유럽이 아니다. 미국달러와 채권을 가장 많이 보유한 중국이었다. 지금 중국은 세계의 공장이 되면서 전 세계 달러를 쓸어 모았다. 부시도, 힐러리도 취임 이후 아시아의 큰손, 중국의 후진타오를 만나러 가는 이유가 여기에 있다. 아시아 각국은 대통령이나 총리가 취임하면 미국을 방문하지만 큰손 중국에는 이제 미국이 인사를 하러 가는 상황이 되었다.

중국은 국민의 저축률이 50%대에 달하고 세계 최대의 외환보유고로서 미국을 대신해 아프리카의 못사는 '검은 동생'은 물론이고 미국이 관리하는 금고인 IMF에까지 뒷돈을 대고 있다. 그리고 이젠 한술 더 떠 세계의 큰형님인 미국의 눈치를 보면서 슬슬 군사력을 확장하고 있다. 군사대국의 꿈을 만들어가고 있는 것이다.

2009년 4월 20일 중국은 세계평화를 외치면서 중국해군 창설 60주년 행사를 대대적으로 벌여 중국의 해군력을 전 세계에 과시했다. 중국은 창군 60주년을 맞아 해군력을 엄청나게 증강시켜 '대양해군'을 꿈꾸고 있다. 그래서 바로 인근인 인도양을 쥐고 있는 인도를 바짝 긴장시키고 있다.

중국은 이미 탄도미사일 발사까지 가능한 대형 핵잠수함 8대를 건조해 발해만 앞바다에 넣어놓고 있다. 또한 아프리카와 중동에서 들여오는 석유의 수송로 확보를 위해 소위 진주목걸이(string of pearls) 전략을 폄으로써 인도양 주변국들에 각종 지원을 쏟아 부어 동맹국으로 만들고 중국 상선과 군함의 기항지로 만들었다.

중국이 공군도 육군도 아닌 해군을 강조하는 이유는 무엇일까? 중후장대형 산업은 해양전쟁을 불러올 가능성이 크기 때문이다. 석유, 철강, 자동차 등 중공업이 발전하는 데는 엄청난 원자재와 에너지의 소모가 필요하다. 그런데 이들 원자재는 90% 이상이 해상을 통해 들어온다. 만약 해상 수송로가 막히면 국가 기능은 올스톱 된다. 중후장대형 산업 위주의 제조대국의 전제는 해상 수송로이고 이는 강한 해군이 없이는 불가능한 일이다. 중국이 인도양에 진주목걸이 전략을 펴는 것도 바로 이 때문이다.

중국이 지금 해군에 강한 애착을 보이는 또 다른 이유가 있다. 명나라 시대 중국은 환관 출신 장군 정화(鄭和)가 중국해군을 이끌고 아프리카까지 정복해 해양대국을 건설했다가 청나라 이후 해군을 없애버렸다. 사연은 이렇다. 명나라 다음 중국을 지배한 청나라는 바다를 본 적이 없는 북방의 기마민족인 만주족이 세운 나라다. 청나라는 해양대국의 중요성을 간과했다. 엄청난 유지비가 들어가는 것이 부담스러워 해군을 없애버린 것이다.

그 후 해군이 없었던 1800년대 청나라는 서양 해양세력에 의해 해안 수송선이 완전히 봉쇄당했다. 아편전쟁을 겪으면서 중국은 해군이 없어서 동부지역 연안도시 전부를 서구열강에 바친 아픈 기억을 가지고 있다.

10년 전 한국의 조선업을 되돌아보면 경영부실과 노사문제로 엉망이었고 더 이상 희망이 없었다. 그런데 지금은 달러박스로 다시 주목받고 있다. 가장 큰 이유는 바로 제조대국 중국의 부상과, 제조대국 중국에 배가 없었기 때문이다.

제조대국, 무역대국으로 일어선 중국은 조선업이 낙후되어 있어 많은 화물을 실어 나를 배들을 해외에 용선하고 주문하게 된다. 그러다 보니 전 세계 조선소가 때 아닌 호황을 맞았다. 한국 조선업의 호황은 유럽에서 일본, 한국으로 넘어오는 조선업의 국제적 이전 과정에서의 타이밍과 중국의 부상에 한국의 생산능력이 맞아 떨어졌기 때문이다.

금리는 강대국의 역사다

초강대국 미국은 전 세계 어느 나라도 갖지 못한 기축통화의 발권력을 가지고 있다. 수조 달러의 화폐를 찍어 경기부양을 하고 있는데도 전 세계 자금이 몰려오면서 아이러니하게도 달러는 강세를 지속했다. 그러나 지금 안전하다던 미국자산도 임계치를 넘어서면 불안전자산이 될 수 있다.

2009년 세계 실물경기는 마이너스 성장으로 갔다. 2010년 경기가 회복세라고 하지만 사상 최고의 실업률 때문에 소비가 약해 기업의 투자는 미미하다. 실물경기가 마이너스 성장이거나 기업의 투자가 없으면 자금수요는 당연히 없다. 지금 미국금리가 일본의 잃어버린 15년과 같은 제로금리 상황을 연출하고 있다.

자본시장과 금융의 기초는 금리다. 금리는 돈의 가치이기 때문에 자금의 배분 기능을 한다. 그런데 금리가 제로라는 것은 자금배분 기능이 없다는 것이다. 자금흐름을 결정하는 기능이 없어진 경제는 자본이 합리적으로 배분될 수 없어 경제가 제대로 운영될 수 없다. 그리고 금리가 제로면 자금은 모두 밖으로 도망가고 만다. 그렇게 되면 한 나라의 성장도 끝이다. 세계 2위 경제대국이었던 일본이 좋은 사례다.

결국 돈의 가치가 떨어진다는 것은 그 나라 경제력의 쇠퇴를 의미한다. 과거 강대국 금리의 역사를 보면 금리가 제로 근처로 가면 위험수위였다. 강대국은 금리폭락 이후 일정 기간 재반등이 나타나고 그다음

강대국의 역사적인 금리 추세

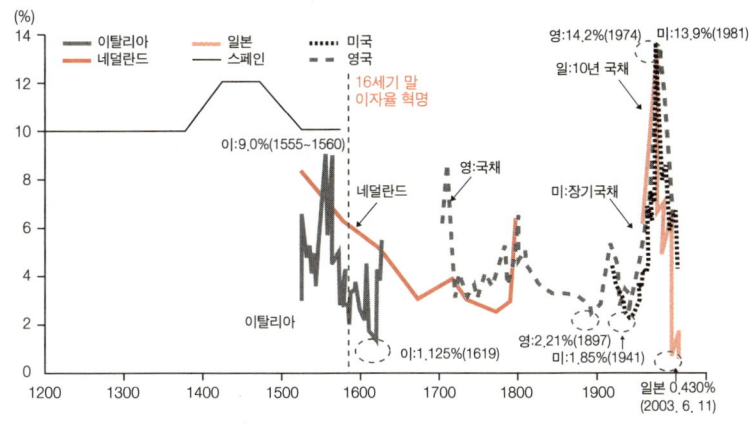

자료: Sidney Homer, "A History of Interest Rates", 《금융경제통계월보》(일본은행).

단계에 어떤 계기로 새로운 패권국가가 등장하면서 몰락한다.

과거 1200년 이후 스페인, 네덜란드, 영국을 보면 금리가 사상 최저치로 떨어진 후 반등을 했지만 얼마 뒤에 몰락하지 않은 나라가 없었다. 최근 유럽, 일본, 미국 금융정책과 장기금리 추세를 보면 다음 단계에 무슨 일이 벌어질지를 미루어 짐작할 수 있다. 미국과 일본은 이미 몰락을 앞둔 나라다.

SECTION ___ 3

금융위기 이후, 신성장산업이 온다

기술과 금융의 애증관계에서 본 경제위기

강대국의 흥망을 돈과 기술의 관점에서 살펴보면 강대국의 역사와 자본주의의 역사는 기술혁신과 금융산업이 결합하면서 이루어진 것이다.

산업혁명 이후 다섯 차례의 경험으로 보면 기술혁신과 금융업의 결합은 기술혁명과 금융버블을 가져왔다. 그 기간은 대체로 60년을 한 주기로 하고 있다. 인간의 세대주기로 보면 두 세대에 걸치는 시간이다. 즉, 전반기 20~30년에 대폭발을 하고, 3~5년의 경제 불안정과 공황을 거친 다음, 후반기 20~30년간 성숙기를 통해 기술혁신의 한 세대를 마무리해왔다.

기술혁명 초기에는 기술에 무관심하던 금융이, 기술이 성과를 내기 시작하면 생산자본에 구애하면서 돈을 집어넣어 기술혁명을 폭발시킨다. 금융자본이 특정 기술에 집중투자하면 그 산업이 폭발해 그 산업 종사자는 대박을 맞지만 반대 산업은 도태되면서 사회 양극화가 심화된다.

기술혁신과 금융산업의 관계(생산자본 vs 금융자본)

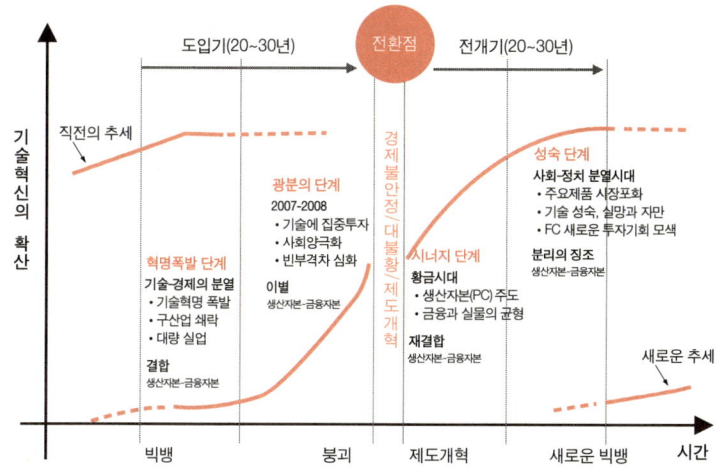

자료: Carlota Perez, *Technological Revolutions and Financial Capital*, Edward Elgar Pub., 2007.

산업혁명 이후 5차례의 기술혁명

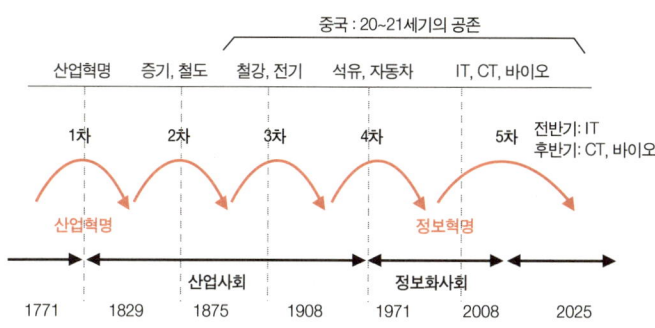

자료: Carlota Perez, *Technological Revolutions and Financial Capital*, Edward Elgar Pub., 2007.

1870년 이후 기술혁명과 주가폭락의 사례

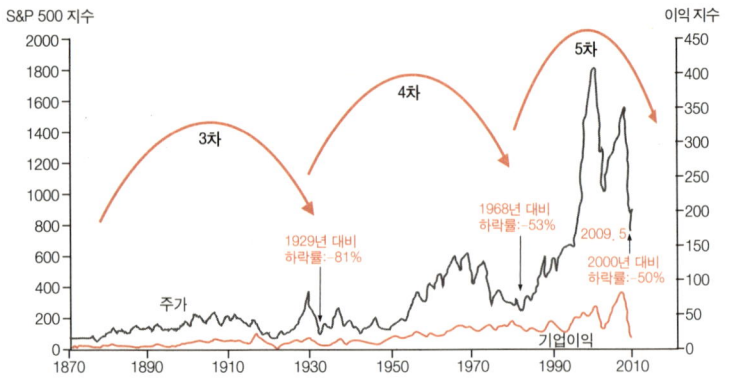

자료 : Robert Shiller, *Irrational Exuberance*, Princeton University Press, 2005.

이 단계가 되면 기술이 아니라 금융이 주도하는 세상이 된다. 더 높은 수익을 추구하는 금융자본은 더 광분하게 되고 과도한 투자로 수익률을 높이려다 결국 금융버블을 만들어 터트리고 만다.

이번 글로벌 금융위기는 기술혁신과 금융산업의 측면에서 보면 IT혁명에 광분했던 월가가 IT버블 이후 새로운 기술을 찾지 못하자 부동산 파생상품에서 수익률 게임을 하다가 버블을 터트린 것이다.

국가와 자본이 재결합하면 빨리 일어선다

자본주의 역사를 보면 16세기 이후 자본주의가 발생한 초기는 국가와 자본이 일체가 된 이른바 '국가자본주의'였고, 국가의 강력한 지지 하에 대륙을 건너 식민지를 만들고 신대륙을 발견하는 등 그 기세를 올렸다.

그러다 20세기 말 이후 소위 제국시대가 끝나면서 현대판 자본주의가 들어섰다. 초국가기업, 즉 다국적기업이 등장했고 이때부터 국가와 자본은 서로 '이혼을 한 자본주의'가 되었다. 국가는 기업으로부터 세금을 받는 것으로 족하지 위험부담과 투자수익을 함께할 이유가 없어졌다. 그사이 국가의 제약이 없어진 자본주의는 거침없는 성장을 했다.

돈의 '출생지'가 중요한 게 아니고 '현주소'가 중요한 시대가 온 것이다. 돈이 전 세계 각국을 돌아다니며 공장을 세우고 물건을 만들어 팔지만, 다양한 나라의 돈으로 만들어진 이러한 다국적기업은 모두 현지 국가의 기업으로 등록된 기업이다.

이번 금융위기를 계기로 지금 미국은 100년간 군림했던 세계패권을 상실할 위기 상황에 봉착했다. 그런데 이런 자본주의 역사상 전대미문의 사태는 패러다임의 변화를 가져왔다. 미국과 유럽은 주요 금융기관과 간판산업을 모두 국유화하는 사회주의의 길을 걷기 시작했다. 자본주의가 사회주의 되는 소위 '국가자본주의'로 회귀하고 있는 것이다.

위기가 발생하면 국가의 힘이 더 잘 발휘된다. 시장 기능이 망가진 상태에서 자율은 의미가 없다. 시장실패에 국가가 시장해결사로 나서는 것은 역사 이래 당연시되었고 그것이 실패한 경우는 거의 없다.

16세기 대항해 시대에 스페인과 포르투갈이 강대국으로 올라선 것은 해양무역에 국가가 금융 리스크를 보증해주었기 때문이다. 16세기 이후 근대 자본주의와 금융의 역사가 말해주듯이, 국가가 리스크를 떠안으면 나라가 망해 없어지지 않는 한 시간이 걸릴지언정 부도 리스크는 없다. 그래서 과감한 투자와 시장개척이 가능해진다.

이번 금융위기는 전대미문의 대형사고지만 세계 모든 국가가 직접 나서서 동시에 정책공조와 사후처리를 하고 있다. 지금까지는 자본이 사고를 쳐 위기에 빠졌을 때 시장 자정기능을 통해 자본이 스스로 수습하는 것만을 봐왔다.

이를 상정해보면 이로 인해 이번 위기의 심각성과 규모 때문에 글로벌 위기에 대한 장기 비관론이 많다. 그러나 역사의 경험으로 보면 국가와 자본이 재결합해서 나서는 경우가 가장 강력한 위기해결 시스템이다. 따라서 이번 위기는 국가별로 차이는 있겠지만 장기적인 비관의 시나리오로 갈 가능성은 낮다.

사막과 고원에서 진검승부가 난다

1771년 산업혁명 이후로 세계는 증기·철도시대, 철강·전기시대, 석유·자동차시대, 정보통신시대 등 다섯 차례의 기술혁명을 거쳤다. 이런 기술혁명에 금융은 자본을 결합시켜 기술발전을 가속시키기도 했고 과도한 수익률을 탐내는 바람에 광란의 단계를 만들어 공황을 만들기도 했다.

제5차 기술혁명인 정보통신의 단초가 된 반도체가 탄생한 게 1970년이고, 정보혁명의 총아가 된 PC가 탄생한 게 1980년이다. 산업주기 30년 주기설을 감안해보면 IT산업혁명의 한 시대는 지나갔고, 보급률을 감안하면 대규모 폭발은 이제 없다.

기술혁명과 금융의 관계를 보면 하나의 기술혁명이 태어나면 20~30년의 성장기와 폭발기, 3~5년의 공황과 조정기를 거쳐 다시 20~30년의 안정기를 거친다. 지금 세계는 과거의 경험으로 보면 3~5년의 공황과 조정기에 들어가 있는 것이다.

그리고 매번 금융 대폭발 이후 세계는 3~5년간의 혼란기를 맞지만, 혼란이 정리되고 나면 금융이 주도하는 시대에서 다시 산업자본이 득세하면서 균형을 맞추는 시대로 갔다. 후반기 20~30년간 기존 기술혁

1~5차 기술혁명과 강대국의 패권이동

기술혁명 (국가)	도입기 (20~30년)		전환점	전개기 (20~30년)	
	기술혁명 폭발단계	광분의 단계		시너지단계	성숙단계
1차 산업혁명 (영국)	1771 1770-1780년대	Canal mania Panic 1793 1797 1780-1790년대	1793-1797 (5년)	1810 ↓ 1798-1812	1819 ↓ 1825 ↓ 1813-1829
2차 증기, 철도시대 (영국) (유럽/미국)	1829 1830년대	Raihsay menu Ravolution Panic 1836 1847 1848 1840년대	1948-1950 (3년)	1850-1857	1857-1873
3차 철강, 전기, 공업시대 (미, 독 영국 추월)	1875 대공황 1875-1884	Argention USA (Baring) 1890 1848 1884-1893	1893-1895 (3년)	US Richman's Panic 1903 1907 ↓ 1895-1907	1920 ↓ 1908-1918
4차 석유, 자동차, 대량생산시대 (미국) (유럽으로 확산)	1908 1920 ↓ 1908-1920	US stock mania 1929 ↓ 1920-1929	1929-1933 (4년: 유럽) 1929-1943 (15년)	1960 ↓ 1943-1959	오일 쇼크 1974 ↓ 1960-1974
5차 정보통신, 클린에너지, Bio시대 (미국) (아시아로 확산)	1971 오일쇼크 1974 ↓ 1971-1987	Collapse Asia NASDAQ Sub Prime 1987 1989 1997 2000 2008 1987-2008	2009-?	2025?	2040?

↑빅뱅 ↑붕괴 ↑재조정 ↑뉴빅뱅

자료: Carlota Perez, *Technological Revolutions and Financial Capital*, Edward Elgar Pub., 2007.

명은 성숙기로 들어가고 금융은 새로운 성장산업을 찾아 투자를 시작하면서 신성장산업을 만든다.

그리고 새로운 신성장산업은 새로운 강대국을 만들어왔다. 5차에 걸친 기술혁명을 자세히 보면 신성장산업은 하늘에서 갑자기 떨어진 것이 아니라 기존 기술의 연장선상에서 도약한 것임을 알 수 있다.

증기엔진이 여물을 먹을 필요가 없는 쇠로 만든 말, 즉 철도와 자동차를 만들었고, 이 말의 먹이를 위해 석유산업이 생겼다. 정보를 찾으러 갈 때 필요한 자동차와 수송산업이 엄청나게 발전하자 이제는 수집한 정보를 처리하는 정보통신산업이 신성장산업으로 등장했다.

정보통신산업 다음에 올 신성장산업은 무엇일까? 선진국 인구 12억 명을 제외한 56억 명의 후진국 인구가 자본주의 체제로 진입해 들어왔다. 유가가 150달러를 갔어도 후진국이 만드는 공산품의 가격하락으로 물가는 안정되었다.

그러나 중국에서 돼지 몇천만 마리가 전염병으로 죽자 물가가 폭등하고 금리가 상승하는 기현상이 발생했다. 중국의 금리변동이 다시 전 세계 증시에 충격을 주었다. 자본주의 시장경제로 진입한 거대한 중국의 13억 인구가 먹고 쓰고 입는 것이 자본주의 시스템에 충격을 주는 시대가 온 것이다.

첨단기술은 원래 무모하게 출발한다. 나는 새를 모방한 비행기, 고래를 본뜬 잠수함, 사람 죽이는 대륙간 탄도탄을 만들다가 개발한 반도체와 컴퓨터, 전쟁으로부터 지적자산을 보호하기 위해 정보 분산을 목적으로 만들었던 인터넷이 그렇다. 이미 영장류의 복제도 가능한 기술이 된 바이오 기술의 출발이 선진국이 아닌 후진국에서 시작되고 의대가 아닌 수의대에서 꽃핀 것도 조금은 무모한 방법과 낮은 코스트로 반복 실험이 가능했기 때문이다.

그러나 발상은 다소 무모했지만 사람의 생각과 돈이 들어가면 기술혁신이 일어나고 세상을 바꾼다. 미국은 지금 어려움을 겪고 있다. 미국이 이번 금융위기를 달러를 찍어서 막는다고 하지만 그 이후 미국금융은 어디에 투자하면서 먹고살까? 미국 돈벌이의 귀재들이 머리를 짜내고 있다. 부동산 모기지 다음으로 30년짜리 생명보험을 가지고 파생상품을 한번 만들어봐? 그러나 이미 한번 잃은 신뢰는 회복이 안 된다. 따라서 파생상품으로는 장사가 안 된다.

미국은 신성장산업을 만들어야 금융의 황제로 귀환이 가능해진다.

신뢰를 잃은 금융시장에서 달아나는 돈을 잡는 방법은 성장성이 높은 투자대상을 만들어주는 것이다. 돈은 신기술로 잡아야 하고, 그 신기술은 미국의 고민인 고용을 창출한다.

그 신기술은 미국이 강점을 갖고 있는 IT산업과 달러를 기반으로 만들 수 있고 세계가 쳐다는 보지만 함부로 추격할 수 없어야 한다. 그리고 섹시하고 꿈이 있는 산업이어야만 한다. 미국은 대공황 때 네바다 사막에 물을 대는 후버댐을 만들어 유효수요를 일으켰고, 사막에 에너지를 공급해 사막에서 돈을 무진장 뽑아내는 라스베이거스의 도박산업을 만들어냈다.

유럽과 일본은 이미 고령화사회에 들어갔고 13억 인구 중국도 20년 뒤면 고령화 시대로 들어간다. 급속한 공업화와 빠른 고령화가 동시에 진행되는 아시아에 가장 필요한 산업은 건강과 에너지 산업이다.

비아그라보다 좋은 건 일회성 약물이 아니라 아예 통째로 물건을 바꾸어주는 것이다. 줄기세포, 바이오 기술이 인생 60년을 새로운 출발점으로 만든다. 모든 신체 장기기능을 새롭게 리노베이션해서 인생을 새로이 출발하게 하는 이런 신기술은 부르는 게 값이다.

노예, 말, 기계, 석유로 이어지는 인간을 대신하는 에너지의 역사를 보면, 에너지를 잡는 자가 패권을 잡았다. 태양광발전과 풍력발전의 최적지인 사막과 고원이 석유가 나는 유전과 같은 가격으로 팔린다면 어떻게 될까? 버려진 땅 사막의 녹지화는 태양열로부터 전기를 만들고 지하수를 끌어올리면 가능하다. 그러면 사막과 고원이 가장 큰돈이 된다.

석유 다음 세계의 패권은 태양을 잡는 자에게 돌아간다. 금융위기 이후에 세계는 사막과 고원의 에너지를 캐는 산업에서 세계 에너지 패권을 걸고 진검승부를 벌일 것 같다.

2장

금융위기 이후에 나타날 변화

1_ 1초(超)1강(强)의 G2 시대가 온다
2_ 중국은 +3년, 서방세계는 −3년
3_ 달러 패권, 미국이 시들어간다?

SECTION ___ 1

1초(超)1강(强)의
G2 시대가 온다

S&ED에서 보여진 슬픈 미국, 입 찢어진 중국

2009년 7월 워싱턴에서 중미전략경제대화(Strategic and Economic Dialogue: S&ED)가 열렸다. 형식으로는 대화지만 회의 주제나 의전 형식을 보면 G2회의였다. G20 정상회담이 있기는 하지만 주제를 보면 뜬구름 잡는 얘기고 결론도 없다. 제 앞가림도 어려운 나라들이 포함된 20개국이 모여 뭘 합의할 수 있는 상황이 아니다.

이런 중미전략경제대화에서 2,000년 전에 돌아가신 맹자가 부활했다. 미국이 맹자 말씀과 중국 속담을 공부해 중국어 발음으로 회담장에서 중국에 아부를 한 것이다. 오바마 대통령이 맹자의 《진심(盡心)》 하편에 나오는 말씀을 외워 "산중의 좁은 길도 계속 다니면 길이 나고, 다니지 않으면 풀이 우거져 길이 막힌다(山徑之蹊間 介然用之而成路 爲間不用 則茅塞之矣)"고 아는 척을 했다. 재무부장관 가이스너는 '우공이산(愚公移山)'을, 힐러리 국무장관은 '오월동주(吳越同舟)'를 자기 유리한 대로 해석해서 써먹었다.

한마디로 상전벽해다. 중국이 사회주의 건설 60년 만에 미국과 함께 세계를 이끄는 대국으로 성장했다는 것을 만천하에 알리는 자리였다. 너무 기분이 좋은 중국은 입이 찢어질 것 같아 표정관리를 했지만 초강대국 미국은 씁쓸할 수밖에 없었다.

무소불위의 초강대국 미국이 중국에 꼬리를 내린 이유는 무엇일까. 핵폭탄이 아니라 돈이 무기인 시대가 왔기 때문이다. 금융위기로 조 단위 국채를 발행해야 하는 미국으로서는 미국 국채를 사주는 최대의 큰손 중국을 특별대접해야 할 필요가 있었다. 모두가 미국의 신용에 강한 의심을 품고 있는 상황에서 미국은 당장 국채발행이 줄을 서 있는데, 최대 채권자인 중국이 딴소리를 해대면 골치 아프기 때문이다.

금융위기로 모든 금융기관이 부도난 미국의 신용등급이 트리플A라고 하지만 이를 믿는 나라는 하나도 없다. 중국은 "미국이 트리플(triple)A면 우리는 나인(nine)A다"라고 코웃음 치고 있다. 미 재무부장관이 중국을 방문했을 때 중국정부는 점잖게 미국에 훈수를 두었다. 재정적자 잘 관리해서 우리 채권 잘 갚으라고.

미국이 입으로는 달러강세 유지를 외치고 미국 국채 가치를 보장하겠다고 하지만 세계는 미국을 가짜 18K 반지 보듯이 하고 있다. 달러지폐와 국채의 인쇄공장이 된 미국정부를 못 믿겠다는 것이다.

하여간 2009년 7월의 중미전략경제대화는 신G2 질서를 만들기 위한 첫 맞선자리였지만 중국의 미국 국채 '쇼핑 설명회' 같은 분위기였다. 가난했던 집안 출신의 잘난 신랑과 망해가는 부잣집 딸과의 첫 면담에서 상대는 서로 호주머니 탐색전을 벌였다.

애초부터 돈으로 신부를 매수하는 사이라서 집안 내력은 필요 없었다. 인권문제, 환율절상 문제는 논외로 하고 사돈집 걱정을 먼저 했다. 거덜 난 부잣집 미국의 곳간에 구멍 난 게 얼만지 알고 있는 중국은 돈은 더 빌려주지만 적자가 더 크게 나지 않게 조심하라고 거만하게 훈수를 두었다.

망해버린 부잣집 미국은 가난한 집에 팔 물건도 없으면서 허세 부리며 물건을 많이 사서 내수를 키우고, 세계경제에 기여하라고 실속도 없는 얘기를 폼 나게 했다. 아울러 미국은 저축률을 올리고 강한 달러를 유지해 미국채의 가치를 잘 유지하겠다고 했다. 또한 IT 제품의 전략물자 수출제한을 풀 테니 중국이 내수확대를 통해 미국 물건을 사라는 정도로 우아하게 얘기했다.

실제로는 "너 천출(賤出)의 태생이라고 얘기 안 할 테니 우리한테 빚 갚으라고 하지 말고 돈 좀 계속 더 빌려줘"라고 창피한 말을 하고 싶지만, 돈 가진 놈 속 뒤틀리지 않도록 사자성어도 쓰고 맹자 왈도 했다.

중국도 이에 뒤질세라 오바마 대통령의 대선 구호 "Yes, We Can"을 인용하고 영어를 좀 더해 대답을 했다. 미국인이 좋아하는 농구공도 들고 예순이 넘은 왕치산 부총리가 새파란 오바마에게 한 수 배운다는 포즈로 사진도 찍었다.

2010년 5월에 중국 베이징에서 제2회 중미전략경제대화가 열린다. 그간 미국의 적자폭은 더 커졌고 이제 중국은 미국의 국채를 슬슬 팔고 있다. 열 받은 미국은 중국을 환율조작국으로 지정하겠다고 협박하고 있다. 2010년의 중미고위급회담에서는 어떤 대화가 오갈지 관심이다.

글로벌 증시엔 이미 G2 시대가 왔다

금융시장은 실물보다 빠르다. 증시에는 이미 G2 시대가 왔다. 2009년 7월 말에 이미 중국증시 시가총액은 일본을 제치고 세계 2위로 올라섰다. 이로써 G7이 지고 G2가 뜬다는 걸 가장 먼저 보여주었다. 돈은 가장 빠른 걸음으로 세상의 트렌드를 읽고 이를 가격에 반영하기 때문이다.

서방세계가 마이너스 성장의 덫에 걸려 허우적거리는 데 반해 중국의 경제성장은 2009년 1분기를 저점으로 빠른 반등세를 보였고 2009년 4분기에는 10.7%로 두 자릿수 성장세를 보였다. 서방세계에서는 주가폭락과 경기침체로 주식시장이 헤매는 사이에 중국증시는 2009년 들어 가장 빠른 회복세를 보였다.

홍콩이 중국에 반환된 점을 감안하면 중국의 시가총액은 2009년 7월

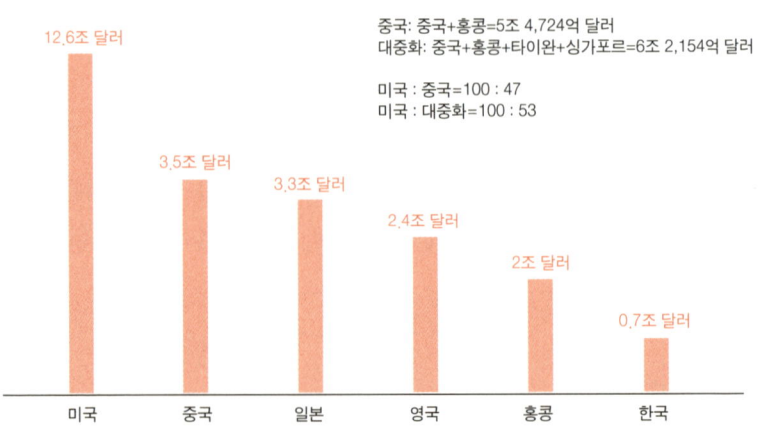

각국의 시가총액 비교(2009년 7월 기준)

말 현재 미국의 47% 수준이고, 같은 화교권인 타이완과 싱가포르를 합치다면 중화권의 시가총액은 이미 미국의 53%에 이른다.

미국의 친구는 미국 국채 매입 순이다

미국의 발등에 불이 떨어졌다. 미국이 금융위기에서 벗어나려고 시도한 대량의 국채발행이 스스로의 목을 죄고 있다. 국채발행이 이자율 상승을 가져와 저금리 정책을 흔들고 있다.

투자가 입장에서 보면, 얼마 전까지만 해도 가장 안전한 자산이었던 미국채가 이젠 가장 위험한 자산이 되었다. 힐러리 장관이, 가이스너 재무부장관이 오바마의 특사로 직접 중국에 날아가 상황 설명을 하고 미국채를 팔지 말라고 두 번이나 애원하는 사태가 벌어졌다. 지금 미국의 친구 순위는 피를 나눈 유럽도, 전쟁을 함께한 혈맹도 아니다. 미국채를 많이 사주는 나라가 미국의 친구다.

특히 날아가는 새도 떨어뜨릴 수 있다는 미국의 가이스너 재무부장관이 국채 문제로 중국을 방문해 중국 지도자들에게 고개를 조아린 것은 미국의 절박함을 보여준다. 9,000억 달러에 가까운 미국 국채 때문에 밤잠을 못 이루는 중국정부 지도층에게 안심하라고 우황청심환을 먹이고 돌아온 것이다.

중국으로 출발하기 몇 달 전 미 국회에서, 중국은 환율조작국이니 혼내줘야 한다고 떠들던 기세는 어디로 갔는지 가이스너는 고개를 숙이면서 왕치산 부총리를 만났다. '가지고 계신' 미국 국채를 잘 부탁한다고. 법보다 주먹이 더 무서웠던 것이다.

또한 가이스너는 1981년 여름 베이징대에서 단기 어학연수를 한 인연으로 이 대학에서 강연도 했다. 강연 내용은 온통 중국 칭찬 일색이었고 중국과 미국은 세계발전의 동반자라는 점을 수차례 강조했다. 마치 중국의 홍보대사를 보는 것 같았다.

그러나 돈과 권력은 나누어 쓸 수 없다. 그래서 강대국 간에 친구는 없다. 오로지 이해관계만 있을 뿐이다. 그만큼 보이지 않는 물밑 싸움질은 치열하다. 중미전략경제대화에서 중국이 미국 국채를 사주고 내수시장을 여는 대신 중국이 미국과 바꾸자는 건 무엇이었을까?

아시아 국가들과 무역대금의 위안화 결제문제를 못 본 척하라는 것이다. 미국은 국채발행이 급하기 때문에 당장은 모른 체하다가 위안화를 무력화할 다른 대안을 강구할 생각인 듯하다.

SECTION 2

중국은 +3년, 서방세계는 −3년

달러로 쌓은 만리장성, 중국을 구했다!

전 세계가 미국 금융가가 저지른 불장난에 치명상을 입었다. 미국에서는 금융기관이 모조리 자본을 잠식당하고, 금융기관의 부도로 제조업이 줄줄이 도산했다. 미국 거리에는 집을 날린 노숙자가 넘치는 상황이 발생했다.

그런데 금융공황이 발생한 곳은 미국인데 아이러니하게도 대형사고를 친 미국으로 돈이 몰리고 각국은 달러 부족에 시달렸다. 멀쩡하던 나라들도 미국이 대출회수를 하자 달러 유동성 부족으로 국가부도 사태를 맞았다. 아니면 미국에서 달러를 꾸거나 통화스와프를 통해 급전을 빌려야 했다. 달러가치는 급등했다. 위기상황에 안전자산 선호와 기축통화 효과가 나타났기 때문이다.

전 세계가 난리통인데 이런 난리를 비켜간 나라가 중국이다. 베이징에 가서 바다링 고속도로를 타고 한 시간여를 달려가면 진시황이 유목

민족의 침입을 막기 위해 세웠다는 만리장성이 있다. 2,200년 전 진시황이 지금 베이징을 먹여 살리고 있다. 엄청난 수의 관광객이 만리장성 입장료로 달러를 뿌리고 가기 때문이다. 중국은 달러로 쌓은 만리장성 덕분에 이번 미국발 금융위기에서 자유로울 수 있었다.

2009년 말 현재 중국은 2조 4,000억 달러의 외환보유고를 가지고 있다. 지금 같은 디플레이션 시대에는 '현금이 왕이다'. 전 세계가 달러부족으로 허덕이는데 중국은 넘치는 달러로 여유만만하다. 금융위기 이전의 2조 4,000억 달러와 금융위기 이후의 2조 4,000억 달러는 그 가치가 다르다. 아시아 각국의 통화가치 폭락을 생각하면 현재 중국의 외환보유고 파워는 외환위기 전의 4~5조 달러에 맞먹는다.

G20 정상회담 바로 직전, 중국은 동유럽의 부도로 치명타를 입은 유럽에 150억 달러어치 물건을 한 방에 사주면서 유럽 국가들에게 열렬한 환영을 받았다. 그러나 이는 중국 입장에서는 한 달 경상수지 흑자의 2분의 1을 조금 넘는 규모일 뿐이다. 그리고 지금 중국은 영국과 프랑스의 영향권에 있는 아프리카 국가들에게 대규모 원조를 하고 있다. 동시에 부도난 영국과 프랑스 기업이 바겐세일하는 아프리카의 광산권, 어업권, 유전개발권을 모조리 사들이고 있다. 구멍 난 재정을 국채 발행에 의존하는 미국에 대해서는 미국채 매입을 줄였다 늘였다 하면서 미국의 속을 떠보고 있다. 달러 때문에 고전하는 아시아 국가들에게는 통화스와프를 맺어 인심을 쓰고 있다.

지금 중국은 아시아의 금고, 유럽의 상품 구매자, 미국의 재정 책임자, 아프리카의 원조자 역할을 하고 있는 것이다.

중국이 금융위기에 강한 진짜 이유

중국이 이번 금융위기에서 비켜나 경기를 부양하고 불황을 극복할 수 있었던 것은 다음의 네 가지 덕분이다.

첫째, 영어가 약하고 금융업이 낙후되었다.
둘째, 관방경제가 강하다.
셋째, 국가가 쓸 수 있는 돈이 세계 최대 규모다.
넷째, 서방세계와는 달리 일당체제로, 여당 야당이 다투는 일이 없어 의사결정이 빠르다.

첫째, 부족한 영어 실력과 낙후된 금융업이 어떻게 중국을 위기에서 구해주었을까?

이번 금융위기에 각국 금융기관이 거덜 난 것은 복잡한 부동산파생상품을 잘 알지도 못하면서 고수익 첨단금융상품이라고 믿고 왕창 투자했기 때문이다.

아이러니하게도 전 세계에서 국제화 수준이 가장 떨어지는 중국 은행들만이 이번 파생상품 위기에서 벗어나 있다. 중국은 주요산업 중 금융업이 가장 낙후되어 있었고 금융인력의 국제화 수준도 취약했다. 따라서 파생상품이 뭔지 잘 몰라서 서방의 고수익 첨단금융상품에 대한 투자규모가 얼마 되지 않아 은행 시스템이 온전하게 보존될 수 있었다. 중국 은행들의 전 세계 '금융기관의 무덤'이 된 서브프라임 관련 파생상품에 대한 손실은 2007년 이익의 2%에도 못 미쳤다. 중국증시가 전 세계에서 가장 먼저 반등한 것도 금융 시스템이 살아 있어 돈을 푼 효과와 통화승수 효과가 나타나 경기상승의 직접적인 견인차 역할을 했기 때문이다.

금융위기가 막 터졌을 때 전 세계 각국 정부가 긴급히 5조 달러(5,500조 원) 가까운 돈을 풀었지만 실물경제는 여전히 회복이 더디다. 이유는 은행 시스템의 마비 때문이다. 서브프라임에 크게 물린 은행들이 자본금까지 날려버려 추가대출을 통해 기업들을 살릴 여유가 없기 때문이다.

그래서 금융위기를 겪으면서 중국 은행들이 세계 은행산업의 블루칩으로 떠올랐다. 마치 1997년 금융위기 때 한국에서 기업대출은 없고 가계와 주택 대출만 했던 은행들이 초우량 은행이 된 것과 마찬가지다. 2007년 대비 2009년의 전 세계 은행들의 랭킹을 보면 격세지감이다. 상위 톱3 영미계 은행들이 몰락하고 그 자리를 중국의 공상은행, 건설은행, 중국은행이 차지했다.

지금 전 세계 중앙은행들의 고민은 본원통화(M0)를 엄청나게 풀었는데 금융기관의 대출기능이 마비되어 돈이 돌지 않는 것이다. M1, M2의 증가세가 계속 떨어지는 것이 문제다. 그러나 중국은 예외다. 2008년 8월 이후 거시경제정책을 긴축에서 완화로 바꾼 이래 엄청난 돈을 풀었고 금융 시스템이 살아 있어 통화증가가 실물과 증시에 동시에 영향을 주고 있다.

중국정부가 경기부양책으로 4조 위안(680조 원)을 책정하자 전 세계가 놀랐고 증시가 급등을 했다. 그러나 중국정부의 은행을 통한 상업대출 규모는 더 놀랄 지경이다. 2009년 대출 순증액이 9.6조 위안(1,632조 원)에 달했다. 중국정부는 전 세계에 광고한 경기부양책의 거의 두 배에 해당하는 돈을 은행을 통해 기업에 퍼 넣은 것이다.

둘째로 중국이 위기에 강했던 이유는 중국이 사회주의 국가의 특성상 관방경제가 강하기 때문이다. 중국은 500대 기업의 70%가 국유기업이고, 정부세수가 GDP의 21%인 5.1조 위안에 달한다. 이는 3억 7,000만 도시인구 소득에 맞먹는 규모다. 또한 정부의 세수증가도 가장 빠르다. 1995년부터 2007년까지 GDP는 연평균 10.2% 증가해 3.5배가 늘었고, 도시인구의 소득증가는 8%로 2.5배 증가했지만 정부세수는 16% 증가해 5.9배나 늘었다.

셋째로 중국은 국가가 쓸 수 있는 돈이 세계 최대였기에 위기를 넘길 수 있었다. 2007년 기준, 중국 총자산의 가치는 115.6조 위안인데 이 중 88.4조 위안이 정부재산으로 정부가 전체 국가재산의 76%를 가지고 있다. 미국은 정부 보유재산이 총자산의 10%에 불과하다. 따라서 중국의 경우 자산가격 상승의 최대 수혜자는 정부다. 자산가격이 10% 오르면 정부는 민간에 비해 세 배 이익이 난다.

주가가 크게 오른다거나 부동산 가격이 오르면 서방세계는 버블이다 뭐다 난리지만 중국은 묵묵부답 반응이 없다. 중국은 한 방에 부동산이든 증시든 과열을 식힐 능력이 있다. 개인재산을 통제할 수 없는 서방세계와는 달리 중국은 국가재산의 76%를 맘대로 이용할 수 있기 때문이다. 중국은 서방세계와는 국가재산의 소유구조가 다르다. 주가와 부동산 가격 상승의 최대 수혜자는 국가고, 다르게 보면 사회주의이기 때문에 이는 궁극적으로 국민의 것이다.

그래서 정부가 민간의 소비를 대신한다. 결국 정부정책이 시행되면 바로 변화가 나타나고, 그 영향으로 증시나 경기에 즉각 효과가 난다. 국가가 내수를 확대하겠다고 하면 이는 서방세계와는 다르다. 개인의 소비회복을 기다리는 게 아니라 국가가 바로 나서서 소비를 늘려버린다. 미국이 중미전략경제대화에서 자기도 불을 못 지피는 내수문제에 대해 중국에 대해서는 내수확대를 요구하는 것도 중국의 정부파워를 알고 있기 때문이다.

넷째로 중국은 빠른 처방으로 부실이나 낭비를 줄여 위기를 피해 갔다. 서방세계들은 양당제나 다당제다. 집권당의 정책에 대해 반대를 위한 반대를 하는 비효율적인 정쟁으로 시간을 끌어 해결 타이밍을 놓치는 경우가 종종 있다. 중국은 일당제로 당이 결정하면 그 즉시 시행하기 때문에 위기에 강하다.

이번 금융위기로 자본주의 경제는 적어도 3년은 후퇴할 전망이다. 반면, 아이러니하게도 금융산업이 취약하고 국제화에서도 뒤진 중국은 금융 쓰나미에도 큰 상처를 입지 않아 3년을 벌었다.

SECTION 3
달러 패권, 미국이 시들어간다?

미국, 트리핀의 딜레마 vs 세뇨리지 효과

지금 세계 대불황의 표면상 이유는 부동산 금융위기지만 그 이면에는 미국 기축통화의 약화가 있다. 이번 금융위기의 출발점은 미국의 실물경제와 금융경제의 불균형으로, 이 때문에 무역적자와 재정적자 문제가 튀어나오고 있다. 그럼에도 미국이 잘 먹고 잘사는 소비천국이었던 것은 달러 패권을 중심으로 한 금융의 힘이었다.

미국은 금융가의 엄청난 손실을 기축통화의 힘으로 여타 국가에 전가하려고 하지만, 아시아와 유럽 신흥국들은 이에 반발해 겁 없이 새로운 화폐질서를 만들라고 요구하고 있다.

1950년대 미국에서 수년간 경상수지 적자가 이어지자 이 상태가 얼마나 지속될지, 또 미국이 경상흑자로 돌아서면 누가 국제 유동성을 공급할지에 대한 문제가 대두됐다. 당시 미 예일대 교수였던 로버트 트리핀은 미 의회 연설에서 미국이 경상적자를 허용하지 않고 국제 유동성

공급을 중단하면 세계경제는 크게 위축될 것이며, 적자상태가 지속돼 미 달러화가 과잉공급되면 달러화 가치가 하락해 준비자산으로서 신뢰도가 저하되고 고정환율제도 붕괴될 것이라고 언급했다. 한마디로 강대국의 기축통화는 이래도 문제, 저래도 문제라는 이야기인데, 여기서 '트리핀의 딜레마(Triffin's dilemma)'라는 말이 만들어졌다.

지금 미국은 바로 트리핀의 딜레마에 빠져 있다. 미국은 엄청난 무역적자를 겪으며 전 세계에서 물건을 사주고 대신 달러를 발행해서 주었다. 이번 금융위기로 신문 찍어내듯 달러를 마구 찍어 돌리는 바람에 달러가치가 하락해 달러 신뢰도를 의심받고 있는 상황이다. 이는 강대국 기축통화의 어쩔 수 없는 운명이다. 그럼에도 강대국이 이런 부담을 감수하는 것은 이로써 전 세계를 상대로 엄청난 세뇨리지 효과를 누릴 수 있기 때문이다.

'세뇨리지(Seigniorage, 화폐주조이익) 효과'란 과거 중세 때 군주(프랑스 말로 '세뇨르')가 재정을 메우려고 금화에 불순물을 섞어 유통시킨 데서 온 말로, 화폐를 찍으면 교환가치에서 발행비용을 뺀 만큼의 이익이 생기는 것을 말한다. 기축통화국, 곧 국제통화를 보유한 나라가 누리는 이익이 바로 세뇨리지 효과다.

자본시장은 초강대국의 부도를 한 번도 경험해본 적이 없었다. 개도국과 중소국가들의 부도사태 경험을 이번 초강대국 미국의 금융위기에 대입해 답을 내는 바람에 그 공포가 유달리 컸다. 그러나 사태의 진행 상황을 보니 기축통화를 가진 초강대국 미국의 금융위기는 여타 국가와는 달랐다.

기축통화국인 미국은 여타 국가와는 달리 금융위기로 결코 망하거나 부도나지 않는다. 왜냐하면 '돈을 찍어서 파는' 기가 막힌 사업을 가지고 있기 때문이다. 한 나라의 통화가 세계인이 쓰는 기축통화가 되면 이런 사업을 할 수 있다.

세상에서 가장 부가가치가 높은 사업은 부동산도, 반도체산업도, 바이오산업도 아니다. 돈을 찍어서 파는 사업이다. 종이와 잉크 값 모두 해서 원가 1달러를 들여 100달러짜리 지폐를 찍는다. 후진국이 만든 물건들을 이 종이달러를 주고 사들이면 이 사업의 부가가치는 99달러나 된다. 세상에 이런 엄청난 비즈니스가 있을까? 이것이 기축통화국의 감춰진 비밀병기다.

세계가 미국의 과도한 소비를 비난하고 금융위기를 가져온 월가의 탐욕을 나무랐지만, 그저 나무랄 뿐 할 수 있는 일은 아무것도 없었다. 미국은 다시 엄청난 돈을 찍어 금융위기를 넘기지만 여기에 이의를 제기하거나 달러를 내다 파는 나라가 없다. 오히려 달러를 더 사들여 달러값을 일시적으로나마 강세로 만들었다.

화폐를 무한정 찍어 그 원가와 액면가 차액의 수혜를 누리는 소위 '화폐주조권의 특혜'는 초강대국만 누릴 수 있는 특권이다. 중남미, 아시아, 유럽의 금융위기 때 IMF는 부도난 각국 정부에 대해 재정적자를 줄이고, 금리를 올리고, 외자를 들여오고 하는 등의 가혹한 정책을 썼다.

이번 미국의 금융위기에 대해서는 IMF가 왜 그렇게 하지 않느냐고 여타 국가들이 욕을 해댔지만 그것은 초강대국의 기축통화에 대한 이해가 부족한 탓이다. 미국은 최근 십수 년간 엄청난 재정적자와 무역적자가 나고 있지만 잘 먹고 잘살아왔으며, 금융위기를 맞고도 국가부도의 위험이 없었다. 이는 바로 제2차 세계대전 이후 영국과의 기축통화 전쟁에서 승리함으로써 기축통화의 주조권을 장악했기 때문이다.

초강대국 미국은 달러의 발권력을 가지고 돈을 찍어 금융위기를 모면할 수 있었다. 이것이 금융위기 이후 세계증시를 단시간에 V자 반등으로 이끈 힘이다. 즉, 미국이 망했다고 생각했다가 정신을 차려보니 기축통화국은 절대 부도나지 않는다는 것을 알았기 때문이다.

기축통화국인 미국은 풀어놓은 엄청난 돈을 제로금리로 빌릴 수 있으니, 이 돈을 가지고 환율이 폭락했고 주가가 폭락했던 신흥시장 주식을 사면 환율절상 효과와 주가상승 효과 두 가지를 동시에 누릴 수 있었다. 신흥시장의 주식시장으로 달러 캐리 자금이 미친 듯이 몰려갔던 이유가 바로 여기에 있었던 것이다.

이런 미국의 행태가 아니꼬우면 초강대국이 되면 되지만 초강대국은 아무나 될 수 있는 게 아니다. 강대국의 역사를 보면 초강대국은 100~200년 만에 한 번 출현하는 것이고 게다가 실력도 실력이지만 운도 좋아야 하기 때문이다.

그러나 기축통화는 항상 저주를 부른다. 타고난 태생이 가치하락을 전제로 할 수밖에 없다. 기축통화에 대한 세계의 수요가 크기 때문에 강대국은 항상 기축통화의 공급을 적자를 통해 늘린다. 그래서 늘 적자에 허덕인다. 그리고 문제가 생겨 기축통화의 공급을 줄이거나 가치안정을 위해 금리를 올려버리면 전 세계가 경제난에 아우성을 친다.

강대국의 힘은 기축통화의 가격하락이 임계점에 이르면 끝난다. 미국의 경우 그 임계점이 어디일지, 그리고 영국을 대신해 미국의 달러가 패권을 잡았듯이 미국을 대신할 패권이 누구인지를 이젠 잘 봐야 할 때다.

미국식 자본주의의 수출길이 막혔다

이번 금융위기에서 미국의 최대 리스크는 미국식 자본주의의 수출길이 막힐 가능성이다. 1950년 이후 미국은 세계의 패권을 잡아 쥐고 세계경제를 주도해왔다.

미국의 세계시장 지배는 세계 최강의 군사력을 바탕으로 이루어졌다. 석유를 포함한 천연자원을 독점하고 공산주의와 대치하는 나라에 보호자를 자처하면서 석유, 식량시장을 독점하여 엄청난 경제적 이득을 취해왔다.

그리고 신자유주의 사고를 전 세계에 보급하고 절대우위에 있던 정보기술의 힘을 이용해 전 세계를 글로벌화라는 이름으로 묶고 미국식 시스템을 전 세계로 수출했다. 하이테크 정보기술에서 독보적인 영역을 구축함으로써 전 세계에 미국 표준의 정보 시스템을 깔았고, 그 기반 위에서 달러 기축통화를 바탕으로 한 펀드자본주의를 통해 금융업을 전 세계에 수출함으로써 엄청난 무역적자에도 불구하고 자본수지에서 흑자를 내 잘 먹고 잘살았다.

그러나 미국은 강한 군사력을 갖고 있음에도 제2차 세계대전 이후 승리한 전쟁이 없다. 미국식 금융업이 갖고 있는 근본적인 문제점도 드러났다. 미국이 자랑하는 IT 기술도 성숙기에 들어가 윈텔(Wintel) 이후에는 이렇다 할 새로운 스타가 없다.

금융위기로 미국식 자본주의 시스템에 대해 각국이 거부반응을 갖기 시작했고 더 이상 미국식 시스템을 수입하지 않으려는 움직임도 나타나고 있다. 특히 미국에 사사건건 반대하는, 너무 커버린 2인자 중국이 가장 큰 부담이다.

미국, 부채대국의 말로(末路)에 들어선 것일까?

미국의 부채시계는 2010년 3월 현재 12조 5,000억 달러를 가리키고 있다. 미국 인구 3억 명으로 나누면 1인당 부채는 4만 1,666달러다. 연간 이자만으로도 4,512억 달러씩 나간다. 이는 경제규모 세계 15위권인 한국 GDP의 절반에 해당하는 금액이다.

그러나 미국 예산 지출의 3대 항목이 의료비, 국방비, 이자가 될 정도로 이자부담이 커졌지만 미국의 재정적자가 축소될 가능성은 없다. 이번 금융위기로 미국은 매년 1~2조 달러 가까운 돈이 더 필요한데 이를 위해 미국정부는 국채를 발행할 수밖에 없다. 미국은 지금 만기가 돌아오는 국채와 이자 지급을 위해 신규 국채발행을 통해 국채 '돌려 막기'를 하고 있는 상황이다.

내부적으로 보면 이번 미국 금융위기는 부동산담보대출에서 시작된 것인데 향후 방향에 대해서는 일본의 사례를 참조할 필요가 있다. 물론 기축통화국이기 때문에 국가부채를 화폐로 바꾸는 것이 가능하지만 가계의 경우는 부채에 대한 부담이 심각하다.

1980년대 들어 일본경제가 힘을 못 쓴 데에는 플라자합의로 인한 환율절상의 영향도 있었지만 내부적으로는 과도한 채무가 경제의 발목을 잡았기 때문이다. 미국의 GDP 대비 가계주택담보대출의 비중 추이를 보면 공교롭게도 일본과 같은 궤적으로 가고 있음을 알 수 있다. 그 정점이 2006~2007년이고 사고가 터진 것이 2008년이다.

기축통화는 태생적으로 그 구조상 트리핀의 딜레마가 있어 영원히 지속될 수는 없는 구조다. 역사를 보면 강대국의 역사가 200년을 넘기 어려운 이유가 여기에 있다. 미국 직전의 기축통화국인 영국도 무역적

미국과 일본의 과잉채무 비교(GDP 대비)

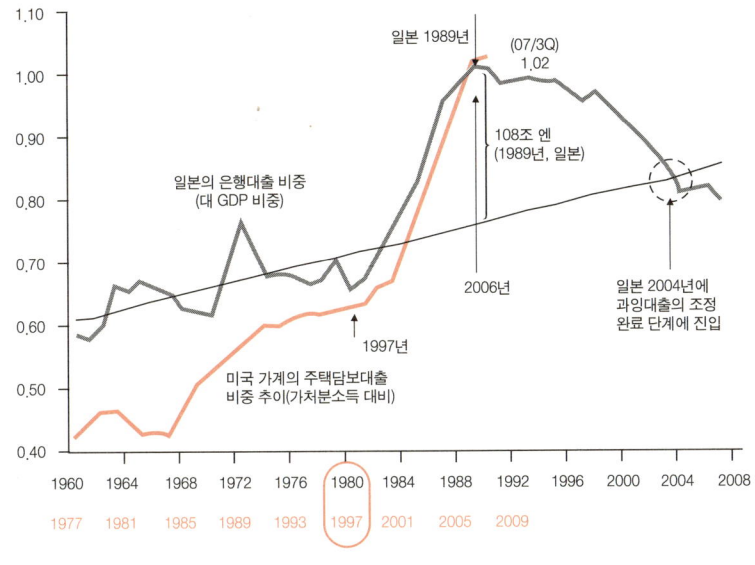

자료 : 일본은행,《금융경제통계월보》; FRB, "Flow of fund accounts".

자를 견디지 못하고 결국 200년 만에 기축통화의 왕좌에서 내려왔다.

미국의 경우 아직 국채 돌려 막기가 가능하고 군사력, 금 보유량, 달러의 대체수단인 석유와 식량의 통제능력에서 절대적인 능력을 가지고 있다. 그러나 부채가 계속해서 지금과 같은 속도로 늘어나면 과거 강대국처럼 쇠락의 전철을 밟을 수밖에 없다.

기축통화 논의? 센 주먹에 함부로 대들지 마라!

금융위기로 미국달러의 기축통화 지위가 흔들린 것처럼 보이지만 아이러니하게도 실제로는 더 강화되었다. 위기가 생기면 돈은 주식에서 채권으로, 장기채에서 단기채로, 현금에서 선물로 가는데 이번에는 전 세계 돈들이 사고가 난 미국으로 몰려가 국채를 샀다. 그러면서도 한편으로는 미국을 못 믿겠으니 새로운 기축통화를 만들어야 한다고 떠들었다.

미국은 이번 참에 후진국들의 어설픈 미국 기축통화 논의에 쐐기를 박고 싶지만, 법보다 주먹이 가깝다고 금융위기로 구멍 난 미국 금융기관의 금고를 메우기 위해 당장 큰돈을 빌려야 하는 판이라서 입을 다물고 있다. 하지만 속으로는 이미 전략을 세우고 있다.

이번 금융위기로 주가가 가장 먼저, 가장 많이 폭락했던 브릭스(BRICs) 국가 정상들이 2009년 6월 러시아에서 가진 첫 정상회의에서 서로 손을 맞잡았다. 룰라 브라질 대통령, 드미트리 메드베데프 러시아 대통령, 후진타오 중국 국가주석, 만모한 싱 인도 총리 네 사람이 모여 손잡고 합의한 것은 무엇일까?

미국이 입으로는 달러강세 유지를 외치고 미국채 가치를 보장하겠다고 하지만 브릭스 국가 정상들은 미국을 '불순물 섞인 금화'를 찍는 로마황제 보듯이 하고 있다. 달러지폐와 국채의 '인쇄공장'이 된 미국정부를 못 믿겠다는 것이다. 그러나 혼자서 얘기하면 아직은 겁이 나기 때문에 누가 큰소리를 내었는지 모르게 넷이 모여 합창을 하는 것이다. 결국은 달러에 너무 크게 쇼크를 먹었으니 달러를 대체할 새로운 통화를 만들자는 것이다.

이 중에서 노련한 중국은 2조 4,000억 달러의 외환보유고와 9,000억 달러의 미국채를 미끼로 미국의 간을 보고 있다. 한 방에 기축통화로 부상한다는 것은 낙타가 바늘 통과하기보다 어렵다는 것을 알기 때문에 경제력이 약화된 미국의 눈치를 보면서 기축통화시장에도 슬그머니발을 하나 담그겠다는 것이다.

지금 미국은 금융위기를 계기로 중국을 뺀 여타 국가에 대해서는 오히려 기축통화국으로서 위상이 더 세졌다. 유럽과 아시아가 금융위기로 초토화되면서 달러 수요가 급증하자 통화스와프를 해줌으로써 미국의 FRB가 세계의 중앙은행 역할을 하게 된 것이다.

엄밀히 보면 통화스와프는 미국이 만들어준 '달러 마이너스통장'이다. 개인에게 마이너스통장을 만들어주는 곳은 은행이다. 같은 맥락으로 미국이 전 세계 중앙은행의 역할을 하게 된 것이다. 그리고 이번에 통화스와프를 하면서 미국은 신용평가도 했다. 유럽에 대해서는 통화스와프를 무제한으로 해주고 못사는 아시아와 남미 국가에는 제한을 두었다. 1인당 소득수준과 경제규모에 따라 통화스와프에 신용 차등을 둔 것이다.

이 기회를 놓치지 않고 잽싸게 발을 담근 게 중국이다. 미국이 세계의 중앙은행 역할을 하는 동안 중국은 아시아의 지방은행 역할을 했다. 미국이 만들어준 마이너스통장의 한도금액에 불만이 있는 나라들을 대상으로 2조 4,000억 달러의 외환보유고를 담보로 통화스와프를 통해 마이너스통장을 만들어 팔았다. 미국만이 할 수 있는 기축통화 사업에 중국이 숟가락을 얹은 것이다. 그러나 여기에 대해 미국은 아무 소리도 안 했다. 중국의 아시아 지방은행 역할에 대해 묵인을 한 것이다.

중미 간 최대 핫이슈는 미국채 발행과 최대 외환보유국 중국의 위안화 절상이다. 이젠 미국이 중국더러 "위안화 절상해라"라고 해도 중국은 눈도 깜짝하지 않는다. '위안화를 40% 정도 절상하면 중국산 제품 가격이 올라서 미국에서는 물가상승으로 폭동이 일어날걸? 그래, 미국 당신들이 원하는 대로 한번 화끈하게 절상해줘 봐? 우리는 사회주의 국가고, 중국정부는 중국국민의 자산관리를 잘해야 하기 때문에 미국 놈들 너희 못 믿어, 지금 가진 9,000억 달러 국채 모두 팔아버릴 거야. 그리고 우리한테 잘해. 안 그러면 새로 발행하는 국채도 사기 싫어.' 이런 태세다.

미국은 금융위기로 국채를 매년 1~2조 발행해야 하는데 중국이 안 사주면 미국과 유럽만으로는 소화가 불가능하다. 중국이 안 사면 아시아 국가 전부가 뒤로 자빠진다. 큰일이 난다. 그렇지만 미국도 지지 않는다. '중국, 너 우리 국채 팔래? 팔아버려. 그러면 2조 4,000억 달러 네 재산도 깡통 되지. 너도 자폭할래? 국민들 재산 2조 4,000억 달러를 휴지조각 만들면 후진타오 선생 당신도 무사하지 못할걸?'

싸움 잘하는 개들은 서로 선수를 알아본다. 그래서 함부로 물거나 짖지 않는다. 미국과 중국은 서로가 서로를 묶는 패를 쥐고 있다.

미국은 국채발행에 따른 엄청난 규모의 이자지급에 묘수를 냈다. 미국의 금리를 0~0.25%로 거의 제로로 가져가 금리부담을 줄인 것이다. 경기회복을 위해 저금리를 유지해야 하고 만기가 돌아오는 국채와 신규발행하는 국채의 금리를 제로로 하면 만기상환국채의 재발행에 대한 이자부담이 없다. 미국으로서는 모든 위기극복에 필요한 자금조달과 부실기관 정리가 끝나는 동안까지는 제로금리를 유지해 자금부담을 줄일 것 같다.

가장 발전한 나라와 가장 빨리 발전하는 나라의 교체?

미국은 이번 금융위기로 강대국의 조건인 군사력, 경제력, 사회 시스템 중에서 경제력 부분과 일부 사회 시스템에 손상을 입었다. 일부 금융 시스템이 약화되고 군사력 측면에서 여러 위협이 있기는 하지만 이는 중동지역에서의 영향력 약화 정도일 뿐, 기축통화의 지위는 여전히 유지하고 있다.

또한 세계 곡물시장은 세계 최대 곡물기업인 카길을 비롯한 미국계 ADM, 콘아그라, 콘티넨털 그레인 등이 잡고 있고, 석유시장도 세계 최대 석유회사인 엡슨모빌 등 미국계 기업의 영향력이 여전하다.

엄청나게 풀어놓은 달러 때문에 돈이 제대로 돌기 시작하면 인플레이션이 생기고, 이에 인플레이션 방지를 위해 금리를 인상하면 미국채 가격이 폭락해 미국이 파산한다는 시나리오도 가능하다.

하지만 현실적으로는 미국의 금융위기로 금융기관의 자금중계 기능이 손상을 입어 금융의 중개기능 역할을 제대로 하지 못하고 있다. 월 스트리트의 재앙이 메인 스트리트로 감염되어 제조와 가계의 소비기반이 완전히 망가졌다. 주택가격이 하락하여 돈을 풀어도 마치 주식시장에서 '깡통계좌'가 생기는 것처럼 대출담보비율이 모자라 '깡통 하우스'가 생겨 집을 빼앗기고 길거리에 내몰린 사람이 너무 많아 소비가 쉽게 늘어날 수도 없는 형편이다. 또 제조업이 망가져 돈을 무한정 풀어도 투자가 늘어 고용이 쉽게 좋아질 수 있는 상황이 아니다.

미국이 인플레이션으로 곤란을 겪는다는 것은 한참 뒤의 얘기고 당장은 오히려 디플레이션 압력이 크다. 미국과 중국이 중미전략경제대화에서 출구전략은 없다고 합창을 한 것도 이 때문이다. 미국으로서는 인플레이션이 아니라 디플레이션이 지속되면 달러가치의 유지도 가능하고 달러가 강세로 유지되면 어설프게 외환보유고를 다변화하겠다는 나라들이 외화평가손으로 박살 날 수도 있어 미국 입장에서는 디플레이션이 그리 나쁘지 않다.

역사적으로 강대국의 패망에는 모두 임계점이 있다. 어떤 강대국이든 한 방에 가는 경우는 없고 서서히 시들어간다. 또한 외부 침입을 받아서라기보다는 임계점에 도달하고 내부적인 문제가 발생해 망했다. 이번 금융위기로 미국은 신뢰의 손상이 제일 크다. 신뢰는 한번 무너지면 쉽게 복귀가 안 된다. 이미 국제금융시장에서 미국의 달러 사용 비중은 2001년 72%에서 60%대로 낮아졌고 그 비중은 더 낮아질 전망이다.

미국은 역사 이래로 가장 심한 공황을 겪어본 나라고 전 세계 모든 나라의 금융위기에서 돈을 벌어본 나라다. 세계 각국에 금융위기가 생기면 넘쳐나는 값싼 물건들을 미국이 헐값에 건져 경제가 정상화될 때 팔아 대박을 냈다.

한국의 금융위기 때 은행, 부동산을 헐값에 건진 미국계 사모펀드와 투자가들이 세금문제로 시비는 있었지만 결과적으로는 대박을 냈다. 이번 금융위기에는 미국은 금융 시스템이 무너져 전 세계에 값싼 먹잇감이 널려 있어도 먹을 수가 없다. 이 와중에 미국을 대신해 중국이 넘어지고 있는 기업을 무차별로 사들이고 있다.

기축통화는 세계의 모든 상품에 대한 측정수단이자 저울이다. 도량형의 단위가 왔다 갔다 하면 그 저울은 더 이상 신뢰할 수 없다. 다른 대안이 없기 때문에 그 저울을 쓰더라도 항상 색안경을 쓰고 보고 결정적인 순간에는 저울을 바꾼다.

미국의 신뢰도에도 임계치가 있다. 지금 같은 속도로 부채가 늘어나면 미국은 10~20년 버티기 어렵다. 미국을 대체할 새로운 경제력이 부상하면 강대국의 지위는 바뀐다.

중국이 미국의 경제력을 추월하는 순간 최대 채권국인 중국이 미국

채권을 팔아버리면 미국은 어떻게 될까? 큰 것이 작은 것을 먹는 것이 아니고 빠른 것이 느린 것을 잡아먹는 상황이 온다. 지금은 가장 발전한 나라 미국이 가장 발전이 빠른 나라 중국에 추월당하는 날 세계의 패권은 바뀔 것이다.

역사적으로 보면 강대국의 말기에는 국가재정의 적자 지속, 화폐 대량발행에 따른 화폐의 신뢰성 상실이 생기면서 강대국이 시들어갔다. 과거 로마가 그랬고 영국 역시 이 전철을 밟았다.

미국의 경우도 달러가치가 임계치를 넘어 하락하게 되면 달러를 기축통화로 인정해주던 세계 각국이 달러를 버리고 유로, 엔, 위안화로 혹은 석유, 금 등의 원자재로 도피할 것이고, 달러 기축통화 체제는 무너지게 된다. 결국 부채대국 미국도 강대국 선배 국가들처럼 부채대국의 말로를 걸을 수밖에 없다.

3장

2020년, 새로운 대국 중국이 궐기한다

1_ 난쟁이들이 거인을 삼킨 짧은 역사 200년
2_ 역사의 수레바퀴는 다시 오른쪽으로
3_ 2019년, 중국이 미국 된다
4_ 중국의 파워
5_ 중국의 대외전략
6_ 중국의 산업전략

SECTION ___ 1

난쟁이들이 거인을 삼킨
짧은 역사 200년

18세기까지 세계의 중심은 아시아

세계 부(富)의 지도를 보면 유럽의 작은 나라 영국이 공업혁명을 일으켜 유럽을 공업화 단계로 이끌기 전까지는 아시아가 세계의 중심이었다. 아시아의 거인 중국과 인도는 경제력과 군사력, 문화 면에서 모두 서양과는 비교되지 않을 정도로 발전된 지역이었다.

중국과 인도는 큰 강을 끼고 있는 비옥한 농토를 배경으로 풍족한 생활을 하는 농업대국이었고, 의식주의 풍족함을 기초로 철학과 종교, 문화, 예술 전반에 걸쳐 유럽과는 비교가 되지 않는 수준 높은 정신문명을 이루었다.

세계 4대 발명품인 화약, 나침반, 제지, 활자기술 등 당시의 최첨단 기술과 산업은 모두 중국에서 꽃피었다. 중국은 차와 도자기, 비단을 생산해 식생활과 의생활에서 당시 최고의 '웰빙' 생활을 유지했다. 당대 최고의 발명품인 화약을 춘절과 경축일에 축하용 폭죽이라는 평화적인 용도로 사용했다. 나침반은 풍수지리에 입각해 묫자리와 집터를 고르는 도구로 사용했다. 활자와 제지기술로는 중국이 만든 공무원 채용시험인 사대부들의 과거제도 참고서를 만드는 데 사용했다.

반면 실크로드를 통한 동서 간 교역에서 중국의 4대 발명품을 공짜로 얻어간 가난한 유럽은 화약으로 살인무기를 개발하고, 나침반으로는 신대륙을 개척하는 데 사용했다. 그래서 유럽은 1500년대부터 지구가 평평하지 않다는 것을 알았고, 칼과 창보다는 화약으로 만든 무기가 세다는 걸 알았다.

유럽이 이런 작업을 하는 동안 중국은 사람의 '손'으로 만든 거친 섬유 재질의 옷이 아니라 누에가 생명을 다해 '입'으로 만든 부드러운 비단옷을 입었다. 또한 입으로는 원적외선이 나오는 흙으로 구운 손잡이 없는 도자기 찻잔에 비타민과 카페인이 함유된 최고의 신경안정제인 차를 따라 마셨고, 눈으로는 질 좋은 종이에 쓰인 한시를 읽으면서 형이상학을 논했다. 서양의 찻잔과 중국 찻잔의 차이는 손잡이의 유무다. 중국 찻잔은 손잡이가 없다. 손잡이가 없으면 뜨거운 차가 식을 때까지 기다려야 한다. 중국은 그만큼 여유로운 웰빙 생활을 한 것이다.

중국은 농업사회를 기반으로 축적된 부를 바탕으로 과학기술과 종교, 철학을 눈부시게 발전시켰다. 그리고 먹고 남은 물자를 교환하면서 내륙하천에 운하를 만들어 유통업을 발달시켰다. 중국 중세의 전성기였던 당나라와 송나라 시대에는 항저우가 이미 유럽 최대 도시였던 이탈리아의 베네치아보다 네 배 이상 큰 도시로 발전해 있었다. 당시 중국은 상업이 발달하여 요즘의 계산기라고 할 수 있는 주판을 발명해 쓰고 있었고, 상거래에서도 원시적이긴 하지만 환어음을 발행해 사용할 정도였다.

중국과 세계 주요국의 GDP 비중 추이

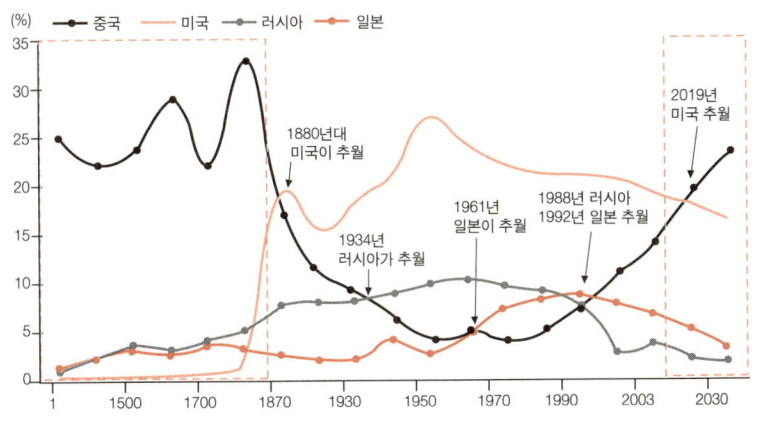

자료: Angus Maddison, *Contours of the World Economy 1-2030 AD*, Oxford Univ Pr., 2007.

콜럼버스가 신대륙을 발견한 횡재를 한 것도 마르코 폴로의 《동방견문록》을 보고 중국의 부를 동경해 아시아로 간다는 것이 방향을 잘못 잡아 대서양을 건너게 되어서다. 16세기에 유럽이 신대륙 개척이나 르네상스로 많이 발전한 것은 사실이지만, 영국이 산업혁명을 일으켜 유럽을 뒤집어놓은 18세기까지 사실상 유럽은 중국의 상대가 안 되는 수준이었다. 유럽이 세계의 중심이 된 것은 18세기 산업혁명 이후의 일이다. 불과 200년 만에 기술혁명을 통해 작은 유럽의 난쟁이들이 1,800년 된 거인을 삼켜버린 것이다.

유럽, 가난이 만든 강대국

1800년대까지는 문명의 수준이든, 삶의 질이든 모든 면에서 아시아가 유럽보다 월등히 높았다. 그러나 1800년 영국의 산업혁명을 계기로

최근 500년간 대국의 궐기

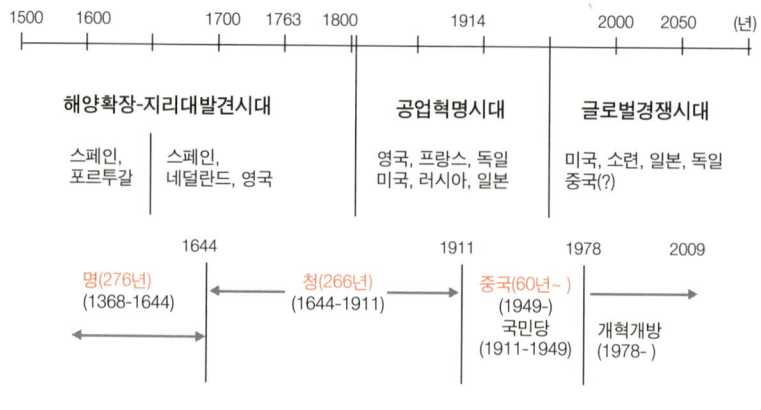

자료 : Kevin H Zhang, *Innovation Management*, Fudan University, 2009.

기술혁명을 통해 유럽의 작은 나라들이 아시아를 제치고 세계의 패권을 잡았다.

산업혁명과 기술혁명이 생활수준과 문명수준이 높은 아시아가 아닌 유럽에서 일어난 것은 가난 때문이다. 유럽은 거의 1,000여 년에 걸쳐 각국이 생존을 위해 치열한 경쟁을 했다. 부존자원이 취약하고 농업이 발달하지 못한 지역이었기 때문에 생존을 위한 학문과 기술개발도 빠를 수밖에 없었다.

유럽은 지형상으로나 기후상으로 풍요로운 지역이 아니다. 물자가 풍부하지 못했기 때문에 로마제국 이래로 각 민족이 서로 갈라져 먹고 살기 위해 서로 죽이고 죽는 생존전쟁을 할 수밖에 없었다. 이 때문에 전쟁기술 또한 아시아에 비해 월등히 발달하게 되었다.

동아시아는 중국을 중심으로 한 제국주의가 지역안정을 가져왔고 인구가 많고 농업이 발달했기 때문에 생산성을 향상시키거나 속도를 높이는 공업기술에 대해서는 관심이 적었다. 산업혁명 전까지는 인구증가 외에는 특별한 성장동력이 없었다. 중국은 인구증가가 계속 이어져 값싼 노동력이 지속적으로 공급되었기 때문에 인건비를 절감하는 기계장치 개발의 필요성이 적었다. 그리고 과거제가 발달했고 과거시험 내용도 문학 중심이어서 과학기술은 찬밥 신세였다.

중국은 봉건제도의 폐단을 알고 과거제도를 통한 전문 관료집단을 체계적으로 양성했다. 그 결과 과거시험 과목인 유교의 경전이 국가통치의 기본이었다. 이에 더해 중국은 사농공상의 계급사회로 농업의 생산성에 기반을 둔 사회였던 만큼 상인은 그저 물건을 사고팔아 차익만을 누리는 인종이라는 이유로 가장 천대받는 계급이었다.

1500년대부터 유럽의 작은 나라들은 척박했던 지리적, 역사적인 배경 때문에 해양을 개척하러 나섰다. 거친 해양과 맞서 새로운 영토를 개척하는 것이 국가의 부를 창조하는 길이었고 왕조의 패권을 강화하는 길이었다. 그래서 엄청난 위험이 있는 해양진출에 왕실이 나서서 투자와 지원을 했다. 요즘으로 말하면 국가가 리스크를 지고 벤처투자를 한 것이다. 그 결과 지리상의 대발견시대를 열었고 신대륙을 발견하는 쾌거를 이루었다.

반면 중국은 1400년대 중반부터 대외 무역거래를 금지하고 조공무역을 실시하면서 쇄국의 길로 들어섰다. 유럽의 동향에 대해서 깜깜했고 여전히 자신들이 세상의 중심이며 동아시아와 유럽 인종들은 황제의 은혜로 교화시켜야 하는 미개인이라 믿고 있었다. 그런 사이 세상의 중심이 뒤집힌 것이다.

정화(鄭和)와 콜럼버스의 비교

세계 전체 GDP에서 비중을 보면 중국은 18세기까지 1위였다. 그러나 1인당 GDP에서는 이미 1500년대부터 해양세력인 유럽에 밀리기 시작했다. 전 세계 GDP 비중도 급속히 하락해 1900년대에는 11%로 떨어졌고 공산주의가 집권을 막 시작했던 1950년에는 5%대로 추락했다.

콜럼버스가 신항로 개척을 통해 신대륙을 발견한 1492년보다 87년 먼저 중국의 명나라에도 '중국판 콜럼버스'가 있었다. 환관 출신인 정화(鄭和) 장군은 1405년부터 1433년까지 콜럼버스와는 비교가 안 될 정도의 대규모 함대를 이끌고 아시아는 물론 인도양을 건너 아프리카까지 30여 국가를 정복했다.

지금 중국이 해양대국 건설의 기치를 내걸고 역사의 벤치마크 대상으로 삼는 이가 바로 명나라 시대의 정화 장군이다. 우리가 이순신 장군을 해군의 상징으로 여기는 것과 같다.

시기상으로나 규모상으로나 유럽을 압도하는 해군을 가졌으면서 중국이 식민지를 통한 해양대국을 건설하지 못하고 1800년대에 들어와 유럽 해양세력에 초토화를 당한 이유는 무엇일까?

정화와 콜럼버스는 신분이나 항해 목적이 애초부터 달랐다. 콜럼버스의 항해는 먹고살기 위한 것이었고 정화의 항해는 레저 여행이었다. 중국은 먹고사는 것이 풍족한 선진국이었기에 먹고살기 위한 해양진출의 필요성이 애초부터 없었다. 정화의 해양진출 목적은 중국의 국위선양이었고 해외 세력들과 외교관계를 맺는 것이었다. 중국의 중화문화를 전파해 낙후된 이민족들을 교화하고 무역을 통해 중국의 선진제품을 제공하는 대신 후진국의 보물을 가져오는 것이었다. 그래서 중국은

정화와 콜럼버스의 항해 비교

	정화	콜럼버스
항해 시기	1405년	1492년
항해 횟수	7차	4차
선박 수	200척	3~17척
선박 크기	1500톤	수백 톤급
승선 인원	27,800명	121~1,000명

1434년에 해외무역을 금지하고 조공무역을 실시해 실질적인 쇄국정책을 시작했다.

함대를 지휘한 대장의 신분을 보면, 콜럼버스는 적을 치러 가는 함장이자 배를 가지고 목숨을 걸면서 무역을 하는 벤처 무역상이었다. 반면 정화는 요즘으로 치면 대통령궁의 최고위 측근인 고위공무원 신분이었고 역할로 치면 친선대사였다.

예나 지금이나 마찬가지지만 공무원은 정부물자를 아껴 쓰는 법이 없다. 정화는 초대형 호화 함선을 끌고 항해를 했지만 중국에 돌아오는 것은 별로 없었다. 한마디로 폼만 잡고 돈만 쓰고 돌아왔지 중국의 경제생활에 어떤 자극이나 변화를 주지 못했다.

환관 출신의 정화 장군에 대한 정통 관료들의 시기, 그리고 몽고족 침입에 따른 북방으로의 군사력 이동으로 해군의 힘은 급격히 줄어들었다. 그리고 일본을 포함한 해적들의 출몰로 해안지방은 매우 위험한 지역이 되었고 이 지역을 출입하면 해적으로 오인받을 지경이었기 때문에 물을 가까이 하는 것은 정치적으로 매우 위험한 일이었다.

또한 명나라 이후 중국은 인구 폭발기를 맞는다. 인구증가로 연료가 부족해지자 나무를 남벌하기 시작했고 이로 인한 목재가격 폭등으로 인플레이션이 생겨 배를 짓는 조선비용이 엄청나게 늘어났다. 또한 2만 명 이상의 많은 해군 유지에 재정이 파탄 날 지경이었다.

명나라에 이어 중국 대륙의 정권을 잡은 것은 바다를 한 번도 본 적이 없는 만주족 청나라였다. 청나라는 돈은 안 되고 경비만 왕창 들어가는 해군을 없애고 배들은 모두 장작으로 패서 난방용으로 써버렸다. 해양대국이었던 중국에 해군이 없어진 것이다. 중국의 비극인 아편전쟁에서 중국이 서양세력에 밟혀 100여 년간 세계사에서 잊히게 된 배경이 바로 이 때문이다. 아편전쟁 당시 유럽의 해양세력들에게 중국의 해안 수송선을 봉쇄당해 독 안에 든 쥐 꼴이 되어버린 것이 청나라가 망한 진짜 이유다.

연어가 되어 다시 돌아온 중국의 사상

수렵이 아닌 농업이 발달하면서 인류역사에는 먹고 남은 것을 저장하고 교환하면서 원시적인 자본주의가 생겼다. 그래서 원시적인 자본주의의 시작은 농업국에서 시작했다고 봐도 과언이 아니다. 중국은 역사적으로 보면 비옥한 황허강 주변에 전체인구의 80%가 모여 살았다고 한다. 정말일까 하지만 지금 한국을 보면 된다. 서울, 인천, 경기의 한강 주변에 전체인구의 70%가 모여 산다.

중국의 역사를 자세히 보면 300년을 넘는 왕조가 없다. 이는 중국은 '곱셈'이 아니라 '나눗셈'의 역사였기 때문이다. 강대국 중에서 아직까지 공산주의가 강하게 살아남은 곳이 나눠 먹기에 강했던 중국이라는 게 우연이 아닌지도 모른다.

중국의 역대 왕들 중에서는 거지 출신, 유랑민 출신 왕이 많다. 황허강은 용처럼 구불구불 휘어 있어 여름이면 항상 홍수로 범람했다. 한번 범람했다 하면 수십만에서 수백만 명이 이재민이 된다. 그래서 중국에는 "황허강을 다스리는 자가 천하를 잡는다"는 말이 있을 정도다. 현재 중국의 지도자인 후진타오 주석은 지금 중국의 최고 명문대인 칭화대 수리공정과에서 하천발전 분야를 전공했다.

황허강은 범람하면 흙 성분이 많아 모든 것을 평평한 땅으로 만들어버리기 때문에 남는 것이 아무것도 없다. 이재민은 모두 유랑민이 되고 떠돌다가 먹고살기 어려우면 이웃의 부잣집을 턴다. 남은 것을 서로 나눠 먹기 하자는 공산주의식 나눗셈의 셈법이 자연스레 등장한다.

그중 똑똑한 거지 두목이 하나 나타나 수십만 이재민을 설득만 잘하면 바로 나라를 하나 세울 수도 있었다. 홍수 피해가 없는 부잣집 재산을 털어서 같이 나눠 먹자는 게 거병과 건국의 명분이다. 명나라를 세운 주원장이 이런 유형의 대표적인 거지 출신 황제다. 이런 나눗셈의 역사이다 보니 중국은 역사상 300년을 넘어가는 왕조가 없다.

중국의 대표적인 통계학 책이자 세상원리를 담은 철학책인 《주역(周易)》에서 말하는 세상의 원리는 '음양의 변화'다. 세상의 양(陽)이 과도하게 넘치면 변란이 생기고 그 결과로 반대의 음(陰)이 강해져 세상은 다시 음이 주도하는 세상이 되고, 이런 식으로 세상이 균형을 맞추어간다는 것이다.

이런 중국의 사상은 유럽으로 건너가 정반합(正反合)이라는 헤겔의 변증법으로, 나중에는 공산주의 사상의 중요한 기초이론으로 데뷔하게 된다. 그러나 지금은 어설픈 나눠 먹기 체제를 가지고 경제를 파탄 낸 공산주의 종주국 소련의 붕괴로 잊혀진 이론이 되었다.

중국이 전수한 4대 혁신 발명품이 지리상의 대발견과 기술혁명을 거쳐 현대판 자본주의를 만들었고, 공업화의 부작용은 유럽에서 사회주의를 생기게 했다. 자본주의는 오른쪽으로 돌아 미국과 일본을 거쳐 한국의 남쪽에 머무르고 있고, 사회주의는 다시 왼쪽으로 왔던 길을 되돌아가 소련을 거쳐 중국과 북한에 이르러 멈추고 있다.

이번 금융위기로 사회주의 국가 중국이 자본주의처럼 날뛰고 있다. 자본주의 국가들은 다시 주요산업과 기업의 국유화를 거쳐 사회주의 색채를 띠고 있다. 재미있는 것은 사회주의와 자본주의의 원형들이 동서양을 한 바퀴 돌아서 한반도에서 만나 서로 악수하는 척을 하고 있다는 사실이다.

한국전쟁 이후 자본주의인 미국은 50년 우방으로 한국에서 단단하게 자리를 잡았고, 2003년 이후 사회주의 국가 중국은 한국의 최대 교역국으로 자리를 잡아 미국에 걸맞는 대접을 요구하고 있다.

우리 한반도가 500년 만에 동서양 체제가 다시 만나는 미팅 장소가 되고 있는 것은 분명한 것 같다. 앞으로 우리 한반도가 세계의 중심이 되는 걸까? 아니면 미국의 달러 패권과 중국의 위안화 패권이 북한을 빌미로 맞부딪혀 치고받는 격전지가 되는 걸까?

SECTION 2
역사의 수레바퀴는 다시 오른쪽으로

중국, +1840년, -138년, +30년의 역사

중국의 2,000년 역사에서 1840년간은 중국이 세계패권을 쥐고 흔들었지만, 1840년 아편전쟁 이후 사회주의 신중국이 건설되고 1978년 덩샤오핑의 개혁개방 정책이 시작되기 전까지 138년간은 중국 역사의 암흑기였다.

구체적인 수치로 보면 중국은 19세기 초까지 인구와 GDP 부문에서 세계시장의 37%, 33%를 차지해 모두 세계 1위였다. 그러나 공업혁명 이후 중국의 비중은 급강하해 4.5%까지 떨어졌다. 유럽과 미주는 1500년부터 상승을 시작해 1750년부터 가속적으로 커졌다. 1950년대 정점기에는 세계 GDP의 54%를 차지했다. 1950년대에 들면서 미국이 세계패권을 잡고 현재에 이르고 있다. 지금 세계 1위인 미국의 세계 GDP 비중은 24%선이다.

중국인들이 중국경제의 '설계사'라고 칭송하는 키 작은 지도자 덩샤

중국과 유럽의 1인당 GDP 비교

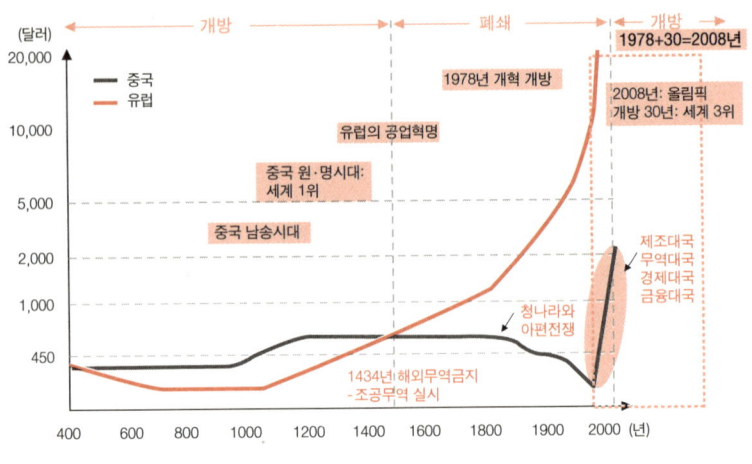

자료 : Angus Maddison, *Contours of the World Economy 1-2030 AD*, Oxford Univ Pr., 2007.

오핑의 혜안으로 중국이 개혁개방의 기치를 들고 나온 지 30년 만에 기적을 낳았다. 제2차 세계대전 이후 독일 라인강의 기적보다, 우리나라 한강의 기적보다 더 빠른 속도로 '황허강의 기적'을 만들어냈다. 30년 만에 중국이 세계의 '넘버투'로 올라선 것이다.

서방세계는 중국의 고성장에 처음에는 '중국 위기론'으로, 다음은 '중국 위협론'으로, 금융위기 이후에는 '중국 역할론'으로 시각을 바꾸었다. 170여 년 전 아편전쟁 이후 세계사의 한 페이지에서 중국이 사라졌다. 그 후 개혁개방의 기치를 걸고 잘살아보자고 마음먹은 지 불과 30년 만에 중국이 다시 미국을 위협할 강대국으로 역사의 전면에 올라선 배경은 무엇일까?

시간의 용광로 속에서 무엇이든 녹여내어 내 것으로 만들어내는 놀라운 능력을 가진 중국인들은 '인연'이라는 끈을 가지고 1,000년을 기

세계문명의 주도권 변화

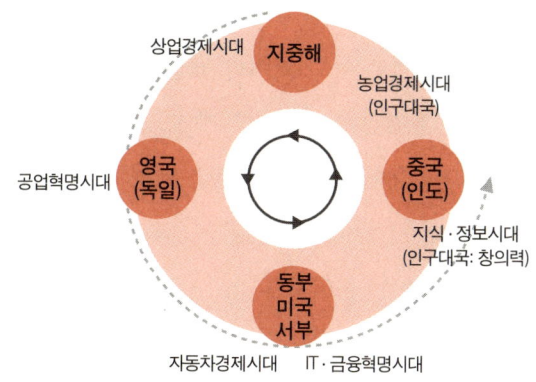

자료 : 한화상해투자자문

다릴 줄 아는 무서운 사람들이다. 1,000년을 기다릴 줄 아는 사람들에게는 100년은 잠깐이고, 10년은 순간이다. 4대 문명 중 2,000년간 살아남은 문명은 중국과 인도 문명이다. 최근 1,000년의 역사를 돌아보면 세계의 주도권은 동양에서 서양으로, 오른쪽에서 왼쪽으로 돌아갔다.

그런데 이제 세계의 주도권이 지구를 한 바퀴 돌아 다시 동양으로 옮겨오고 있다. 그 중심에 중국이 있다. 인도문명은 살아남긴 했지만 언어가 없어진 강탈당한 문명이다. 따라서 진정한 의미에서 살아남은 문명은 중국문명 하나밖에 없다.

아시아에서 시작된 농업경제 시대의 패권이 지중해를 거쳐 상업경제로 넘어갔다. 영국의 공업혁명 시대를 지나 대서양을 건너가 자동차경제 시대로 넘어갔다. IT와 금융혁명의 시대를 거치면서 미국의 시대를 만들었다. 이제 지식·정보화 시대가 왔다.

IT 시대가 오면서 인구가 무기였던 농업국가 시대처럼 인구대국이

다시 빛을 보는 시대가 왔다. 중국이 가진 '13억 인구'가 후기 정보화 사회에 최강의 무기가 될 것 같다. 고대 농업사회에서 황허문명이 세계 최강의 문화로 일어선 것은 세계 최대의 농업인구가 있었기 때문이다. 그리고 1,000년이 지난 지금 정보화 시대가 도래하면서 세계 최대 규모의 인구가 가진 '창의력'이 최고의 자산인 시대가 왔다.

아시아를 품은 자가 세계를 지배한다

지난 역사를 놓고 보면 아시아는 잘사는 세계의 중심이었고 유럽은 못사는 변방이었다. 농업의 발달로 아시아는 인구대국을 만들었고 인구대국은 바로 강대국이었다.

아시아의 선진문명과 높은 수준의 상품, 풍부한 먹을거리는 유럽과 서아시아 유목민족들에게는 항상 동경의 대상이었다. 아시아의 중심부를 품었던 맹주 중국은 자신들의 입장에서 소위 변방의 오랑캐들을 교화하고 중국의 수준 높은 문화를 전파하는 것을 자랑으로 생각했다.

서아시아와 유럽과의 교역 루트였던 실크로드의 역사에서 보면 중국은 지금으로 말하면 '하이테크 제품의 수출자'였고 서방은 호박, 유리, 은 등 진귀한 보석으로 이들을 사다가 자국민에게 '재판매하는 수입업자'였다. 좁고 척박한 땅과 자연환경에서 수많은 민족들이 치고받으면서 전쟁기술을 발전시켜온 유럽은 오래전부터 아시아의 풍부한 물산과 양질의 상품에 눈독을 들였다.

유럽 국가들이 대양항로 개척에 혈안이 되어 있었던 데는 이유가 있었다. 비단, 면직물, 도자기, 향신료, 차 같은 돈 되는 아시아 상품을 교역로 중간에 있는 산적, 즉 중앙아시아의 선비족, 돌궐족, 흉노족 등 무서운 기마민족들을 피해 안전하게 수입할 수 있는 루트를 확보하기 위함이었다.

그전까지만 해도 유럽은 금, 은 같은 귀금속 화폐도 부족하고 아시아 시장에 내다 팔 수 있는 변변한 물건도 없어서 아시아 상품을 마음껏 사들이지 못했다. 그런데 신대륙 발견이라는 횡재를 통해 그곳에 있는 엄청난 양의 은을 발견하게 된다. 이를 약탈해오면서 은이 굴러들어오게 되었다. 이렇게 하여 획득한 은은 당시 유럽의 어려움을 한 방에 해결해주었다. 유럽은 '신대륙의 은'을 통해 아시아의 하이테크 상품을 구매하면서 아시아 문화를 마음껏 맛볼 수 있게 되었다.

21세기가 된 지금 세계의 공장이 된 중국과 타이완, 한국, 일본 등 아시아가 제조하는 물건들이 없으면 서방세계의 슈퍼와 마트는 모두 문을 닫아야 한다. 서방세계는 아담과 이브 시대로 다시 돌아간다. 서방세계는 지금 '메이드 인 아시아(Made in Asia)' 없이 살아갈 수 없는 상황이다. 기술혁명의 후처리 생산공정을 전량 아시아가 담당하고 있고 금융혁명으로 21세기의 '은'은 바로 유럽이 신대륙이라고 불렀던 미국이 찍어내는 종이지폐 '달러'가 되었다.

2,000년 인류역사를 보면 시간이 흘렀어도 근세 200여 년의 짧은 시간을 제외하고는 아시아의 생산력이 예나 지금이나 세계경제를 끌고 가는 힘이었다. 아시아가 다시 스스로 패권을 찾으려면 서방세계와 또 한 차례의 '은의 전쟁', 즉 통화전쟁을 할 수밖에 없어 보인다. 그 전쟁의 중심에 아시아의 옛 맹주였던 중국이 서 있다.

강대국의 역사, 길면 200년 짧으면 50년

1500년 이후 세계는 9개 국가가 서로 패권쟁탈전을 벌여왔다. 이들 9개국의 평균적인 패권 존속기간은 100년이다. 존속기간이 가장 긴 나라는 영국으로 200년, 가장 짧은 나라는 일본으로 51년이다.

현재 세계의 패권을 쥐고 있는 미국은 패권을 잡은 지 이미 115년이 지났다. 세계 평균은 넘어섰다. 산업의 역사를 보면 패권의 변화는 항상 기술의 변화와 함께 왔다. 이번 금융위기가 세계역사의 패권이 변하는 변곡점이라면 신성장산업이 등장하면서 새로운 패권국도 점진적으로 부상할 전망이다.

세계의 패권을 산업 측면에서 보면 농업과 산업 제품에서 무역과 금융으로 넘어갔고, 미국이 패권을 쥐면서 에너지와 금융이 핵심이 되었다. 강대국 패권의 무기가 '은'에서 '금'으로, 다음에는 '달러'로 바뀌

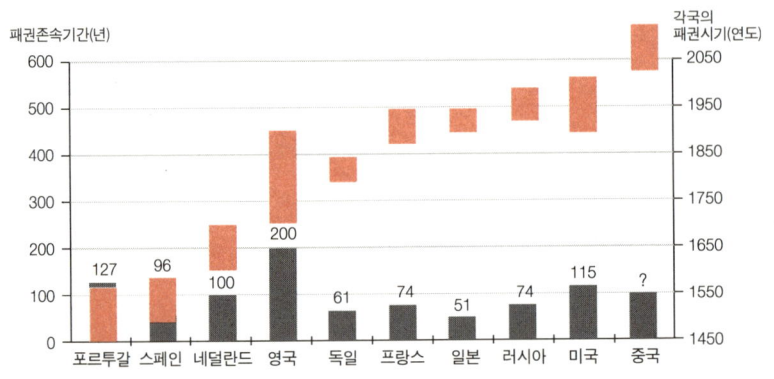

1500년 이후 세계의 패권변화와 각국의 패권시기

자료 : 한화상해투자자문

신기술 혁명과 패권국의 변화

주기	기간(년)	혁신산업	주도 국가
1주기	1771-1829	방직기, 증기기관	영국-공업혁명
2주기	1829-1875	증기, 철도	영국-쇠퇴, 미국·독일-궐기
3주기	1875-1908	철강, 전기, 중공업	미국·독일-마진확보·영국 추월
4주기	1908-1971	석유, 자동차	미국-대국궐기·부흥
5주기	1971-2008	정보통신, CT, Bio	미국-쇠퇴, 중국-대국궐기

었고, 달러가 석유로 대표되는 '에너지'로 넘어갔다.

이제 새로운 패권전쟁은 에너지 기술과 금융업에서 벌어질 가능성이 높다. 21세기 후기산업사회에서 모든 경제활동의 동력인 석유는 물과 공기와 같은 존재가 되었고 여기에 달러가 연동되어 있다. 화석연료 에너지로 구축된 세계경제의 구도는 석유 에너지가 태양과 바람으로 대체되는 클린 테크(clean tech) 기술혁명이 오면 어떻게 바뀌게 될까?

달러가치와 강대국의 금리가 장기하락하고 있다. 에너지 가격은 천정부지로 상승하고 있다. 태양과 바람이 석유를 대체하는 날이 오면 달러로 대표되는 기존 강대국의 패권구도도 한 방에 바뀔 가능성이 높다. 미국의 금융위기를 계기로 세계패권이라는 엄청난 이권을 두고 에너지 기술혁명과 기축통화를 먹잇감으로 큰 뱀을 중간치 뱀들이 물어뜯는, 보이지 않는 전쟁이 이미 시작된 것 같다.

SECTION ___ 3

2019년, 중국이 미국 된다

중국의 과거 두 번의 30년, 앞으로 30년

한 세대주기를 대체로 30년으로 보는데 중국의 현대역사에도 30년 단위로 몇 가지 재미있는 변곡점들이 있었다.

1919년(-90년) : 5·4운동 90주년
1949년(-60년) : 공산당 신중국 건국 60주년
1978년(-30년) : 개혁개방 30주년
2009년(0) : 금융위기 중의 궐기
2039년(+30년) : 신중국 건국 90주년(금융위기 30주년)

사회주의 중국 건국일 1949년을 기준으로 중국인들은 시간을 30년씩 앞뒤로 나누어 이렇게 평가하고 미래의 계획을 잡는다. 첫 번째 30년은 '사회주의 이상 추구의 30년', 두 번째 30년은 '사회주의 탐색의

30년', 세 번째 30년은 '사회주의 성공 실천의 30년', 네 번째 미래의 30년인 2039년까지는 '대국의 궐기를 사명으로 걸머진 30년'이라고 호언하고 있다.

1978년 이후의 중국의 경제성장은 놀랍다. 연평균 9.7%대의 고성장을 했다. 일본을 포함한 아시아 신흥공업국들의 고성장기에 비해서도 높은 수준이다. 일본을 제외한 여타 국가들은 인구 5,000만도 안 되는 작은 나라이거나 도시국가인 점을 감안하면 13억 인구의 초대형 국가가 두 자릿수 가까운 고성장을 30여 년간 지속했다는 것은 대단한 일이다.

아시아 국가들의 고성장 후기 10~15년간 연평균 성장률은 6% 수준이다. 중국이 6%대 성장을 한다고 가정하고 '72의 법칙(자산이 두 배 불어나는 데 걸리는 시간을 간편하게 계산하는 방법)'을 적용하면 12년 뒤면 (72/6=12이므로) 중국은 현재 경제규모의 두 배가 된다. 그 이후에는 연평균 4% 성장(72/4=18)을 한다고 가정하면, 30년 뒤인 2039년 중국 경

아시아 주요국의 고성장기 전후의 성장률 비교

국가	고성장 전기(년)	GDP 성장률(%)	고성장기 (년)	GDP 성장률(%)	고성장 후기(년)	GDP 성장률(%)
중국	1952-1978	6.15	1978-2005	9.74		?
일본			1955-1973	9.22	1973-2000	2.81
싱가포르	1960-1965	5.74	1965-1984	9.86	1984-2000	7.18
한국	1953-1962	3.84	1962-1991	8.48	1991-2000	5.76
홍콩	1966-1968	2.61	1968-1988	8.69	1988-2000	4.14
타이완	1951-1962	7.92	1962-1987	9.48	1987-2000	6.59
평균(일본 제외)						5.92

자료: 중국국가통계국, 한화상해투자자문

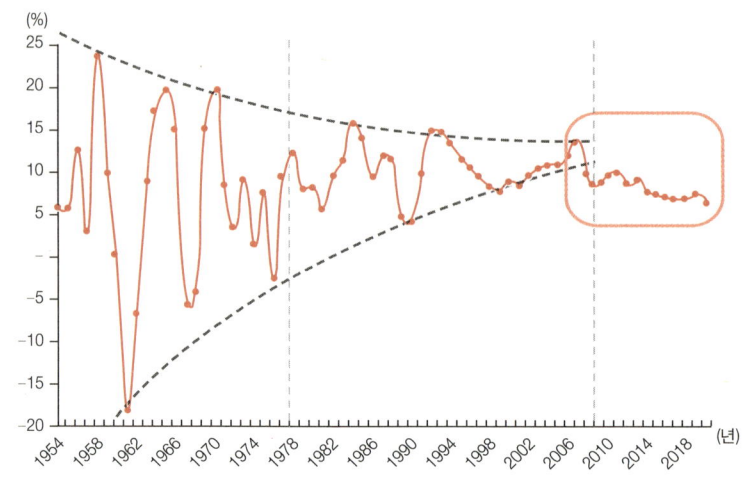

중국의 GDP 성장률 추이와 전망(1953~2020)

자료: 중국국가통계국, 한화상해투자자문

제 규모는 현재의 네 배가 된다.

중국 내부적으로는 어떤 목표를 가지고 있을까? 중국은 2049년에 신중국 건설 100주년을 맞는다. 중국 공산당 정부는 2049년까지 명실공히 국가의 모든 면에서 세계 최강 1위를 달성하는 것을 국가 목표로 삼고 있다.

국부의 측정수단 GDP, 철저한 '인구상품' 이다

일반적으로 한 나라의 국부를 측정하는 수단인 GDP는 자세히 보면 철저한 '인구상품' 이다. 고대에 한 나라의 국부는 인구와 영토로 결정되었다. 1500년 이후 기술혁명이 일어나고 나서는 기술과 인구의 곱이 GDP 성장을 결정하는 핵심요인이 되었다. 어쨌거나 영토가 변수가 되든, 기술이 변수가 되든 간에 변하지 않는 것은 인구였다.

스페인, 포르투갈, 네덜란드 등 유럽의 작은 나라들의 패권이 오래갈 수 없었던 이유는 바로 시장규모 때문이다. 밖에서 아무리 많이 벌어와도 시장이 작으면 그릇이 금방 차버린다. 아이슬란드 같은 서구의 고소득 국가가 이번 금융위기에 국가부도를 맞은 것도 이 때문이다. 도시국가와 작은 나라는 규모가 작아서 경제가 발전하면 생산원가가 금방 상승해버려 국제경쟁력이 바로 떨어진다. 그래서 영토나 인구가 큰 대국의 성장이 오래가는 것이다.

일본의 경우도 기술발전이 미국에 맞먹는데도 저성장을 하는 이유는 빠른 고령화에 따른 노동인구의 감소 때문이다. 이와는 달리 미국은 잘 만들어진 교육 시스템과 능력에 따른 신분상승 기회가 보장된 사회 시스템으로 전 세계의 영리한 인재들을 지속적으로 이민 오게 함으로써 강대국의 지위를 유지하고 있다.

중국이 과거 30년간 어느 국가도 따라올 수 없을 만큼 최단기에 고성장을 한 것은 아이러니하게도 공산주의와 인구정책 때문이다. 남녀평등의 공산주의 사상이 아줌마 인력을 생산과 사무 인력으로 끌어내 인구 가동률을 배로 높였다. 또한 너무 많은 인구 때문에 개혁개방을 시작한 이듬해인 1979년부터 정부가 실시한 '1자녀 갖기'의 가족계획(生育計劃) 정책이 여성인력의 육아시간을 축소시켜 사회활동의 기회를 확대했다.

또한 1자녀의 문제는 단기적으로 사회비용을 집중화하는 효과가 있어 자본 집약적인 육아를 가능하게 해 단기간에 고급인력을 양성할 수 있었다. 물론 30년 후에는 고령화의 재앙이 나타나겠지만, 현재 자본 집약적으로 양육된 중국의 고급인력 수억 명이 선진기술로 무장해 생산에 뛰어들면 어떻게 될까? 지금처럼 몸으로 때우는 수준의 낮은 생산기술과 생산수단에도 고성장을 했던 것과는 다른 차원의 변화가 생길 수밖에 없다

2019년 경제력에서, 2049년 군비에서 미국 추월

2009년 8월 《월스트리트》 저널이 미국 글로벌 인사이트(Global Insight)사의 예측을 인용해 세계의 공장인 중국 제조업의 규모가 2015년이면 미국을 추월할 것이라고 보도해 주목을 끌었다.

공동화되고 있는 미국의 제조업이 중국에 추월당하는 것은 시간문제인데 그 시간이 굉장히 빠르게 전개되고 있다. 이런 상황이면 미국의 무역수지 흑자 개선은 물 건너간 것이다.

그러면 중국의 GDP가 미국을 추월하는 것은 언제쯤이나 될까? 2008년 말 환율 기준, 미국 GDP는 14.3조 달러고 중국은 4.3조 달러다. 물가수준을 감안한 구매력 평가법으로 측정한 중국의 GDP는 7.8조 달러다. 중국이 연평균 6% 성장하며 환율이 2% 절상한다고 가정하고 미국이 연평균 2% 성장한다고 가정하면, 구매력 평가법으로는 10년 후인 2019년이면 중국이 미국을 추월한다. 환율법으로도 20년 후인 2029년이면 중국이 미국을 제친다. 구매력 평가법으로 계산해 중국이 5% 성장한다고 가정하면 2030년, 6% 성장한다고 가정하면 2024년이면 중국이 미국을 추월한다.

강대국의 또 한 가지 조건은 군사력이다. 스웨덴 국제평화연구소(SIPRI)에 따르면 2008년 기준으로 전 세계 군사비 지출 1위는 6,070억 달러인 미국이고, 중국이 2위로 849억 달러 수준이다.

중국의 GDP가 미국을 추월하는 시점 추정

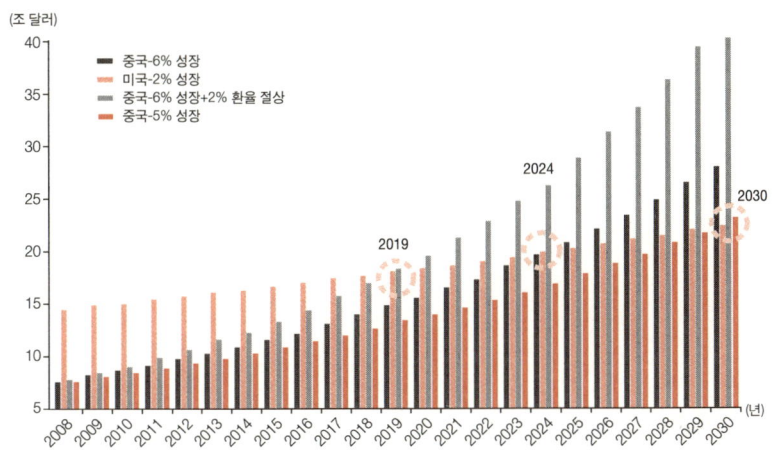

자료 : 국가통계국, 한화상해투자자문

미국이 세계 군사비의 42%를 차지하고 있는 데 반해 중국은 6%에 그치고 있다. 미국을 제외한 다른 상위 14개국의 전체 군사비 지출을 합쳐야 겨우 미국 하나에 맞먹는 수준이 나온다. 무기 수출에서도 미국은 69개국에 수출하고 있고 시장점유율도 31%에 달한다. 미국이 경제적으로는 부도가 나도 큰소리치며 사는 데는 이런 강력한 군사력이 있기 때문이다.

SIPRI는 2008년 전 세계에 실전 배치된 핵탄두가 8,400여 개고, 이 가운데 2,000개 정도는 수 분 내로 발사할 수 있는 수준이라고 보고 있다. 그 밖에 보관 중이거나 해체가 예정된 핵탄두는 전 세계에 2만 3,300개가 있다고 한다. 군사력으로 절대 강국인 미국이 후진국 전쟁광들에 대해서 최근 십수 년간 협박만 하고 강한 제재를 할 수 없었던 것도 이런 '핵무기'가 있기 때문이었다. 소국일지언정 자폭을 전제로

2008년 전 세계 군사비 지출 상위 15개국 비교

순위	국가	금액 (10억 달러)	세계 점유율	인당 지출액 (달러)	GDP 비중	1999-2008년 증가율
1	미국	607.0	41%	1,967	4.0	67%
2	중국	84.9	6%	63	2.0	194%
3	프랑스	65.7	4%	1,061	2.3	4%
4	영국	65.3	4%	1,070	2.4	21%
5	러시아	58.6	4%	413	3.5	173%
6	독일	46.8	3%	568	1.3	-11%
7	일본	46.3	3%	361	0.9	-2%
8	이탈리아	40.6	3%	689	1.8	0%
9	사우디아라비아	38.2	3%	1,511	9.3	82%
10	인도	30.0	2%	25	2.5	44%
11	한국	24.2	2%	501	2.7	52%
12	브라질	23.3	2%	120	1.5	30%
13	캐나다	19.3	1%	581	1.2	37%
14	스페인	19.2	1%	430	1.2	38%
15	호주	18.4	1%	876	1.9	39%
Top 5		882.0	60%			
Top 10		1084.0	74%			
Top 15		1188.0	81%			
세계합계		1464.0	100%	217	2.4	45%

자료 : www.sipri.org/yearbook/2009

핵무기를 가지고 덤벼들면 모두가 망하는 길이 되는 것이다. 군사력이 과거와 같은 큰 힘을 쓰는 시대는 아니지만 여전히 강대국의 필수조건 중 하나임은 틀림없다.

중국은 장기적인 국가전략으로 보면 군사대국으로 가야 하지만 드러내놓고 야욕을 보이지는 않는다. 대신 중국은 현재의 높은 경제성장에

중국과 미국의 군사비 지출 추정

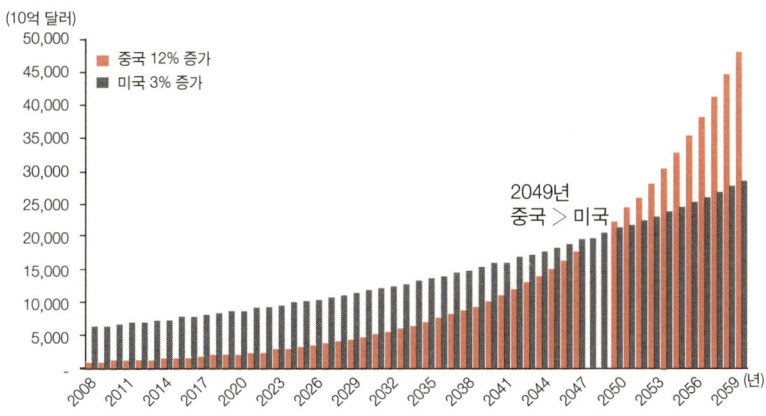

자료 : SIPRI 자료로 한화상해투자자문 추정

일정한 비율의 군사비 지출만 해도 시간이 가면 미국을 추월할 수 있다고 보고 있다. 미국은 1999년부터 2008년까지 군비지출을 연평균 67% 가량 늘렸지만 중국은 연평균 194% 증가시켰다. 현재 군사비 지출의 GDP 대비 비율을 보면 미국은 4%고 중국은 2%대다. 최근 3년간을 보면 중국은 연평균 10~16%, 미국은 2~5%의 군사비 지출 증가가 있었다.

중국과 미국의 경제력을 감안하여 중국이 군사비를 GDP 성장률보다 30% 정도 높은 12%, 미국이 3% 정도로 군사비 지출을 증가시킨다고 가정하면 중국의 군사비 지출은 2049년에 미국을 추월한다. 물론 군사비 지출 규모가 군사력을 결정짓는 모든 것은 아니다. 하지만 중국은 향후 30~40년 사이에 군사력에서도 강대국의 꿈을 실현할 가능성이 높다.

60년 공산주의가 가져온 재테크 폭발

　미국, 일본의 경우를 보면 전후 베이비붐 세대가 활발하게 활동했던 시기가 경제활력과 성장동력이 가장 강한 시기였다. 중국의 베이비붐 세대는 누구일까?

　요즘 중국 언론에 자주 등장하는 치링허우(70后), 빠링허우(80后)라고 하는 세대들이다. 1978년에서 1985년 사이에 태어난 인구들이다. 베이비붐 세대의 활동기를 45~50년 정도로 보면 중국 베이비붐 세대의 은퇴기는 2023~2028년 즈음에 나타난다.

　중국의 베이비붐 세대의 은퇴는 아직 15~20년의 시간이 남아 있다. 지금 중국경제가 활력도 강하고 생산이든, 소비든, 투자든 간에 엄청나게 강한 힘을 보여주고 있는 것도 이 때문이다. 2019년 즈음이 인구 구성 중 최대 비중을 차지하는 베이비붐 세대의 활동이 가장 왕성한 시기다.

　중국 고성장의 엔진은 다르게 보면 도시화의 빠른 진전과 국민들의 50%가 넘는 높은 저축률 덕분이다. 과거 한국도 고성장기에는 이와 유사한 패턴을 겪었다. 선진국의 경험으로 보면 이런 고성장에서 안정기에 들어가는 것은 도시화율이 60%대를 넘어서고 저축률이 15%대를 하회하면서부터다. 중국은 현재 46%대에 있는 도시화율이 매년 0.9~1.3%씩 증가하고 있는데, 이런 추세라면 향후 10~12년간 초고성장을 할 수 있다.

　중국은 종교를 인정하지 않는 공산주의가 집권한 60년 사이에 종교가 없어져버렸다. 그 바람에 2,000년을 내려온 전통사상인 유교가 사라졌다. 1966~1976년 문화대혁명 시절에는 철없는 공산주의 광신도들이 공자의 묘를 파헤치고 유교서적을 불태워버리기도 했다.

중국인들이 한때 한국의 TV 드라마 〈대장금〉에 열광한 것은 이영애 씨의 매력 때문이기도 하지만, 근본적인 것은 중국에는 이미 없어진 유교 전통의 원형을 중국의 변방 한국에서 발견하였기 때문이다.

전통적으로 황금을 좋아하는 중국인들은 공산주의의 옷을 입었지만 '돈 좋아하는' 본성을 속일 수가 없다. 1978년 개혁개방 정책이 실시되고 난 후 중국은 돈이면 뭐든지 다 되는 '이상한 공산주의'가 되어버렸다. 노동자, 농민의 당인 공산당의 전국인민대표대회 대표에 신흥재벌인 중국 최대 가전회사 하이얼(海尔)의 장루이민 회장이 등장했다. 한국으로 치자면 이건희 삼성전자 회장이 민주노동당 상무위원이 된 것이다. 앞뒤가 안 맞는 것 같은데 중국은 아무런 거부감이 없다. 물어보면 '중국의 특색(中国特色的)'이라고 하면서 웃기만 한다.

중국의 저축률이 50%가 넘는 높은 수준을 유지하는 데는 다 이유가 있다. 중국은 공산주의가 되면서 미래를 맡기고 의존할 '신(神)'이 없어졌다. 그렇다고 공산당이 종교는 아니다. 그러다 보니 '돈'이 자신의 미래를 맡길 수 있는 신이 되어버렸다.

중국은 사회주의에서 '중국 특색의 사회주의 시장경제'라는, 이름도 긴 요상한 형태의 시장경제 체제를 도입했다. 하여간 골자는 국가가 국민의 모든 생활을 책임지던 체제가 끝났다는 것이다. 그러자 미래에 불안을 느낀 국민들은 공산당보다 더 믿을 수 있는 건 돈이라고 생각하게 된 것이다. 이런 중국 국민들의 노후 불안이 중국의 은행과 보험산업을 세계 최대 규모로 키우고 있다.

앞으로 중국은 10년 안에 본격적으로 공업화 단계 후기에 진입한다. 공업화에 성공한 미국, 일본, 한국의 경험을 통해 알 수 있듯이 후기 공업화 단계에서는 신중산층이 폭발적으로 증가한다.

투기라면 세계에서 둘째가라면 서러워할 중국인들에게 공산주의 집권 60년 동안에는 그 투기의 기질을 보일 기회가 없었다. 하지만 국민의 경제생활 모두를 국가가 보장하던 시스템이 점차 개인이 스스로 책임지는 시스템으로 바뀌면서 중국에서는 재테크의 욕구가 폭발하고 있다.

60년간 중국인들의 DNA 속에 잠자던, 마작을 하면서 단련된 투기의 유전인자가 주식과 상품선물에서 부활하고 있다. 최근 3년간 중국 주가는 천당과 지옥 사이를 왔다 갔다 했지만 자본시장이 개방되어 있지 않아 외국인에게 핑계를 댈 수는 없다. 이는 중국 내국인들이 마작 하던 가락으로 주식에서도 화끈하게 실력을 보여준 것이기 때문이다.

SECTION ___ 4

중국의 파워

500년의 낙후를 30년 만에 회복한 힘

2008년은 중국이 '죽의 장막(the bamboo curtain)'을 걷고 자본주의 시장경제로 나온 지 30년이 되는 해였다. 중국은 1500년대까지만 해도 세계 최강자였고 4대 고대문명 중 유일하게 살아남은 문명의 발상지이기도 하다. 그러나 중국의 지난 100년은 청나라의 몰락과 공산당의 실정으로 인해 세계사에서 완전히 잊힌 시기였다.

그러나 1978년 개혁개방 이후 30년 만에 이루어낸 중국의 성적표는 놀랍다. 세계 최대인 2조 4,000억 달러의 외환보유고, 세계 최고의 경제성장률, 세계시장 1위 품목의 보유 개수만 170개, 이에 더해 세계 주식시장 시가총액 상위 10개 기업 중 5개가 중국 기업이다. '중국경제의 설계사'로 칭송받는 덩샤오핑이 검정 고양이든, 흰 고양이든 돈만 벌면 된다는 획기적인 발상으로 개혁개방을 시작한 지 30년 만에 중국은 다시 세계무대에 우뚝 섰다.

중국이 넓기는 하지만 사람이 살 수 있는 땅은 황허강과 양자강 주변, 그리고 동해안의 해변밖에 없다. 중서부와 북부지방은 모두 사막과 고원으로 사람이 살기 어려운 지역이다. 이 때문에 중국은 항상 자원과 식량이 부족했는데 이런 문제를 해상교역과 실크로드를 통한 교역으로 해결해왔다. 당, 원, 명나라만 보더라도 대외무역과 개방경제로 아시아와 유럽에 걸친 대제국을 건설했다. 이런 중국이 공산당 집권 이후 죽의 장막을 치고 폐쇄정책을 썼으니 잘살 수 없는 구조였다. 그런 중국 역사의 교훈을 현실의 정책으로 바꾼 덩샤오핑의 혜안이 무섭다.

단 30년 만에 500년의 낙후를 회복한 데는 3가지 요인이 복합적으로 작용했다. 첫째, 중앙 집권적인 정부의 일관된 정책이다. 둘째, 사회주의 정부였지만 정책에 있어서는 자본주의보다 더한 경제 중심의 정책을 지향했다. 셋째, 무엇보다 13억 인구가 신규 생산인력을 끝없이 보강해주는 인구대국의 강점이 있었다.

지도자들의 파워 – 정권교체의 소프트 랜딩 시스템

어느 나라건 국가발전에 가장 중요한 것 중 하나는 리더의 역할이다. 신중국 60년간 마오쩌둥, 덩샤오핑, 장쩌민, 후진타오라는 4대에 걸친 통치자를 거치면서 중국에는 정권교체의 노하우가 생겼다.

지금 중국정치는 혁명의 격동기를 지나 일당 집권체제로, 당내 정권교체의 '소프트 랜딩 시스템'이 만들어져 있어 다른 어떤 나라보다 상대적으로 안정되어 있다.

서방세계의 경우 임기제 대통령과 다당제로 정권교체가 이루어지면 한참 동안 혼란이 있다. 그 후 일정 기간이 지나고 나서 안정화 단계에 들어서지만 그때는 이미 임기의 절반이 지나 있다. 그래서 소신 있게 장기적인 국가발전 전략을 쓰기 어려운 맹점이 있다.

중국의 국가 지도자는 예비후보가 이미 20년 전에 간택되고 20년간 주석이 되기 위한 훈련을 받는다. 그리고 때가 되면 조국의 부름을 받아 최고 리더로 등극한다. 이러한 리더들은 대개 40대에 발탁되어 15~20년간 현장에서 발로 뛰면서 치열한 경쟁을 통해 지도자의 자질과 실력을 검증받는다. 이를 통해 살아남은 최우수 인재, 소위 '준비된 지도자'가 국가를 통치하는 것이다. 1942년생인 현재의 후진타오 주석도 40세였던 1980년 간쑤성 당서기로 발탁되어 20년간 현장경험과 실력을 쌓은 뒤 2002년에 주석 자리에 올랐다.

최근 20년간 중국은 문화혁명, 톈안먼사태 등 많은 격변기를 거쳤지만 정치 지도자들은 선배 지도자와의 약속을 반드시 지키는 '신뢰 정치'의 선례를 만들었다. 덩샤오핑은 차차기 대권주자로 자신의 최측근인 후야오방(胡耀邦) 총서기의 추천을 받은 후진타오라는 젊은 인재를 후계자로 내정했다. 덩샤오핑의 대를 이은 장쩌민은 비록 덩샤오핑이 아닌 원로들의 추천에 의해 3대 지도자 자리에 올랐지만 덩샤오핑과의 약속을 지켰다. 그는 중국의 두메산골 티베트의 당서기였던 후진타오를 중앙으로 끌어올려 당권을 물려주었다.

중국의 지도자들은 열심히 공부하는 지도자들이다. 2006년 11월 중국 CCTV에서 방영되어 크게 히트한 다큐멘터리 〈대국의 궐기〉는 15세기 이후 500년간 세계패권을 휘어잡았던 세계 9개국의 흥망사를 담은 것이다. 해양시대를 연 포르투갈과 스페인, 소국이지만 대업을 이룬 네덜란드, 공업화로 현대화를 이룬 영국, 격동의 세월과 춘추전국시대 속에서도 우뚝 솟은 프랑스와 독일, 1868년 메이지유신 100년 만에 대국으로 일어선 일본, 강대국 러시아와 소련의 몰락, 초라한 신대륙의 이민자에서 초강대국의 꿈을 이룬 미국 등이 강대국으로 부상한 비밀이 담겨 있고 대국의 패권이 어떻게 유혹당해 망가졌는지가 주된 내용이다. 이러한 〈대국의 궐기〉는 원래 중국 최고지도자들의 연수 교재였다. 진정한 대국의 길이 무엇이고 대국의 사고는 어떠해야 하는지를 지도자들이 먼저 공부하고 이를 전 국민에게도 보여준 것이다.

중국의 청와대 격인 중난하이는 자금성 왼편에 있는 명·청 시대 황제의 비밀스러운 개인 공원에 있다. 후진타오를 포함한 중국의 최고 정치 지도자들은 모두 여기에 모여 살며 집무를 본다. 한국은 물론이거니와 세계 어디에 중국처럼 대통령과 장관들이 국무회의 이외에 스터디그룹을 만들어 국가의 백년대계를 위해 밤새워 공부하는 나라가 있는가.

그리고 중국의 정치는 균형을 중시한다. 장쩌민 시대에는 상하이 출신들이 중국을 들고 흔들었다. 정권이 바뀌면서 지방색이 너무 강해지자 중국은 이제 지방색이 아닌 학연으로 권력의 틀을 바꾸었다.

지금 중국은 후진타오의 모교인 칭화대 출신들이 두각을 드러내고 있다. 그러나 내부적으로 견제와 균형이 있다. 당 서열 2인자인 시진핑은 칭화대 법학박사지만 상하이 당서기 출신이기도 하다. 후진타오와 같은 공청단 출신으로 시진핑의 자리를 노리는 실세 3인자 리커창은 베이징대 법학과 출신이다. 상하이와 베이징, 그리고 칭화대와 베이징대의 적절한 대립구조로 균형을 잡아놓은 것이다.

중국의 정치 지도자들을 보면 그 자질 또한 만만치 않다. 개혁개방을 주도한 덩샤오핑은 프랑스 유학생이고, 장쩌민은 상하이의 명문대 자오퉁대 출신이다. 현재 집권자인 후진타오 주석은 중국 대학 랭킹 1위인 칭화대 출신이다. 지금 전 세계 내각 각료들의 평균 학력을 비교해 보면 중국이 최고일지 모른다. 우리로 치면 모조리 서울대 출신으로 도배를 했다. 중국 후진타오 내각의 주요 정치 지도자들은 칭화대와 베이징대를 나온 엘리트들이다.

중국 30여 개 성(省)에서 칭화대나 베이징대 입학이 가능한 학생은 1개 성에 100여 명 안팎이다. 예를 들면 산둥성은 1개 성의 인구가 9,400만 명이고 이 가운데 100등을 하는 학생들은 한국으로 치면 대입 수험생 중 상위 50등 수준이다. 이 정도면 서울대 최고 인기학과에 들어갈 만한 실력이다. 이 정도의 실력이지만 중국에서는 그중에서도 상위 5~10% 안에 들어야 법대나 상대, 공대에 갈 수 있다. 따라서 중국의 정치 지도자들을 학력만으로 본다면 베스트 중의 베스트들이다.

13억 인구 중 연간 3,000~4,000명만이 입학할 수 있는 칭화대와 베이징대 출신의 얼굴을 보면 순박한 시골 아저씨 같은 인상인데, 정책을 만들고 집행하는 걸 보면 정말 기가 막힌다. 그 철저함에 완전히 다른 사람을 보는 것 같다. 이들은 학교 졸업 후 현장에서 30~40년간 행정과 실무경험을 쌓은 실무와 정치의 전문가들이다. 그만큼 판세를 잘 읽는다.

금융위기로 전 세계 금융가에 시체가 널려 있고 똥값에 건져올릴 물건이 수두룩하지만 2조 4,000억 달러나 되는 현금을 가지고 있는 중국 정부는 거들떠보지도 않는다. 중국의 금융은 이번 세계적인 금융위기에서 유일하게 손상을 입지 않은 시스템이지만 서방세계 시스템에 비하면 수준이 떨어지기 때문에 '독이 든 사과'를 먹지 않겠다는 것이다. 마귀할멈의 유혹에 넘어간 백설공주는 1,000년을 잠들었지만 중국은 새로운 금융 시스템의 구축을 꿈꾸고 있다. 금융기업을 사는 것이 아니라 금융인재를 산다는 전략이다.

IB(Investment Bank)네, 첨단 금융기법이네 하지만 결국 금융업은 '종이'와 '연필', '사람'만 있으면 되는 업종이며 이 중 핵심은 사람이라는 것을 중국은 잘 알고 있다. 중국은 지금 월가에서 바겐세일하는 금융 기술자들을 대거 헌팅하고 있다. 이 금융 기술자들이 2~3년 뒤에 중국의 2조 4,000억 달러의 자금을 가지고 한바탕 배팅을 하면 전 세계 금융시장의 판도는 또 어떻게 될까?

인력의 파워 – 630만 명의 대학생, 연 13만 명의 유학생

기업이나 국가 모두 인재가 제일 중요하다. 중국의 경우 현재 40대 후반에서 50대들은 국제화 수준이 현저히 떨어진다. 영어를 자유자재로 구사하는 인력은 가뭄에 콩 나듯 한다. 중국은 1966년부터 1976년까지 구시대의 문화유산을 청산하고 부르주아를 없애버린다는 명분으로 마오쩌둥을 지지하는 문화대혁명이 일어났다.

대학생과 고등학생이 주축이 된 1,000만 명이 넘는 홍위병들이 난동을 부리는 바람에 대학도 문을 닫고 교수와 학생들은 농촌과 공장으로 가서 노동을 해야 했다. 이 바람에 중국은 66~76학번 대학생이 없다. 그 후 대학이 문을 열었어도 처음 4~5년간은 공부가 제대로 될 리 없었다. 그래서 지금 중국의 기성세대인 40대 후반과 50대들은 제대로 된 대학교육을 받지 못했고 이 바람에 영어가 약하다.

자식 잘되는 데 돈 퍼넣는 건 중국도 못 말린다. 경제가 발전하고 한 자녀 갖기 정책이 시행되면서 중국 전역에 교육열이 불타올랐다. 교육의 집중이 엄청난 수의 고급인력을 쏟아내고 있다.

지금 중국은 연간 대학 졸업생 수가 630만 명이다. 그리고 최근 3년간을 보면 해외 유학생 수가 40만 명으로 연평균 13만 명이다. 1년 대학생 인구가 한국 전체인구의 14%에 달한다. 이는 공부하는 대학 재학생이 한국 인구의 절반이고 8년이면 한국 인구만 한 숫자의 고급인력이 대학 졸업장을 달고 산업역군으로 등장한다는 뜻이다. 1978년 개혁개방 당시 대학생이 20만 명, 유학생이 2,000명 수준이었던 점을 고려하면 경제발전만큼이나 놀라운 고급인력의 증가다.

1978년 개혁개방 이후 2008년까지 중국의 해외 유학생은 총 117만 9,000명이다. 이 중 28만 6,000명만 중국으로 돌아왔고 나머지는 해외에서 살고 있다. 2006년 조사에 의하면 중국인들이 영어권 국가에 유학 가서 박사학위를 받고 교수가 된 인력이 5,697명이나 된다. 이 중 71%가 미국 대학에서 교편을 잡고 있다. 지금 중국의 연간 박사 배출 수는 5만 2,000명으로 미국의 5만 1,000명을 넘어섰다.

한국경제가 고성장하게 된 중요한 동인 가운데 하나가 교육이었던 점을 생각하면 이들 중국의 엄청난 고급인력이 앞으로 이루어낼 성장이 자못 두렵다.

시장의 파워 – 세계를 흡입하는 중국 상위 10%의 힘

한국에서 한겨울에 식사 후 수박을 디저트로 주는 식당은 아마 최고급 식당일 것이다. 그런데 중국의 어지간한 식당에 가면 항상 디저트로 수박이 나온다. 여름에도 나오고 겨울에도 나온다. 남쪽지방에 가도 나오고 북쪽지방에 가도 나온다.

중국은 열대부터 온대까지 기온분포가 모두 존재하는 나라다. 1년 사철 여름인 데다 인건비 싸고 비옥한 남쪽지방에서 나는 수박을 북쪽 지방에서 사다가 손님에게 서비스하는 것이다. 중국은 1개 나라가 아니라 34개 나라다. 그래서 평균이 없다. 충칭 시는 1개 시의 인구가 2,800만 명이다. 산둥성, 광둥성, 허난성은 1개 성의 인구가 9,000만 명이 넘어선다.

중국에 대한 서방세계의 오해 가운데 하나는 중국은 수출이 안 되면 망하는 나라라는 것이다. 하지만 최근 10년간을 보면 실제로 GDP에서 수출의 기여도는 최고 24%에서 최저 0.1%에 불과하다. 내수와 투자가 GDP 성장을 이끄는 중심이고 수출은 오히려 변동성을 만드는 변수다. 이는 13억 인구가 먹고, 마시고, 입어야 하는 시장이 너무 큰 대국이기 때문이다.

한국의 미국 진출 프로야구 선수는 경기실적이 조금만 나빠도 바로 보따리 싸서 집으로 보내진다. 반면에 미국 휴스턴 로키츠에 소속된 중국 출신의 대표적인 꺽다리인 NBA 농구선수 야오밍은 엄청난 연봉과 대접을 받으면서 롱런을 하고 있다. 야오밍은 2002년에 미국에 건너가 벌써 7년째 언론의 스포트라이트를 받고 있다. 미모의 중국 다이빙 선수 궈징징이 출전하는 경기는 미국의 모든 언론이 주목한다. 구단과 언론사는 입장료와 시청률과 연동된 광고료에 목을 맨다. 5,400만 명의 화교와 13억 중국 시청자들이 바로 중국 출신 스타들의 고액 연봉과 언론 스포트라이트의 든든한 배경이다.

이제 중국의 13억 인구가 만들어내는 내수시장을 다시 봐야 하는 것은 13억 인구가 아니라 엄청난 속도로 늘어나는 상위 5~10% 중산층과 부자들의 소득증가와 소비수준 때문이다. 13억 인구에게 양말 한 짝씩을 팔아도 13억이라는 장사 셈은 중국을 잘 몰랐던, 그리고 중국이 못살았던 시대의 버전이다.

상하이, 베이징, 광저우의 1인당 GDP는 1만 달러대다. 이들 도시의 인구수는 한국 전체의 인구수를 넘어선다. 경제성장과 함께 구매력이 뒷받침된 인구가 엄청나게 늘어난 것이다. 서울에서 부산까지 고속도로를 타고 가면 벤츠, 아우디, BMW 같은 고급 외제차를 100대 중 서너 대꼴로 보지만, 상하이나 베이징의 도로에서는 5~10대 중 한 대꼴로 볼 수 있다.

지금 중국이 전 세계 다국적기업들의 주목을 받는 것은 13억 인구 때문이 아니라 상위 5%인 6,500만 명의 소비 때문이다. 중국의 상위 5%는 한국의 부자들보다 더 잘사는 사람들이다. 이들은 BMW와 벤츠의 최신 모델이 나오면 나오는 즉시 구매하고 전 세계 명품을 온몸에 휘감고 사는 사람들이다.

서울 광화문 같은 베이징 중심에 동팡광창이라는 쇼핑몰이 있다. 홍콩의 부호 리카싱이 건물을 지어 국가에 기부채납하고 지하공간은 분양받았다. 이 지역이 베이징 최고의 명품 거리다. 한국에는 없는 전 세계의 모든 명품 브랜드가 입점해 있다. 1인당 소득이 3,000달러대인 나라에 수백만 원짜리 핸드백이 물건이 없어 못 판다.

한 번에 550명의 승객을 태우고 날 수 있는 비행기가 에어버스사의 A-380이다. 퍼스트 클래스의 시트가 호텔처럼 안락하게 되어 있어서 하늘의 날아다니는 5성급 호텔이라는 별칭이 있을 만큼 전 세계 비즈니스맨들이 모두 타고 싶어 하는 최신형 비행기다. 에어버스 380의 아시아 첫 비행지가 중국 베이징이었다. 중국의 비즈니스와 부자들의 힘이다.

정보화 시대, 글로벌화 시대 그리고 금융에 국적이 없어지는 시대가 되면서 이제 국가보다는 시장이 중요해지는 시대가 되었다. 기술과 산업의 이전 패턴도 과거와 다른 모습을 보여주고 있다. 이제는 선진국, 중진국, 후진국으로 순차적으로 넘어가던 과거의 기술이전 패턴과는 상관없이 시장만 있으면 기술, 인력, 자금이 한 방에 넘어가 바로 생산으로 돌입해 세계적인 경쟁력을 확보해버린다.

지금 중국이 이 패턴의 수혜를 최대로 보고 있다. 포춘 500대 기업의 대부분이 중국에 생산, 판매, 심지어 연구개발 센터까지 이전하고 있다. 중국 제조업이 2015년에 미국을 제친다는 것이 빈말이 아닌 것이 바로 이 때문이다.

13억 인구가 아니라 중국의 상위 5~10%인 6,500~1억 3,000만 명의 구매력을 갖춘 시장이 전 세계 최고를 자랑하는 정상급 기업들의 기술과 제품, 연구개발을 빨아들이고 있다. 중국 기업들은 이런 국내 소비자들의 소비수준을 맞추기 위해 비록 지금은 이들 제품을 모방한 짝퉁을 만들면서 선진기술을 벤치마크(?)하고 있지만, 중국인의 기질과 장사꾼의 특성을 고려한다면 10년 안에 오리지널을 뛰어넘는 중국산 명품이 쏟아져 나올 가능성이 높다.

토지의 파워 – 세계 최고 SOC 건설의 비결

중국 기업의 재무제표에는 토지라는 계정과목이 없다. 왜냐하면 모든 토지는 국가 소유고 기업은 단지 50~60년간 빌려 쓰면서 임차료만 내기 때문이다. 중국 기업이 단기간에 고성장하고 높은 수익을 내는 것도 서방세계와는 달리 고정비인 토지의 원가가 상대적으로 적게 계상되어 같은 조건이라면 손익분기점에 빨리 도달할 수 있기 때문이다.

중국의 최대 부자는 국가다. 중국은 국가가 토지를 소유하고 있기 때문이다. 토지는 모든 경제활동의 근본이고 이 토지를 시작으로 재테크가 시작된다. 서른 살도 안 된 양후이옌이 중국의 1위 부자가 된 것은 중국 최대의 부동산 재벌인 양궈창을 아버지로 둔 덕분이다. 땅 위에 서 있는 모든 자산은 세월이 가면 값이 떨어지지만 땅값은 반대로 올라간다.

경제개발의 시작은 공단 토지조성에서부터 시작된다. 그래서 토지는 가장 부가가치가 높다. 이 때문에 모든 부정부패와 큰 뇌물사건은 토지와 연관이 있다. 중국에서 계속 언론에 오르내리는 관리들의 부정부패 대부분이 인허가 건과 관련된 것인데 그 인허가의 내용은 주로 싼 토지를 정부로부터 불하받는 것과 관계가 있다.

중국의 경우 이런 토지 시스템이 경제개발 단계에서 중요한 SOC를 가장 빨리 효율적으로 건설할 수 있게 한 비결이다. 중국이 5종7횡으로 고속도로를 건설하고 중국 전역에 도로망을 거미줄처럼 깔 수 있는 비결도 국가의 토지소유에 있다. 한국은 경부고속도로를 하나 더 건설한다고 하면 주변 땅값 때문에 고속도로 건설비보다 토지보상비가 더 들어간다. 그러나 중국은 그럴 걱정이 없다. 언제든 땅주인인 국가가 땅 내놓고 이사 가라면 가야 하기 때문이다.

베이징에 가보면 신기한 것은 1,000년 된 도시 한복판에 신호등 하나 없는 왕복 8차선 시내 순환도로가 4개나 있다는 것이다. 베이징을 교통지옥이라고 하지만 신호등이 하나도 없이 설계된 이 순환도로가 없었다면 베이징 시내는 아마도 지금보다 더 심각한 교통지옥이 되었을 것이다.

천년고도에 8차선 순환도로를 뚫을 수 있는 나라는 전 세계에 중국밖에 없다. 국가가 토지를 보유하고 있기 때문에 가능한 일이다. 중국의 공항, 철도, 항만, 고속도로의 건설규모나 속도가 빠른 것도 같은 맥락이다.

중국의 토지보유 시스템은 시대흐름에 한참 뒤처진 것처럼 보이고 한편으로는 자원의 비효율이 클 것처럼 보이지만 중국 같은 개발도상국에서는 가장 필요한 SOC 건설에서 가장 경쟁력을 높일 수 있는 수단이다.

현금의 파워－2.4조+3조 달러가 레버리지를 걸면

세계무대에서 사라졌던 중국이 2008년에 올림픽을 계기로 '금융의 갑옷'을 입고 화려하게 부상했다. 지난 30년간 중국은 값싼 노동력과 외자를 기반으로 제조대국을 이루었고 무역을 통해 세계 1대 교역국이 되었다. 제조업의 경쟁력에 힘입어 엄청난 무역흑자가 생기면서 세계 최고의 달러 보유국이 되었다.

그런데 중국은 지금 넘치는 달러가 문제다. 제조대국, 무역대국에서 진정한 경제대국이 되기 위해서는 금융대국이 되어야 한다는 게 중국의 생각이다. 200여 년 전 중국은 도자기와 비단, 차를 팔아 전 세계의 은(銀)을 광저우에 모았고 이 과도한 유동성이 결국 서구열강의 침략을 몰고 왔다. 역사의 경험으로 중국은 넘치는 유동성이 서구열강들을 다시 몰려들게 할 가능성이 있다고 보고 있다. 이미 발 빠른 헤지펀드들과 IB들은 중국에 돈을 묻고 있다.

중국은 매년 3,000~4,000억 달러씩 늘어나는 외환보유고의 증가를 막기 위해 세계 원유시장에서 기름을 사재기하고, 그래도 모자라 이젠 달러를 직접 해외로 퍼내는 작업을 하고 있다. 세계금융시장이 혼란에 빠진 지금 중국은 이미 2008년에 2,000억 달러짜리 국부펀드를 만들어 놓고 아시아와 전 세계 주요기업을 대상으로 쇼핑을 하고 있다.

세계의 패자로 군림해온 미국은 지금 금융위기로 국가부도 사태에 직면해 있다. 세계는 온통 미국의 신용위기로 금리를 내리고 있지만 중국은 오히려 금리를 올릴 준비를 하고 있다. 불황에 거상이 나고 난세에 영웅이 난다고, 이런 전 세계적인 쇼크에 세계 최대 규모의 달러를 가진 중국의 힘에 눈이 가는 것은 어쩔 수 없다.

금융산업이 발달하지 않은 탓에 중국은 아직 레버리지를 걸 줄 모른다. 중국은 대출도 은행예금의 75% 안에서만 한다. 중국의 돈이 레버리지 거는 것을 배우면 어떻게 될까? 중국의 GDP가 4조 달러, 외환보유액이 2조 4,000억 달러나 된다. 해외로 나가 성공한 4,800만 명의 화교들과 개혁개방 이후 해외로 나간 600만 명의 신(新)화교들이 보유하고 있는 돈도 3조 달러가 넘는다.

초록은 동색이다. 중국의 화교들은 해외에서 몇 세대를 살아도 모국어를 잊지 않는다. 국적은 미국, 유럽, 아시아로 제각각이지만, 자기들은 옛 당나라 사람이라는 뜻으로 스스로를 탕런(唐人)이라고 부르면서 고국을 잊지 않는다. 유별난 중국인들의 고향사랑, 조국사랑을 고려하면 중국 본국이 손짓하면 언제든지 연합해 세계시장을 향해 나올 수도 있다.

SECTION 5
중국의 대외전략

팍스시니카 전략 – 도광양회에서 유소작위로

중국은 다시금 세계 1위 자리를 노리는 숨은 맹수다. 대국으로 부상하기 전에 숨어서 힘을 기르고 때가 되면 나선다는 것이 중국의 외교전략이다. 중국 대외정책의 큰 흐름을 보면 덩샤오핑에서 후진타오까지 오면서 도광양회, 기미정책, 화평굴기, 유소작위, 부국강병으로 가고 있는 모습을 보여준다. 지금 중국은 부국강병으로 가는 과정에서 유소작위를 중시하고 있다.

도광양회(韜光養晦)는 빛을 감추고 어둠 속에서 힘을 기른다는 전략이다. 도광양회는 나관중의 소설《삼국지연의(三國志演義)》에서 유비가 조조의 식객 노릇을 할 때 살아남기 위해 일부러 몸을 낮추고 어리석은 사람처럼 행동하여 조조의 경계심을 풀도록 만들었던 계책이다. 개방 초기 중국의 전략이다.

기미정책(羈縻政策)은 주변국을 말의 굴레나 소의 고삐를 통해 우마를 부리듯이 간접적으로 통치한다는 전략이다. 이미 유럽이나 미국에 비해 산업화나 시장경제에 뒤처졌기에 우선 내실을 도모하는 정책이다.

화평굴기(和平崛起)는 세계 속에서 평화롭게 산처럼 우뚝 선다는 전략이다. 유소작위(有所作爲)는 적극적으로 참여해서 하고 싶은 대로 한다는 전략이다. 중국은 후진타오가 등장하면서 경제력뿐 아니라 국방력에서도 국제적 위력을 행사하고 있다. 이는 최종 단계인 부국강병(富國强兵) 정책의 전 단계다.

팍스아메리카나를 잡을 중국의 팍스시니카(Pax Sinica) 전략은 강대국 미국에 조심스레 접근하고 힘을 키워 하고 싶은 대로 한다는 것이다. 군사력은 경제규모를 키워서 따라잡는다는 전략이다. 문화력은 아시아를 먼저 접수하는 것이 중요한데 공산주의로가 아니라 충과 효를 중시하는 '공자사상'을 중심으로 접수한다는 전략이다.

중국은 2004년부터 중국어를 배우는 외국인을 2010년까지 1억 명으로 늘리는 중국어 세계화 프로젝트를 시작했다. 이미 아시아는 물론 아프리카 중남미까지 전 세계에 '공자(孔子) 연구소'를 세워 중국의 문화력을 전파하고 있다.

경제력 측면에서는 제조업 중심에서 금융서비스 중심으로 성장의 축을 옮기고, 자본력에서는 주식시장을 육성해 세계 1위로 만들어 중국이 전 세계 자본의 운용과 조달의 장으로 만든다는 전략을 갖고 있다. 먼저 은행과 보험을 국제화시키고 중국증시의 규모를 키워, 국제화를 하면서 증권업도 세계 1위로 만든다는 계획을 세우고 있다.

경제에서 중요한 것은 소프트파워다. 금융이든 서비스업이든 노하우는 사람의 머리에 있다. 중국은 기술을 사는 것이 아니라 전문인력을 대량으로 스카우트하는 전략을 쓰고 있다. 해외 유학파들을 하이구이(海

龜), 즉 '돌아온 거북이'로 환영하고 자본주의에서 성공한 5,400만 화교의 자원과 네트워크를 통한 인력 수입에 박차를 가하고 있다. 그래서 지금 중국에는 '리에토우(獵頭)'라 불리는 전 세계 헤드헌터 회사들이 몰려들어 성업을 이루고 있고 헤드헌터 사업이 초호황이다.

유럽과 미국을 축으로 이루어진 세계 경제구도에서 중국은 먼저 유럽에게는 '병 주고 약 주기'를 하면서 200년 전 아편전쟁 때 당한 원수 갚기를 하고 있다. 금융위기로 망한 유럽에서 중국은 G20회담 전에 대규모 구매 사절단을 끌고 가 한 방에 150억 달러씩 물건을 사주면서 자신들의 발언권을 높였다. 그런데 프랑스가 어설프게 달라이 라마를 접견하고 티베트를 옹호하는 발언을 했다가 중국이 프랑스에 대한 구매계획을 취소하는 소동으로 혼쭐이 났다. 결국 사르코지 대통령이 뒷문으로 가서 중국 대표에게 사과하기에 이르렀다.

미국에 대해서는 '돈 빌려주고 왕관 뺏는 전략'을 구사하고 있다. 미국이 중국에 FDI(Foreign Direct Investment, 해외직접투자)를 많이 한 게 아니라 중국이 미국 국채를 산 규모가 더 크다. 계산해보면 중국이 미국에 FDI를 한 것이다. 중국은 미국이 위안화 절상 문제를 들고 나오면 오히려 위안화를 절하해버린다. 중국은 미국의 공장이다. 공장이 멈춰버리면 미국의 생필품 공급이 중단된다. 중국이 배 째라 전략으로 가도 미국은 다른 대안이 없다. 속수무책이다.

자산운용의 관점에서 보면 실질금리가 제로에 가까운 미국채를 9,000억 달러어치나 산 중국은 바보 멍청이다. 그러나 정치적인 가치로 보면 이것은 중국이 워싱턴 한복판에 시한폭탄을 설치한 것만큼 효과가 크다. 자폭이 될지 모르지만 중국이 미국채를 파는 순간 미국달러와 국채시장은 기능이 마비된다. 오바마의 특사가 취임하자마자 베이징을 뻔질나게 드나드는 것이나, 중미전략경제대화를 융숭하게 치르는 것 모두가 중국이 보유한 2조 4,000억 달러 외환보유고의 힘이다.

지금 중국은 2조 4,000억 달러를 정치와 경제, 외교 전 분야에 '전가(傳家)의 보도(寶刀)'처럼 써먹고 있다. 미국 국채를 살까, 원자재를 살까, 기업을 살까, 광산을 살까, 금을 살까, 석유를 살까? 중국의 돈이 움직이는 곳마다 가격이 폭등하고 있다. 중국 돈이 가격을 만들고 있다.

차이완 전략 – 돈은 피보다 진하다

행정지도를 보면 중국은 타이완을 홍콩, 마카오처럼 중국의 한 성인 것처럼 '대만성(臺灣省)'이라고 표시한다. 타이완은 장제스 총통 시절 중국과 대륙을 두고 다툼을 벌였다. 본토에서 패한 국민당이 타이완으로 이주한 뒤 타이완의 배후에는 미국이라는 큰 나라가 버티고 있어 타이완과 중국은 서로 적대적인 관계를 유지했다.

중국은 중국 남부의 작은 섬인 타이완의 독립을 용납하지 않고 지난 60년간 통일을 꿈꿔왔다. 타이완의 통일은 중국에게 국민당에 대한 중국 공산주의의 완전한 승리라는 의미가 있다. 뿐만 아니라 타이완의 독립은 중국 내 여타 소수민족에 대해 나쁜 영향을 미칠 수 있다.

타이완인들이 중국본토에 입국할 때 중국은 타이완인에게 특별대우를 한다. 외국인도 아니고 중국인도 아닌 타이완 동포 심사대라고 해서 공항 입국 심사대에 홍콩과 마카오 주민과 똑같은 대접을 하는 창구를 따로 만들어두었다. 묵시적으로 중국은, 타이완은 홍콩과 마카오처럼 이미 '우리 것'이라는 사인을 주고 있는 것이다.

이런 양안관계에 변화가 왔다. 마잉주 총통이 집권하면서 타이완과 중국의 양안관계가 급변하고 있다. 한국의 남북 대치상황과 같은 상황에서 자유로운 왕래가 이루어지고 있고 타이완의 중국본토 투자는 물론이고 중국본토 기업의 타이완 투자가 시작되었다. 공산주의가 자본주의에 자본투자를 시작한 것이다.

뛰어난 장사꾼 타이완도 중국의 궐기가 타이완에 돈이 된다고 본 것이다. 타이완은 이미 전체인구의 10~20%가 중국본토에서 기업을 하고 있고 주요 제품의 상당 부분이 중국에서 OEM으로 만들어지고 있다. 상하이 옆에 있는 쿤산 시에 가보면 어마어마한 규모의 타이완 기업 전용공단이 성업 중이다.

중국은 중국 경제규모가 커지면 타이완은 자동으로 중국의 경제권으로 편입된다고 보고 있다. 예전에는 타이완의 기술과 중국의 노동력이 합쳐진 차이완(China+Taiwan) 기업들이 유행했는데 이제는 반대로 중국 돈이 타이완으로 투자하는 상황이 벌어지고 있다.

중국은 홍콩을 인수하면서 '1국 2체제'라는 표현으로 홍콩을 끌어안아 아시아 금융시장을 안전하게 먹었다. 지금 중국은 타이완을 겨냥한 '1국 3체제'도 용인할 가능성이 있다. 홍콩 인수로 중국은 아시아 금융센터를 공짜로 먹었는데 타이완은 중국에게 중국의 취약점 중 하나인 하이테크 IT산업을 공짜로 가져다줄 수 있다.

타이완은 가전시장 개방으로 가전산업이 초토화된 뒤 컴퓨터 산업에 집중해 세계 최대의 컴퓨터 부품 생산국이 되었다. 전 세계 컴퓨터 메인보드의 90% 이상, 노트북 PC의 80% 이상, LCD 모니터의 70% 이상을 OEM 방식으로 타이완 기업들이 생산하고 있다. 타이완은 애플, 소니, HP, 델 등의 주요 컴퓨터 부품을 중국본토 공장을 이용해 OEM 생산한다.

특히 한국이 자랑하는 메모리 반도체와 액정패널 산업에서 타이완은 세계 2위다. 타이완과 중국이 합쳐지면 한국 IT 업계에는 대재앙이다. 특히 전 세계에서 가장 빠르게 성장하는 중국 가전산업에서 '바이 그레이트 차이나(Buy Great China)' 전략의 하나로 타이완 제품을 사주면 타이완은 한 방에 한국 기업을 따라잡을 절호의 기회를 잡게 된다.

중국은 먼저 무역과 경제로 타이완을 통일하고 정치적으로 서서히 통합국가로 가는 전략을 세우고 있다. 중국이 1국 3체제건, 양안의 삼통문제건 중국 기업의 타이완 투자까지 모두 허용하면서 타이완 끌어안기를 하는 것은 다 이유가 있다. 피가 물보다 진한 것도 있지만 중국인들에게 있어 돈은 피보다 더 진하기 때문이다.

아시아 전략 – 정화시대부터 뿌려놓은 씨앗

동남아시아는 일본이 아니라 이미 중국이 접수했다는 말이 있다. 동남아시아에 가면 차는 대부분 일본 차지만 그 차를 구입해 타고 다니는 사람은 모두 화교들이기 때문이다.

동남아시아의 상권은 화교가 쥐고 있다. 동남아시아의 화교는 그 역사가 길다. 해외교역이 번성했던 당나라 시대와 정화의 대원정이 있었던 명나라 시절부터 중국인들은 동남아시아로 진출했다. 이미 싱가포르, 말레이시아, 태국, 인도네시아, 필리핀 등지에서 화교 상권은 현지인들이 경계할 정도로 그 위세가 커졌다. 아시아를 거점으로 중국의 화교들은 유럽과 미국, 심지어 아프리카까지 진출했다.

중국의 화교는 신중국 이전에 해외로 나간 수가 4,800만 명, 1978년 개혁개방 이후 나간 수가 600만여 명, 총 5,400만 명으로 이는 한국 전체인구보다 많다. 이러한 화교들의 조국사랑은 별나다. 중국정부 역시 해외로 나가 성공한 화교에게 융숭한 대접을 한다. 중국 화교들은 1991년 싱가포르 리콴유 총통의 제의로 2년마다 세계 화상(華商)들이 모두 모여 단합대회를 한다. 중국정부에서는 '우리가 남이가?' 라는 태도로 국가의 최고위층이 참석해 동포애를 심는다. 2005년에는 한국에서 열렸고 2009년 11월에는 필리핀 마닐라에서 10회 세계화상대회가 열렸다.

중국의 아시아 전략은 이미 동남아시아에서 확실한 기반을 잡은 화교세력을 바탕으로 한다. 화교의 '돈과 네트워크'와 중국의 '돈과 손'이, 그리고 미국 화교의 '첨단산업의 두뇌', 타이완의 '기술'이 합쳐지면 아시아에서 그 파워는 유럽의 유태인을 넘어선다.

중국에 있어 동남아시아는 전략적 측면에서 매우 중요하다. 제조대국에서 무역대국으로 올라선 중국에게는 금융대국으로서 아시아 맹주로 올라서는 것도 중요하지만, 당장은 인도양과 남중국해에서 원유와 원자재의 해상 수송로를 확보하는 것이 중요하다. 미국의 태평양함대, 인도의 해군이 버티고 있는 인도양과 남중국해역에서의 해상안보는 결정적인 순간에 중국의 목줄을 쥘 수 있다.

중국은 인도와 적대관계에 있는 파키스탄, 방글라데시, 미얀마, 캄보디아에 군사기지를 세웠다. 파키스탄의 과다르에서 스리랑카의 함반토타, 그리고 인도양 한복판의 몰디브와 모리셔스의 항구에서 방글라데시의 치타공 항구, 미얀마의 벵골 만까지 인도양 패권의 핵심거점을 확보하기 위한 중국의 이른바 진주목걸이(string of pearls) 전략이 가시화되고 있다.

낙후된 이들 어촌과 항구지역에 중국정부가 대대적인 투자를 했고 그 결과 이들 지역은 세계적 수준의 항구로 다시 태어나고 있다. 중국의 해상안보 확보전략에 인도, 호주, 미국이 모두 긴장하고 있다.

동북아시아의 핵심은 북한을 중심으로 한 강대국의 역학관계다. 북한문제에 있어 세계 최강의 군사대국 미국의 체면이 말이 아니다. 이라크전쟁에서 돈만 쓰고 별 성과가 없었다. 그런데 같은 '악의 축' 계열의 북한이 더 말썽이다. 미국의 어려움을 알고 미사일 쏘고, 핵실험하고 난리다. 그러나 미국의 경고가 북한에 잘 먹히지가 않는다.

2009년 미국의 전 대통령 클린턴이 형식은 취재 중 억류된 기자 석방이지만, 실제로는 특사 자격으로 북한에 갔다. 그전에 중국이 이미 몇 가지 손을 썼다. 형식은 중국이 유엔 안보리 제재를 따르는 거지만 북한에 석유를 대는 중국이 경고를 했다. 북한의 태도가 좀 조용해졌다. 법보다 주먹이 가깝고 미국보다 중국이 영향력이 세다는 걸 보여주었다. 중국의 대북투자 중단에 이어 단둥에서 북한으로 넘어가는 송유관을 잠그면 북한의 석유공급이 중단된다. 이 카드를 슬쩍 다시 보여준 것 같다.

비밀이 공개돼버리면 대책이 나온다. 북핵문제가 베일에 싸여 있을 때는 어려웠지만 북한의 실력이 이번 핵실험을 통해 만천하에 드러났다. 지금 미국의 입장에서는 스스로 난리가 났기 때문에 악의 축 북한에 뭘 줘서 달래줄 형편이 아니다. 줄 것도 없는데 너무 나대지 말라는 게 북한에 대한 중국의 훈수다.

북한의 미사일 발사와 핵실험은 북한 무기의 수요자인 중동국가에게 무기 성능시험과 샘플 공개의 효과는 있다. 그러나 안보리 제재로 택배회사인 선박회사가 파업한 상태다. 배달이 안 돼서 북한은 만들어놓은 물건을 팔지 못하게 생겼다. 해안 수송선이 봉쇄당해 물건을 가지고 나갈 수가 없다. 팔지 못하는 미사일을 동해상에 쏘아본들 그간 어렵게 모은 달러만 공중으로 날아간다.

지금 시대는 돈이 말하는 시대다. 총을 들고 협박하는 카우보이는 하수다. 북한이 어설픈 협상력으로 몇 번 재미 본 것 가지고 떠들면 시대착오다. 미국과 중국을 보라. 누가 누구를 먹고 누구에게 먹히는지. 중소국의 전쟁은 강대국들의 묵인 하에 가능한 것이다. 지금처럼 군사력에서 일초다강(一超多强)인 시대에서는 '일초'에게 당할 자가 없기 때문에 전쟁을 하려고 해도 아무도 지원해주지 않는다.

중국은 북한을 매개로 중국의 실력을 다시 보여주었다. 성질난다고 매로 때려 가르치는 부모보다 말로 가르치는 선생님이 더 무섭다. 정치와 군사력에서 미국이 못 하는 걸 할 수 있는 나라가 중국이라는 것을 간접적으로 보여준 것이다.

중국의 지인들에게 북한 핵문제를 어떻게 생각하느냐고 물어보면 빙그레 웃으면서 하는 말이 가관이다. "작은 아이가 보채면 달래는 게 상책이다." 별일 없을 테니 걱정 말라는 것이다. 남의 일이라고 이렇게 편하게 얘기해도 되는가?

중국의 입장에서 보면 북한은 작은 골목대장에 불과하다. 골목대장이 새로운 젊은 두목을 옹립하는 데 방해를 놓으면 뭣도 모르고 어떤 짓을 할지 모르기 때문에 잘 달래서 관리하는 것이 답이란다. 핵무기 하나로 북한이 모든 걸 보장받을 수 있는 시대가 아니기 때문에 사고치지 않게 하는 것이 중요하다는 것이다.

중국으로서는 강대국으로 가는 과정에서 주변국의 평화가 장기적으로 중요하다. 중국 입장에서 보면 북한은 얼굴에 입술처럼 붙어 있다. 그래서 망나니 조폭이 집에 불 지르고 자폭하는 일이 벌어지면 입술이 타는 게 문제가 아니라 여차하면 얼굴 전체로 화상을 입을 가능성이 있다.

그러나 북한이 자폭할 가능성만 없으면 누가 중국더러 북한에 압력 좀 넣으라고 해도 절대로 하지 않는다. 명분을 중시하는 유소작위를 대외정책의 근간으로 삼고 있기 때문이다. 남들이 뭐라고 하기 때문에 중국이 북한에 압력을 넣는다는 인상을 중국은 절대 수용할 수 없다. 중국이 스스로 판단해서 제재를 한다는 명분이 있어야 하기 때문이다.

그러나 북한이 결정적인 행동을 한다면 중국으로서는 절대 좌시할 수 없다. 자기 앞마당의 불꽃놀이에서 불똥이 튀어 자기 지붕으로 날아올 가능성이 진정으로 있다면 절대 좌시하지 않는다. 6자회담 등과 관계없이 바로 액션을 할 가능성이 높다.

중국이 적극적으로 나서 북한 제재에 들어간다면 이는 어떤 신호보다도 심각한 신호다. 그러나 지금처럼 6자회담 또는 유엔 안보리에서 공동으로 하는 일에 보조를 맞추는 정도이거나 북한에 대해 말치레로 '너무 심하다' 는 등의 코멘트 정도로 그친다면 걱정할 정도의 큰 위험은 없다고 볼 수도 있다.

하여간 중국의 경우 중국이 정한 레드라인을 넘는 것을 절대 좌시하지 않는다. 티베트 사태나 신장(新疆)의 폭동사건과 같은 문제에서 보여준 것처럼 양보가 없다.

차이프리카 전략 – 아프리카를 위한 레드카펫 서비스

베이징에 일이 있어 수도공항에 내려 시내로 들어가는 고속도로를 탔다. 고속도로 양편에 아프리카가 옮겨와 있었다. 아프리카 초원의 석양을 배경으로 기린이 떼 지어 다니고 사자와 코끼리가 유유자적 거닐고 있었다. 공항 고속도로에서 삼원교까지 반짝이는 검은 피부의 아프리카인들이 환하게 웃는 초대형 사진들이 전시회 작품처럼 걸려 있어서 무슨 아프리카 사진전시회에 온 듯한 착각이 들었다.

당시 중국에서는 후진타오 주석이 자원외교의 일환으로 아프리카 55개국 중 48개국 원수들을 초빙해 중국-아프리카 정상회의를 개최하고 있었다. 중국은 아프리카 주요국 원수들에게 그 의전의 최고봉인 공항의 '레드카펫 서비스' 뿐만 아니라 공항 고속도로 전체에 아프리카를 그대로 복사한 '그린카펫 서비스'를 실시한 것이다. 아프리카의 흑인 정부 지도자들의 마음속에 감동의 물결이 일지 않았을까?

한국에 온 후진타오 주석을 환영하기 위해 인천공항고속도로부터 올림픽도로 입구까지 중국의 전통과 문화를 알리는 대형 사진들을 붙여 놓는다면 리무진을 타고 서울로 들어오는 후 주석의 마음은 어떨까? 어떤 레드카펫 서비스보다도 백배는 더 깊은 감동을 줄 것이다.

중국이 지금 그런 나라다. 자본주의가 '고객만족'을 주장하지만 중국은 '고객을 졸도'시키고 있다. 한국은 외국 수반이 한국을 방문했을 때 공항에서부터 서울 진입로까지 그 나라 수반만을 위한 특별 서비스를 한 적이 있었던가?

중국에서는 후진타오 주석과 원자바오 총리가 오바마 대통령처럼 친척이 흑인이라는 농담이 돌았다. 후진타오 주석과 원자바오 총리가 시간만 나면 아프리카로 달려가기 때문이다.

지금 중국은 프랑스와 유럽이 독식하던 아프리카에 '니하오 바람'을 불러 일으키고 있다. 중국은 정치는 불간섭, '선 경제지원, 후 자원개발' 전략으로 아프리카 독재자들에게 엄청난 인기를 끌었다.

프랑스와 유럽의 비인간적인 가혹한 착취에 신물이 난 아프리카에 이번 금융위기를 계기로 중국이 그 빈자리를 차고 들어갔다. 약탈자 유럽을 대신해 중국이 상호주의자로 그리고 원조해주는 '키다리 아저씨'로 비집고 들어가 아프리카를 차이프리카(Chi-frica)로 개조하고 있다.

아프리카는 망간, 니켈, 우라늄, 보크사이트, 철, 동, 아연 등의 원자재와 희토류 금속의 종합선물세트다. 그리고 덤으로 석유까지 있다. 지금 중국은 수단에서 수입석유의 10%를 충당하고 있다.

중국은 이미 아프리카 55개국 중 33개국에 100만 명 이상이 진출해 있다. 중국은 가장 큰 개도국 아프리카에서 같은 개도국이라는 동질감을 바탕으로 미국의 영향권 밖에서 실리 굳히기를 하고 있다. SOC를 건설해주고 대가는 무역을 통해 자원을 가져가는 것이다. 그래서 지금 아프리카 앙골라는 중국의 원자재 수송 선박으로 때 아닌 초호황을 맞고 있다.

아프리카는 중국이 미국의 신경을 건드리지 않고 에너지와 원자재를 쉽게 얻는 지름길이다. 중국이 공항에서 시내까지 레드카펫 서비스를 하는 이유가 여기에 있다.

페트로차이나 전략 – 미국에 멍든 중동 끌어안기

에너지 문제는 중국의 외교정책에서 최우선 순위다. 중국의 에너지 정책은 에너지의 자급자족 실현, 수입 에너지의 안전한 공급망 확보에 맞춰져 있다. 석유 공급선으로 중동의 중요성은 말할 필요가 없다. 중국의 경우 공업화의 최대 관건인 석유문제 때문에 안정적인 에너지 수급을 위해 중동에 공을 들이고 있다. 특히 미국과 관계가 나쁜 이란, 이라크에 협력과 투자를 강화하고 있다.

또한 중동도 중동이지만 중국은 중앙아시아 카스피해의 원유에 관심이 많다. 이란을 통해 카스피해 원유를 수입하게 되면 걸프 만 원유에 대한 의존도를 크게 낮출 수 있기 때문이다. 중국은 중동에서 동아시아로 그리고 중앙아시아에 이르는 장거리 수송로가 안전하게 보장되어야 한다는 생각을 갖고 있다. 이를 위해 진주목걸이 전략과 중앙아시아와의 협력을 강화하는 중이다.

유가상승으로 중동에는 오일 머니가 넘친다. 그러나 중동의 자금운영을 보면 예전에는 미국으로 흘러갔을 그 돈이 이제는 유럽으로 간다. 그간 미국의 석유 약탈과 전쟁에 멍든 중동으로서는 무조건 미국이 싫은 것이다. 그 돈이 영국 금융기관을 통해 아시아와 미국으로 다시 흘러간다. 이번 금융위기로 추락한 두바이와 카타르 등이 자본시장 육성을 하고 있지만 거대한 페트로 달러를 운용할 만한 시장이 되려면 아직 요원하다.

중국은 중동과의 관계에서 미국에 멍든 중동의 오일 달러와의 결합을 노린다. 미국의 달러 패권을 무너뜨리는 한 가지 방법은 중동국가와 석유대금 결제를 위안화로 하는 것이다. 중동국가 중에서 미국과 전쟁을 한 나라들은 모두 미국의 통제에서 벗어나기 위해 석유대금 결제를 달러에서 기타 통화로 바꾸려다 전쟁을 맞았다.

미국은 여타 국가와의 교역에서 중국의 위안화 결제를 묵인하면서 석유는 반드시 달러로 하라고 강요하기가 논리적으로나 힘으로나 만만하지가 않다. 중동국가들 입장에서는 과도한 달러 의존과 미국의 통제에서 벗어날 수만 있다면 유로든 위안화든 관계가 없다. 중국은 중동국가들에 있어서 석유의 최대 수요자이면서 석유비축을 하여 석유가격을 올려주고 있는 특급 고객이다. 중동국가들로서는 가치가 연일 추락하는 석양의 달러보다는 세계 2위 경제대국으로 부상해 가치가 날로 올라갈 가능성이 높은 위안화로 석유대금을 받는 것이 싫을 이유가 없다. 중국과 중동의 이해관계가 맞아 떨어진다.

중국은 미국의 눈치를 슬금슬금 보면서 '페트로 달러'를 '페트로 위안화'로 바꾸는 시도를 모색하고 있다. 미국의 대응이 어떨지가 관심거리다.

SECTION ___ 6

중국의 산업전략

닭을 빌려 알을 낳는다

중국 개방 초기에 중국에 진출한 기업들치고 돈 번 기업이 없다고 한다. 특히 베이징이나 상하이가 아니라 유치 우대조건에 유혹당해 지방 공단에 투자한 기업들은 모두 말로가 좋지 않았다. 투자 유치할 때와 유치하고 난 후의 공무원의 태도가 180도 달라졌다는 것이다.

외부 세계를 경험한 적이 없는 공산주의에 통통하게 살찐 암탉이 국경을 넘어왔다. 먹고살기조차 버거운 중국 땅을 노다지라 생각하고 모이를 먹으러 온 것이다. 중국은 예로부터 인구로 모든 것을 녹이는 나라다. 중국의 대륙에 들어오면 기술이든, 문화든, 민족이든 나중에는 모두 '메이드 인 차이나'로 이름이 바뀌어 있다.

말을 타고 돌아다니는 기동력이 뛰어난 소수민족인 몽고족 원나라와 만주족 청나라가 기세 좋게 한족의 수도 베이징을 먹었지만 오래가지 못하고 한족에게 녹아버렸다. 베이징은 소수민족을 녹여내는 용광로

다. 외국 관광객이 베이징에 가면 미로같이 만들어진 엄청난 규모의 자금성에 놀란다.

그런데 이 겹겹이 둘러싸인 거대한 자금성은 한족에게 살해당할 가능성에 대한 소수민족 출신 황제들의 '공포'에서 출발한 것이다. 수십만에서 수백만의 인구로 수천만에서 수억 인구의 한족을 지배했으니 항상 수적 열세 때문에 황제는 구중궁궐에서도 한족에게 살해당할 공포에서 벗어날 수 없었다. 그래서 황제는 겹겹이 둘러싸인 황궁을 만들고 십만 이상의 몽고족이나 만주족 친위대가 24시간 경비를 서지 않으면 불안해서 잠들 수 없었다.

그러나 쌀과 채소를 즐기는 채식동물 한족들은 마른 양고기와 우유를 주식으로 하는 육식동물 기마민족들에게 시간의 덫을 놓아 스스로 망하게 만들었다. 수십만의 친위부대와 그 가족을 먹이기 위해서 엄청난 재정이 들어갔다. 전쟁에서 단련되었던 말 안장 위의 단단한 엉덩이와 허벅지 근육이, 사흘 밤낮 먹어대는 만한취엔시(滿漢全席)부터 모든 음식이 있는 음식의 천국 베이징에서 주지육림에 빠져 모두 녹아내릴 때까지 내버려둔 것이다.

북방의 기마민족들은 베이징을 점령하면서부터 기동력이 없어지고 무위도식하는 엄청난 수의 군사와 관리들 때문에 부정부패로 내부에서 썩어 들어가 망했다. 절대 인구 최다 규모의 한족이 지배한 중국은 인구로 뭐든 녹여내 자기 것으로 만들어버리는 나라다. 중국인들은 중국 땅에 들어온 이상 시간이 지나면 모두 중국의 것이라는 관념이 민족의 DNA에 박혀 있는 사람들이다.

개방 초기에 기업에 대한 개념이라고는 국유기업밖에 없고, 나눠 먹기에 익숙한 중국의 공산당 입장에서는 몽고족이나 만주족처럼 창과 칼을 들고 한족의 목을 치러 온 것도 아니고 찜 쪄 먹어도 아무 문제가 없는 서방의 노랑머리 암탉 외자기업이 들어온 것이다. 지방의 중국 공산당과 공무원들은 얼씨구나 좋다 하고 살찐 암탉의 모가지를 비틀어 잡아먹은 것이다.

이들의 생각은 전통적으로 내려오던 관념, 즉 "중국 땅에 들어온 것은 모두 중국의 것이다"에 충실했던 것이다. 중국 내륙의 공산당 입장에서는 60년 굶은 위장에 통통한 황금알을 낳는 암탉이 오자 바로 잡아먹은 것이다. 그러나 똑똑하고 영악한 연안지방의 공산당은 닭을 길러 알을 낳고 병아리를 길러 30년 만에 대박을 낸 것이다.

그런데 지금 중국의 전략이 바뀌고 있다. 선진국은 중국의 값싼 노동력을 이용해 OEM으로 돈을 벌었다. 그런데 이제는 중국이 선진국의 기술을 이용해 후발자의 이익을 극대화하는 상황이 벌어졌다. 중국의 소비가 커지면서 상황이 바뀐 것이다. 싸구려 제품의 대량 소비지였던 중국 내수시장이 5년 만에 고급품 시장의 전 세계 최대시장으로 부상했다.

경제성장으로 중국에 부자들이 양산되자 이들이 제품이 아니라 브랜드를 알아본 것이다. '돼지가죽에 색깔 입힌 것'이 핸드백이라고만 인식했던 중국이 핸드백에 LV라고 글자를 새기면 루이비통 브랜드가 되고 그것이 품위 있는 부자의 기본 휴대품이란 것을 안 것이다.

엄청나게 커지는 내수시장 덕에 중국은 선진국의 기술을 빌려 내수를 창조하는 시대가 왔다. 선진국 선발주자는 머뭇거리지만 초고속으로 성장하는 중·고급품 시장 선점을 위해 후발주자는 중국에 현지공장을 건설하고 경쟁적으로 기술이전을 하고 있다. 중국은 지금 고급품 내수시장을 미끼로 선진국 간의 기술격차를 이용해 고급 선진기술을 공짜로 획득하고 있다.

웰컴 핫머니!

중국의 외환보유고 2조 4,000억 달러 중에서 상당 부분이 핫머니라고 추정하지만 정확히 얼마인지는 아무도 모른다. 적게는 4,000~5,000억 달러, 많게는 1조 7,000억 달러라고도 한다. 이 정도면 엄청난 사회불안과 환율변동으로 사회문제가 돼야 하는데 중국은 잠잠하다. 들어온 돈을 가두는 기술이 뛰어나기 때문이다.

중국은 핫머니를 법 규정과 금리, 그리고 환율로 컨트롤한다. 자금이 중국 국경을 넘어 들어오는 건 쉽지만 중국 내에서 운용하고 환전해서 다시 중국을 나가는 돈은 철저한 검증을 한다. 자금이 사용 목적에 맞게 운용되었는지, 세금은 제대로 냈는지, 자금 출처는 정확한지가 증명되어야 해외로 나갈 수 있다.

주요 선진국의 금리는 0.1~1% 수준이지만 중국은 기준금리가 5%대. 중국은 아직 자본시장에서 헤지펀드가 활동할 수 없다. 자본시장이 개방되어 있지 않고 투기거래인 각종 파생상품도 허가되어 있지 않다. 핫머니의 큰 수익은 환율이다. 미국은 중국의 위안화가 40%는 절상돼야 한다고 떠들지만 중국은 3~5%씩 개미 눈물만큼 감질나게 절상을 했다. 한국처럼 시장이 개방되어 900원대 환율이 1,500원 가고 1,500원대 환율이 1,100원이 되면 돈이 썰물처럼 나갔다 밀물처럼 들어오지만, 중국은 적절한 환율관리로, 들어온 핫머니가 환율절상을 목빠지게 기다리며 중국 국경을 넘어가지 못하게 한다.

중국에 들어온 핫머니들은 이자차익과 미실현 환차익은 있지만 실현

이익을 거둔 게 별로 없다. 중국의 금리와 환율 다루는 기술에 코가 꿰어 정책의 처분이 풀릴 때까지 기다리고 있는 것이다. 그럼에도 불구하고 선진국의 핫머니가 계속 중국으로 들어가고 또 들어가서 죽은 듯이 중국시장에 웅크리고 있는 이유는 단 한 가지다. 기대 수익률이 너무 높아 중국시장을 떠날 수 없기 때문이다.

기술이 아니라 기업을 사버린다

중국은 지금 돈이 해외로 진출하고 있다. 기업과 상품이 해외로 나가는 조우추취(走出去)에서 이젠 벌어온 돈으로 외국의 광산, 브랜드, 지적재산권을 사들이는 전략을 쓰고 있다.

중국은 아시아 네 마리 용의 신화를 공부했다. 타이완, 한국 등이 공업화로 올라선 것도 사실 독자적인 기술개발이 있어서가 아니었다. 타이완의 반도체 기술과 한국의 자동차 기술 모두 외국과 합작으로 시작해 기술을 흡수한 후, 국내시장을 이용해 대기업을 양성하고 규모의 경제(economy of scale)를 활용해 원가 경쟁력을 확보한 다음 최후로 세계시장을 공략해 성공했다는 사실을 중국은 잘 알고 있다.

중국은 먼저 시장을 기술과 바꾸는 전략을 펴서 선진기업과 협상을 하고 그것이 여의치 않으면 차선책으로 합작을 유도한다. 그리고 모진 마음으로 기술을 자체개발하면 이러한 중국의 자체개발을 두려워한 선진국이 차라리 한 방에 기술을 팔아 큰돈을 벌자는 결심을 하도록 전략을 세운다. 이때 중국은 잽싸게 그 기술을 산다. 예전에는 선진국이 재물로 유혹해 중국을 이용했지만 이제는 중국이 자체개발을 시작하면서 다른 나라를 재물로 유혹해 기술을 이전받아 간다.

또한 중국은 기술과 시장을 바꾸는 전략을 통해 선진국 일류기업 간의 경쟁에서 패배한 일류기업의 기술을 세계시장에서 헐값에 사고 있다. 특히 첨단기술의 경우 비밀리에 기술자를 통해 빼오는 전략에서 아예 기업을 통째 사버리는 전략으로 돌아섰다.

중국이 한국의 첨단기술을 탐낸다고 하지만 이제는 어설프게 한국 기술자를 스카우트하는 게 아니라 아예 문 열린 자본시장에서 당당히 M&A해 기술력 있는 기업을 돈으로 사버리면 할 말이 없다. 미국이나 유럽 투자가가 한국 기업을 사는 것은 내버려두면서 중국이 사는 것은 막을 방법이 현실적으로 없다.

한국의 지프차 생산기업과 LCD 기업 하나가 외환위기 때 중국에 팔려갔다. 지금 중국에 가면 한국의 지프차와 똑같은 모형의 지프차가 굴러다닌다. 한국 LCD 기업을 M&A한 중국 기업은 경기도 이천의 생산라인을 모두 뜯어가 베이징에다 공장을 차렸다. 아직 적자를 내고 있지만 대형 LCD 판넬에서 빠른 속도로 기술격차를 줄이고 있다.

시가총액이 1,000조 원대인 한국증시에 중국이 국부펀드 3,000억 달러 중 10%만 쏟아부으면 한국의 모든 대표기업은 중국에 자동으로 M&A당한다. 중국의 반도체산업이 뒤졌다고 생각할지 모르지만 중국이 보유한 넘치는 달러 중 300억 달러로 삼성전자와 하이닉스를 주식시장에서 수십 개 펀드로 분산하여 M&A하겠다고 하면 막을 방법이 있을까? 이 과정에서 주가가 100만 원이 가든, 200만 원이 가든 중국은 전혀 신경 쓰지 않을 것이다. 결국 중국 기업이 되고, 30년간 축적된 세계 초일류의 반도체, LCD, 휴대폰 기술을 통째로 먹을 수 있고 그 가치는 수십조 원이 넘을 테니 말이다.

한국의 첨단 IT 기술의 해외유출을 걱정하지만 중국 기업이 한국 기업을 사버리면 기술유출 문제는 애초부터 없어진다.

큰 것은 잡고 작은 것은 놓아주라

중국의 산업정책은 '큰 것은 잡고 작은 것은 놓아준다(抓大放小)'는 것이다. 국가 기간산업은 계속 국유체제로, 작은 규모의 국유기업은 주식회사 형태로 전환해 경제활력을 높인다는 것이다.

기업이 국제적인 경쟁력을 가지려면 일단 규모의 경제를 확보할 만큼의 생산규모가 되어야 한다. 중국은 거대 내수시장을 기반으로 산업의 구조조정과 통폐합을 통해 거대 기업을 키우는 전략을 세웠다.

중국의 경제는 '중국 특색의 사회주의' 시장경제다. 그 핵심은 모든 활동의 형태는 시장경제지만 그 주체는 공산당이 주도한다는 것이다. 미국식 신자유주의의 영향을 받아 아시아 대부분 나라들이 주요 국가 기간산업을 민영화해서 외국인들이 경영권을 좌지우지할 정도가 되어버려 여러 가지 곤란을 겪고 있지만 중국은 그럴 가능성이 없다.

중국의 경우 국가 기간산업의 대주주는 절대로 양보하지 않는다. 그리고 세계적인 기업을 만드는 것은 국내기업 간의 합병을 통해 이룬다는 전략이다. 이는 서방세계와는 달리 국가가 대주주이기 때문에 언제든지 가능하다. 중국의 3대 항공사가 통폐합한다는 얘기가 있었다. 국유기업인 3대 항공사가 합병하면 세계 최대의 항공사가 탄생한다.

중국의 4대 은행 중 3대 은행이 세계은행 시가총액 순위에서 1, 2, 3위를 차지했다. 부실 은행의 대표적인 케이스였던 중국 은행들이 우량 은행으로 탈바꿈할 수 있었던 것은 정부가 1.4조 위안의 불량채권을 신다, 화룽, 창청, 동팡의 4개 자산관리공사를 만들어 인수하고 3대 은행에는 자금을 투하했기 때문이다. 중국 은행들은 클린화 이후 상장을 했고 홍콩에 상장하면서 공모자금을 정부 투하자금 이상으로 모았다. 1조 위안 이상의 불량채권은 어디로 갔을까? 국가재정으로 충당한 것이다.

중국의 주요 투자회사인 후이진(汇金)공사, 중토우(中投)공사는 모두 국가 기업이고 이들이 주요 금융기관과 주요기업의 대주주다. 그리고 우리에게 익숙한 중국석유, 바오산철강, 중화그룹 등 중국의 주요그룹은 모두 국가 기업이다.

중국의 국유기업은 총 136개인데 이들이 연간 내는 이익은 1조 위안이다. 중국 국유기업은 매년 중국 시가총액 1위 기업인 페트로차이나를 1개씩 만들고 있는 것과 같은 효과다. 중국은 2010년까지 이들 중앙기업을 80~100개로 통폐합하겠다는 발표를 했다.

중국 기업들의 수익성 개선은 규모의 경제와 브랜드 만들기에서 나온다. 전 세계 신발공장의 집합소인 중국의 신발공장 전체 이익을 합쳐도 세계적인 신발회사 나이키 1개 기업의 이익에 못 미친다. 디자인, 구매, 생산, 운송, 수주, 유통, 판매의 7단계 중 부가가치가 높은 6단계는 서양이 하고 중국은 생산만을 담당하기 때문이다.

중국의 돈 많은 부자들이 불황에 돈을 써야 하는데 중국 부자들은 중국이 아니고 해외에서 돈을 물 쓰듯 한다. 중국산이 아닌 외국산 명품에 돈을 쓰는 것이다. 중국 부자들은 중국경제의 배반자들이라는 말이 나올 만하다.

중국 부자들이 내수에서 돈을 쓰려면 내수에도 명품 브랜드가 있어야 한다. 중국의 산업구조조정과 브랜드 가치 창조는 일단 기업의 대형화에서 시작된다. 대형화는 제품 부가가치의 7단계 중 고부가 6단계로 들어가는 첩경이다. 그리고 국가가 뒤에서 보증하고 대형화로 자금을 만들면 브랜드 창출이 가능하다. 중국의 통신장비 기업 화웨이가 대표적인 사례다.

중국은 지금 10대 산업 진흥계획과 함께 주요산업의 구조조정을 하고 있다. 예전에 우리가 중화학공업의 구조조정을 하고 나서 과당경쟁에서 벗어난 중후 장대산업이 정부와 은행의 지원에 힘입어 세계적인 기업으로 일어섰던 일이 지금 중국에서는 우리보다 10배 이상 큰 규모로 동일하게 일어나고 있다.

4장

중국의 꿈
'위안화 식민지' 건설

1_ 제조, 무역, 금융대국 다음은 금융강국
2_ 중국의 금융위기, 미국 국채가격 폭락에 있다
3_ 중국 위안화의 외출 – 조우추취(走出去) 전략
4_ 2020년 아시아에 위안화 식민지를 건설하라
5_ 상하이가 아시아의 금융수도다
6_ 중국증시 세계 1위를 꿈꾼다

SECTION ___ 1
제조, 무역, 금융대국 다음은 금융강국

하수는 무력으로, 고수는 화폐로 세계를 지배

포르투갈 이래로 일본, 영국 등 역대 강대국들은 무력으로 식민지를 점령하고 가혹할 정도의 약탈과 착취를 했다. 그 결과 뿌리 깊은 반감과 저항을 불러일으켜 장기적인 식민지 지배에 실패했다.

21세기에 들어와 초강대국으로 부상한 미국은 전략을 바꾸었다. 미국은 많은 나라를 무력에서 독립시키고 대신 스스로 잠재적인 적대세력으로부터의 보호자를 자청하면서 많은 나라에 자신들의 군대를 주둔시키고 장기적으로 경제적인 실리를 추구하는 전략으로 대성공을 거두었다.

미국이 세계를 통제하는 방법은 세 가지다.

첫째로 전 세계가 쓰는 기축통화인 달러가 돌지 않으면 세계경제에 문제가 생기게 만든 것이다. 1971년 금태환 정지선언 이후 달러가 금을 대신해 모든 거래를 성사시키고 있다. 이번 금융위기 때 정작 금융위기가 터진 미국의 달러가 강세를 보이고 멀쩡하던 여타 국가들의 화폐가치가 폭락한 것도 이 때문이다. 해외에 나갔던 돈들이 고향을 찾아 돌아갈 때 투자든 대출이든 회수한 돈을 모두 달러로 바꾸어 가지고 가다 보니 달러 수요초과 현상이 나타나 달러가격이 급등한 것이다.

둘째로 석유를 장악하면서 세계 각국을 통제하고 있다. 공업화의 진행으로 모든 국가의 생명줄이 석유 에너지가 되었다. 석유공급이 중단되면 전기가 끊기고 모든 경제활동이 멈춘다. 미국은 세계 1위의 군사력을 이용해 중동의 유전을 직간접적으로 통제하면서 전 세계에 석유를 배분하고 있다. 그리고 석유가격의 급등락을 이용해 석유 메이저는 메이저대로 돈을 벌고, 금융산업은 투기를 통해 돈을 벌고, 방위산업은 심심하면 중동과 전쟁을 벌여 재래식 무기 재고정리를 통해 돈을 번다. 여기에 더해 건설업계는 전쟁 후 복구사업을 통해 돈을 번다.

9 · 11테러 이후 미국이 악의 축을 쳐부수는 데 전 세계 주요 국가가 미국에 돈을 보내거나 군대를 파견했다. 각국이 이라크와 미국의 전쟁에 앞 다투어 돈을 보내고 군대를 파견한 이유는 단 한 가지, 석유안보 때문이다. 각국은 돈과 군대를 보내는 대신 중동의 석유공급 안정을 보장받았다.

셋째로는 식량을 장악하면서 전 인류를 통제하고 있다. 미국은 정부의 대규모 보조금 지급을 바탕으로 전 세계의 값싼 식량의 최대 공급자가 되었다. 한때 아시아는 세계 최대의 콩 생산국이자 수출국이었지만 지금은 수입국이 되었다. 미국은 정부 보조금을 바탕으로 국제경쟁력을 확보한 농산품을 전 세계로 수출하고 있다. 한 나라가 식량을 100만 톤 수입하면 130만 명의 농민이 일자리를 잃는다고 한다.

일자리를 잃은 농민들은 도시로 나가 노동자로 전락하고 노동 집약적인 경공업제품 생산을 하게 된다. 미국은 이런 노동 집약적인 자원 다소모형의 경공업제품을 싼값에 수입한다. 대신 후진국은 환경오염과 빈부격차, 달러 유입으로 인한 인플레이션을 겪게 된다. 미국은 식량시장 장악을 통해 후진국 노동자를 통제하고 있다.

미국의 최대 비즈니스 - 세뇨리지 장사

미국이 금융위기를 극복하는 전략과 원리는 아주 간단하다. 바로 '달러 인쇄기의 경제학'이다. 윤전기를 돌려 달러를 찍고 이를 구멍 난 월가의 금고로 신속히 배달하는 것으로 금융위기를 넘기는 것이다. 그런데 달러는 전 세계가 보유한 화폐이기 때문에 달러를 많이 찍어 달러가치가 떨어지면 그 부담은 미국만이 아니라 좋든 싫든 달러를 보유한 모든 나라가 동시에 지게 된다.

1980년대 중반 일본이 경제대국으로 일어서 미국을 위협할 때 미국은 일본을 협박해 플라자합의를 통해 강제로 환율을 절상시켜 무역수지 적자문제를 한 방에 해결했다. 그러나 이번에는 강제로 환율을 절상시키는 게 아니라 달러를 왕창 찍어 달러가치를 떨어뜨리면서 여타 국가의 환율이 절상되게 하는 방법을 이용했다. 이것이 가능한 이유는 달러가 전 세계가 사용하는 기축통화이기 때문이다. 미국이 금융위기에도 부도나지 않는 것은 바로 전 세계에서 가장 부가가치가 높은 이러한 '돈을 만들어 파는 사업'을 하기 때문이다. 종이 값과 잉크 값을 제외한 소위 화폐 제조원가와 액면가의 차액은 전부 미국 몫이다. 마진이 99배가 넘는 초고수익 사업이고 재고도 없고 만드는 즉시 전량 판매되는 기가 막힌 사업이다.

북한이 달러를 찍으면 국제적 사기꾼이 되지만 미국이 찍으면 세계의 중앙은행이 본연의 업무를 하는 것이다. 시중은행, 지방은행은 부도가 나지만 돈을 찍은 한국은행은 아무리 적자가 나도 부도나지 않는 것과 같다. 그러나 앞서 밝혔듯이 이런 소위 화폐주조권의 특혜인 '세뇨리지 효과'는 초강대국만 누릴 수 있다.

이번 금융위기를 계기로 중국은 세뇨리지 효과를 확실히 이해했다. 세계의 공장도, 세계 최대의 외환보유고도 모두 기축통화 앞에서는 무력해진다는 것을. 금융위기 초기에 중국은 미국채 매입을 줄이면서 미국을 협박하고 위협했다가 슬그머니 꼬리를 내리고 미국채는 좋은 투자대상이고 계속 매입할 것이며 중국은 기축통화에 대해 시비 걸 생각이 없다고 한 발짝 물러났다.

실제로 중국은 2009년 7월 중미전략경제대화 전에 미국채 매입을 늘렸다. 그리고 동시에 국제시장에서 금을 계속 사들였다. 1900년대 초 미국이 전 세계 금의 70% 이상을 사 모은 것처럼 중국도 기회만 되면 금을 사 모으고 있다.

금융위기로 세계의 넘버투가 된 중국이 넘버원이 되는 핵심요소는 바로 기축통화권을 잡는 것이고, 이것은 세상 어떤 비즈니스보다 확실한 사업모델이라는 걸 알았다. 돈벌이에 관한 한 세상에 둘째가라면 서러워할 중국이 이런 기막힌 비즈니스를 보고 가만있을 리 없고 미국을 벤치마크하지 않을 리가 없다.

내수확대, 위안화 무역결제, 상하이금융중심 건설, 다단계 증권시장 개설 등 일련의 정책들은 모두 미국이 독식하고 있는 기축통화 시장에 발을 들여놓기 위한 단계적인 포석이다.

중국은 금융약소국

실물경제를 뒷받침하는 경제의 혈관 역할을 하는 금융을 보면 중국은 경제대국에 크게 못 미치는 금융약소국이다. WTO를 통한 제조업 시장 개방으로 제조업에서는 WTO 시스템의 최대 수혜를 받고 있다. 그러나 자본시장은 개방도 못 했을 만큼 취약하다. 형식상 은행과 보험시장은 개방했지만 외국기업과의 경쟁에 자신이 없어 실질적으로는 행정적으로 많은 제약을 두고 있다.

제조업이 벌어다준 돈은 산더미처럼 쌓여가는데 무식한 마누라가 돈 관리를 못하면 많이 벌어봐야 밑 빠진 독에 물 붓기가 되고 만다. 중국은 제조업이 벌어다준 돈을 까먹지는 않고 있지만 금융을 몰라 열심히 저축만 하고 내수시장에서만 돈을 굴리는 통에 돈 불릴 기회를 놓치고 있다.

그나마 해외에 투자한다는 것도 가장 안전하다는 미국 국채에 이른바 몰빵을 지르는 정도다. 이번 금융위기로 철석같이 믿었던 미국 국채도 여차하면 휴지조각이 될 수 있다는 것을 알았지만 이미 때는 늦었다. 대국이 호들갑 떠는 것은 체면 깎이는 일이라 행동은 의젓하게 하지만 속은 타들어가고 있다.

중국 은행들은 시가총액이 세계 1, 2, 3위일 정도로 몸집이 커졌지만 이것은 그들의 실력이 올랐기 때문이 아니다. 선진국 은행들이 밤새는 줄 모르고 한 불장난으로 집을 홀랑 태우는 바람에 그나마 집이 남아 있는 중국이 떠밀려서 1위를 한 것이다.

세계 1위 기업이라고는 하지만 영업구조를 보면 중국 은행들이 글로벌 영업에서 벌어들이는 것은 거의 없다. 대부분이 중국 국내 예금과 대출이자의 차이인 예대차이로 번다. 세계 정상 수준의 규모를 가진 은행이 아직 글로벌 네트워크도 구축되어 있지 않다. 정부가 보장한 금리차가 워낙 커 대출만 하면 떼돈을 버는 구조라서 대출하는 것 외에는 다른 금융기법이 발달된 게 없다.

선진국 금융기관들은 다양한 부대사업으로 예대마진 말고도 수수료 매출 비중이 커지고 있지만 중국은 아직 지역 간 송금이나 성 간 송금 업무도 원활하지 않다. 정부의 보호막 속에서 오는 손님 받아서 그냥 장사를 하니 신제품이나 빠른 서비스를 도입할 이유가 별로 없다. 국유 대기업에 대출하면 리스크도 없기 때문에 급성장하는 민간기업에 대한 대출상품을 개발할 필요도 없다.

소매금융과 자산관리, 재테크 관련 상품이 글로벌 은행들이 가는 방향이지만 중국 은행들은 최근에야 재테크 상품과 자산관리 상품을 만들기 시작했고, 시장은 폭발적으로 커졌지만 금융기관의 서비스 수준은 한참 낮다. 선진국 금융기관들이 중국시장을 눈독 들이는 것은 예대업무나 보험금 수납업무 혹은 주식중개 매매업이 아니다. 중국이 준비도 제대로 안 되어 있고 경쟁력도 취약해 중산층의 폭발 이후에 올 거저먹을 수 있는 재테크 시장과, 기업의 국제화로 인해 자금수요와 투자수요가 커짐에 따라 엄청나게 커질 IB 업무를 노리는 것이다.

SECTION 2
중국의 금융위기, 미국 국채가격 폭락에 있다

아편전쟁의 교훈, 달러 덫에 갇힌 중국

아편전쟁은 중국의 근대사와 중국의 운명을 갈라놓은 하나의 분기점이었다. 중국식 표현을 빌리자면 중국은 아편전쟁에 패해 1,800년의 영화가 하루아침에 서양 오랑캐의 발아래 짓밟혔다.

18세기 전반까지 중국은 선진국이었고 상업의 중심지였다. 그러나 만주족이 세운 청나라는 쇄국정책을 통해 대외무역을 제한했다. 그리고 대외무역은 광저우에 한하며, 그것도 공항(公行)이라 불리는 상인단체에게만 독점적으로 허가했다.

18세기 후반 이후 외국 여러 나라 중에서는 영국이 이런 광저우 무역에서 가장 주도적 역할을 했다. 중국과 영국의 교역에서 중국의 주요 수출 품목은 비단, 차, 도자기 등이었고, 영국은 약간의 모직물과 향료 정도가 교역 대상이었다. 영국은 면직물과 비단, 차를 본국으로 보내는 대신 영국산 모직물을 중국에서 판매하려 했지만, 따뜻한 화남지방에서는 모직물에 대한 수요가 없었다. 어쩔 수 없이 은과 인도산 면화를 가지고 무역결제를 했다.

18세기 말 영국은 정부가 차에 대한 수입관세를 인하하고부터 국민들 사이에 차를 마시는 습관이 보편화되어 중국 차의 수입이 급증했다. 비단과 차를 구입하기 위해서는 대량의 은을 중국에 지불할 수밖에 없었고 그래서 영국의 은 지불액수는 점점 늘어났다.

당시 영국에서는 산업혁명이 진행 중이어서 자금수요가 많았으므로 은 지불액의 증가를 그대로 방치할 수 없었다. 그래서 실론('스리랑카'의 옛 이름)과 인도 등지에서 차 재배를 시도하고 동시에 차 대신 중국에 수출할 만한 상품을 찾아나서기 시작했는데 그 품목이 바로 아편이다. 영국은 중국에 아편을 밀매하면서 중국으로부터 은 유출을 시도했다.

이로 인해 중국에서는 아편 사용 인구가 크게 증가하여 국민의 신체적, 정신적 건강이 위태롭게 되었고, 특히 군대 안에 아편 중독환자가 급증하여 청왕조의 안전에 심각한 위협이 되었다. 결국 청나라는 은이 해외로 대량 유출되어 경제가 혼란에 빠졌다. 은의 해외유출 때문에 중국 농민들은 세금을 은으로 환전해서 내야 했고, 이로 인해 은값이 폭등하여 세금부담이 심각했다.

청나라가 광저우에 대신 임칙서를 파견해 아편 수입을 금하고 영국의 아편을 몰수하여 소각하자, 영국은 이를 빌미로 아편전쟁을 일으켜 중국을 굴복시켰다. 영국은 무력으로 시장개방을 요구하고 1842년 난징조약과 1843년 샤먼조약, 1860년 베이징조약을 맺어 영국에 홍콩 할양, 주요 항구의 개항, 배상금 지불, 관세협정, 공항(公行) 폐지, 영사주재 등의 조치를 하게 했다. 이 때문에 중국은 해당 지역에서 관세 자주권을 상실했고, 치외법권을 인정하며, 서방국가들에 최혜국 대우를 하는 조치를 실시했다.

아편전쟁의 원인을 금융의 관점에서 보면, 이는 모두 중국정부의 통화정책이 실패했기 때문이다. 당시 중국정부는 과도한 은의 집중을 제대로 관리하지 못했다. 중국정부는 과도한 유동성을 해외로 배출해 투자할 생각을 하지 못했고 이를 국가 내부의 전비로 사용해 인플레이션을 자초했다. 치솟는 무역흑자를 그대로 방치하여 과도한 은을 보유함으로써 무역 불균형 시정을 위한 서구열강의 침략을 불러온 것이다. 국제금융시장의 환경을 이해하지 못했고 폐쇄적인 시장과 과도한 유동성의 집중이 결국 서구열강들의 먹잇감이 되는 비극을 불러온 것이다. 비관적으로 본다면 현재 중국은 청나라 말기와 상황이 비슷하다.

중국산 제품 없이 살 수 없는 것이 지금의 선진국 자본주의다. 중국차를 마실수록 그 맛에 중독되는 것처럼 중국산 공산품에 전 세계가 중독되었다. 18세기에는 비단과 차였던 것이 이제 생활용품으로 바뀌었다. 또 18세기에 영국이 차와 비단 값으로 전 세계에서 모아들여 중국에 준 것이 은이었다면, 지금은 미국이 지불하는 '종이달러'가 은의 역할을 하고 있다.

18세기 아편전쟁의 아픈 기억을 가진 중국으로서는 고민이 많다. '은의 덫'에 걸려 나라를 서방에 내준 것처럼 '달러의 덫'에 걸려 국가 안전이 다시 위험할 수 있는 단계에 와 있기 때문이다. 중국이 2조 4,000억 달러의 세계 최대 외환보유고를 안고 고민하는 것은 바로 이 때문이다.

그래서 돈 많은 중국이 가장 두려워하는 것은 역설적으로 금융위기다. 중국은 시장이 열려 외부로 자금이 유출되기 시작하면 금융위기가 올 만큼의 돈이 화끈하게 빠져나갈 가능성이 있다.

중국과 일본이 국채를 매각하겠다고 해도 미국이 겉으로는 걱정하는 체하지만 끄떡 않고 있을 수 있는 것은 달러로 묶어놓은 전 세계의 금융망 때문이다. 만약 일본과 중국이 미국 국채를 팔아치운다고 할 때 혹시라도 미국이 같이 죽자고 달러가치를 폭락시켜버리면 세계 최대 달러표시 자산 보유국인 중국과 일본이 가장 크게 타격을 받는다. 달러 기축통화의 지위를 이용해 채권국들을 함부로 도망갈 수 없게 묶어놓은 것이다.

중국의 미국채 무상원조

만리장성은 전쟁 시에는 국경을 넘어오는 북방 기마민족들의 침략을 막는 데 결정적인 역할을 하지만, 전쟁이 끝나면 유지와 보수를 하느라 엄청난 비용이 들어간다. 중국의 2조 4,000억 달러의 외환보유고는 이번 금융위기에서 환란을 막는 만리장성의 역할을 했다. 중국은 전 세계에서 유일하게 환리스크를 겪지 않았다.

무역에서는 수입분 2~6개월치 정도를 적정 외환보유고라고 한다. 이런 산수라면 지금 중국은 역사상 최대 규모인 2조 4,000억 달러의 달러자산을 갖고 있지만 적정 외환보유분은 8,000억 달러선이라는 말이다. 즉, 적어도 1조 6,000억 달러 정도를 과도하게 보유하고 있는 것이다.

그러나 막대한 외환보유고는 직·간접적인 비용을 수반한다. 중국 1년짜리 국채금리가 1.8%선인데 2년 만기 미국채 수익률은 0.96%다. 0.84%만큼 역마진이 난다. 중국은 가만 앉아서 돈을 까먹는 것이다.

정부는 통화정책에서도 큰 부담을 진다. 정부가 달러를 사들이는데 시중에는 위안화 유동성이 늘어난다면 물가안정을 해칠 수밖에 없다. 따라서 중앙은행은 통화안정증권 같은 채권발행을 통해 시중 유동성을 다시 흡수해야 한다.

중국은 지금 미국의 최대 채권국이 되었다. 큰소리칠 만하다. 이에 미국 고관들은 베이징을 드나들며 중국 비위 맞추기를 하고 있다. 그러나 중국의 내면을 들여다보면 그들은 실리가 없다. 미국채를 쇼핑하는 것처럼 보이지만 국민들의 피와 땀이 묻은 신발, 티셔츠, 장난감, 전자제품 등을 가져다주고 윤전기를 돌려 마구 찍어대는 달러나 저금리 국채를 받아오고 있으니 말이다.

호사가들은 달러 리사이클리닝이니 어쩌니 말하지만 중국의 대미 자본거래는 실제로는 일방적인 중국의 미국원조다. 그 돈을 차라리 아프리카에 원조하면 고맙다는 말이라도 듣는다. 하여간 제로금리에 가까운 미 채권투자의 금리 기회비용을 생각하면 중국이 하는 행동은 바보짓이다.

그러나 현실적으로 중국은 국제투자 능력도, 경험도 일천하고 아시아에는 자금을 운영할 만한 국제금융시장도 없다. 그래서 어쩔 수 없이 미국에 돈을 갖다 바치는 것이다. 과거 중동은 미국에 열심히 석유 팔아서 번 달러를 마땅히 운영할 곳이 없어 미국 금융기관에 맡겼다가 둘 사이에 정치적 문제가 생기자 모두 떼어먹혔다.

중국도 경제력이 세계 2위니 뭐니 하지만 금융이 없는 세계 2위는 사상누각이다. 미국의 달러권과 달러 자산운용 시장이라는 부처님 손바닥 안에서 놀고 있는 손오공일 뿐이다. 중국이 상하이 국제금융중심을 만들겠다는 야심찬 계획도 이 때문이다.

달러가 휴지조각 되면 전쟁 난다

2009년 기준으로 중국이 보유한 외환보유고는 2조 4,000억 달러인데 중국 돈으로 환산하면 16조 8,000억 위안이다. 만약 위안화가 10%만 절상돼도 1조 7,000억 위안이 날아간다. 이렇게 되면 누가 이렇게 종이달러를 모았는지에 대한 비난이 일 수밖에 없다.

중국은 빨리 종이달러를 처분해야 하는데 그러면 미국 국채시장은 난리가 난다. 석유 사고, 원자재 사고, 광산을 아무리 열심히 사들여도 외환보유고는 계속 늘어난다. 2009년에도 4,000억 달러가 늘었다.

중국은 2조 4,000억 달러 지폐의 덫에서 고민 중이다. 미국과는 단기적으로 멋진 정치적 협상카드를 갖고 있는 것이 분명하지만, 영악한 미국인들이 과거 일본에 했던 것처럼 무슨 방법으로든 중국의 돈가치를 올려 중국을 곤경에 빠뜨릴 수 있기 때문이다.

지금 중국의 최대 리스크는 은행의 부실대출로 인한 불량자산의 양산도, 낙후된 금융 시스템도 아니다. 국민들의 피와 땀으로 만든 공산품을 대가로 받아온 엄청난 규모의 달러 유동성이 문제다. 이 정도 규모의 돈이면 금융위기에 빠진 미국을 세 번 정도 구할 수 있는 금액이다. 중국은 한 번도 이런 큰돈을 굴려본 적이 없다

수출에서 세계 1위, 증시의 시가총액에서 세계 2위, 군사비에서 세계 2위, GDP에서 세계 2위로 초강대국 미국의 코밑까지 바싹 다가온 중국에 대해 미국은 손 놓고 있을 수가 없다. 18세기 말에 영국이 했던 것처럼 중국에 새로운 아편을 먹여 중독을 시키든지 아니면 무력으로 침략하든지 해야 한다.

미국은 제조업에서는 경쟁력도 떨어지고 대형사고를 치긴 했지만 금

융에서는 여전히 최강이다. 중국의 경제는 폐쇄경제고 가진 것은 미국의 달러밖에 없다. 이런 상황에서 미국은 중국이 보유한 달러가치를 확 떨어뜨리든지, 종잇조각을 만들어 중국을 한 방에 보낼 수도 있다.

미국은 제2차 세계대전 이후로 한 번도 승리한 전쟁이 없다. 즉, 제2차 세계대전 이후 한국전, 베트남전, 중동전 등 무기로 하는 전쟁에서는 제대로 이긴 적이 없다. 돈만 왕창 썼을 뿐이다. 그러나 미국은 무기전쟁이 아닌 자본전쟁, 화폐전쟁에서는 한 번도 패한 적이 없다.

금융에서 미국은 위기돌파를 위해 정말 예기치 못한 블랙스완(Black Swan)를 몰고 와 기막히게 문제를 해결했다. 제2차 세계대전 직후인 1944년에는 서방 44개국을 설득해 브레튼우드 체제를 만들어 달러만을 금으로 바꿀 수 있는 '금태환의 지위'를 달러에 부여해 기축통화국의 지위에 올랐다.

1971년에도 미국이 어려워지고 프랑스가 기축통화 논의를 꺼내자 미국은 달러의 '금태환 정지'를 내세워 유럽을 한 방에 제압했다. 1985년에는 일본이 튀자 플라자합의를 끌어내 '엔화를 절상' 시켜 역시 단 한 번에 일본을 잡아 눕혔다. 그런데 이번에는 아시아의 중국과 브릭스가 시비를 걸고 있다. 미국은 어떤 전략으로 이 고비를 넘어설까?

미국은 결코 만만한 상대가 아니다. 지금까지는 표면상 중국이 미국에 일방적으로 이기는 게임을 하고 있는 듯하지만, 금융전쟁에서 한 번도 져본 적이 없는 미국은 분명 중국을 찜 쪄 먹을 블랙스완 전략을 세우고 있을 것이다.

미국은 지금 세계 최대의 금 보유국이다. 미국이 최대 채권국 중국을 넘어뜨릴 목적으로, 1971년 닉슨이 했던 것과는 정반대로 부분적으로 '금태환이 가능한 달러'를 부활시키면 어떻게 될까?

미국은 수조의 달러표시 국채를 발행해 아시아와 유럽에 판 뒤 그 돈으로 금융기관과 제조업을 구한다. 금융위기가 끝나면 이젠 부채상환이 미국의 목을 죈다. 미국은 이에 대응해 금태환이 가능한 달러를 발행한다.

미국 내에서 '금태환이 가능한 달러'가 새로이 나오면 금태환이 안 되는 구권 달러는 모두 휴지조각에 가까운 가격으로 폭락할 수도 있다. 당연히 이런 상황이면 구권 달러로 발행된 국채도 휴지가 되고 신권 화폐로 발행된 국채는 금값이 된다. 그러면 미국의 구권 달러 표시 채무도 없어진다.

그리고 일정시간이 지난 뒤에 금태환이 되는 신달러와 기존의 구달러와의 화폐교환을 실시하면 금값과 같은 신달러와 비교했을 때 종이 값 밖에 안 되는 구달러는 확실하게 폭락해버릴 수 있다. 종잇조각이 된 구달러 표시 채권상환 요청이 오면 금태환이 안 되는 구달러를 찍어서 주면 된다. 이렇게 되면 미국과 중국은 전쟁이 나든지, 어느 한쪽이 망하든지 둘 중 하나가 된다.

2008년에 중국의 베스트셀러였던 《화폐전쟁》의 저자 쑹훙빙도 금본위제도 부활을 얘기하지만 만약 이런 상황이 벌어진다면 중국은 어떻게 할까? 그래도 금본위제를 유지하는 게 좋을까?

중국은 실제로는 무엇을 걱정할까? 중국은 금융위기와 미국채 문제의 최대 피해자가 될 수 있다. 최대 규모의 외환보유고와 미국채를 갖고 있기 때문이다. 미국이 블랙스완 전략을 들고 나와 통화정책에 있어서 '진화가 아닌 개혁'이 일어나면 중국의 국부가 통째로 날아갈 위험이 있는 것이다.

SECTION __ 3

중국 위안화의 외출
-조우추취(走出去) 전략

미국 국채 쇼핑, 망나니 부잣집 아들에게 돈 더 퍼주기

중국의 미국 국채 보유액이 9,000억 달러에 이른다. 중국은 넘치는 달러를 주체 못 하고 미국채를 샀다. 하지만 더 늘리는 건 리스크가 있었다. 그래서 미국채 매입을 줄였더니 미국 힐러리 국무장관이 중국을 방문했고 가이스너 재무부장관은 베이징으로 날아와 면담을 요청하는 통에 미국채 보유를 다시 늘렸다.

2009년 가을에 후진타오와 만난 가이스너는 미국이 재정적자를 줄이고 저축을 늘리겠으니 미국채를 계속 사달라는 설명을 장황히 했다. 하지만 후진타오는 확답을 하지 않고 중국과 미국의 동반자 관계에 대한 얘기만 잔뜩 했다. 섭섭한 마음으로 돌아서려는데 손님맞이에 소홀함이 없는 중국이 미국정부의 '금고지기'를 빈손으로 보내지는 않았다.

중국의 주석, 총리, 부총리가 아닌 중국건설은행장이 한마디한 것이다. 달러 기축통화를 지지한다고. 이 지지발언 한마디에 달러 급락이 정지되었다. 전 세계 증시가 반색을 하며 상승했다. 중국정부도 미국의 단기간에 걸친 대량의 통화증가와 국채발행은 금융위기라는 특수상황이기 때문에 미국 입장을 이해하며 미국 국채를 계속 사겠다는 공식 발표를 했다.

중국정부가 미국과 미국채를 보는 시각은 무엇일까? 근본적으로는 미국채 보유를 줄여야 한다는 게 중국의 판단이다. 중국이 미국채를 보는 시각은 망나니 부잣집 아들에게 '뒷돈 더 퍼주기'다.

지금 미국은 미래 후손들의 부를 앞당겨 조상들이 써버리는 나라다. 정신 나간 부잣집 아들이 아버지가 벌어놓은 돈을 절약이라고는 모르고 흥청망청 다 써버렸다. 어리석은 부잣집 아들은 일은 하기 싫고 돈을 빌려 쓰기 시작한다. 부잣집을 넘보는 사채업자는 이때 돈을 왕창 더 빌려줘서 부잣집 아들을 더 게으르게 만들고 부패시킨다. 갚을 능력을 넘어설 정도로 돈을 빌려줘 한계에 이르면 부잣집의 모든 재산을 통째로 갖겠다는 것이다.

무서운 이야기다. 중국이 미국 국채를 더 사는 것은 미국이 예뻐서도 아니고 미국에 물렸기 때문도 아니다. 미국의 도덕적 해이를 더 조장해 미국을 더 부패시켜 강대국의 지위를 무너뜨리려는 것이다.

미국은 2009년에 구제금융과 경기부양으로 돈을 퍼부어 엄청난 재정적자를 냈고, 2010년에도 조 단위의 적자재정이 불가피하다. 2010년 미국의 전체 예산은 3.8조 달러인데 경제가 부진해 세수는 잘해야 2.5조 달러고 부족한 1.3조 달러는 국채발행을 통해 조달해야 한다.

미국 국채시장의 제일 큰손이 중국이고 다음이 일본이다. 그런데 큰손인 중국이 미국이 발행하는 휴지조각 같은 채권을 더 안 사겠다는 신호를 보낸 것이다. 중국이 안 사면 다른 나라가 사면 되지만 현실적으로 금융위기와 재정적자로 미국 국채를 사줄 여유가 있는 다른 나라는 없다.

그리고 만약 중국이 미국 국채를 안 사는 것은 고사하고 보유 국채를 매도하기 시작하면 미국 국채시장은 큰 혼란에 빠진다. 또한 당장 재정적자를 메우는 데 필요한 채권발행에도 큰 차질이 생긴다. 만약 자금조달이 안 되면 예산을 줄이든지, 그리스처럼 부도를 선언하든지 둘 중 하나를 택해야 한다. 만일 채권 매수자가 없으면 발행을 원활하게 하기 위해서는 금리를 올려야 하는데 그러면 채권시장이 폭락한다. 금리인상은 12조 달러에 달하는 미국부채 가격에 직격탄을 날리는 핵폭탄이 될 수 있다.

중국이 미국 한복판에서 핵폭탄 실험을?

2009년 왕치산 중국 부총리가 미국을 방문했을 때 오바마 대통령과 힐러리 장관은 중미는 "한 배를 탄 동지"라는 표현을 쓰면서 중국에 G2라는 이름을 붙였다. 오바마 대통령이 상하이를 거쳐 베이징을 방문했을 때 젊은 흑인 대통령 오바마에게 중국의 후진타오 주석과 원자바오 총리는 정중한 예의를 갖추었다. 중국과 미국은 아름다운 봄날을 즐겼다.

그런데 불과 몇 달 만에 미국은 태도를 확 바꾸었다. 중국에 대해 각종 무역제재를 쏟아냈다. 미국은 중국 코앞에 있는 타이완에 64억 달러어치의 무기를 판매해 중국을 자극했다. 이에 더해 오바마는 중국이 눈엣가시처럼 생각하는 달라이 라마를 면담하면서 중국정부는 없어져야 한다는 얘기를 듣는 등 중국의 염장을 질렀다. 그리고 단골 메뉴인 '위안화 절상요구'를 쏟아내면서 비난과 전투 분위기로 돌변했다. 용을 신주단지처럼 모시는 중국과 독수리로 상징되는 미국 간에 본격적으로 용과 독수리의 전쟁이 벌어진 것일까?

전 세계가 경기불황이지만 유일하게 경기과열을 우려하는 나라 중국은 2010년 들어 두 번째로 지준율을 인상했다. 세계금융시장에 충격을 주었다. 그런데 아직 경기불황에서 헤매고 있는 미국도 재할인율을 올렸다. 잘나가는 G2가 무역전쟁, 금리전쟁, 환율전쟁을 시작한 것인가?

이번 중미 사태는 중국이 겁 없이 미국 한복판에서 미국채 '핵폭탄 실험'을 해본 게 발단이다. 중국은 2009년 8월 이후로 미국 국채를 팔아치웠다. 미국이 무한정 찍어내는 종이달러로 된 채권조각을 받고 땀 흘려 만든 물건을 미국에 공짜로 주기 싫다는 것이다. 연말에는 한 방에 342억 달러어치를 팔아치웠고 이런 추세는 2010년 들어서도 지속되고 있다. 미국의 사정을 손금 보듯이 보고 있는 중국은 최대의 빚쟁이 미국의 반응이 어떨지, 미국에 대해 '간'을 한번 본 것이다.

2009년 전체로 보면 중국이 단기채 950억 달러를 파는 대신 장기채 1,240억 달러를 산 것을 두고 미국의 경기회복을 낙관한다는 해석도 있지만 실제로는 그게 아니다. 금리가 제로에 가까운 단기채는 버리고 이자를 주는 장기채로 갈아탄 것이다. 단기채는 당장 돈이 안 되기 때문에 버린 것이다.

명품이 싸구려 되는 방법은 간단하다. 아무리 좋은 물건도 마구 찍어 희소성을 없애면 싸구려가 된다. 거지도 루이비통 가방을 메고 공사판 인부도 버버리 셔츠를 입으면 루이비통이나 버버리의 명품 브랜드 가치는 끝이다. 기존의 명품 애호가들은 가지고 있던 가방, 옷을 모두 팔아버릴 것이다.

　금융위기 때 헬리콥터로 뿌린 달러 덕분에 미국 금융가는 목숨을 구했지만 미국이 잃어버린 것이 있다. 달러에 대한 '신뢰'다. 달러를 마구 찍어 달러가 종이값이 되고 소나 개나 다 가지고 있으면 달러의 가치는 없다. 그러면 프로선수들은 달러 대신 금과 철광석, 석유 등 실물자산을 가지려고 한다.

　미국은 달러표시 국채를 매년 조 단위로 발행해야 나라가 돌아가는데, 달러가치가 속락하면 채권발행을 못 하고, 그러면 경기회복이건 구조조정이건 물 건너간다. 미국은 최근 10년간 부채를 한 푼도 안 갚았고 오히려 부채금액이 두 배로 늘었다. 그래서 이런 미국의 행태를 두고 중국을 포함한 신흥국 채권자들은 빚으로 빚을 갚는 폰지 사기(Ponzi Scheme)라고 비난하고 있다.

　G20 선진국이라고 폼 잡고 다니지만 서방의 G20은 빚 많은 순서로 20등이다. 그런데 문제는 그 규모가 점점 더 커진다는 것이다. 1인당 GDP가 아닌 1인당 부채규모를 보면 선진국의 실체가 드러나고 이번 금융위기에 문제가 된 나라들이 왜 문제가 되었는지 명확해진다.

　현재 그리스 다음으로 '유럽의 병자'로 취급받는 영국의 1인당 부채액은 17만 1,875달러고 이미 국가부도가 난 아이슬란드는 42만 8,140달러였다. 1인당 소득이 4만 달러대인 미국은 1인당 부채도 4만 달러대다.

　미국으로서는 당장 눈앞의 재정적자를 해결하기 위해 국채를 팔아야 한다. 이를 위해서 달러가 강세로 가지 않으면 안 된다. 그런데 이미 2009년 하반기부터 중국이 미국채를 안 사기 시작하면서 문제가 생겼다. 특히 전 세계가 그리스 국가부도에 왈가왈부하고 주가가 속락했지만 사실상 미국은 지금 그리스보다 더 심각한 '미국판 그리스'가 있다.

유명한 전직 영화배우가 주지사인 캘리포니아가 재정파탄이 났다. 실질적인 부도인데 중앙정부의 지원이 없으면 도산이다. EU 전체에서 그리스가 차지하는 비중은 2~3%지만 캘리포니아 주가 미국경제에서 차지하는 비중은 10%가 넘는다.

'캘리포니아 쇼크'가 터지면 이는 그리스 쇼크의 세 배나 된다. 미국의 최대 채권자인 영악한 중국은 이미 2009년부터 미 재무성 채권을 제외한 나머지 지방 및 기타 정부기관 채권을 계속해서 줄이고 있다.

중국의, 뒤로 호박씨 까기

중국은 겉으로는 미국채와 달러 지지발언을 하지만 내부적으로는 달러를 실물로 바꾸는 작업을 줄기차게 진행 중이다. 넘치는 달러는 그만큼 큰 위험성을 안고 있기 때문에 중국정부와 학계는 쏟아져 들어오는 달러를 처리하는 데 고심하고 있다. 필자가 만나본 칭화대, 푸단대, 베이징사범대, 중국사회과학원 등 중국의 유명대학 금융학과 교수들은 모두 위안화 국제화와 달러 처리 문제 연구에 몰두하고 있다.

증시가 많이 올랐다고는 하지만 실제로는 석유를 포함한 원자재 가격이 더 많이 상승했다. 금융위기와 60년 만의 불황으로 실물수요가 줄어드는 판에 국제 원자재 가격이 급등하는 이유는 달러에 대한 불안감 때문이다.

중국은 '입'으로는 미국채를 사겠다고 하면서 돈을 가진 '손'은 추가 유입되는 달러를 원자재 구입에 쓰고 있다. 국제유가, 원자재 시장 가격이 급등하는 배후에는 투기자금뿐만이 아니라 중국의 달러가 있다.

2009년 연초 이후 중국의 수출입 증가율 차이를 보면 무역흑자가 급증해야 하는데 외환보유고는 완만하게 늘어나고 있음을 관찰할 수 있다. 이번 금융위기에 선진국들은 금융기관의 구조조정에 정신이 팔렸지만 중국은 이번 위기를 경기회복에 대응하기 위한 원자재 확보의 기회로 삼고 있다. 여차하면 휴지조각이 될지도 모르는 달러를 원자재로 바꾸는 작업을 하고 있다.

    유가가 이런 식으로 상승하면 100달러는 쉽게 갈 것 같은데 과연 그럴까? 세계 석유시장의 최대 큰손인 중국의 국가에너지국 장귀바오 국장은 기자회견을 통해 2009년 하반기에는 석유 비축을 많이 할 수 없을 것이라고 발표했다. 이유는 중국이 신장(630만 배럴), 랴오닝(1,140만 배럴), 산둥(1,900만 배럴), 저장성(6,600만 배럴) 등에 지은 1억 배럴 규모의 석유비축기지가 거의 차버려 더는 비축하기가 어렵다는 것이다.

    실제로 2009년 하반기에는 경기회복이 더딘 점도 있었지만 유가가 크게 오르지 않았다. 중국은 간쑤성 란저우, 허베이성, 톈진, 선전 바오안, 광저우 난샤, 하이난 등에 추가 석유비축기지를 짓고 있다. 일명 2단계 비축기지가 완공되면 1억 7,000만 배럴을 비축할 수 있다. 공사완료 이후 석유가격의 향방이 주목된다.

    중국의 수출이 늘어나면 금속 관련 원자재 수요는 더 늘어난다. 중국이 재고 충당 외에 수출경기가 회복되면 금속광물의 수요는 더 늘어나는 구조다. 2009년 하반기에 중국이 비축문제 때문에 석유매수를 줄이는 대신, 남는 달러는 금속광물 쪽으로 매수했다. 원자재의 가격강세는 달러 대체와 실수요의 증가로 2010년에도 지속될 것으로 보인다.

    중국을 포함한 브릭스 국가는 죽어라 일해서 달러보유고를 늘렸는데 월가가 저지른 불장난에 미국이 부도났다는 소식을 접했다. 기가 찰 노릇이었다. 중국을 포함한 달러 보유국들은 금융위기가 터지면서 가지고 있던 달러와 미국 국채가 쓰레기통에 바로 버려야 할 '종이호랑이가 싼 배설물' 이라고 생각했다.

최근 자국 명의로는 미국 국채 보유를 줄이고 있었던 중국이 홍콩을 통해서는 미국채 매입을 늘리기 시작했다. 다시 살펴보니 미국을 대체할 강국이 10년 안에는 나오기 어렵다는 판단에서였다.

브릭스 정상회담에서 브릭스 4국 정상들이 미국의 기축통화를 비난한 이유는 너무 억울해서다. 일은 브릭스가 죽어라 하고 미국은 놀면서 달러를 찍어 만사를 해결했다. 배가 아파 시원하게 욕(?)을 한번 해본 것이다.

이런 상황에서 세계의 넘버투 비단장사 왕서방, 중국의 또 다른 꿍꿍이 전략은 무엇일까? 중국은 이번 금융위기를 계기로 기축통화국의 위력을 확실히 이해했다. 중국은 이미 기울기 시작한 미국의 통화패권에 대응해 언젠가는 종잇조각이 될지 모르는 달러에 대비해 최근 들어 열심히 금을 사 모으고 있다.

2009년 말 기준 중국은 세계 5위의 금 보유국이다. 2008년 금 보유량 600톤에서 2009년 들어 1,054톤으로 늘렸다. 전 세계가 보유한 금 보유량은 총 2만 9,698톤이다. 금 1온스당 941달러로 치면 1톤당 3,300만 달러고 이를 전 세계가 보유한 금의 양으로 환산하면 9,857억 달러다. 중국이 보유한 2조 4,000억 달러는 전 세계가 보유한 금을 두 번 사고도 남을 만한 금액이다.

위대한 화상(華商) 리콴유를 모방하라

금태환이 정지된 이래로 각국 중앙은행들은 자국의 통화로 된 막대한 자산을 보유하면서 이것으로 특수 목적을 위해 투자하는 펀드를 만들었다. 소위 국부펀드다. 이 국부펀드는 정부자산을 운영하며 정부가 직접 소유하는 펀드다.

중동국가들이 석유를 판 자금으로 만든 중동의 국부펀드가 역사와 규모 면에서 가장 오래되고 크다. 그리고 1990년대 이후 엄청난 무역 흑자가 생긴 싱가포르, 타이완, 한국, 일본 등 외환보유액을 가지고 만든 국부펀드가 또 있다.

중국에서 해외로 진출한 화교들 중에서 가장 성공한 화상들이 바로 싱가포르 화교들이다. 아시아의 국부펀드 중에서는 1981년 싱가포르 리콴유 수상이 만든 GIC(싱가포르투자청)와 1974년에 만들어진 타마섹(Tamasek)이 대표적이다. 일찍이 싱가포르는 외환보유고와 국영기업 매각 수익으로 국부펀드를 만들었다. 싱가포르 국부펀드는 25년간 연평균 9.5%의 안정적인 수익률을 냈다. 전 세계 주요기업에 지분투자를 해 대표적으로 성공을 거둔 펀드다.

중국은 2008년 싱가포르의 타마섹을 벤치마크해서 2조 달러의 외환보유고에서 10%를 떼어 2,000억 달러의 국부펀드를 만들었다. 정부가 직접 달러를 해외로 퍼내는 작업에 뛰어든 것이다. 자산운용은 중국투자공사(CIC)가 맡았다. 중국은 전 세계 2조 5,000억 달러 규모로 추산되는 국부펀드 중 1,000억 달러 이상의 자산을 보유한 소위 슈퍼세븐 그룹 중 6위에 바로 입성했다.

중국은 국제금융시장에서 큰돈을 굴려본 적이 없는 슈퍼 베이비다.

그래서 금융위기 때 미국 최대의 사모펀드인 블랙스톤, 모건스탠리, 리먼브라더스 그리고 프레디맥과 패니메이 등에도 투자해 2,000억 위안 정도를 손해 봤다. 이에 중국정부는 앞으로는 1억 달러 이상의 투자는 상무부의 허가를 받도록 하는 등 리스크 관리를 시작했다.

국제적으로 보면 금융위기 이후 전 세계의 헤지펀드와 사모펀드가 큰 손실을 보면서 영향력이 크게 줄어든 반면, 중동의 국부펀드와 중국을 비롯한 아시아의 국부펀드는 전 세계 대형 M&A 시장에서 큰손으로 부상하고 있다. 지금 중동과 중국의 국부펀드들은 금융위기로 고전하고 있는 유럽과 미국의 유명 브랜드 제품에 대한 투자와 원자재, 대체에너지, 환경 관련 투자를 늘리고 있다.

중국은 외환보유고가 계속 늘어나고 있기 때문에 자금의 해외진출이 불가피하고, 국부펀드가 지속적으로 커질 수 있다. 중국 국부펀드는 채무 위험이 없는 만큼 안정적인 장기투자가 가능하다. 중국은 원자바오 총리가 나서서 2조 달러가 넘는 외환보유액을 조우추취에 적극 활용하겠다고 밝혔다.

조우추취(走出去)란 '밖으로 나가자'는 뜻으로, 중국이 2000년대 들어 추진하고 있는 해외진출 전략이다. 개혁개방 이후 중국의 성장을 이끈 인진라이(引進來), 즉 해외자본을 국내로 유치해온다는 것과는 정반대 개념이다. 원자바오 총리는 베이징에서 열린 해외 주재 중국 외교관 회의에서 보유 외환을 기업의 해외진출과 확장을 가속화하는 데 사용하겠다며 외환보유액 운용을 중국 기업들의 조우추취 정책과 결합시켜야 한다고 공식 선언했다.

정부가 찍고 기업이 산다

중국은 세계 1위의 수출대국이지만 없는 것이 많은 나라다. 후기 공업화시대에 진입한 중국으로서는 에너지와 원자재가 절대적으로 부족하다.

중국은 국외 원자재에 목숨을 건다. 그러나 미국의 석유회사 인수 사례에서 보았듯이 중국정부가 직접 나서게 되면 각국의 반발을 사 성사가 어려웠다. 그래서 중국정부는 전략을 바꾸었다. 모든 M&A에는 기업이 나서게 한 것이다. 포춘 500대 기업의 43개가 중국 기업이지만 이들은 모두 국유기업이다. 실제로는 국가가 주인이므로 정부가 나선 것과 별반 차이가 없다.

중국 국유기업의 해외 M&A는 정부 지시에 따라 국가적으로 필요한 사업을 하는 것이라 제반 사항에 대해 중국정부가 보증하는 것이기 때문에 적자가 나도 문제가 안 되고 자금조달에서도 가장 강력할 수밖에 없다. 금융위기 이후 전 세계 원자재와 유전, 광산 등의 M&A에서 중국 기업이 백전백승하는 것도 바로 이 때문이다.

2008년 M&A 시장은 금융위기로 30~40%가 줄었지만 중국의 M&A는 오히려 40%나 늘었고 투자금액도 독일에 이어 세계 2위를 기록했다. 2009년에 에너지 기업인 시노펙은 72억 달러를 투자해 아프리카 유전을 인수했고, 중국 4대 석탄 수출업체인 우광그룹은 14억 달러를 들여 호주 광산을 사들였다. 페트로차이나는 10억 달러를 들여 싱가포르의 석유회사를 인수했다. 쑤닝전기는 4억 달러를 들여 일본의 대표적인 가전양판점인 라오스를 인수했다.

3류 기업은 제품을 팔고, 2류 기업은 기술을 팔고, 1류 기업은 브랜드를 판다. 중국은 경제규모는 거인이지만 제대로 된 국제적 명품 브랜드는 하나도 없다. 이를 알고 있기에 중국정부는 기업들에게 해외에서 브랜드를 만들고 해외 유명 브랜드를 사오라고 요구한다. 해외에서 브랜드를 쌓는 동안의 적자나 비용문제는 정부가 내수시장에서 가격정책으로 보상해준다. 이에 더해 해외 유명 브랜드의 M&A를 장려하고 있다.

  최근 중국의 한 기업이 유럽의 어느 명품 브랜드를 인수한다는 설이 돌았다. 이에 관해 중국 사람들의 우스갯소리 중 하나가 중국 기업이 이 브랜드를 M&A하면 중국 부자들은 더 이상 그 브랜드를 안 사고 다른 명품을 살 거라는 것이다. 중국 상류층들의 세계 명품 브랜드 선호도가 그만큼 높다는 말이다.

SECTION ___ 4

2020년, 아시아에 위안화 식민지를 건설하라

진시황이 살아났다

폭군이었지만 중국인들이 진시황을 위대하게 생각하는 이유가 있다. 최초로 중국 전역을 통일했고 21세기에는 엄청난 수의 관광객들로 달러박스 역할을 하는 만리장성과 진시황 병마용을 남긴 것 때문만은 아니다.

진시황은 화폐를 통일해 처음으로 중국을 단일 통화권으로 만들었고 도량형과 문자도 통일했다. 당시에 중국은 지방별로 서로 다른 화폐와 도량형, 문자를 쓰고 있어서 성 간의 교역이 제대로 이루어질 수 없었다. 진시황은 화폐를 통일하여 상업을 활발하게 만들었고 물류유통을 원활하게 해 중국을 아시아 초강대국으로 만드는 기초를 닦았다.

지금도 중국은 여전히 34개 국가가 모인 연합국 같다. 각 성들이 마치 외국어와도 같은 방언을 갖고 있다. 상하이 사람들이 상하이 말로 말하면 베이징 사람들은 알아듣지 못한다. 그러나 이런 중국의 언어는 보통화로, 화폐는 위안화로 통일되어 있다.

좀더 넓게 보면 아시아는 전부 한자문화권이다. 중국본토에서는 공산주의로 사라졌지만 대부분의 아시아에는 유교문화가 남아 있다. 중국이 2,000년간 군사력이나 황제의 힘을 통해 완벽하게 아시아를 지배한 적은 없지만 한자문화로는 이미 한참 전에 아시아를 지배했다. 아시아 각국에 화교들이 잘 정착하고 강한 뿌리를 내린 것도 중국이란 나라가 2,000년간 가꾸어온 한자문화의 배경이 없었으면 불가능했다.

아시아 각국에 코리아타운, 재팬타운이 제대로 건설되어 있는 곳이 없다. 한글 문화권, 일본어 문화권은 상대적으로 짧은 시간이라는 한계가 있기 때문이다. 그래서 한국이나 일본은 경제력, 소위 상품으로는 아시아를 덮을 수 있지만 문화로써는 아직 덮을 방법이 없다.

이번 금융위기를 계기로 21세기에 진정으로 세계를 지배하는 것은 미사일과 핵무기가 아니라 화폐라는 것을 중국이 이해했다. 지금 중국은 미국과 세계패권을 다투기 전에 먼저 아시아의 맹주 자리를 노리고 있다. 이번 금융위기를 계기로 기축통화 발권력의 힘을 확실히 인식한 중국은 아시아를 무력이 아니라 화폐로 통일하는 꿈을 꾸고 있다.

진시황이 화폐를 통일해 중국을 단일 통화권으로 묶고 중국 전역을 지배했듯이 중국은 아시아를 위안화 단일 통화권으로 묶어 아시아의 진정한 지배자로 등장하고 싶어 한다.

위안화의 세계통화의 꿈

역사적으로 한 나라 화폐의 국제화는 그 나라의 국제정치, 경제지위의 상징이다. 한 나라가 강대국으로 부상하는 조건은 바로 그 나라 화폐가 국제화폐로서 부상하는지 여부다. 중국은 경제규모, 무역규모에 비해 위안화의 국제화는 아직 걸음마 수준이다.

중국은 외환보유고 세계 1위다. 수출은 2009년에 독일을 제치고 1위로 올라섰다. 구매력으로 평가한 GDP로 본 경제규모도 일본을 제치고 세계 2위다. 2008년 기준 글로벌 화폐발행액으로 보면 위안화 발행량은 세계 4위다. 그러나 세계 4대 화폐 중에서 유일하게 태환이 안 되는 화폐이기도 하다. 따라서 강대국이 누리는 화폐주조이익은 단 한 푼도 누리지 못하는 나라다. 중국은 세계 2대 경제권의 대국이지만 금융 측면에서 보면 강대국이 아니다.

역사적으로 미국은 달러 패권을 건드린 나라를 무사히 내버려둔 적이 없다. 이라크와 이란이 미국에 폭격을 당한 진짜 이유는 그들이 악의 축이었기 때문이 아니다. 석유대금 결제를 달러가 아닌 유로화로 바꾸겠다고 달러 주권을 뒤흔드는 발언을 했기 때문이다. 지금 중국과 브릭스 국가들이 겁 없이 달러 패권에 도전하는 발언을 쏟아내고 있는 것이 내심 불안하다.

미국의 상황을 보면 중국이 위안화를 국제화하려고 하는 지금의 타이밍은 매우 절묘하다. 미국이 금융위기로 정신이 나가 있고, 아시아와 유럽 각국도 모두 정신을 못 차리고 있다. 이때를 노려 중국은 위안화 국제화를 선언했다.

한 나라가 제로금리가 되면 그 나라 금융시장은 힘이 없어진다. 지금 미국과 일본은 제로금리에 가까운 수준이다. 돈의 가치가 없는 곳에서 돈 장사가 될 리 없다. 지금 미국은 은행 부실을 떠안은 뒤 미친 듯이 돈을 찍어 자신이 떠안은 부채가 멀쩡하다는 걸 증명하고 있다. 미국이 하는 짓을 보면 부채를 줄여 달러가치를 유지하겠다는 미 당국자 말은 거짓말을 하면 할수록 코가 길어지는 피노키오의 말처럼 느껴진다.

무한정 찍어내는 국채는 결국 민간의 유동성을 흡수하는 것이고, 이를 미국이 아닌 다른 후진국 중앙은행이 무진장 사주면 달러가치는 올라가기 어렵다. 이런 상태가 지속되면 인플레이션이 발생할 것이고, 이를 막기 위해 금리를 인상하면 채권 값은 폭락한다.

물론 미국도 대책이 있다. 제로에 가까운 금리로 엄청난 채권을 발행해 달러 유동성을 확보하고 후진국에 달러 외채를 고금리로 빌려주고 제로금리에 가까운 금리를 유지하면 달러는 달러 캐리를 통해 전 세계 주식과 실물시장으로 흘러갈 것이다. 그 뒤에 상업용 부동산이든 개인 신용카드 부실이든 뭐든 하나 버블을 터트려 다시 달러 유동성을 회수하면 회수용 달러 수요가 폭증해 달러 값은 서브프라임 때와 같이 폭등할 수 있기 때문이다.

그 후 달러 유동성을 한 번 더 풀면 달러가치는 폭락하고 아시아 각국이 보유한 달러는 그 가치가 형편없이 떨어져 다시는 달러 보유고가 많다고 미국에 덤벼들지 못하게 할 수도 있다. 중국의 입장에서는 달러 채권을 시장에 내다 팔면 채권금리가 폭등해 보유한 자산이 자동 폭락하게 되어 있어 내다 팔 수도, 그냥 갖고 있을 수도 없는 애매한 상황이 오는 것이다.

금융위기 이후 미국은 기준금리를 0~0.25%로 낮추었다. 2009년 2분기부터 전 세계 주가가 급상승했다. 일본엔화 금리보다 달러 금리가 더 낮아졌다. 미국달러를 빌려 미국보다 먼저 금리가 상승할 가능성이 큰 나라에 투자를 하는 캐리 트레이드가 급증했다. 한국에 외국인 투자가 몰린 것도 OECD 국가 중 한국의 경기회복 속도가 가장 빠르고, 경기회복이 빠르면 금리인상 가능성도 크기 때문이다.

그러나 미국이 국내 위기를 통해 달러를 휴지조각으로 만들면서 후진국의 무역대금을 화폐주조이익인 세뇨리지로 왕창 걷어가는 '장난질'은 이번 서브프라임 금융위기 한 번으로 족하다. 또다시 이런 행태를 보이면 아무도 속지 않을 뿐 아니라 달러의 신뢰는 회복 불능 상태가 된다. 고리대금업과 깡패사업은 오래갈 수 없다. 그 자체의 모순으로 붕괴해버리기 때문이다.

군사력도 예전과는 달라졌다. 핵무기가 발명되고 나서는 큰 것이 작은 것을 이기는 것이 아니라 목숨을 담보로 전쟁을 할 수 있는 간 큰 놈이 이기는 시대가 되었다. 핵무기를 앞세운 싸움은 서로 죽기 아니면 까무러치기인 치킨게임(chicken game)이기 때문이다. 초강대국 미국이 북한을 상대하는 데 버거워하는 것도 이 때문이다.

미국이 달러 패권을 유지하는 데 간접적으로 사용한 것은 석유와 금이다. 미국은 종이돈인 달러를 검은 황금인 석유를 거래하는 데 사용하게 하면서 달러가치를 담보하게 했다. 석유가격이 폭등하면 달러 결제 수요 덕분에 달러가치도 자동으로 상승하게 되어 있다. 또한 세계 최대 금 보유국이 미국이라는 점을 통해서도 달러가치에 대해 세계 각국을 안심시켜왔다.

지금 중국은 미국의 이런 점을 간파하고 미국이 잡고 있는 달러 패권에 젓가락을 놓기 시작했다. 중국은 종이 돈을 쌓는 것이 아니라 달러 대신 검은 유동성, 석유를 비축하고 있다. 국제 금시장에서 거래되는 금을 나오는 족족 사들이고 있다. 미국의 달러 패권에 도전장을 내민 것이다.

중국의 위안화 국제화의 꿈은 이미 현실로 시작되고 있다. 무역결제에서 위안화 결제를 시작한 것이다. 첫 단계로 상하이의 100개 기업,

선전의 100개 기업, 그리고 광저우, 동관, 주하이의 200개 기업 등 모두 400개 기업 및 홍콩과 위안화 결제를 시작했다. 홍콩의 30여 개와 중국의 10여 개 은행에도 위안화 관련 영업을 허가했다. 양측 은행들의 위안화 송금은 결제은행(CB)을 통해서만 이뤄지고 중국인민은행이 은행 전체를 통제하는 역할을 맡는다. 외국 언론에서는 초기단계에 거래가 크지 않아 실망했네, 위안화가 체면이 깎였네, 말이 많지만 중국은 일단 테이프를 끊어놓고 아시아 국가들의 반감이 얼마나 될지, 패권국 미국의 태도가 어떨지 눈치를 보는 중이다.

위안화 국제화 현상은 이미 아시아 곳곳에서 보인다. 중국의 변방무역에서는 위안화 거래가 승인되었으며, 몽고나 캄보디아 등지의 변방무역에서는 위안화 결제가 이미 보편화되었다. 심지어 베트남 농업은행은 위안화 저축업무까지 실시하고 있다. 베트남, 싱가포르, 말레이시아 등 일부 아시아 중앙은행들은 위안화를 외환보유고에 포함함으로써 이미 위안화를 가치저장의 수단으로 사용하기 시작했다.

하여간 중국의 위안화 국제화 1단계 전략은 중국이 무역결제의 통화로 위안화를 사용해 글로벌 화폐 사용 금액에서 위안화의 비중을 올리는 것이다. 이를 위해 중국은 타이완, 마카오, 싱가포르 등 중화권 국가와 베트남, 태국, 미얀마 등 동남아 국가들과 위안화 결제를 협의 중이고 러시아, 브라질, 인도 등 브릭스 국가들과의 교역에서도 위안화 결제를 추진 중이다.

중국의 위안화 무역결제의 위력은 얼마나 될까? 중국·홍콩 간 무역량의 50%가 위안화로 결제되면 약 1,000억 달러, 중국의 아시아 지역 무역량 절반이 위안화로 결제되면 약 5,000억 달러가 된다. 향후 5~10년 안에 중국 전체 무역량의 절반이 위안화로 결제된다고 가정하면 약

1.3조 달러인 셈이다. 1.3조 달러가 위안화로 결제되면 위안화는 달러와 유로화에 이어 세계 3대 기축통화로 바로 발돋움한다.

중국은 미국 눈치를 보면서 중남미와 아프리카, 특히 아시아에 대해서는 통화스와프 및 무역대금 결제를 위안화로 하는 위안화 국제화를 발 빠르게 추진하고 있다. 미국은 이미 기울어진 가세를 어쩌지 못하고 너무 큰돈을 중국에서 빌린 탓에 기분이 나빠도 중국의 위안화 국제화에 함부로 제동을 걸지 못하고 있다.

중국이 무역대금 결제화폐 역할의 피날레로 하고 싶은 일은 중동과의 석유거래에서 위안화를 사용하는 것이다. 중동은 미국에 워낙 여러 차례 철저하게 당했기 때문에 미국의 달러 지배에서 벗어나고 싶어 한다.

중동은 미국의 외갓집인 힘없는 유럽의 유로화로 석유결제를 하고 달러의 횡포에서 벗어나고 싶었지만 큰 성과가 없었다. 미국의 작은집 역할을 하고 있는 유럽은 중동에 큰 도움이 되지 못했을 뿐 아니라 오히려 중동에 미국 전투기의 폭격만 불러왔다.

그래서 중동은 미국에 '노(No)'라고 말할 수 있는 새로운 강대국으로 부상하고 있는 중국을 바라보고 있다. 중국 또한 중동의 돈과 석유의 위력, 그리고 중동의 석유가 달러가 아닌 위안화로 결제될 때의 그 위력을 잘 알고 있다.

석유가 국제무역 결제에서 차지하는 비중이 너무 크기 때문에 석유대금 결제가 달러가 아닌 기타 통화로 대체되면 달러의 기축통화 지위는 심각하게 위협받을 수 있다. 중국의 위안화 국제화의 1단계는 무역 결제 사용에 있지만, 이는 궁극적으로는 미국 석유 메이저들과 미국에 반감이 있는 중동 국가들과 짜고 석유대금 결제를 위안화로 하게 하는 것이다. 중국은 석유 부국들의 외환보유를 달러에서 위안화로 바꾸는 일에서부터 달러 패권 타도를 시작할 가능성이 크다.

중국의 위안화 국제화의 다음 단계는 미국의 혼란을 틈탄 아시아 지역 중앙은행의 역할을 하는 것이다. 중국은 이번 위기에 아시아 국가들과 2조 4,000억 달러 외환보유고를 담보로 기존에는 미국만 할 수 있었던 통화스와프를 시도함으로써 그 힘을 테스트해보았다. 한국, 홍콩, 인도네시아, 말레이시아 등에 중국인민은행 명의로 총 7,200억 위안, 미화 약 1,058억 달러 상당 금액의 마이너스통장을 만들어주었다.

2009년에는 미국과 영국 중심의 신용평가기관의 횡포에 맞서 중국이 다른 나라의 신용등급을 매기는 국가신용평가 기준을 만들어 영미계 중심의 신용평가 시스템에도 도전하고 있다. 부도난 미국과 영국이 트리플A 등급이라는 게 선진국 신용평가기관의 평가등급이다. 한마디로 웃긴다는 것이다.

과거 중국의 외교정책은 도광양회 전략이었다. 숨어서 힘을 기르고 때가 되면 나서는 것이다. 지금 중국의 대외정책은 도광양회 단계를 넘어 이젠 할 말은 한다는 시대로 접어들었다. 그러나 위안화 국제화 문제에 있어서는 여전히 도광양회 전략을 쓰고 있다. 미국이 영국의 통화패권을 제치고 기축통화로 올라설 때 미국의 GDP는 세계 GDP의 19%로 영국의 두 배였던 데 비해 2008년 기준 중국의 GDP는 7%로 미국의 24%에 한참 못 미치고 있기 때문이다.

중국 위안화의 국제화 전략은 위안화의 자유태환을 거쳐 아시아 지역 중심통화에서 장기적으로는 세계의 기축통화로 가는 것이다. 즉, 중국이 정한 위안화 국제화의 1단계는 무역결제통화, 2단계는 투자수단으로서의 통화, 3단계는 외환보유고로서 저축통화로 가는 것이다.

중국은 아시아 무역결제통화로는 3~5년 안에 확실히 자리를 잡는다는 계획을 세우고 있다. 대국으로 일어서는 2020년까지 상하이에 위안화의 국제적 지위에 상응하는 국제금융중심지를 건설하고 아시아에서 위안화의 자유태환이 가능하도록 해 아시아의 통화패권을 반드시 확보한다는 계획이다.

위안화 국제화의 전략적 의미

미국은 돈을 빌려 부를 창조한다는 신앙과도 같은 믿음이 있다. 미국인은 빌릴 수 있는 한 최대로 빌려 그 돈을 다 써버린다. 반면에 중국인은 얼마를 벌면 번 만큼만 쓴다. 미국은 빌린 돈을 다 써버린 다음 뻔뻔하게도 갚지 않는다. 미국이 기축통화국이고 중국은 기축통화국에 돈을 대는 물주이기 때문에 나타나는 현상이다.

국제기축통화의 최대 의미는 상상을 초월하는 이익을 향수하는 세뇨리지 효과, 즉 화폐 액면가와 제조원가의 차이를 갖는다는 데 있다.

예를 들면 2010년 현재, 미국의 국채발행액이 대략 12조 달러, 유럽에서 유통되는 달러는 4조 달러로, 유통되는 달러 총액은 대략 16조 달러인데 화폐주조이익은 15.8조 달러 이상이다. 미국 내 외국인과 기관의 예금, 해외유통 미국달러, 12조 달러의 회사채를 고려하더라도 미국의 화폐와 채권은 미국 GDP의 180%에 달한다. 그만큼 미국달러가 갖는 세뇨리지 효과는 엄청나다. 그래서 미국은 G20 정상회담에서 기축통화에 관한 어떤 논의도 원하지 않았다.

중국은 개방 이후 30년간 미국 '달러벌이'에 목숨을 걸었는데 국제금융시장에 등장해보니 달러라는 것이 백지에 링컨 얼굴을 인쇄해준 종이쪽지에 불과했다.

위안화의 국제화가 이루어지지 않으면 국제 화폐의 측면에서 엄청난 국부가 손실되고, 이것은 미국에 종이쪽지 한 장 받고 2조 4,000억 달러를 무상 원조하는 짓을 하고 있는 것과 같다. 이 2조 4,000억 달러는 중국 노동자들의 피와 땀으로 만든 것이다. 중국에 투자를 기다리는 사업이 수만 개가 있는데 초저금리의 미국채에 투자하는 것은 엄청난 기회 손실일 것이다.

중국 내부에는 금융 측면에서 전략적인 실수를 했다는 반성이 일고 있다. 이젠 통화 다양화와 위안화의 세뇨리지 효과를 누리는 전략을 빠르게 추진해야 한다고 결론 내렸다.

미국은 중국으로부터 2%에도 못 미치는 금리로 돈을 빌리고 이 돈을 가지고 중국 주요산업의 선두기업에 투자하고 M&A를 한다. 외자계 기업의 내부 투자수익률은 15% 이상이다. 각종 외자에 대한 우대 조치, 미국달러의 가치평가절하로 인한 자산감소 효과, 그리고 위안화 상승에 따른 핫머니의 무위험 수익 실현 등을 생각하면 중국의 달러 손실은 매우 크다.

비유하자면, 지금까지 미국은 닭을 빌려 알을 낳아 먹고, 중국은 잘 모르고 손해 보면서 미국을 따라 입에 손대고 야호, 하는 것과 다르지 않았다. 중국이 위안화의 무역결제를 시작으로 위안화 국제화를 서두르는 것은 바로 이 때문이다. 이젠 바보처럼 따라가기 싫다는 것이다.

화폐주조이익을 얻으려면

위안화의 무역대금 결제는 중국 기업들의 비용절감과 자금운용의 효율성 제고에 큰 도움이 된다. 중국에서는 아직도 달러 결제를 할 때 엄격한 외환규정과 복잡한 자금 수수 절차를 따라야 한다. 하지만 위안화 결제 기업으로 선정되면 이럴 필요가 없다. 수출기업의 경우 달러 결제를 위안화 결제로 바꾸는 것만으로도 0.3%의 환전 수수료와 각종 기회비용 절감 등 2~3%의 원가절감 효과를 얻는다.

달러화에 비해 안정세를 보이고 있는 위안화를 사용함으로써 달러 환율 변동 리스크를 줄일 수도 있다. 중국 기업들은 무역용 자금과 생산용 자금이 모두 위안화가 되면서 자금관리를 효율적으로 할 수 있고, 홍콩 은행들은 결제통화의 선택권이 생겨 환리스크를 줄일 수 있다.

중국정부가 노리는 것은 이보다 더 크다. 홍콩과 아시아 지역으로 위안화 결제가 확대될수록 위안화는 국제통화로서의 위상이 올라가게 된다. 또 위안화 결제가 확대될수록 국제금융중심지로서 홍콩과 상하이의 기반 역시 강화되는 효과가 있다.

위안화가 아시아 지역통화와 세계의 기축통화 역할을 하기 위해서는 해외수요가 늘어나 위안화가 국경을 넘어서 유통되고, 국제사회에서도 보편적인 가치척도, 지불수단, 보유 저축화폐가 되어야 한다. 또한 환율의 자유변동, 자유로운 태환, 자본이동의 자유도 보장되어야 한다. 중국은 2005년 7월까지는 고정환율을 채택했고 이후 변동환율제로 개편하기는 했지만, 일일 변동폭을 제한하고 달러 대비 연간 일정률의 절상을 허용하는 크롤링 페그(Crawling Peg) 제도를 운용하고 있다.

무엇보다 위안화 국제화를 위해서는 자본시장이 개방되어야 한다. 그러나 중국은 자본시장 개방을 하지 않고 있다. 자본시장이 개방되면 시장의 불안정성이 커져 위안화의 안정이 위협받을 수도 있기 때문이다.

세계 최대 규모인 미국의 자본시장이 헤지펀드나 투기세력에 의해 흔들렸다는 얘기는 없다. 큰 호수에 돌 서너 개를 던져봐야 잔 파도만

이는 것과 같은 맥락이다. 중국은 자본시장 개방 전에 시장규모를 키워 외부 변수나 헤지펀드들의 움직임에도 크게 영향받지 않도록 이 문제를 해결하려 하고 있다.

위안화가 국제화되려면 중국은 수출대국이 아닌 수입대국이 되어 해외로 돈을 수출해야 한다. 또한 당장은 위안화가 필요한 시장을 아시아에 구축해야 한다. 런던과 뉴욕이 자금조달과 운용시장으로 역할을 나누어 하듯이 중국은 홍콩을 위안화 역외금융시장으로 만들어 자금조달 창구로 만들고 상하이는 위안화 자유태환이 가능한 자산운용중심의 시장으로 만들 계획이다.

무엇보다 위안화가 아시아 지역 통화로 사용되려면 달러보다 사용비용이 낮아야 한다. 이를 위해서는 제도적 보완이 필요하다. 특히 기축통화국이 경제적, 정치적으로 안정되어야 하며, 주변국들이 해당국 통화를 기축통화로 받아들이는 데 거부감이 없어야 한다. 그래서 역내의 국제정치적인 리더십이 중요하다.

위안화가 국제화되면 상대적으로 달러 수요가 감소할 것이다. 그러면 미국의 영향력이 그만큼 줄어든다. 위안화 절상이 이루어지면 중국에 대한 주식투자의 매력도가 커지고 중국 자체의 구매력도 향상된다. 위안화의 국제화 과정에서 과도한 절상이 일어나면 지금 미국이 하고 있는 것처럼 재정적자를 만들어 위안화의 과도한 절상을 막을 수 있고 위안화는 화폐주조권 이득을 간접적으로 누릴 수 있다. 중국은 세뇨리지 효과를 통해 아시아에서 위안화 식민지를 건설하게 되는 것이다.

SECTION 5
상하이가 아시아의 금융수도다

홍콩을 상하이로 옮겨라

역사적으로 보면 한 국가와 민족이 대국으로 일어설 때 이는 금융산업의 융성과 떼어놓을 수가 없다. 네덜란드가 해양대국이 되기까지는 암스테르담은행이 큰 기여를 했다. 영불 패권다툼에서는 영국의 금융혁명 덕분에 영국이 런던금융시장에서 전비를 조달하는 데 성공해 패권을 거머쥐게 되었다. 미 연준은 미국경제의 안정에 기여했다.

과거 유럽에서 네덜란드가 화폐주조권의 특권을 누렸다. 금본위제도가 영국의 세계주도를 도왔고, 미국의 달러는 미국의 세계패권을 유지하는 데 가장 중요한 지주가 되고 있다. 강대국이 부상하기까지는 금융기관, 금융시장 그리고 국제화폐가 중요한 요소로 작용하였다.

암스테르담거래소가 전 세계 증권거래소의 효시가 되었고, 런던금융시장은 유럽에서 영국이 패권을 잡는 데 중요한 역할을 했다. 또한 미국이 세계패권을 잡는 과정에서 월가가 중요한 역할을 했다.

중국이 향후 10~30년 안에 초강대국으로, G2에서 G1으로 일어선다면 상하이거래소와 상하이의 국제금융중심지의 역할이 매우 중요하다. 상하이의 금융가인 루지아쭈이(陆家嘴) 거리가 월가만큼 언론에 오르내릴 날이 올 것이다.

중국의 무역결제를 통한 1단계 위안화 국제화 프로젝트는 이미 시작되었다. 다음 단계는 위안화를 중심으로 하는 국제금융중심지 건설이다.

중국의 베이징, 다롄, 충칭, 선전 등 해안과 내륙의 각 도시들이 모두 금융중심지 건설을 통한 발전을 노렸지만 최종적으로 중국 국무원은 상하이를 국제금융중심지로 지정했다.

한국은 지난 정권 때 동북아 금융중심지로 발돋움하겠다고 광고하며 난리를 쳤지만 정권이 바뀌고 나서는 언제 그랬냐는 식이다. 중국정부는 금융 시스템 현대화와 국제화를 소리 나지 않게 목숨을 걸고 추진하고 있다. 중국이 세계경제권으로 깊이 빨려 들어가면 갈수록 중국이 벌어들이는 엄청난 돈을 관리하는 금융의 국제화와 금융의 국제경쟁력이 국부를 지키는 관건이기 때문이다.

상하이 국제금융중심의 꿈과 현실

닭이 먼저냐, 달걀이 먼저냐와 비슷한 얘기지만 금융시장 측면에서만 보면 금융강국을 건설하기 위해서는 화폐가 영향력 있는 국제화폐가 되어야 하고 중앙은행이 효율적인 금융정책을 펴야 한다. 금융 관련 법 체계와 금융감독 체계가 완비되어야 하고, 다양한 금융수요를 충족시킬 수 있는 금융기관과 다양한 자본시장이 만들어져야 한다. 이를 위해서는 영향력 있는 국제금융중심을 조성해야 한다. 그리고 금융중심에는 소프트파워로 실력 있는 국제금융 인력과 현대화된 금융 시스템이 필요하다.

2008년 3월에 런던 시가 발표한 각국 주요도시의 국제금융센터지수(Global Finance Center Index)를 보면 상위 톱10은 런던(1), 뉴욕(2), 홍콩(3), 싱가포르(4), 취리히(5), 프랑크푸르트, 제노바, 시카고, 도쿄, 시드니 순이고 상하이는 31위다.

중국정부는 2020년까지 상하이를 국제금융중심으로 만들겠다고 대내외에 선포했다. 당장 상하이와 홍콩을 비교해보면 외관상 국제금융중심지로 세계 3위인 홍콩이 나아 보인다. 그런데도 상하이로 국제금융중심을 옮긴다고 하면 분명 국제금융중심지로서의 매력이 있어야 하고 명분이 있어야 한다.

우선 국제금융중심지가 되려면 자신의 독자성이 강한 통화가 있어야 하는데 홍콩은 없고 상하이는 있다. 홍콩은 달러에 페그된 통화로 실제로 그 가치가 중국경제의 힘에 좌우되는 것이 아니라 미국의 연준에 의해 좌우된다.

런던과 뉴욕은 영국 파운드화와 미국달러가 강했기에 국제금융중심지로 부상할 수 있었다. 일본이 1980년대 경제대국으로 부상했을 때는 엔화가 급부상하면서 도쿄가 국제금융중심지로 뜰 수 있었다. 또 통화 발권력과 자치제도가 중요한데 홍콩은 이 측면에서도 문제가 있다. 홍콩이 국제금융중심으로 가기 위해서는 우선 달러 페그제를 폐지하고 위안화 페그제로 가야 한다.

지금 국제금융시장은 시간과 정보의 싸움이다. 상하이는 홍콩보다 아침이 한 시간 일찍 시작된다. 국제금융거래에서 한 시간 먼저 시작할 수 있다는 것은 전날 미국시장을 한 시간 전에 먼저 보고 아침 거래를 시작할 수 있다는 뜻이다.

국제금융중심에서는 인재와 시스템 등 금융인프라가 중요한데 이번 금융위기가 상하이의 금융인프라를 엄청나게 업그레이드시켰다. 금융위기에 일본은 리먼브라더스 등의 금융기관을 사들였지만 중국은 금융기관의 사람을 사들였다. 금융 시스템은 결국 사람에 체화되어 있는데 상하이 시는 상하이 금융기관에 월가와 싱가포르, 홍콩에 있는 금융엔지니어를 대거 스카우트하라고 명령했다. 그래서 금융위기로 일자리를 잃은 많은 선진국 금융엔지니어가 중국 금융기관에서 자리 잡았다. 1년 전만 해도 중국 금융기관에 가서 미팅을 해보면 영어가 가능한 전문가가 가뭄에 콩 나듯 했는데 지금은 해외 금융기관 근무경력 10년 이상에 외국어도 잘하는 국제금융 전문가들이 모든 중국 금융기관에 포진해 있다.

상하이에 있는 주니어 인재들의 자질도 홍콩보다 떨어지지 않는다. 중국의 중년층은 영어가 꽝이지만 한 자녀 갖기 계획으로 태어난 20대들은 부모에게서 엄청난 교육열의 수혜를 받은 만큼 영어와 컴퓨터 수준이 선진국 못지않다. 그래서 상하이 20대들의 영어실력은 발음은 중국식이지만 의사소통과 독해능력이 뛰어나다.

상하이의 푸단대와 자오퉁대를 포함한 중국 4대 명문대에는 중국 대학 입학생 중 상위 1% 안에 들어야 갈 수 있다. 졸업 후 이들의 급여는 상하이에서 4,000~6,000위안이지만 홍콩에서는 2~3만 위안이다. 실제로 지금 영어가 유창한 푸단대 MBA 졸업생들이 대거 홍콩의 중국과 외자계 금융기관에 취업하고 있다.

국제금융중심은 운송과 물류 전산 등의 인프라도 중요한데 상하이가

포진하고 있는 장강 삼각주 지역은 포춘 500대 기업 중 480여 개 기업이 들어와 있을 만큼 국제화와 인프라가 잘 갖추어져 있다.

도시에 굴러다니는 차의 종류는 구매력이 뒷받침된 인구를 짐작케 한다. 뿐만 아니라 이는 한 도시의 국제화 수준을 보여주는 척도이기도 하다. 지금 상하이는 전 세계 명차들의 전시장이다. 상하이 고가도로에 벤츠, BMW, 아우디가 즐비하다는 사실은 상하이라는 도시가 국제화에 어느 정도 도달해 있다는 것을 말해준다. 뉴욕으로 치면 월가와 같은 푸동의 루지아쭈이 거리에는 월가는 저리 가라 할 정도로 하드웨어 건물 인프라가 뛰어나다. 세계 최고층 빌딩을 포함한 최첨단 빌딩들이 즐비하게 들어서 있다.

하지만 상하이의 경우도 문제가 없는 것은 아니다. 상하이가 중국경제에 걸맞는 세계 2위 국제금융중심지로 부상하기 위해서는 금융정책과 규정의 자율권이 있어야 한다. 그런데 중국의 화폐발행권을 쥐고 있는 인민은행은 베이징에 있고 정부의 중요 금융정책을 결정하는 재정부와 금융기관을 감독하는 금융감독원도 모두 베이징 금융가에 있다.

과거 장쩌민 주석이 집권했을 때는 상하이 출신 인력들인 소위 '상하이방'들이 중국을 쥐고 흔들었지만, 후진타오 주석으로 정권이 바뀌면서는 후 주석의 모교 출신 인맥인 '칭화방'들이 주요 요직을 잡고 있다. 이 때문에 중요 정책결정에 상하이 인맥의 영향력이 다소 떨어지는 것도 사실이다.

그러나 중앙이 결정하면 하늘이 두 쪽이 나도 실행에 옮기는 것이 중국이다. 상하이 국제금융중심은 이미 활시위를 떠났다. 중국은 '루지아쭈이 논단'이라는 포럼을 개최하면서 상하이 국제금융중심지 건설을 위한 다양한 논의와 정책들을 개발하고 있다.

2008년 포럼에서 나온 정책 제안을 보면 중앙정부가 적극 지원할 테니 상하이에서 각종 금융개혁 조치에 대한 시범적인 실시를 하도록 독려하고 있다. 장강 삼각주 지역의 합작을 통해 상하이 국제금융중심의 영향력을 전국으로 확산시키는 전초기지로 이들 지역을 삼으라는 것이다.

또 2010년 상하이박람회를 계기로 상하이의 금융서비스 수준을 업그레이드하고 국내외 금융기관을 상하이로 유치해 시장을 키우고 상하이 지방은행을 키워 국내 지방은행의 모범사례로 만들라는 내용도 있다. 아울러 정부는 금융감독 체계를 완비하고 업계와의 소통 채널을 만들고 금융의 대외개방을 지속적으로 추진하며, 홍콩과의 동반자관계를 활용해 홍콩금융시장과 합작함으로써 상하이 금융수준을 업그레이드 한다는 내용도 제시되었다.

자본시장 개방을 위한 리허설

중국은 WTO 가입 이후 금융시장 개방을 시작했다. 은행 업무에서는 외국 은행의 위안화 영업을 허용했고 보험업도 대외개방을 했다. 그러나 가장 낙후된 증권시장은 아직 개방을 하지 못하고 있다.

2005년까지만 해도 중국의 증권사 대부분은 자본잠식이거나 대규모 적자였다. 자산운용회사들도 2001년 이후 증시가 계속 하락하여 부진을 면하지 못했다. 금융 시스템에 대한 투자나 새로운 인력에 대한 투자도 어려웠다. 그러나 2006년 이후 증시 활황으로 주식투자자가 1억 명을 넘어서면서 증권사와 자산운용사들은 유례 없는 활황을 맞았다. 엄청난 이익을 기반으로 시스템과 인력에 대한 투자를 하면서 환골탈

태했다.

　지금 중국은 금융위기를 맞아 위안화를 국제화하고 금융대국으로 부상할 절호의 기회라 여기고 있다. 그리하여 자본시장 개방에 대비해 중국 증권사와 자산운용사의 국제화와 증시의 국제화를 강하게 추진하고 있다.

　중국이 2001년 WTO에 가입할 당시에는 외국인의 중국증시 투자에 대한 언급이 없었다. 하지만 2002년 11월 증권감독원과 인민은행은 중국의 자본시장 발전을 위하여 적격외국기관투자가의 중국투자제도, 즉 QFII(Qualified Foreign Institutional Investor) 제도를 만들었다.

　QFII 제도는 일정한 자격을 갖춘 외국의 기관 투자가들에게 중국 A주식에 직접 투자할 자격을 부여하는 제도다. 이를 통해 중국 A시장에 해외투자가의 영향력을 최소화하면서 중국은 외국인들의 투자 패턴과 동태를 테스트할 수 있다. 한국도 8개 금융기관이 QFII 자격을 얻어 A주에 투자하는 펀드를 만들어 자산을 운용하고 있다.

　중국은 원래 자국 기업들의 수준을 고려해 자본시장 개방을 가급적 늦추는 방안을 강구하고 있었는데, 금융위기 이후 위안화의 국제화 문제와 자본시장의 국제화 문제가 맞물리면서 자본시장 개방 준비를 서두르고 있다. 물론 미국의 압력이 있었지만 QFII의 투자한도를 300억 달러로 늘리고 신규로 QFII 허가를 매달 1~2개씩 늘리고 있다.

　금융위기를 통해 중국은 국제금융시장의 시스템을 도입하고 리스크를 관리하는 게 중요하다는 사실을 깨달았다. 그래서 영국이 만들어놓은 세계 수준의 국제금융중심지 홍콩을 중국 금융기관의 해외진출 전진기지로 활용하고 있다. 중국은 증권사와 자산운용사들에게 해외진출을 하기 전에 먼저 홍콩에 진출하게 했다. 홍콩에서 국제적 수준의 시스템을 터득하고 리스크 관리법을 배운 뒤 전 세계로 나가게 하는 전략을 쓰고 있는 것이다. 그래서 지금 홍콩은 중국 금융기관의 법인설립이 붐을 이루고 있다.

SECTION 6
중국증시 세계 1위를 꿈꾼다

중국의 신증권시장 건설, '119 전략'

중국이 금융시장 개방, 위안화 국제화 그리고 금융강국 건설에서 가장 취약한 부분이 시장구조와 상품이다. 개혁개방 이후 선전에 증시를 개설해 IT기업 중심으로 상장을 했고 상하이에는 제조업 중심으로 시장을 개설했다. 그러나 선진국 시장과 비교하면 양 시장의 성격이 분명하지 않다.

선전과 상하이 증시는 기능이나 상장기업 면에서 서로 뚜렷한 차이가 없다. 선전에는 중소기업 상장시장을 만들었지만 미국의 나스닥이나 한국의 코스닥과는 또 다른 시장이다. 2009년 10월에 중국은 선전시장에 한국의 코스닥과 같은 차이넥스트(Chinext, 创业板) 시장을 개설했다.

중국은 큰 그림으로 보면 1개의 거래소시장, 1개의 성장주시장, 그리고 각 지역에 9개 정도의 장외시장(OTC)으로 장기적인 시장구조를 가져갈 계획을 잡고 있다. 상하이시장은 미국 뉴욕증권거래소와 같은 제조와 금융 등 전통 대형산업 중심으로 육성하고 선전은 차스닥, 중소기업시장 등의 소위 성장주 전문시장으로 육성하려 한다. 그리고 전국 각 성의 주요도시는 모두 금융중심지로 만들고 싶어 하는데, 이를 위해 다수의 OTC 마켓을 개설해 지방 기업의 자금조달과 주식거래를 가능하게 할 생각인 것이다.

중국증시 세계 1위 전략

세계금융시장에서 중국은 경제규모에 비해 자본시장이 평가를 받지 못했다. 세계 2위의 경제규모라면 자본시장도 그런 수준이어야 하는데 그렇지 못했다.

금융위기 이후 중국은 기분이 좋아졌다. 중국증시는 2009년 7월 시가총액이 세계 2위로 올라섰다. 물론 유럽과 일본이 금융위기로 시가총액이 감소한 영향이 컸다. 중국증시는 1991년 개설 당시에 비해 18년간 115배나 커져 1,758개 기업이 상장되어 있고 시가총액은 GDP의 96% 수준에 달했다. 특히 상품선물시장의 발전이 주목할 만한데 거래량은 전 세계의 3분의 1을 차지하고 있고 순위로는 세계 2대 상품선물시장으로 부상했다. 그리고 농산물 선물시장으로는 세계 1위다.

중국은 전 세계의 공장으로서 원자재와 실물자산 수요가 엄청나다. 중국은 이번 금융위기를 보고 금융파생상품은 제로섬 게임이라는 것을 알았다. 여기에 중국인의 높은 투기성을 고려해 금융파생상품의 도입은 최대한 늦출 계획이다. 반면 실물자산의 엄청난 수요를 감안해 상품선물시장을 크게 확대할 계획이다. 실제로 중국은 철강제품, 비철금속까지 표준화해서 상하이거래소에 상장시켜 거래하고 있다. 중국은 세계 최대의 상품선물시장을 꿈꾸고 있다.

중국의 증권사는 총 107개 사이고 자기자본은 3,322억 위안, 한화로 56조 원이고 총 자산은 364조 원이다. 고객 예탁자산은 9.7조 위안으로 한화로 1,746조 원이다. 자산운용사는 61개 사로 502개의 펀드를 운영하고 있는데 펀드규모는 2.3조 위안, 414조 원이다. 주식투자 계좌수는 1.3억 개고 펀드 계좌수는 1.8억 개다.

중국은 자본시장 개방의 준비단계로 현재 A주에 투자할 수 있는 QFII 자격을 85개 외국 기관 투자가들에게 내어주었다. 외국 기관 투자가들은 166개 종목에 264억 위안, 약 4조 9,000억 원을 투자한 것으로 알려져 있다. 중국정부는 QFII 투자한도를 300억 달러까지 늘렸다.

중국의 목표는 증시에서도 세계 1위다. 현재 미국 시가총액의 30% 수준인 시장규모를 늘려 미국을 따라잡는다는 계산이다. 중국에는 이미 직접투자를 가장한 핫머니가 들어와 있다. 또 시장개방을 하면 시가총액이 크기 때문에 전 세계 투자가가 모두 몰려들 수밖에 없어 시장의 변동성이 클 수 있다. 이를 방지하는 방법은 시장규모를 키워 엄청난 규모의 저수지를 만들어 소수의 투자가들이 시장을 교란하는 것을 막아버리는 것이다.

기본적으로 중국은 상장 자원이 많다. 그리고 대부분이 국유기업이기 때문에 증시로 자금이 흘러 기업의 주가가 오르면 그 수혜자는 바로 국가가 된다. 중국이 현재 미국의 30%인 시가총액을 100%가 되도록 시장을 키우는 방법은 여러 가지가 있을 수 있다.

첫째로는 국유기업을 추가 상장하는 것이다. 중국의 핵심 상장기업은 대부분 국유기업인데, 중국의 대형 국유기업 130여 개 중 상장된 기업은 아직 절반이 안 된다. 이들 기업을 모두 상장시키면 시가총액은 지금의 배가 된다.

둘째로는 기업의 이익을 증가시키는 것이다. 중국 국유기업의 연간 이익은 중국 최대 기업인 페트로차이나 규모다. 매년 이런 정도 이익을 낸다고 가정하면 시가총액의 10~20%를 차지하는 페트로차이나가 매년 하나씩 상장되는 것과 마찬가지다. 페트로차이나의 시총을 감안하면 5~10년이면 시가총액이 두 배가 된다.

세 번째는 외국 초대형 기업을 상장시키는 것이다. 중국에는 포춘 500대 기업 중 480개 이상의 기업이 진출해 있다. 중국은 시가총액을 늘리는 방법 중 하나로 외국기업만 따로 상장시키는 국제시장(國際板) 개설을 추진하고 있다. 중국에 진출한 다국적기업과 홍콩에 나간 중국의 대형 국영기업이 대상이다. 중국 금융당국은 2010년 시장개설계획을 발표하긴 했지만 2011년쯤에나 시장이 개설될 가능성이 커 보인다.

중국의 시가총액 극대화 전략은 궁극적으로 위안화 국제화를 통한 세뇨리지 효과를 누리기 위한 한 방안이다. 중국정부가 엄청난 경기부양 자금을 풀고 그중 상당량이 증시로 흘러들어가 주가를 폭등시켜도 그냥 두는 것은 큰 그림으로 보면 돈을 풀어 금융의 사이즈를 키우자는 장기적인 금융전략이 숨어 있기 때문이다.

중신증권이 골드만삭스 된다

금융기관의 원재료는 돈이고 배경은 시장이다. 돈이 모이는 곳에서 장사해야 돈을 벌고 기본적으로 큰 물에서 놀아야 대어가 된다. 미국의 골드만삭스, 메릴린치, 모건스탠리가 한국 증권시장에 있었다면 지금 같은 세계적인 IB가 될 수 있었을까? 결국 시장이 커지면 그 안에 있는

IB들도 세계적인 금융기관으로 성장한다. 미국 자본시장의 성장이 미국 IB들을 세계적인 금융기관으로 키웠다.

일본은 1980년대에 경제대국으로 부상하면서 금융시장도 같이 부상했다. 일본의 최대 증권사였던 노무라 증권이 1980년대에 세계의 노무라를 외치면서 전 세계에 네트워크를 깔고 당시 세계 1위였던 메릴린치를 따라잡는다고 난리를 쳤었다. 한국 증권사들은 노무라를 벤치마크하느라 일본을 뻔질나게 드나들었다. 그러나 1980년대 후반 들어 일본경제가 장기침체에 빠지면서 도쿄증시가 힘이 빠지고 일본 증권사도 함께 몰락했다.

금융기관의 힘은 결국 그 배경인 해당 국가의 경제력에서 나온다. 중국이 미국을 따라잡을 경제력을 보유했다면 중국의 금융기관에 돈과 인재, 시스템이 모이게 되어 있다. 종이와 연필 그리고 사람과 시스템만 있으면 되는 것이 금융업이기 때문이다. 지금은 낙후되어 있는 듯하지만 중국 증권사들의 도약은 순식간에 일어날 수 있다.

중국의 경제력과 금융자산의 크기를 고려하면 10년 안에 중국이 세계 최대의 시가총액을 자랑하는 시장이 될 가능성이 크다. 3~4년 전 적자와 자본잠식으로 퇴출 위기에 허덕이던 중국의 대형 증권사들도 10년 뒤면 세계시장의 초대형 IB로 등장할 가능성이 농후하다.

3~4년 전 적자에 허덕이던 중신, 궈타이, 인허, 하이통 증권 등 중국의 대형 증권사에 자본을 참여해 피를 섞어놓았더라면 대박인데 이제는 그 시기를 놓쳤다. 상장과 증시활황으로 떼돈을 번 중국 증권사들은 이제 돈이 필요 없어졌다.

한국 증권사들이 중국 증권사들보다 조금 앞서간 부분이 있지만 최근 들어 중국 증권사들이 점점 한국 증권사를 파트너 혹은 한 수 배워야 할 선배로 인정하지 않는 분위기다. 중국 증권사들이 허술해도 10년 뒤 미래에는 골드만삭스라는 것을 알아차린 서방의 대형 IB들이 허리를 굽혀 중국 증권사와 합작하고 업무협의를 하러 줄 서서 오고 있기 때문이다.

나스닥, 코스닥, 차이넥스트

미국의 신기술이 세계를 제패한 것은 실리콘밸리의 뒷배경으로 벤처금융이 있었고 벤처투자가들이 투자한 원금을 상장을 통해 회수할 수 있는 나스닥시장이 있었기 때문이다. 인텔이나 마이크로소프트사 같은 세계적인 기업도 모두 나스닥에 상장된 기업들이다

한국이 반도체 장비, 핸드폰, LCD 장비와 부품이 강한 것은 이 분야의 모(母) 기업이 세계적인 경쟁력을 갖추고 있기 때문이라 할 것이다. 그러나 그보다는 이들 기업 역시 성장을 위한 자금을 얻고 고급 기술자를 끌어들여 더욱 맹렬히 일할 수 있었던 것은 주식옵션(Stock Option)을 제공받을 수 있게 해준 코스닥의 힘이 컸다. 덕분에 한국의 코스닥은 많은 문제가 있기는 해도 아시아의 성장주시장에서 수위를 자랑하는 시장이 되었다.

중국도 2009년 10월 말에 선전시장에 '차이넥스트'라 불리는 차스닥시장을 열었다. 초기에 이미 115개 기업이 상장을 신청했고 이 중 58개 기업이 상장했다. 중국은 한국을 비롯한 성장주시장의 장단점을 분석하고 차이넥스트 시장의 투기방지를 위해 각종 규정과 제도를 만들었다. 지금 중국의 창투사들과 해외주식시장 전문 중개기관들은 2009년 말부터 중국 기업의 해외상장 업무를 중지하고 차이넥스트 시

장에 집중하고 있다. 중국은 한번 한다고 하면 제대로 한다. 과거 아시아의 성장주 시장들이 반짝하고 투기의 장으로 끝난 진짜 이유는 지속적으로 신선한 기업들을 상장시키지 못했기 때문이다.

한국 코스닥의 경우는 상장시장의 기업 규모의 한계로 지금 1,028개 기업을 상장하고 나니 추가 상장할 기업이 별로 많지 않다. 신규 상장사 중 매출기준 1,000억 원 이상인 기업은 손에 꼽을 정도다. 그만큼 상장할 기업의 층이 얇다. 코스닥시장이 활력을 잃은 것은 이 때문이다

중국은 한국의 코스닥에 상장할 만한 규모의 매출을 가진 기업이 전국에 1만 개 이상 있다. 중국의 차이넥스트 시장은 처음 상장하는 기업은 그 자격을 엄격히 심사하기 때문에 상장성이 좋은 기업이 상장 심사를 통과하고 있다. 그리고 중국은 내수시장에 성장성이 넘치는 엄청난 수의 민영기업들이 성장하고 있어서 차이넥스트 시장에 상장할 만한 좋은 기업들이 많다.

중국본토 IT기업의 힘은 아직 약하다. 그러나 지금 중국은 전 세계 유명 자동차업체와 IT업체들의 판매와 생산의 경연장이 되고 있다. 이들 다국적기업에 필요한 장비, 부품, 소재 하청기업들이 빠른 속도로 커 올라오고 있어 이들 하청기업의 자금조달과 성장을 위한 자본시장의 성장은 예상보다 클 수 있다. 따라서 중국의 차이넥스트 시장은 미국의 실리콘밸리와 나스닥, 한국의 IT 부품기업과 코스닥과는 다른 성장모델이 나올 수 있다.

또한 장기적으로 중국에 진출한 외자기업들에도 시장을 개방하면 다국적기업과 아시아의 신기술 보유기업들의 상장도 가능하다. 이렇게 되면 차이넥스트 시장이 아시아의 1위로 올라서는 것은 시간문제다.

중국은 차이넥스트 시장의 개설을 중국자본시장의 다양성을 확보한

다는 측면에서 보고 있다. 상하이의 제조업 및 대기업 중심 시장과 선전의 중소형주와 성장주시장의 양성의 차원인 것이다.

중국 돈이 레버리지를 배우면?

미국과 중국의 두 노파가 죽음에 임박했다. 미국 노파는 "아, 이제야 빚을 다 갚았구나"라고 편안해하고, 중국 노파는 "아, 이제는 집 살 돈을 다 모았구나"라고 안도의 숨을 내쉬고 숨을 거둔다. 양국의 소비 행태를 적절하게 표현한 이야기다.

미국이 저축하지 않고 쓰면서 사는 것은 금융산업이 발달해서 미래 수입을 증권화해 이를 자산과 부로 만들어 소비하기 때문이다. 그러나 금융업이 발달하지 못한 중국의 소비는 과거에 벌어놓은 돈을 쓴다는 개념이다. 중국은 금융업이 낙후하여 미래의 수입을 현재의 돈으로 바꿀 방법이 없지만 미국은 그것이 가능하다.

주식을 증시에 상장해 PER이 25라고 평가된다고 하면 향후 25년의 미래수입을 현재 가치화해서 오늘 가격으로 매매가 가능하다. 지금은 중국에 차이넥스트 시장이 서 있지만 차이넥스트 시장이 개설되기 전 중국 중소기업은 미래수입을 현금화할 방법이 없었다. 미국의 하이테크 기술과 벤처산업이 급성장한 것은 바로 이런, 미래가치를 현재화할 수 있는 금융업이 있었기 때문이다.

중국은 앞으로 20년간 자금성을 구경하러 오는 관광객 수를 예상하여 그 흐름을 현금화해 금융상품을 만들고, 만리장성을 구경하러 가는 길에 있는 바다링 고속도로의 통행료 수입을 모두 증권화하여 돈으로 만들 수 있다. 이렇게 조달된 자금으로 다시 새로운 고속도로를 건설하기 시작하면 중국 전역의 고속도로를 순식간에 건설할 수도 있다.

이번에 4조 위안을 들여 SOC 사업을 벌이는 데 중국정부가 프로젝트 파이낸싱과 증권화의 방법을 썼다면 정부예산을 별로 들이지 않고도 외부로부터 자금을 조달해 경기부양과 SOC 건설을 할 수 있었다.

미국은 이미 지적자산과 토지나 부동산의 권리까지 모조리 증권화해서 거래할 정도로 금융기법이 발달했다. 중국이 만약 이런 증권화 방법을 채택한다면 중국 금융시장 규모는 지금의 두세 배로 거뜬히 커진다. 물론 이는 금융기관의 개혁과 신뢰성, 금융거래의 안전성, 계약집행의 안정성, 금융중개기관의 발달을 전제로 한다.

중국 은행들은 예금 받은 금액의 75% 안에서만 대출을 한다. 그래서 이번 금융위기에 전 세계에서 가장 안전한 금융기관이 되었다. 한국만해도 예금의 140%에 가까운 대출을 했고 모자란 자금은 미국달러와 엔화를 빌려왔다가 미국과 일본이 대출금 회수를 하자 외환시장을 패닉에 빠뜨렸다.

중국 투자기관들은 서방세계의 금융기관들처럼 적게는 20배, 많게는 60배씩의 레버리지를 걸어 투자하고, 투자 대비 엄청난 이익을 누리는 장사를 해본 적이 없다. 그러나 이번 금융위기를 통해 중국은 서양의 금융기관들이 첨단금융기법이라고 하는, 소위 증권화와 레버리지의 실체를 정확히 이해했다. 만약 중국이 보유한 돈 2조 4,000억 달러에 대해 레버리지 10배를 걸면 미국 GDP의 1.7배 수준에 육박하고, 30배를 걸면 전 세계 GDP 규모를 넘어선다.

중국이 이번에 스카우트한 월가의 금융엔지니어들을 동원해 2조 4,000억 달러의 돈을 기초로 레버리지를 걸어 자본주의 시장에 투자하고 수익을 거두어간다면 어떻게 될까?

5장

중국은 무너질 수밖에 없다?

1_ 세계의 공장, 세계의 쓰레기 하치장
2_ 고령화의 인구폭탄이 온다
3_ 중국은 마사지 전문가
4_ 마(魔)의 4,000달러? 중국은
5_ 핫머니와 부동산 투기
6_ 2,000년을 내려온 통치기술

SECTION 1

세계의 공장, 세계의 쓰레기 하치장

GDP, 차라리 닭궁둥이(鸡的屁)라고 하라

중국의 지도를 자세히 들여다보면 마치 닭과 같이 생겼다. 중국 사람들이 닭고기를 좋아하는 것도 이 때문인지 모른다. 동북지방이 닭의 목과 머리 부분이고, 선전과 광저우는 닭의 배, 칭하이와 티베트는 닭의 꼬리처럼 생겼다. 개혁개방으로 중국이 돈을 벌기 시작한 것은 선전, 광저우를 통해서다. 이 지역은 중국 지도로 보면 닭의 아기집이다.

중국인들은 모든 고유명사를 중국어로 바꾸어서 발음하는 독특한 습성이 있다. 어느 나라의 고유명사건 관계없이 모조리 중국식으로 발음하고 표기한다. 예를 들면 주식투자의 대가인 워렌 버핏(Warren Buffet)을 바페이터(巴菲特)라고 부른다. 중국의 GDP에 대해 중국의 비판적인 국민들은 "홍! GDP, 차라리 닭궁둥이라고 해"라고 비아냥거린다. GDP를 중국식 발음으로 표기하면 '지더피(鸡的屁)' 인데 음역의 뜻을 해석하면 '닭궁둥이' 다. 재미있는 표현이다.

세계역사의 뒤안길에서 사라졌던 중국이 세계무대에 다시 일어서 대국으로 다시 궐기하는 것을 보여준 지표는 GDP다. GDP는 자본주의가 발명한 위대한 발명품이다. 하나의 지표로 각국을 비교할 수 있고 가계, 정부, 기업의 투자·소비·수출을 표시할 수 있다. 자본주의가 발명한 GDP를 사회주의 국가 중국이 기가 막히게 활용하고 있다. 중국은 GDP를 중앙정부가 지방정부를 통제하는 주요지표로 사용한다.

중국은 경제성장을 위해 엄청난 희생을 했다. 중국 젊은이들의 청춘을 팔았고 달러를 위해 하늘과 강과 산의 환경을 팔아먹었다. 중국에 선진국의 퇴출산업이 대거 진입하고 값싼 노동력을 활용한 싸구려 공산품이 대량 생산되면서 제품의 부가가치가 낮아졌다. 그만큼 노동자들의 임금도 낮아져 도시로 나온 노동자의 생활수준은 농촌이나 큰 차이가 없다. 중국이 엄청난 양의 공업제품을 수출하여 천문학적인 달러를 벌어들이고 있지만 그 수입은 소수의 기업가와 외자기업 그리고 국유기업과 국가의 수입이다.

중국정부가 경제성장을 최대 정책목표로 삼았기 때문에 각 성의 정부 관리들은 외국기업, 특히 포춘 500대 기업을 좋아한다. 세계적인 기업을 유치하면 중앙정부에 체면도 서고 규모가 커서 당장 고용효과와 수출효과가 크기 때문이다. 당연히 지방성 정부의 GDP 증가에도 크게 기여한다.

그래서 지방정부는 많은 것을 희생하고 특혜를 부여하며 다국적기업을 유치했다. 다국적기업은 대대적인 환영을 받으면서 여타 국가에서는 환경규제로 생산하기 어려운 제품들을 중국에 공장을 지어 생산했다. 덕분에 중국의 토양, 물, 공기 오염이 점점 심각해지고 있다.

중국의 유례 없는 GDP 성장은 연안지방의 20~30% 인구가 부를 축적하는 데 이바지했고 지방성 공무원들이 승진하는 데도 기여했다. 중국 일반 국민의 입장에서는 오히려 상대적인 생활환경과 수준이 더 악화되었다.

그리고 문제는 부가가치다. 원자재의 가공산업, OEM 산업으로 중국이 생산하는 제품의 부가가치에서 중국 생산자의 몫은 10~20%이고, 80~90%의 부가가치는 유통, 판매를 장악한 선진국 기업이 가져간다. 그러나 제조과정에서 남는 후유증, 노동자의 직업병, 물과 공기와 토양의 환경오염 등은 모두 중국에 남는다. 중국의 환경오염은 미래 중국의 부를 갉아먹고 있다.

중국, '후발자 이익'의 저주에 걸렸다

중국은 1978년 이후 30년간 세계에서 최단기간에 초고속성장을 해 경제대국을 이룩했다. 중국의 역사상 유례 없는 고성장의 비결은 '후발자 이익(后发优势)의 극대화'였다. 과거 서방세계가 지적재산권에 대한 수수료도 한 푼 안 내고 중국의 나침반, 화약, 제지, 활자기술을 이용해 후발자 이익을 극대화하면서 중국과 아시아를 넘어섰다.

현대에 들어서 중국은 서방이 만든 철강, 화학, 기계, 중공업, 자동차, IT 기술의 후발자로서 산업의 국제적 이전과정의 최종 종착지가 되었다. 과거 서방세계가 그랬던 것처럼 중국은 후발자 이익을 극대화하면서 고성장을 했다.

그런데 문제는, 제조업에서 특허권과 지재권의 대가를 치르지 않고 서방세계의 최근 70년간의 기술을 이용한 것은 좋았는데, 후발자 이익의 '저주'가 뒤따라왔다. 중국이 세계의 공장이 된 이후 국제 원자재

시장의 가격이 급등하면서 항상 중국의 수요를 기반으로 투기가 일어났다. 중국은 마치 오리가 큰 개구리를 한입 털어 넣다 힘센 개구리에게 목을 조이는 것과 같은 상황이 되었다.

중국의 제조업은 원자재 구입난과 가격급등에 채산성 악화를 고민할 수밖에 없게 되었다. 전 세계 석탄과 철광석을 가져다 불을 때고 중동의 원유를 가져다 석유기름을 만들어 쓰면서 엄청난 대기오염이 생겼다. 면화를 가져다가 실을 뽑고 선진국이 좋아하는 알록달록한 색깔을 입히는 염색과정에서 심각한 수질오염이 발생했다.

모든 생산공장에서 쓰는 어마어마한 양의 전기생산을 위해 석탄을 때는 바람에 선진국에서는 한참 전에 사양산업이 된 석탄광업이 유망산업이 되었다. 세계 최대의 싼샤 댐을 막아 전력을 생산하고 있지만 엄청난 생태계 변화가 발생했다. 만약 유사시에 전쟁이 나면 상하이를 포함한 양쯔강 하류 도시에 사는 수억 명은 한방에 물귀신이 될 위험에 처했다. 또한 절대적으로 모자라는 에너지원을 확보하기 위해 아프리카, 중남미의 오지까지 모든 정부 수뇌부가 동원되어 에너지 확보에 심혈을 기울여도 중국은 항상 에너지에 허기가 져 있다.

지금 서방세계가 신종인플루엔자 때문에 초비상이 걸렸는데, 몇 년 전에 중국은 사스라고 불리는 신종독감이 발생해 난리도 아니었다. 사실 자세히 보면 사스나 신종인플루엔자가 강한 것이 아니다. 사람들의 체력이 과거에 비해 떨어진 것이다. 체력이 떨어져 조금만 강한 인플루엔자가 들어와도 허파와 심장, 간이 견디지 못하고 급성폐렴으로 이어져 죽음에 이르게 된 것이다. 공기가 비교적 괜찮은, 공업화가 안 된 나라에서 신종인플루엔자가 유행한다는 얘기는 없다. 신종인플루엔자는 공업화가 오래 진행된 선진국에서 발생한 병이다.

오랫동안 공업화라는 이름으로 화석연료를 대량 사용한 선진국에서는 보이지 않는 대기오염이 누적되었다. 그 공기를 수십 년간 흡인한 사람들의 허파와, 오염된 산소를 온몸으로 수송한 심장이 드디어 문제가 된 것이다. 신종인플루엔자는 건강한 사람은 대체로 한두 주의 잠복기를 거치면 낫는다. 이 병은 심장, 폐, 간에 병이 있는 이들에게만 위험한 것이다.

결국 이것은 검은 에너지인 석탄과 석유의 과용이 부른 화근이다. 이제 선진국에 이어 미국 다음으로 탄소배출이 많은 중국이 이 화근에 점점 가까이 다가가고 있다.

인공위성 쏘는 나라가 치약이 불량?

외국여행을 하다 보면 그 나라의 실제 생활수준은 일회용품 수준을 보면 알 수 있다. 중국의 4성급, 5성급 호텔에 가면 외형은 선진국 수준 이상이다. 그러나 아침에 일어나면 맨 처음 치약 때문에 곤란을 겪는다. 미국에 수출한 중국산 치약이 문제가 된 적도 있지만 입 속에 넣어야 하는 치약이 냄새도 그렇고 거품도 그렇고 하여간 좀 부담스럽다.

중국의 소득수준과 생활수준이 급속도로 좋아지고는 있지만 서민들의 생필품 수준은 아직 한심하다. 중국의 일반인들이 주로 이용하는 서민 식당의 식기는 플라스틱이고 모든 배달음식은 비닐봉지에 담아서 보낸다. 한국 같으면 플라스틱과 비닐에서 나오는 환경호르몬 때문에 펄쩍 뛸 일이지만 중국은 아직 그 수준에는 못 이르고 사용의 편리성에 더 환호하고 있다.

예전에 우리도 그랬지만 중국이 중화학공업과 같은 성장 주도 산업의 발전에 우선 집중하다 보니 서민생활과 직결되는 분야는 낙후되어 있다. 멜라닌 색소 우유, 가짜 계란 등도 모두 기초 생필품 수준이 떨어지기 때문에 나타난 현상이다.

그러나 중국은 한국이 아직 꿈도 못 꾸는 인공위성, 그것도 유인 우주선을 심심하면 쏘아 올리는 나라다. 중국은 세계에서 인공위성 기술을 보유한 몇 안 되는 나라 중 하나다. 현대 과학기술의 총아인 인공위성 발사체와 위성을 칭화대학 출신 엔지니어들이 자체기술로 개발했다. 중국이 인공위성 개발기술을 치약 만드는 데 쓰면 어떻게 될까? 콜게이트, 럭키 치약은 게임도 안 되는 제품을 만들어낼 수 있지 않을까?

한국이 반도체, 이동통신 기술에서 세계 수위라고 자랑하지만 그게 얼마나 오래갈지는 두고 봐야 한다. 세계 최대의 컴퓨터 부품 생산국이 중국이고 7억 5,000만 명의 이동통신 가입자와 3억 8,000만 명의 인터넷 사용자가 든든하게 버티고 있는 나라도 중국이다.

3세대 이동통신에서는 미국 방식도 유럽 방식도 아닌 독자 모델로 서비스를 시작하고 있다. 특정 분야는 한심하기 그지없지만, 만약 중국이 첨단 분야에든, 생필품 분야에든 인공위성을 만드는 만큼의 노력과 투자를 하며 마음먹고 덤벼들면 선진국 따라잡기는 시간문제다.

SECTION ___ 2

고령화의 인구폭탄이 온다

'4+2+1'이 '8+4+2+1' 된다

중국은 1978년부터 가족계획(生育计划)을 실시하여 중국 내 55개 소수민족은 1가정 2자녀까지, 한족의 경우는 1가정 1자녀만 허용해왔다. 가족계획을 실시한 이래 태어난 외아들과 외동딸은 '작은 황제(황녀)'라는 뜻으로 샤오황디(小皇帝)라고 부른다. 샤오황디는 모두 1억 명 가까이에 이르는 것으로 알려져 있다.

중국은 전통적으로 농업사회였기 때문에 남아선호사상이 강하다. 이로 인한 여아 기피현상으로 남녀 성비의 불균형이 심해졌다. 지방에 돈이 없는 이들은 불법으로 둘째, 셋째를 낳아 평생 호적 없이 키우고 권력자나 돈 있는 사람들은 벌금을 내고 둘째를 낳아 키운다. 아니면 속지주의인 홍콩이나 캐나다 등 외국에 가서 출산을 하고 국적을 외국인으로 만들어 데려오기도 한다.

중국은 가족계획 실시 이후 한 가족이 아이를 중심으로 조부모 4명,

부모 2명의 '4+2+1' 구조로 형성되었다. 중국의 부모는 예로부터 맹자 어머니를 비롯하여 교육열이 높기로 유명하다. 이제는 아이 하나에 6명의 어른들이 집중하다 보니 자녀 양육이 엄청나게 자본집약적이 되고 과도한 보호와 투자가 사회문제가 되고 있다.

베이징, 상하이의 주거전용지역 아이들은 한국의 강남, 목동 아이들 이상으로 외국어를 포함한 온갖 과외를 다 한다. 중국의 기성세대들은 영어가 형편없지만 10대와 20대들은 한국 학생들과 비교해도 결코 떨어지지 않는다.

지금 중국에서는 아파트를 사고 그 집값을 갚느라 일평생을 보낸다는 말로 '방의 노예(房奴)'라는 비유에 이어 '아이들의 노예(孩奴)'라는 말이 나올 정도로 자녀교육에 퍼붓는 돈이 많다. 중국 언론은 매년 영업이익률 40% 이상이 되는 업종 중에서 10대 폭리산업을 선정하는데 최근 몇 년간 교육 업종이 계속해서 순위 안에 들었다.

6명(부모+조부모+외조부모)에 이르는 '보호자들'의 일방적인 보살핌을 받으며 버릇없게 자라난 샤오황디들의 행태는 중국사회에서 새로운 사회병리 현상의 하나로 등장했다. 이 때문에 독생자녀들의 도덕, 지적능력, 심리 등을 건강하게 발전시키는 게 중국사회의 중대 관심사가 되었다. 특히 중국 소비와 경제활동의 중심이 1980년 이후 태어난 소위 빠링허우(80后) 세대가 주도하는 지금 이들의 행태는 더욱 사회의 주요 관심사가 되고 있다.

이들 세대는 여성의 교육수준이 향상되고 사회진출이 활발해짐에 따라 여성의 사회적 지위가 높아진 특징이 있다. 그래서 여성들이 다산을 하지 않는 것이 사회현상이 되어버렸다. 대도시에서는 아예 자녀를 갖지 않는 딩크족(Double Income, No Kid)이 보편화되고 있다. 정부의 정책효과가 아니라 이제는 사회 통념으로 되어버린 것이다.

문제는 이들 외아들 외동딸들이 성인이 되어 결혼을 하면 '4+2+1'이 '8+4+2+1'의 가족구성으로 바뀌는데, 이런 가족구성이 중국의 베이비붐이 끝나는, 소위 인구 보너스가 종료되는 2020년 이후와 맞물리면 심각한 인구 노령화 문제를 야기한다는 것이다. 경제성장을 위해 30년간 시행해온 인구정책이 중국의 앞날에 심각한 위협으로 등장하기 시작한 것이다.

중국인들의 기대수명은 이미 72세가 넘었다. 의료와 영양이 개선되어 평균수명은 계속 길어지는 추세다. 한 부부가 모두 12명의 노인을 모셔야 하는 '8+4+2+1'의 고령화 증후군이 20년 안에 중국에 온다. 노인을 모실 젊은이의 수가 절대적으로 부족하다.

상하이 푸단대 근처에 있는 따쉬에루의 고급 아파트 주위를 보더라도 아침이면 주인과 함께 산책하는 고양이와 개가 넘쳐난다. 주인은 모두 은퇴한 노인들이다. 외로움과 무료함을 달래기 위해 자녀 대신 애완동물을 기르고 있다. 노령화가 진행된 유럽의 여느 도시와 다를 바가 없다.

요즘 중국의 돈 있는 노인들 사이에는 성장하여 독립한 자녀 대신 성인 자녀를 입양하는 일도 생기고 있다. 멀리 떠나버린 자녀 대신 인근의 사근사근하고 친절한 젊은이를 아들 딸로 입양하고 사후에 재산을 물려주는 것이다.

한국에는 최근 아들보다 딸이 노인 부모들에게 더 잘한다는 말을 빗대어 "딸 낳으면 비행기 타고 해외여행 간다"는 말이 있다. 남아선호사상이 전통적으로 강했던 중국에도 최근 한국과 비슷한 딸 선호현상이 나타나고 있다. 딸은 결혼 후에도 같이 살 수 있을 뿐 아니라 부모를 더 잘 보살핀다는 의미로 중국 노인들 사이에 "딸은 따뜻한 누비옷"이라는 말이 유행하고 있다.

사회주의 국가건설에 여성 인력의 필요성과 급속한 인구팽창에 따른 부의 분산을 막기 위한 인구정책이 10~20년 뒤에는 새로운 인구폭탄이 될 것이다. 중국은 전 세계에서 인구 노령화가 가장 빠른 속도로 진행되는 나라가 될 위험에 처해 있다. 사회안전망이 부족한 중국으로서는 10~20년 뒤 노인부양 문제가 최고 사회문제로 부상할 전망이다.

자녀를 명문대학에 보내기 위한 입시 열풍, 높은 저축률 등의 사회현상은 가족계획으로 인한 중국 가족구조의 특성에서 유래된 것이다. 2008년에 1인 자녀의 문제점과 장기적으로는 인구감소 문제를 고려해 정부에서 가족계획을 일부 수정한다는 말이 나오기도 했지만 원자바오 총리가 공식적으로 부인했다. 이는 아직 실행될 수 있는 단계가 아니다. 왜냐하면 중국은 매년 1,000만 명 이상의 인구가 증가하고 있는데 이 제한이 풀리면 순식간에 수천 만의 인구가 늘어날 위험성이 있기 때문이다.

도시화의 성숙기, 저축률이 하락하면 고성장은 끝?

2009년에 전 세계가 마이너스 성장에 신음하고 있는데 중국은 8% 성장을 목표로 잡아 서방세계를 놀라게 했다. 중국의 이런 초고속 성장은 언제쯤 멈출 것인가? 그리고 이런 고성장이 멈추는 것은 무엇을 통해 알 수 있을까?

과거 선진국의 사례를 생각해보면 도시화의 성숙기가 도래하고 저축률이 하락하면 저성장 국면에 진입하게 된다. 중국이 엄청난 고정자산

투자를 하는 진짜 이유는 낮은 도시화율 때문이다. 1978년 16%에 불과했던 도시화율이 2008년에는 46%로 높아졌지만, 7억 명의 인구가 여전히 농촌에서 살고 있다. 중국은 매년 0.9~1.3%씩 도시화가 진행되고 있다.

이런 추세면 중국은 매년 1,300만 명의 농촌 인구가 도시로 진입하고, 도시화 1%의 진행에 적어도 1.2조 위안의 고정자산 투자가 필요하며, 이들 농촌 인구의 도시 진입에 따른 GDP 기여도는 매년 3~4% 수준에 이른다. 중국이 최근 30년간 연평균 9.7%의 성장을 했지만 도시화의 효과를 뺀다면 매년 5~6%의 성장을 한 것이다.

선진국들의 사례를 보면 도시화율이 60%대에 달하고 저축률이 20%대로 하락하면 성장은 현저히 둔화된다. 중국의 경우, 현재와 같은 속도로 도시화가 진행되면 2020년 즈음이면 58%의 도시화율에 다다르고, 이때가 되면 현재 50%에 달하는 저축률도 20%대로 낮아질 수밖에 없다.

향후 10~15년이면 인구 보너스의 소멸과 함께 도시화의 성숙기 그리고 저축률 하락으로 중국의 지금과 같은 고성장도 종료될 수밖에 없을 것 같다.

그러나 도시화와 공업화는 대량의 중산층을 양산하고, 이들의 소비는 내수시장을 키우게 되고, 저축이 아닌 투자가 중요해지면서 대신 금융업이 한 단계 도약하는 시기가 올 수밖에 없다.

SECTION 3

중국은 마사지 전문가

중국에서 투명한 것은 화장실밖에 없다

중국 공중화장실 문은 무릎 아래와 머리 부분이 트여 있어 화장실 안에 누가 있는지 바로 알 수 있다. 소변기도 일인 일실이 아니라 30~40년 전 한국에 있었던 공유형이어서 상대의 물건을 보면서 볼일을 볼 수 있다. 그래서 중국에서 투명한 것은 화장실밖에 없다는 우스갯소리가 있다.

미국계 이코노미스트들은 중국경제를 예측하는 데 한 번도 제대로 맞힌 적이 없다. 부동산 때문에 미국보다 더 빨리 망한다고 했지만 여전히 중국은 안녕하고, 수출이 안되면 망한다고 했는데 2009년에 수출이 몇십 퍼센트 감소해도 중국은 연말 GDP가 두 자릿수를 보일 정도로 잘나가고 있다. 예측을 잘못해 목이 잘린 미국 IB의 중국 담당 수석 이코노미스트의 변명은 중국은 통계가 불투명해 자신의 예측이 틀렸다는 것이다. 그리고 여전히 중국의 통계가 바로잡히면 자기 말이 맞다고 주장한다. 정말일까?

중국은 각 지방정부의 GDP를 전부 합하면 국가 전체의 GDP를 초과하는 웃지 못할 산수가 나오는 나라였다. 중국의 통계는 모두 정부 입맛대로 마사지한 데이터라는 인식이 강했다. 중국은 통계가 주먹구구식인 나라였고, 그래서 서방세계는 중국의 통계를 못 믿었다.

중국 통계의 부실문제는 지방성 공무원의 승진평가방식에서 출발한다. 중국 지방성 정부 관리들의 꿈은 중앙정부로 진출하는 것이고 그들의 근무평가 기준은 GDP 성장률이 얼마나 높았느냐는 것이다. 지방 국유기업의 대규모 부실, 은행의 불량자산 증가, 중요산업의 과잉설비 등은 모두 국유기업과 지방성의 GDP에 목매는 성장방식 때문에 나타난 것이다.

지방성 고위관리는 승진을 하는 데 GDP의 숫자가 중요하기에 지방성 수준에서 통제가 가능한 국유은행, 국유기업 등을 통해 대규모 투자와 개발사업을 벌인다. 효율이나 수익과는 관계없이 투자와 개발사업을 벌이다 보니 자원낭비와 부실자산 증가, 은행의 부실증가로 이어졌다.

중국의 상장기업을 보면 초대형 국유기업이 대부분인데 이들의 사업범위는 마치 종합백화점처럼 다양하다. 본업과 관련 없는 계열사나 사업이 수십 개씩 된다. 예를 들면 지방의 유명한 백주(白酒, 바이주) 제조업체가 계열사를 두어 중공업, 태양광, 부동산업 분야까지 운영한다.

앞뒤가 맞지 않지만, 이는 지방성 정부가 자금조달이 쉬운 지방의 국유 우량기업을 통해 자금을 조달하여 대규모 투자를 하다 보니 주류 전문기업이 기계와 첨단산업, 부동산 개발까지 하는 일이 벌어진 것이다. 그러나 결국 어느 한 분야도 잘할 수 없었고 대규모 과잉설비와 부실자산으로 이어졌다.

중국의 지방 중소민영기업은 자금조달을 위해 상장을 하려고 몇 년씩 줄을 서 있지만 상장은 요원하다. 대신 지방 국유기업은 상장하기가 쉽다. 중국의 지방 국유기업이 민영기업보다 우선 상장되는 것도 이유가 있다.

우선 상장을 하려면 지방정부의 비준을 통과해야 하는데 비공식이기는 하지만 지방정부는 지방 기업의 성(省)별 상장 숫자가 배정되어 있는 것을 알고 있다. 이 때문에 자금조달 능력과 투자능력이 부족한 민영 중소기업보다는 지방정부 말도 잘 듣고 자금조달 및 투자 능력도 좋아서 지방성의 GDP에 기여도가 클 수 있는 국유 대기업이 당연히 우선이다.

그러다 보니 민영기업은 뒷전이고 국유 대형기업이 선두에 나서게 된 것이다. 그래서 잘나가는 지방의 민영기업 CEO들은 지방성의 정부 고위층에 줄을 대기 위해 기를 쓰고 전국인민대표회의 대표나 인민정치협상회 대표를 하려고 '빽'이나 돈을 쓴다. 이런 문제 때문에 지방정부 이해관계자의 개입으로 통계가 조작되는 것을 막고 정확한 통계를 위해 중국정부는 GDP의 추계방식을 국제기준으로 맞추었다.

2005년부터 중국은 11차 5개년 계획(2006~2010년)의 수립을 위한 정확한 통계자료를 작성하기 위해 1,000만 명의 인력을 투입해 전국 통계조사를 실시했다. 통계청 장관으로 우리 동포 출신인 이덕수 장관이 취임한 이후 각 성과 지방단위로 수치를 발표하던 것이 금지되고 중앙정부에서 일괄 발표함으로써 통계수치의 혼선을 막기로 했다.

2010년부터는 개정통계법을 실시해 국가통계에 대한 지방행정 권력의 관여를 막고 지방정부나 통계기관 등은 법에 의해 수집된 통계자료 수정을 요구할 수 없도록 했다. 통계보고는 독립적으로 하고 통계조작에 대한 처벌을 엄격히 했을 뿐 아니라, 모든 통계자료의 원본은 보존하고 반드시 책임자가 서명하도록 함으로써 책임 소재를 분명하게 했다. 또한 관련부처 간 통계가 불일치할 때는 공표를 못 하도록 했다.

중국, GDP는 속여도 전력량은 못 속여

과거 경제규모가 작았을 때는 지방정부가 의도적으로 GDP를 부풀리는 것이 별일 아니었다. 하지만 중국이 세계 2위 경제대국이 되면서 통계수치의 오류는 정부정책 실시의 오류로 나타나게 되어 심각한 문제가 된다.

중국은 2007년에도 GDP를 상향수정했고 2008년 수치도 2009년에 0.6% 상향조정했다. 중국의 GDP 수치 수정은 통계의 역사가 오래되지 못해 발생하는 통계분류의 문제이면서 3차산업, 서비스 산업의 비중이 커지면서 이들의 수치를 제대로 집계하지 못해 나타나는 현상이기도 하다. 사회주의 국가에서 모두 비슷하게 나타나는 현상이지만 중국은 공산주의였기 때문에 서비스업에 가격이 없었다. 시장경제가 도입되어 서비스업도 가격을 매기게 되면서 새로이 GDP에 산입되었다. 그래서 통계치의 수정도 빈번하고, 성장률도 높게 나오는 현상이 나타난다.

국무원이나 통계청이 직접 관여하는 자료는 큰 문제가 없지만 재정이나 금융, 운수, 통신 등의 서비스업 통계는 결산시기가 다르고 자료 수집과 산출기준이 바뀌는 경우가 생기기 때문에 통계가 수정되는 경향이 나타나고 있다.

중국의 경우 GDP의 신뢰도가 떨어지기 때문에 GDP를 추정할 수 있는 간접지표는 전력사용량이다. 중국이 세계의 공장이 된 이래로 제품 제조를 위해 사용된 전력의 사용량 통계는 GDP의 대용치로 상당한 설득력이 있다.

과거 추세로 보면 중국의 전력사용량과 GDP는 같은 추세를 그렸다. 그런데 2009년 전 세계가 마이너스 성장인 데 비해 중국은 8.7%의 고성장을 해 세계를 놀라게 했다. 그러나 이에 대해 서방세계의 상당수 전문가는 중국정부의 GDP 수치의 조작 가능성에 의심의 눈초리를 보낸다.

2000년 이후 중국의 GDP와 전력발전량 증가율과의 관계를 보면 1.11~1.67 정도의 탄성치를 보인다. GDP 1% 성장에 전력발전량은 1.11~1.67%가 성장하는 추세를 보였다. 그러나 2008, 2009년에는 이 탄성치가 각각 0.74, 0.79로 하락하였다. 따라서 2008, 2009년 GDP를 2000년 이후 평균 탄성치를 적용해 역산해보면, 2008년 GDP 성장은 4.3~6.4%, 2009년은 4.1~6.2% 수준이다.

이에 대한 중국정부의 설명은 이렇다. 발전량과 GDP는 장기적으로는 비슷하게 가지만 어떨 때는 선행 또는 후행한다는 것이다. 2008년과 2009년은 금융위기로 재고소진이 이루어져 전력사용량이 많은 제조업에서 성장률이 떨어졌다는 것이다. 또한 2차산업보다 3차산업의 성장률이 높아 상대적으로 전력사용량이 줄었다고 한다. 그리고 2009년에 자동차, 가전 등의 산업이 빠르게 성장했지만, 이들 업종은 부가가치가 높긴 해도 상당 부분의 핵심부품이 외국에서 수입되어 조립 가공되는 산업이어서 전력 소모가 상대적으로 적었다는 것이다.

어찌 됐든 중국이 GDP의 통계를 조작했을 수도 있고, 통계자료 수집에 오류가 있었을 가능성도 있지만 전력통계에서는 그 가능성이 훨씬 낮다. 따라서 중국의 전력통계를 GDP의 보조 해석지표로 주의 깊게 살펴볼 필요가 있다.

짝퉁은 후발자의 정당한 생존방식?

중국에는 한국의 과거 해적판과는 차원이 다른 규모의 소위 짝퉁 제품이 난무하고 있다. 일명 '산자이(山寨)'라는 제품이 그것이다. 산자이는 중국 고전 《수호지(水滸傳)》의 배경인 량산포(梁山泊)에 있는 산적소굴, 곧 '산채(山寨)'에서 유래된 말이다.

이름 잘 붙이기로 유명한 중국인들이 지적소유권을 깡그리 무시하고 짝퉁을 찍어내는 것을 '산자이'라고 미화한 말이다. 돈 있는 기업가들의 폭리 제품을 의리 넘치는 호걸들이 산채에서 나와 값싸게 만들어 서민들에게 공급한다는 뜻이다.

그런데 그 가짜의 수준이 보통이 아니다. 물론 과거에도 중국에는 몽블랑 펜부터 구찌 가방까지 다양한 잡화 제품에 이런 가짜들이 있었고, 얼마나 정교하게 만들었느냐에 따라 A급(A货), B급(B货), C급(C货) 등의 등급이 있어 가격도 달랐다.

그런데 이 짝퉁이 무서운 속도로 성장을 해버렸다. 잡화군뿐 아니라 중국인의 생필품이 되어버린 최첨단 휴대폰에서 소형 자동차까지 최신 제품을 그대로 베껴내는 무서운 산업으로 성장한 것이다.

예를 들면 휴대폰 산업의 경우 타이완의 휴대폰용 칩과 중국의 솔루션에 OEM으로 단련된 중국조립공장의 파워가 합쳐져 순식간에 저가 휴대폰시장을 석권했다. 이 산자이 제품은 중국보다 더 못사는 중앙아시아와 인도에 수출되는 산업으로까지 부상했다.

심지어 콘텐츠 산업에도 짝퉁과 모방상품이 파고들고 있다. 영화관에서 금방 개봉한 미국·한국영화도 일주일에서 한 달이면 해상도가 떨어지긴 해도 자막까지 있는 CD로 나온다. 한국에서 히트한 연속극도 열흘이면 CD로 제작되어 나온다.

유명 베스트셀러 작가의 책들도 길거리에서 10위안이면 살 수 있다. 심지어는 랑지엔핑 같은 유명인사의 베스트셀러들은 10권이 1권의 책으로 축소 복사되어 길거리에 돌아다닌다. 컴퓨터 소프트웨어도 마찬가지다. 만약 중국의 모든 컴퓨터에 깔린 프로그램이 정품인지 조사하면 중국의 모든 사무실은 난리가 날 게 뻔하다.

중국의 대표적인 검색 포털인 바이두닷컴(www.baidu.com)도 검색방법이나 내용이 구글과 비슷하다. 한편 구글과 중국정부가 정보통제 문제로 티격태격하고 중국에서 구글(谷歌, www.google.com)이 철수한다는 말이 나오자 중국 네티즌들은 구글을 음역한 谷歌[gǔgē]의 '歌'가 형을 뜻하는 '哥[gē]'와 발음이 비슷한 것을 이용해 바로 구글을 패러디한 '구제(谷姐, '언니'의 뜻)'를 만들었다.

방송에서도 쇼 프로나 예능 프로는 한국과 일본의 프로그램이 그대로 카피되고 심지어는 한국에서 한때 유행했던 너훈아, 태준아처럼 산자이 연예인이 TV에 등장해 인기를 끌기도 한다. 중국의 산자이, 즉 짝퉁문화가 이렇게 급속도로 성장한 요인은 무엇일까.

첫째는 공산주의 체제의 영향이다. 공산주의 60년간 중국은 소유의 개념이 없어졌기 때문에 모두가 같이 쓰는 공유의 개념에 익숙해져 있다. 남의 것을 모방하고 베껴서 쓰는 데 별 죄의식이 없다. 당연히 대가 지불의 개념도 약할 수밖에 없다.

둘째, 선진국의 하청공장으로 갈고 닦은 실력의 발휘다. 중국이 제조업에서 짝퉁 경쟁력을 발휘하게 된 것은 세계의 가공공장으로 30년을 거치면서 진짜를 상표 없이 만드는 OEM 생산에 이골이 났기 때문이다. 옛날 한국에서 '보세 제품'이 나돌았던 것과 같은 상황이다. 그만큼 가공실력이 뛰어났고 이젠 리버스 엔지니어링을 할 만큼 기술력이 좋아졌다는 뜻이다.

셋째, 중국은 공업화의 후발주자로서 보호할 지적재산이 별로 없었다. R&D를 할 돈도 없었고, OEM을 했기 때문에 자체기술을 개발할 필요도 없었다. OEM 수출이어서 기술특허문제도 모두 생산을 위탁한 외국기업의 문제지 가공업체인 중국과는 상관이 없었다.

마지막으로, 중국은 원래 문화나 기술에 있어 개방된 태도를 취하는 전통이 있었다. 불교를 포함한 외부 종교가 들어왔지만 그대로 수용해 중국의 것처럼 만들어버렸고, 과거 중국의 나침반과 화약, 제지, 도자기 등의 첨단기술은 특허권이나 로열티의 주장 없이 서방으로 전수해 주었다.

중국은 이러한 배경 때문에 외부세계에서 오는 문화나 기술에 대한 거부감이 없다. 오히려 엄청난 속도로 흡수해 자기 것으로 만들어버린다.

그러나 이제 중국은 세계 2대 경제권으로 올라섰다. 짝퉁은 '후발자의 정당한 생존방식'이라는 궤변이 먹히지 않는 시대가 도래했다. 무역에서 OEM이 아니라 자가 브랜드 제품의 비중이 늘기 시작하면서 특허문제가 무역분쟁 정도로 심각해지고 있다.

무역에서 엄청난 적자를 보고 있는 미국이 지적재산권과 특허문제를 무기로 중국을 압박하기 시작했다. 그리고 내수시장이 개방되면서 중국 기업이 짝퉁을 만들어 숨어서 팔던 내수시장에 원래 브랜드와 기술을 가진 외국기업이 진출하면서 특허침해 제소가 시작되었다. 그간 짝퉁을 눈감아주던 정부도 이젠 대국의 체면문제가 걸리게 되면서 태도가 바뀌고 있다. 중국은 이제 브랜드와 특허전쟁이 일어날 판이다.

무서운 것은 중국의 짝퉁 제조 속도가 아니라 그들의 소화능력이다. 황허강의 기적은 실제로는 중국이 짝퉁 만드는 속도와 정신으로 이루어낸 것이다. 중국은 뭐든 집어삼키면 소화해 자기 것으로 만들어버린다. 중국인은 인구든, 문화든, 기술이든 모두 쉽게 받아들이고, 게다가 빌려온 것에 그치지 않고 그 기반 위에서 +1을 더해 자기 것으로 만들어내는 능력이 뛰어나다.

중국정부가 요즘 입만 열면 하는 말이 자기혁신(自主創新)과 브랜드(品牌) 육성이다. 이젠 짝퉁 말고 자기 브랜드를 만들라는 것이다. 세계적으로 가장 빨리 짝퉁을 만들고 상품화하고 잽싸게 도망가는 것도 능력이다. 정부가 본격적으로 짝퉁 규제에 나서고, 대신 짝퉁을 만들던 실력으로 OEM에서 자기 상표를 만들면 어떻게 될까?

앞으로 주목해봐야 할 것은 중국인의 피에 숨어 있는 '창조의 DNA'다. 중국은 최근 200여 년간 황제와 리더들의 편협한 생각으로 세계변화를 읽지 못해 근대화의 타이밍을 놓쳐 최강의 국가를 가장 못사는 나라로 만들었다. 그러나 민족의 DNA는 200년 정도 잠자고 있었다고 소멸하는 것이 아니다.

중국은 유럽과 서방세계의 근대화에 결정적 역할을 한 화약, 나침반, 도자기, 활자를 직접 발명한 창조의 DNA가 있는 나라다. 그간 공산주의 공유제로 억눌렸던 비단장사 왕서방의 '돈벌이 정신'이 용수철처럼 튀어 오르고 4대 발명품을 개발했던 창의성의 DNA가 시장경제에 들어오면서 잠에서 깨어나고 있다.

13억 인구가 인터넷과 휴대폰, 자동차로 서로 네트워킹하면서 엄청난 시장과 아이디어를 만들고 있다. 거기에 미국, 유럽, 아시아에 흩어져 엄청난 부와 지적재산을 모은, 화런(华人) 또는 탕런(唐人)이라 스스로 칭하며 자랑스러워하는 화교들이 중국의 도약에 가세하고 있다.

중국이 태평성대를 자랑하는 왕조를 꼽으라면 명나라를 꼽는데 명나라의 창업자 주원장은 유랑민 출신이다. 산자이에서 나온 산적들이 무예를 닦고 세력을 모아 드디어 나라를 세우고 전국을 통일한 게 중국 명나라의 역사다. 명나라 주원장처럼 산자이에서 나온 짝퉁들이 실력을 쌓아 브랜드에서도 거대한 왕국을 만들 날이 머지않은 것 같아 두렵다.

SECTION ___ 2

마(魔)의 4,000달러?
중국은

중국은 민주화 요구를 극복할 수 없다?

　자본주의 사회에서 보면 '마(魔)의 4,000달러' 징크스가 있다. 1인당 GDP가 2,000달러대를 넘어서면 민주화 요구로 사회혼란이 있었고 부패한 독재정권이 몰락하면서 새로운 국면을 맞는다. 이러한 민주화 요구를 잘 수용하고 사회적 혼란을 잘 정돈한 나라는 중진국의 대열로 올라서지만 대부분의 나라는 정쟁과 혼란으로 다시 정치불안과 경제후퇴로 쇠락의 길을 걷는다. 동남아와 중남미의 많은 개도국이 이러한 인당 GDP 마의 4,000달러를 넘지 못하고 좌초했다.

　중국은 2010년이면 1인당 소득이 4,000달러대를 돌파한다. 중국은 덩샤오핑이 가죽을 벗기는 아픔인 '개혁(改革)'을 하면서 대외에 문호를 개방하고 경제개혁에 성공했다. 그리고 2001년에는 WTO에 가입하면서 정식으로 자본주의 시장경제 체제에 합류했다. 그 결과 중국은 세계에서 최단기로 고성장을 해 세계 2위의 경제대국으로 올라섰다.

그러나 덩샤오핑이 주장한, 해안지방을 중심으로 한 선부론(先富論)을 통한 점선면(点線面) 방식의 다같이 잘살자는 이론은 맞는 말이지만, 현실에서는 경제가 발전할수록 양극화가 더 심해지는 추세다. 부유한 사람과 가난한 사람, 도시와 농촌의 격차, 동부와 중서부의 격차도 더 커지고 있다.

중국은 1년에 630만 명의 대학생이 배출된다. 소위 먹물 먹은 고급인력들이 일자리를 찾지 못하면 그때부터 사회는 전체적으로 불안해진다. 이들 고급 백수들이 사회의 불만세력이 된다. 이들이 뭉치면 결국 체제문제와 정권문제를 거론하게 되고 독재정권의 비효율과 무능, 부패문제가 드러나면서 정권교체의 바람이 일고, 사회는 혼란에 빠지며, 경제는 후퇴하기 마련이다.

서방세계의 경제적인 발전단계에서 보면 중국 역시 바로 이 단계에 들어와 있다. 중국도 다양한 사회계층의 민주화 요구를 제대로 수용하지 못하고 각 계층의 갈등 표출로 혼란을 겪으면서 다시 역사의 뒤안길로 사라질까?

최근 발생한 티베트와 신장 소수민족들의 무력시위와 봉기는 중국정부로 하여금 여러 가지 고민에 빠지게 했다. 이런 추세가 여타 소수민족에게 전염되면 중국은 걷잡을 수 없는 혼란에 빠질 가능성이 있다. 중국은 과연 이런 빈부문제, 소수민족 문제, 민주화 문제, 그리고 청년실업 문제를 순조롭게 극복할 수 있을까?

중국은 사회주의 국가다. 거리에 정복을 입은 경찰이 거의 보이지 않지만 통제된 사회다. 자본주의 세계에 비해 사회적인 소요사태에 대처하는 능력이 월등히 강하다.

그리고 경제의 소득수준 향상이 바로 민주화로 이어진다는 서방세계

주요국의 무역의존도와 소득격차 비교

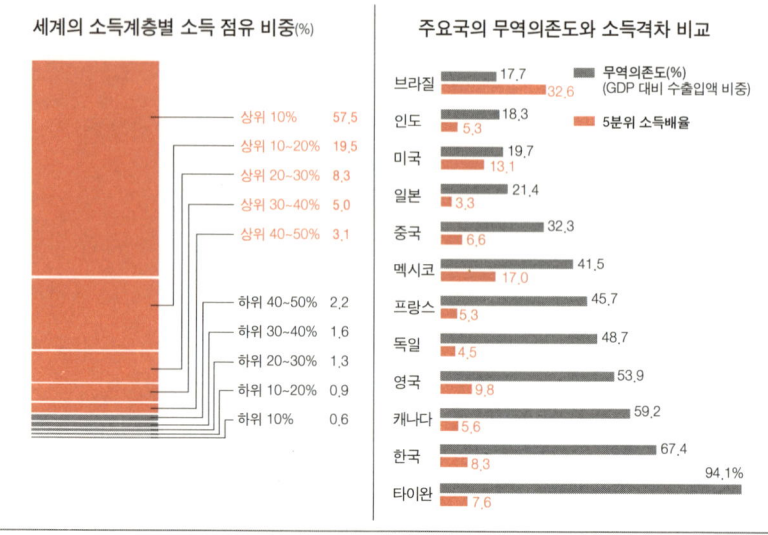

자료: 세계은행

의 공식은 중국에서는 적용되기 어렵다. 빈부격차의 심화가 사회불안의 원인이라고 하지만 중국의 상·하위 계층의 5분위 소득배율(소득 상위 20%의 소득 평균치를 하위 20%의 소득 평균치로 나눈 배율. 수치가 클수록 상위층과 하위층의 소득 격차가 크다)을 보면 미국, 영국, 한국, 타이완보다 중국이 더 낮다. 중국이 수출이 안 되면 곧 망할 거라고 보는 서방세계의 잘못된 시각처럼 빈부격차가 사회불안의 원인은 아니다. GDP 대비 무역의존도 역시 영국, 독일, 프랑스, 한국보다 낮다. 세계무역이 축소되면 중국이 먼저 망하는 게 아니라 서방세계가 더 빨리 망한다.

물론 지니계수의 절대수치로는 빈부격차가 심각하지만 이는 중국 역사에서 2,000년간 비슷한 추세였다. 이를 통제하는 통치기술 역시 전 세계 최고다. 중국에서는 정부 통제력이 강하기 때문에 자본주의 사회의 '마의 4,000달러' 대 현상은 서방세계가 민주화 요구에 직면했던 때보다 소득수준이 두 배 이상의 수준은 되어야 일어날 가능성이 높아 보인다.

중국이 티베트와 신장을 잡아두는 이유

중국은 55개 소수민족이 한족과 더불어 살아가는 나라다. 한족이 통치를 하지만 소수민족의 불만은 항상 존재했고, 이들의 불만이 동시에 터져 나오거나 독립의 요구가 있으면 문제가 복잡해진다.

물론 동시는 아니지만 누군가 선봉에 서면 걷잡을 수 없는 불길이 될 수도 있다. 그래서 중국은 소수민족 관리에 각별한 신경을 쓰고 있는데 최근 지역적으로 중국본토와 멀리 떨어진 티베트가 문제가 되었다. 중국정부는 즉각 통제에 들어가 문제를 해결했다. 불씨를 애초부터 없애는 전략이다.

티베트의 인구는 280만 명이고 경제규모는 중국 전체 GDP 대비 0.1%밖에 안 된다. 중국의 경제 측면에서는 티베트를 무시할 만하지만 중국정부가 티베트에 신경을 쓰는 것은 여타 55개 소수민족에 미치는 정치적 영향 때문이다. 티베트는 중국의 남쪽 산악지대에 있고 역사적으로도 중국이 정복했지만 지리적 특성 때문에 관리가 잘 안 되었던 지역이다.

중국정부가 티베트 문제에 유달리 관심이 많고 민감한 진짜 이유는 중국의 최고지도자들이 직접적으로 티베트 문제에 관여했기 때문이다. 티베트를 무력 점령한 사람은 바로 덩샤오핑이었다. 후진타오 주석은 1988년부터 1992년까지 시짱(西藏) 자치구 공산당 총서기를 지내면서 티베트 문제에 직접 관여했다. 후진타오는 당시 시짱 자치구 성장(省長)을 지내면서 덩샤오핑의 눈에 들어 장쩌민의 다음 후계자로 낙점을 받을 수 있었다.

티베트는 중국에서 가장 낙후된 지역이고 외부세계와 단절된 후미진 지역이어서 자체적인 민족봉기가 있어도 외부세계로 알려지기가 쉽지 않다. 지금으로서는 티베트가 중앙정부의 통제권 안에 완벽히 들어가 있다고 볼 수 있다. 따라서 중국 중앙정부에 문제가 생기기 전까지는 티베트 자체 문제가 중국 전역으로 확산되거나 여타 소수민족에게 영향을 미칠 가능성은 희박해 보인다.

티베트를 포함한 소수민족의 자치지역은 중국의 차세대 지도자가 리더십 역량을 검증받는 장소다. 문제가 생겨도 지역이 폐쇄적이고 중국경제에 미치는 영향도 적어 대세에는 영향을 주지 않기 때문에 차세대 지도자들의 위기관리 능력을 테스트하는 좋은 장소이자 기회가 되어준다.

그러나 신장 문제는 약간 다르다. 툭하면 문제를 일으키는 신장은 자원의 보고이며 중앙아시아 진출의 중요한 교두보로서 절대로 독립을 허용할 수 없는 구조다. 그래서 이번 신장 사태에 대해서는 차세대 지도자로 낙점되어 있는 시진핑이 직접 담당하는 등 중국 중앙정부의 관심이 지대하다.

원래 중국의 한족과 신장의 위구르족은 같은 민족도, 국가도 아니다. 얼굴 모양부터 다르다. 신장 위구르족은 흉노족의 먼 후예다. 위구르족은 중국의 조정과 우호적인 관계를 유지하고 있었으며, 흉노족 돌궐과는 계속 불편한 관계에 있었다. 중국은 무슬림 국가인 위구르를 한 개의 소수민족으로 편입했지만 민족과 의식이 달라 지속적인 독립운동과 저항이 일어났다.

지금 신장은 중국과 중앙아시아 교역의 중심지고 옛 실크로드의 중국 관문이다. 중국에 있어 신장은 새로운 시장으로 떠오른 중앙아시아 진출의 중요한 교두보다. 또한 쓸모없는 황무지인 줄 알았던 신장의 사막 아래에는 풍부한 천연가스가 묻혀 있다. 그리고 신장의 사막과 고원은 태양광발전과 풍력발전의 최적지로 부상하고 있다.

중국이 실시한 서부 대개발이라는 대규모 프로젝트는 외견상으로는 신장을 포함한 서부지역의 개발이지만, 실제로는 서부의 대규모 천연가스를 동부 연안으로 옮기는 에너지 수송 프로젝트다.

즉, 티베트는 소수민족 관리의 뇌관으로, 신장은 자원의 보고로 중요하기 때문에 중국이 확실한 관리를 하고 있는 것이다.

SECTION __ 5

핫머니와 부동산 투기

서방이 FDI를 회수하면 중국은 알거지?

중국은 세계 최대의 외자 도입국이라 중국에서 외자가 철수하면 중국경제는 한 방에 거덜난다고들 한다. 그러나 자세히 들여다보면 그럴 가능성은 낮다. 직접투자는 모두 건물, 기계, 공장에 투자한 것이지 주식시장에서 주식을 사거나 은행에 예금한 게 아니다.

그런데 미국 돈, 일본 돈, 한국 돈이 왜 자국에 있지 않고 중국에 갈까? 엄청난 시장 때문이다. 이 시장을 버리고 더 큰 시장, 좋은 시장을 찾을 수 있을까? 그런데 중국에 들어온 외자는 대부분이 정부의 철저한 외환통제를 받고 있어 마음대로 투기할 수가 없다. 자금 도입시 투자목적이 정해지고 바로 그 돈을 지정은행 계좌에 넣어야 한다. 그리고 이 돈은 대부분 생산설비에 투자되어 중국에 건물, 장비로 남아 있지 현금이나 주식 채권으로 되어 있는 게 아니다.

또한 중국은 기본적으로 청산이나 폐업이 어렵게 되어 있다. 따라서 투자한 자산을 매각해서 밖으로 들고 나가기는 현실적으로 매우 어렵다. 그리고 외자가 폐업을 신청하면 중국 지방정부는 그간의 각종 특혜와 우대조치, 세금문제 등을 들고 나와 퇴출을 어렵게 한다.

2008년에 중국은 외자기업에 대해 법인세 10% 인상, 4대보험 의무가입, 종신고용제를 도입했다. 이런 상황에서 환율절상까지 겹쳐 많은 외자기업들이 도산했다. 많은 외자기업이 공장이고 설비고 다 버리고 야반도주한 데는 여러 이유가 있지만, 그중 하나는 기업을 팔거나 폐업하기가 어렵고 세금문제가 여간 까다로운 게 아니었기 때문이다.

중국에서 외자기업이 설비나 투자기업을 팔고 나갈 때 그 설비가격은 똥값이다. 팔아서 나가기가 어렵다. 광동성의 수천 개 서방 기업들은 도산하면서 철수할 때 건진 것이 아무것도 없다. 한국의 많은 기업이 중국에서 철수할 때 대박으로 팔고 나오기는커녕 깡통을 차고 나왔다는 말만 들리는 것도 이 때문이다. 공장 설비 등 그간의 모든 투자분은 모두 중국에 남았다.

그러나 철수한다고 해도 중국 외에 중국만 한 생산기지를 건설하기가 어렵다. 중국 같은 생산조건과 시장을 함께 가지고 있는 나라가 드물다. 따라서 중국의 외자가 도망가면 중국이 망한다는 말은 자세히 들여다보면 이래저래 허점이 많다.

오히려 지금 미국이 이런 꼴이 될 수 있다. 미국에 투자한 중국 돈은 채권이 9,000억 달러고, 이것저것 합치면 1조 5,000억 달러가 넘는데 모두 금융자산이다. 언제든 시장에서 팔고 나갈 수 있는 것들이다. 만약 중국이 미국채시장에서 채권을 팔고 나간다고 하면 미국 채권시장은 폭락한다. 미 재무성은 추가 채권발행이 안 될뿐더러 미국기관이 보유한 채권펀드는 모두 종잇조각이 되는 상황이 올 수도 있다.

중국이 세계 최대의 외자 도입국이라는 말도 기준의 문제다. 중국이 채권과 기타 자산의 형태로 미국과 선진국에 투자하고 있는 금액은 중국이 제조업에 유치한 FDI(해외직접투자) 금액보다 월등히 많다. 중국이 세계 최대의 FDI 투자 유치국이긴 하지만, 투자 유입과 유출을 비교한 순증 개념으로 보면 중국은 오히려 선진국에 더 많이 투자한 나라다.

중국의 내수확대 전략은 미국과의 협상에서도 유리하다. 일본이 세계의 공장이었던 1985년, 미국은 세계를 상대로 원자재를 사고 가공해서 물건을 파는 일본의 약점을 잡아 엔화강세를 만듦으로써 한 방에 일본을 죽였다.

미국은 중국에도 최근까지 환율절상을 요구했지만 중국이 듣지 않았다. 중국의 수출입 의존도가 32%가 넘기 때문에, 미국의 압력에서 벗어나려면 내수를 키워 수출의 영향을 지금보다 줄이면 된다. 중국이 인심 쓰듯이 내수확대 전략을 대내외에 공표한 것도 사실은 계산된 전략이다.

중국의 외환보유고는 2009년 말 현재 2조 4,000억 달러에 달한다. 중국의 엄청난 외환보유고 중 상당수는 중국에 들어온 외자기업들이 벌어들인 것이다. 여기에는 핫머니가 차지하는 비중도 크다. 물론 투기에 대한 경고의 의미로 과장이 있기는 하겠지만 2008년 중국 사회과학원에서 외환보유고보다 핫머니의 규모가 더 크다고 언급했을 만큼 핫머니의 유입은 크다.

중국에 핫머니가 몰리는 것은 금리차와 위안화 환율절상 기대, 그리고 주식시장과 부동산시장의 성장성 때문이다. 전 세계가 제로금리에 신음하는데 중국은 정기예금만 해도 2.25%의 금리가 적용된다. 현재 6.8인 대미 달러 환율은 적어도 30~40%는 절상되어야 한다고 보는 이들이 많다. 여기에 매년 50% 이상 성장하는 기업들이 수두룩하고, 매년 1,300만 명 이상이 대도시로 들어와 살 집을 찾고 있으니 주식시장과 부동산 역시 매력적일 수밖에 없다.

외환보유고에서 무역수지 흑자와 FDI 금액을 뺀 나머지가 단기적인 투기성 자본인 핫머니라고 가정하면 그 규모는 장난이 아니다. 2003년 이래로 들어온 돈을 이런 방식으로 계산하면 대략 5,300억 달러이고 이는 전체 외환보유고의 22%에 달하는 금액이다. 2003년 이후 매년 유입되는 이런 자금이 외환보유고의 순증에서 차지하는 비중은 16~53%를 차지한다.

중국에서 핫머니가 들어오는 경로는 크게 무역을 통해 수출입가격을 조작해 들어오는 경우, 직접투자를 통해 들어오는 경우, 연간 2,500만 명이 출퇴근하는 홍콩과 선전의 직장인들을 통해 직접 들어오는 경우, 기업과 개인의 자금수요를 통한 환치기 등의 방법을 통하는 경우 등이다.

예전에는 핫머니가 유입되자마자 바로 주식시장이나 부동산시장으로 들어가 자산가격에 영향을 주었지만, 그 규모가 커지면서 은행을 통해 운용되는 경우가 많아지고 있다고 추정한다. 그래서 중국에서 M2 증가율이 높아지는 것도 핫머니의 영향도 있다고 보는 시각이 있다.

중국이 외자기업에 대해 기존의 우대정책을 폐지하고 종신고용 등의 노동법 개정, 법인세 우대조치 폐지, 4대보험 의무가입 등을 도입해 직접투자의 매력이 대폭 감소했음에도 FDI 금액은 줄지 않고 있다. 그러나 투자건수는 줄고 있다. 그래서 새로이 들어오는 FDI 상당수는 산자이(가짜) FDI일 수도 있다는 추론을 하게 한다.

2000년 이후 2009년까지 중국의 FDI 금액이 약 6,900억 달러인데,

핫머니가 5,300억 달러라고 가정했을 때 이들 돈이 한꺼번에 빠져나간 다면 1조 2,200억 달러가 유출되는 것이다. 그렇게 되면 중국 외환시장이 엉망이 되고 중국은 알거지가 된다는 것은 이론적으로 맞는 말인 것 같다. 하지만 현실은 그렇지 않다.

상하이 금융중심지인 푸동 루지아쭈이 거리에는 101층짜리 상하이 국제금융센터라는 최고층 건물이 있다. 이 건물의 주인은 중국이 아닌 일본이다. 한번은 푸동에서 사업하는 중국 친구들에게 농담 반으로 물어보았다. "너희는 자존심도 없냐? 상하이 중심부 상징물인 건물을 외국인, 그것도 난징 대학살 등으로 치를 떠는 일본인 손에 맡기는 건 좀 그렇잖아?" 그랬더니 한 친구가 웃으며 대답했다. "그건 일본이 지어서 상하이에 기부한 거야. 나중에 일본이 철수할 때 그 건물까지 도쿄로 뜯어 갈 수 있겠어? 어차피 상하이에 그냥 두고 가야 하니 결국은 우리 거야."

중국은 외세가 들어올 때 들어오는 문은 활짝 열어놓으면서 나가는 문은 문턱을 높임으로써 들어온 것은 모두 중국에 남기도록 하는 무서운 나라다. 그래서 그런지 101층 초고층 빌딩의 입주율이 형편없다. 금융위기 탓도 있겠지만 밤에 보면 불 켜진 사무실이 40%가 안 된다. 임대가 안 된다는 증거다. 지금 상하이 푸동에는 금융위기의 영향으로 임대료 없이 관리비만 내면 입주할 수 있는 건물이 많다.

중국은 지금 101층 건물 바로 옆에 101층보다 더 높은 건물을 짓기 위해 땅을 파고 있다. 88층 진마오다샤(金茂大厦)가 101층 건물 때문에 별 볼일 없게 보이는 것처럼 101층 최신식 건물도 조만간 새로 지은 중국 초고층 빌딩의 부속건물이나 별관처럼 보일 날이 머지않았다. 그때가 되면 101층 건물의 임대 상황이나 가격은 어떻게 될지 궁금하다. 중국이 최신 고층빌딩의 사무실을 과거 101층 건물보다 더 파격적인 가격으로 임대하게 되면 상대적으로 101층 건물은 관리비도 못 내는 불상사가 생길 수 있다. 그러면 건물주인 일본이 건물을 에누리해 팔고 나갈 것이고, 그때 중국이 냉큼 101층을 집어먹을 수도 있다.

중국은 자본시장을 개방하려면 먼저 외환 자유화를 해야 하는데 아직도 외환시장을 개방하지 않고 있다. 중국에서 외환의 유출입은 쉽지 않다. 반드시 거래증명이 있어야 하고 외환관리국의 한도승인과 거래은행의 계좌지정도 필요하다. 개인의 경우 1인당 외화교환 한도가 정해져 있어서 1일 500달러밖에 인출할 수 없고, 연간 5만 달러 이상은 환전할 수 없다. 이것을 비켜 가는 것이 불법 환치기인데 만약 문제가 되면 모두 자신이 책임져야 한다.

중국에서는 합법으로 외환을 들여오고 세금도 철저히 내고 자금출처를 명확히 하면 유출입에 아무 문제가 없다. 반면에 만약 조금이라도 옆길로 가서 돈을 벌거나 편법을 쓴다면 매우 복잡한 문제가 발생한다. 중국의 외자기업들이 중국정부의 이전가격 조사에 벌벌 떠는 것도 이 때문이다.

그리고 세계 최대의 공장에서 세계 최대의 시장으로 부상하고 있는 중국을 철수하는 건 바보짓이다. 세계 명품 브랜드와 모든 자동차 기업이 앞 다투어 중국에 들어오는 이유를 보면 중국이 소비시장으로 가치가 있다는 사실을 알 수 있다.

내수가 커지면서 요즘은 오히려 합작을 했던 중국이 외자계 기업의 지분을 투자비의 100%, 200%를 더해 돌려주면서 쫓아내는 형국이다. 반대로 외국계 기업들은 제발 그냥 합작을 지속하자고 매달리는 꼴이다. 최근 한국의 몇몇 대기업들도 이런 상황에 처했다.

중국으로서는 시장을 미끼로 기술과 돈을 유입했는데, 이제는 시장이 폭발적으로 커졌고 돈도 벌 만큼 벌어서 합작 파트너가 거추장스럽게 된 것이다. 지금은 중국이 합작선의 철수를 겁내는 게 아니라, 합작선이 중국의 버림을 받을까 봐 전전긍긍하는 상황이 생기고 있다.

부동산 투기-정부가 유도한 투자붐

중국에서 부동산 투기로 땅값과 집값이 올라가면 누가 가장 큰 이득을 볼까? 자본주의 시각으로 보면 땅부자겠지만 중국의 경우는 정부다. 우리와는 다르게 지방정부 재정의 20~30%는 토지사용권 매각 대금이다. 따라서 집값이 올라 집 지을 땅이 부족하면 토지사용권 가격도 올라가고, 그러면 정부는 토지사용권 매각을 통해 떼돈을 벌게 된다.

지방정부로서는 부동산 가격 상승이 재정자립도를 높이는 길이니 가격폭등으로 난동이 일어나지 않는 한 부동산시장을 죽이기 싫어한다. 중국정부 역시 부동산에 대해서 입으로는 호랑이처럼 으르렁거리며 투기억제를 한다고 하지만 사실상 시장을 죽일 생각은 추호도 없다.

오히려 자세히 보면 적당히 투기를 조장한다. 중국은 땅의 소유가 불가능하므로 부동산 경기는 결국 집에 좌우된다. 집이 생기면 가전제품을 바꾸고 다음으로 자동차를 바꾸는 소위 내구소비재의 폭발이 온다.

중국정부가 가전제품에 보조를 하고 자동차 구입에 보조금을 주는 것은 바로 이 때문이다. 2010년에 중국은 집 짓는 데 필요한 건축자재에도 보조금을 주는 건자재 하향정책을 도입했다.

부동산 투기는 억제하지만 지방에서 집 짓는 것은 장려한다는 것이다. 내구소비재의 소비욕구로 가전제품이 팔리면 금융위기로 수출길이 막힌 국내 전자부품 기업들의 경기가 살아나고, 자동차가 팔리면 연관 산업 50개 산업의 경기가 좋아진다. 부동산은 결국 중국 내수경기 관리의 핵심요소다. 정부가 부동산 경기를 죽일 수 없는 이유가 여기에 있다.

지금 부동산 가격이 상승하여 중국은 자산버블 논쟁이 한창이다. 베이징, 상하이 대도시의 살 만한 33평짜리 아파트가 한국 평수로 평당 1,500만 원(9만 위안) 정도다. 인당 소득이 2만 위안 겨우 되는 나라에서 아파트가 한 평에 9만 위안이라면 시내 중심가에 중대형 주택을 마련하는 것은 서민들에게 요원한 꿈일 뿐이다.

한국에서도 서울 집값을 올린 사람은 서울 시민이 아니다. 시골에서 올라온 사람과 외국에서 온 사람들이다. 중국도 대도시 집값이 상승한 것은 개혁개방으로 떼돈을 번 지방 사람들이 자녀교육과 격조 높은 생활을 위해 대도시로 나왔기 때문이다. 그들의 수요에 맞는 고급 아파트를 대거 지으면서 집값이 오른 것이다.

또한 상하이 푸동의 금융가와 스지공원 주위의 시내 중심가 집값은 한국보다 비싸다. 상하이에는 포춘 500대 기업 중 480여 개 기업의 아시아 본부가 있다. 그래서 세계의 내로라하는 기업 사무소와 대표처도 상하이에 있다. 이들 기업의 주재원들이 사는 집은 당연히 세계 최상급이어야 할 것이다. 그래서 그곳의 집값은 비쌀 수밖에 없다. 그러나 주재원들의 집세는 본사에서 내주기 때문에 주재원들은 집값에 신경 쓸 필요 없이 안정성과 편리함, 쾌적함을 추구하고 있다.

중국은 7억 명의 농촌 인구를 10~20년 내로 5억 명 이하로 줄이는 작업을 하고 있다. 중국은 매년 도시화율이 1%씩 진행되고 있다. 그러면 연간 1,300만 명의 인력이 도시로 진입하는데 이들 인구가 살 집이 문제가 된다.

이들은 집이 없으면 거리의 부랑자나 노숙자로 남게 되고 이는 사회 불안의 원인이 된다. 따라서 정부는 지속적인 대도시 개발과 함께 소형 아파트(商品房)를 개발할 수밖에 없다. 그런데 소형 아파트만으로는 건설업자들이 수지가 맞지 않아 고급 대형 아파트와 빌라 건설도 동시에 진행하고 있다. 그런데 이것은 정부의 힘만으로 되는 게 아니다. 민간 건설업자와 약간의 위험을 무릅쓴 투기자금이 들어와야 가능하다. 한국의 경우도 속칭 '빨간 바지 아줌마'로 불리는 투기세력이 없었더라면 지금의 강남은 있을 수 없었다.

중국은 사회주의, 공유제였기 때문에 개인들의 재산축적이 별로 없다. 은행예금 외에 자산이 별로 없다. 후진타오 주석이 몇 년 전 연두교서에서 중국은 이제 은행예금이 아니라 자산을 사라고 한 적이 있을 정도다.

중국은 기본적으로 공산주의였지만 최근 30년간의 개혁개방 경험으로 능력 있는 사람이 먼저 부자가 되라는 선부론(先富論)이 용인되는 사회다. 그래서 정부 입장에서는 부동산 붐을 일으켜 소수의 건설업자가 부동산 투자로 떼돈을 벌게 하면서 이들을 통해 더 많은 집을 짓게 하고 있다.

한국도 마찬가지지만 중국도 대도시 고급 아파트는 보통 월급쟁이가 평생 벌어야 살 수 있는 수준이다. 그러나 한 시간 정도 차를 타고 외곽으로 가면 살 만한 집들을 구입할 수 있다. 따라서 중국의 집값에 관한 많은 언론보도나 언급은 과장이 좀 있다.

세계 GDP 순위 120위에 1인당 GDP가 3,500달러대의 못사는 나라에서 억대, 그것도 10억 원대 아파트라고 하니까 엄청난 버블이 있는 것처럼 보이지만, 13억 인구 중 상위 5%인 6,500만 명은 한국 사람들보다 소득수준이 더 높다. 여름휴가 때 전세 비행기를 띄워 14박 15일간 두바이의 7성급 호텔에서 묵고, 이집트의 피라미드와 스핑크스를 배경으로 사진을 찍고, 때 묻지 않은 자연 아프리카 케냐의 자연동물원에서 푹 쉬고 오는 사람들이다. 이런 사람들에게 10억 원짜리 아파트는 껌값이다.

중국의 중산층들은 자전거를 타다가 오토바이를 타고, 이제는 소형 자동차를 타는 것이 일반화되고 있다. 휴대폰에서 마이카족으로 대체되는 중산층의 꿈은 이제 소형에서 중대형 아파트로 바뀌고 있다. 이들의 구매력이 집값을 올리고 있다. 경제가 9~10% 성장하는 나라에 버블이 없으면 비정상이고 경제가 10% 성장하는데 부동산 가격이 안 오르면 그게 이상한 것이다.

중국에 가본 많은 사람들이 중국은 미분양 아파트가 많아 큰 문제일 거라고 한다. 밤에 완공된 아파트를 보면 3동 중에 1동만 불이 켜져 있기 때문이다. 그런데 중국은 우리처럼 동시분양을 하지 않는다. 아파트 3동을 완공하면 1단계로 1동을 평당 2만 위안에 분양한다. 잘 팔리면 두 번째 동은 2만 2,000위안에 분양한다. 그것도 잘 팔리면 3단계로 세 번째 동은 2만 5,000위안에 분양한다. 그래서 같은 단지라도 동별로 아파트 분양가격이 다르다.

그래서 완공된 아파트 단지인데도 불이 안 켜진 집이 많다. 건축업자로서는 분양가가 금융비용 5%를 초과하는 정도로 올라가면 6개월이든 1년이든 기다리는 건 문제가 안 되기 때문이다.

정부가 가진 최강의 투기억제 수단

　천년고도 중국의 베이징에 가보면 도시를 둘러싼 환상선(環狀線)인 2~6환 도로가 있다. 베이징을 둘러싼 6~8차선 환상선 도로는 신호등 하나 없이 속 시원하게 뚫려 있다. 1,000년 된 도시에 어떻게 이런 일이 가능할까? 한국은 고속도로나 도로를 하나 개설하려면 건설비보다 토지보상비가 더 많이 든다.

　그러나 중국은 토지가 국가 소유여서 그런 문제 없이 전 세계에서 가장 빨리 고속도로와 철도를 건설할 수 있다. 중국이 도시화와 공업화가 빠른 비결 중 하나도 토지의 국유화에 있다. 가령 중국은 외자유치를 할 때 외자기업이 원하는 지역을 공단으로 지정하고 순식간에 SOC를 개발하고 공단조성을 할 수 있다. 토지보상 문제나 인근 부지 주변을 정리하는 데 시간이 걸리지 않기 때문이다.

　중국 기업이 고성장하는 비결 중 하나도 토지와 같은 고정투자비의 비중이 작다는 것이다. 한국 기업에서는 토지 구입비가 공장을 짓는 데 제일 큰 항목이지만, 중국 기업은 임대를 하기 때문에 상대적으로 고정비 부담이 적다.

　중국의 최근 5년간을 보면 전 세계에서 부동산 경기가 가장 좋았다. 이번 금융위기에도 주요도시의 부동산 가격은 전 고점을 회복하고 추가상승하고 있다. 중국정부는 부동산 가격 상승에 대해 경고는 하지만 적극적으로 대처하지는 않고 있다. 중국정부는 어떤 여유가 있기 때문일까?

　중국은 전 세계 어느 정부도 갖지 못한 강력한 투기억제 수단이 있다. 중국은 투기가 감당 못 할 만큼 극성을 부리면 상하이 중심가든, 베이징 중심가든 간에 국가가 토지를 수용해서 원래 있던 기업과 주택을 외곽으로 이주시키고 그곳에 공원을 만들어버릴 수 있다.

베이징은 올림픽 전과 후 도시의 면모가 달라졌다. 베이징 올림픽경기장 후면과 주변의 낙후된 집들은 이제 찾아볼 수 없다. 지금 엑스포를 준비하고 있는 상하이도 대로 주변의 변화가 놀랍다. 낙후된 도로 주변과 이면도로의 주택이 순식간에 깨끗이 정리되었다. 국가가 토지를 회수하고 기존 주민을 외곽으로 이주시킨 다음 바로 개발을 시행하기 때문이다. 국가 재산을 빌려 쓰는 입장에서 주인인 국가가 돌려달라는데 어쩔 도리가 없다.

서방세계의 경우 부동산 버블은 금리와 세금으로 때려잡는다. 중국은 토지뿐 아니라 세금으로도 쉽게 잡을 수 있다. 중국은 서방세계에 비하면 부동산세제가 별로 발달하지 않았다. 선진국인 미국, 일본, 한국의 부동산세제를 도입해 시행하면 중국의 초보 부동산 투기자들은 꼼짝 못 한다. 한국처럼 양도소득세, 보유세, 재산세를 물리고 DTI 규제, 1가구 2주택 규제, 자금출처 조사 등을 시행하면 중국의 부동산 투기 버블은 바로 꺼진다. 이로써 중국정부는 부동산 투기를 한 방에 잡을 수 있다.

SECTION __ 6

2,000년을 내려온 통치기술

'꽌시(关系)'에 녹아 있는 2,000년의 통치 노하우

중국은 한 나라가 아니라 34개의 연방국이라 해도 과언이 아니다. 1개 성의 인구가 한국 전체인구보다 더 많은 성이 수두룩하다. 각 성은 글자는 같이 쓰지만 발음이 전혀 다른 각자의 언어가 있다. 그래서 우리의 KBS 같은 중앙방송인 CCTV의 방송에는 대부분 한자 자막이 뜬다. 당연히 각 성은 민족도 다르고 문화도 다르다.

중국은 영토가 넓은 만큼 중앙이 모든 걸 통치하기는 불가능하다. 그래서 진시황 이래로 전국을 통일했다고 하지만 엄밀히 보면 중국은 지방분권제다. 당연히 중앙의 권력이 못 미치는 곳은 지방권력이 발호하고 부패하기 마련이다. 중국은 이런 형태로 2,000년의 역사를 이어왔다.

중국에서 꽌시(关系)는 중국 비즈니스의 모든 것이라고 한다. 그렇다면 누구와의 꽌시를 말하는가? 공무원, 즉 관리와의 꽌시 또는 중앙과의 꽌시다. 중앙은 기업의 인허가권을 지방에 위임하고 지방은 각종 사업의 승인권을 갖는다. 따라서 사업하려면 관리와의 관계가 중요하다. 혈연, 지연, 학연의 연고로 관리들과 줄을 대는 것이다. 당연히 이권청탁과 관련해 뇌물과 향응이 오가고 여기에 사업권이 연결된다.

중국 중앙정부는 이러한 사실을 알고 있지만 함부로 적발하지 않는다. 중앙 통제력의 한계가 있기 때문에 도를 넘지만 않으면 그냥 넘어간다. 그러나 일정 수준을 넘어가거나 체제에 대한 반발 또는 전복의도가 보이면 가차없이 처단한다. 그래서 중국은 국유기업 민영화에 사용하는 "큰 것만 잡고 작은 것은 놓아준다"는 말이 부패 척결에도 적용된다.

MBA 교재에 나오는 미국식 경영방식, 소위 경영의 투명성과 기업지배구조, 소유와 경영의 분리 등이 현대 기업관리의 금과옥조처럼 들리지만, 이를 중국에 적용해보면 도대체 공식이 맞지 않는다. 세계 역사상 최고 속도로 성장했고 그 규모가 세계 2위인 나라의 기업지배구조가 투명하지 않다. 국유기업 위주의 경제이기 때문에 소유와 경영도 그리 명확하지 않고 경영의 투명성도 낮은데 다른 서방세계를 제치고 넘버투가 되었다는 것을 어떻게 이해해야 할까?

금융위기로 전 세계가 모두 휘청거리고 4년, 5년 임기의 대통령들은 갈피를 못 잡고 우왕좌왕하고 있다. 그런데 사회주의 국가 중국은 일사불란하게 위기에 대처하고 세계에서 가장 먼저 불황에서 탈출했다.

중국은 공산주의에서 시장경제로 넘어오면서 많은 이권사업이 인허가 과정을 밟는 과정에 관리들의 부패와 축재가 문제로 야기되었다. 그러나 이것은 비단 중국만의 문제는 아니었다.

미국도 소위 미국의 진보시대(1880~1920)에는 현재 중국의 문제와 같은 문제가 있었다. 당시 미국은 부패가 만연해 전 세계에서 가장 부패한 국가였고 사회 각처에 가짜가 범람했다. 그리고 중대재난이 빈발

했고 빈부 양극화와 각종 사회모순이 대단히 첨예하게 부딪혔다.

미국의 통치 시스템이 잘되어 있다고 하지만, 이것은 세계 각국에서 온 수많은 이민자들을 관리하느라 터득하게 된 노하우다. 이들의 다양성을 흡수하는 과정에서 세계 최강의 시스템이 탄생한 것이다. 그러나 이런 미국의 통치 시스템은 불과 200년의 역사를 갖고 있다.

중국은 56개 민족이 서로 부딪히며 2,000년을 살아왔고, 그간 한족에 통합된 소수민족과 외부 민족을 합치면 수백 종의 인종이 통합된 나라다. 중국은 이런 다양한 인종들을 상대로 나라를 꾸리는 만큼 적당한 통제와 다양한 민족들을 통합해 아우를 수 있는 통치 노하우가 있다.

중국이 지난 200년간 경제적으로 뒤처진 것은 중국인들에게 치명적인 문제가 있었다기보다는 당시 리더들의 자질 부족과 낙후된 시스템의 결함 때문이었다. 지금 중국은 청렴하고 애국심 넘치는 칭화대, 베이징대 출신의 천재형 리더들이 나라를 이끌고 있다. 낙후된 시스템을 유학생, 화교, 외자유치, 다국적기업의 네트워크를 통해 세계 최신 시스템으로 갈아치우고 있다.

인구의 8.5명당 1명이 공산당원, '재야'가 없다

중국은 사회주의 국가이고 공산당 1당의 집권체제다. 중국은 1921년 제1대 전당대회에서 57명으로 출발한 공산당원 수가 2008년 말 7,593만 명이 되었다. 이는 총인구 대비 6%선이다. 인구 16명 중 1명은 공산당원인 셈이다.

전체 공산당원 중 34%인 2,600만 명이 대학 졸업자이고, 전국 263만 개 기업 중 당 조직이 갖춰질 수 있는 규모의 기업이 59만 8,000개인데, 그중 59만 5,000개 기업에 공산당 조직이 갖추어져 있다.

중국에는 14세에서 28세의 청년이면 가입할 수 있는 공청단(共靑團)이라는 조직이 있다. 후진타오 주석도 공청단 출신이다. 공청단은 우수한 인재들로 구성되며 28세가 되면 공산당에 정식으로 가입할 수 있는 공산당 조직의 예비부대이다.

중국 인민일보 보도에 따르면, 2008년 말 기준으로 전국의 공청단원 수는 7,858만 명에 달한다. 중국국가통계국에서 제공한 청년 수 계산에 의하면, 전국에 있는 청년 중 공청단원의 비율은 26%에 달한다. 청년 4명 중 1명은 공청단원이라는 말이다.

우리가 중국의 종합일간지로 알고 있는 중국 대표 신문인 인민일보는 알고 보면 집권당인 공산당의 기관지다. 우리로 치면 집권당인 한나라당 당보인 셈이다.

중국은 사회주의 국가이기 때문에 생각보다 훨씬 정보통제력이 강하다. 정보산업의 발달로 모든 권력보다 정보가 앞서는 것 같지만 핵심이 되는 정보전송의 심장부를 정부가 장악해버리면 오히려 더 깜깜해진다. 즉, 정보의 고도(孤島)가 되어버리는 것이다

신장과 티베트 사태가 전 세계로 알려진 것은 휴대폰과 인터넷의 힘이었다. 사실 휴대폰은 기지국이 있어야 전송이 가능하고 인터넷은 서버가 있어야 해외로 전송할 수 있다. 그런데 이 모두가 중국정부의 통제 하에 있다.

티베트와 신장 사태가 초기에는 인터넷 생중계에 힘입어 전 세계 언론을 타고 흘렀지만, 그 뒤의 진행상황은 전혀 알려지지 않고 있다. 이들 지역에 대해 인터넷은 물론 휴대폰 연결도 잘 안 된다.

티베트와 신장 사태 이후 인터넷의 위력을 안 중국정부는 현재 외국

에서 들어오는 정보도 통제하고 있다. 지금 미국과 중국이 구글의 정보 검열 문제로 치고받고하고 있고 구글이 중국에서 문을 닫고 나가겠다고 할 정도지만, 구글 외에 전 세계 네티즌들이 많이 사용하는 페이스북(facebook), 트위터(twitter), 유튜브(youtube) 등도 중국에서는 접속이 잘 안 된다.

한국의 대표적인 포털사이트 중 하나인 다음(daum)의 블로그도 중국에서 접속이 안 된다. 아마 각종 사회문제에 대한 토론과 비판이 자유롭게 이루어지고 있는 '미디어다음 아고라'의 영향 때문인 것 같다. 중국 인터넷 검색시장에서 점유율 36%를 차지하고 있는 구글이 중국시장 철수를 무기로 중국정부의 인터넷 검열과 해킹문제에 대해 항의했지만 결론은 싫으면 나가라는 것이다.

미국정부까지 직접 나서서 정부 간 마찰도 벌어지고 있지만 중국정부가 인터넷 정보통제에 있어서 양보할 가능성은 없다. 중국은 대부분의 선진국도 모두 하는 인터넷 검열에 대해 중국 측에 완화해달라고 부탁할 수는 있겠지만, 하라 말라 하는 간섭은 우스운 얘기라는 듯 무시하고 있다.

2009년 중국의 인터넷 가입자 수는 3억 8,400만 명으로 전년에 비해 8,600만 명이나 늘었다. 휴대폰으로 인터넷을 사용하는 인구도 2억 3,300만 명으로 전년 대비 배가 늘었다. 그러다 보니 인터넷 쇼핑족도 9,000만 명을 넘어섰다.

중국으로서는 연간 8,000~9,000만 명씩 늘어나는 인터넷 사용자와 1억 명씩 늘어나는 휴대폰 가입자가 있다. 인터넷과 휴대폰 사용자를 제대로 관리 및 통제하지 못하면 체제안정에 치명적인 위협이 될 수 있다.

중국 베이징의 톈안먼광창은 하루 수십 만의 전 세계 사람들이 관광을 오는 곳이지만 정복 입은 경찰은 어디에도 보이지 않는다. 그러나 단 10여 명만 모여서 웅성거리면 어디에선가 바로 사람들이 나타나 제지한다. 중국은 보이지는 않지만 누군가가 보고 있는 나라다.

중국은 전체인구의 6%인 7,593만 명의 공산당 인구가 사회주의 체제를 끌고 가고 있다. 공청단원까지 고려하면 인구 8.5명당 1명이 공산당의 핵심 인력이다. 또한 중국은 서방세계보다 훨씬 강한 각종 정보매체에 대한 통제능력이 있다. 다른 서방세계와는 차원이 다른 상황이다.

그간 서방세계가 겪었던 민주화 과정에서 혼란은 2,000~4,000달러 수준이 아니라 적어도 그것의 두세 배는 더 높아졌을 때나 생각해볼 수 있을 것 같다. 빈부격차로 정권이 넘어가려면 절대빈곤 인구의 힘이 있어야 한다. 즉, 그 힘이 정치권력보다 강해야 한다. 또한 서방세계의 경우는 노조, 학생운동, 야당, 재야언론 등이 강했을 때 민주화가 성공했는데 중국에는 이런 재야가 없다.

못 먹을 때 역성혁명, 잘살면 혁명이 없다

중국은 왕조가 망할 때마다 절세미인들이 등장한다. 중국 왕조의 흥망사 기록을 보면 중국 남성들은 약간 비겁한 것 같다. 왕조의 창업은 모두 남성들, 소위 영웅들이 했고 왕조가 망한 것은 모두 여성들 탓인 것처럼 기술하고 있다. 나라가 망한 것이 황제가 무능하고 타락해서가 아니라 여성 때문이라고 핑계를 댄다. 하지만 사실은 황제가 밤낮 미인과 놀며 딴짓 하는 사이에 관리들이 돈을 챙기고 부패가 만연해지면서 결국 역성혁명이 일어나 정권이 바뀐 것이다.

중국 황제 중에는 거지 출신이 많다. 유랑민들이 살다 살다 못살 지경이 되면 대가 세고 용기 있는 자가 두목이 되어 무리를 짓는다. 그 무리가 처음에는 부잣집을 털다 힘이 세지면 한 고을을 털고, 그다음에는 나라를 전복시키는 것이다

중국의 역사를 보면 항상 못 먹고 못살 때 역성혁명이 일어났다. 지금 중국정부가 GDP에 목매는 것은 바로 실업 때문이다. 실업자를 옛날식으로 표현하면 '유랑민'이다. 이들이 집결하면 무서운 정치세력이 되기 때문에 중국의 지도자들이 제일 두려워하는 것이 실업이다.

공업화 단계에서 민주화에 실패해 다시 나락으로 떨어진 후진국 혁명의 공통적인 특징은 후진국의 민주화운동을 빗댄 정권탈취 운동이었다. 독재가 문제가 아니라 얼마나 잘 먹느냐 못 먹느냐가 중요하다.

싱가포르는 1당 독재에, 실질적으로는 1인 독재의 성격이 강하지만 잘 먹고 잘살기 때문에 혁명이 없다. 중국이 위안화 절상을 미루는 것도 2조 4,000억 달러 외환보유고의 평가손도 손실이지만, 그보다 위안화 절상으로 저부가 제품을 수출하는 수만 개의 중소기업이 도산하면 그 실업자가 엄청난 사회부담이 되기 때문이다.

금융위기로 광동성에서는 완구 임가공업체 수천 개가 부도났다. 이들 외자기업에 대해 중앙정부의 원자바오 총리는 실업자를 우려해 구제하라고 한 반면, 광동성 성장은 산업구조를 고부가 산업으로 바꿀 절호의 기회이니 망하게 내버려두자고 주장했다. 중앙과 지방의 갈등은 바로 이런 시각 차이에서 온다.

중국은 시장경제 도입 이후 초기에 비해 부패나 불합리가 많이 줄어들었다. 제도와 법이 만들어지고 외부세계와 교류하는 과정에서 글로벌 마인드가 많이 접합되었다. 경제가 성장해 일자리가 늘어나고 소득수준이 지속적으로 높아지는 나라는 혁명이 없다. 혁명은 못 먹을 때

나타나지, 잘 먹고 잘살면 혁명이 없다.

한 나라의 역사를 보면 지도자의 역할이 중요하다. 2010년 1월 강진으로 생지옥이 된 아이티도 1950년대 초에는 한국전쟁 때 우리에게 360억 원의 지원금을 보낼 정도로 부유한 나라였다. 그러나 지금 아이들이 진흙 쿠키로 배를 채우는 가난한 나라가 된 것은 무능한 뒤발리에가 독재하면서 나라를 말아먹었기 때문이다. 1970년대 한국에 최신 건축공법으로 장충체육관을 지어주던 필리핀이 전 세계로 대졸 학력 가정부를 공급하는 형편없는 나라로 전락한 것도 정치 지도자들의 무능력과 부패 탓이다.

중국도 역사적으로 황제가 방탕하고 고급관리가 부패하면 나라가 망했다. 그러나 지금 중국의 최고지도자들은 부정이나 부패에 연관된 이가 거의 없다. 사람들은 현재 중국의 최고권력자인 후진타오 주석의 부인, 아들, 형, 동생이 누구인지 이름도 잘 알지 못한다. 이들이 정치나 이권사업에 개입해 떼돈을 벌거나 사업권에 관여해 물의를 일으켰다는 보도가 난 적이 없다.

중국의 지도자들은 미국이나 유럽의 최고지도자들과는 달리 사생활 문제나 스캔들이 없다. 중국은 차기 지도자로 낙점되기 전에 적어도 20~30년간의 경력을 검증받기 때문에 도덕적으로 문제가 있는 자는 애초부터 리더 자격이 없기 때문이다.

청렴도와 도덕성으로 따지면 전 세계 지도자 중에서 지금 중국은 상위 등급이다. 최고지도자가 부패하지 않고 경제가 빠른 속도로 성장하고 있으면 지방이나 하급 공무원들의 부정부패가 좀 있다고 해도 대세에 치명적인 영향을 주지는 않는다.

통제사회의 갑옷, 통제 때문에 벗겨진다

죽의 장막으로 가려졌던 중국은 이제는 정보의 고도(孤島)가 아닌 7.5억 개의 휴대폰과 3.8억 대의 인터넷으로 무장한 정보 유목민들의 세상이다. 이런 엄청난 정보 네트워크끼리 소통하면 자유화와 민주화가 밀물처럼 쏟아질 것 같은 분위기지만 중국은 조용하다.

답은 간단하다. 모든 신문, 언론, 방송, 인터넷이 사전에 검열되고 모든 서버와 교환기가 감시되고 있기 때문이다. 역설적으로 정보기기가 민주화와 인권신장의 증폭기가 되었다고 하지만, 그것이 특정세력의 통제권에 들어가면 더 완전한 고도가 될 수 있고, 더 완벽하게 정보조작의 희생양이 될 수 있다.

인터넷이 아무리 날고 기어도 정부가 통제하는 광통신 기간망과 데이터 교환장비 그리고 서버를 넘어서 정보가 나갈 수는 없다. 휴대폰과 같은 무선통신용 기기는 전 세계와 바로 통할 수 있는 편리한 기기지만, 산꼭대기와 건물 위에 세워진 기지국의 전원을 내려버리면 핸드폰은 밤길에서 치한 퇴치를 위한 호신용 무기로밖에 못 쓴다.

중국의 변화는 어디서 올까? 지금 중국은 사회주의 이래 세계 최강의 정보통제의 갑옷으로 안정적인 사회를 구현해왔다. 그리고 이런 정보통제가 절대빈곤에서 탈피하고 고속성장을 하는 시기에는 부작용도 있지만 효율이 높아서 나름의 타당성을 갖는다. 그러나 모든 강국은 외부의 침입으로 균열이 생기는 게 아니라 내부문제로 변화가 생긴다.

세계의 넘버원, 넘버투가 되려고 하는 사회가 계속 이런 체제로 가다 보면 어느 순간에 무너질 것이다. 정보 욕구가 분출되고 진실의 은폐가 어느 날 밝혀지면 사회 전반이 감당 못 할 충격에 빠진다.

몇 년 전에 중국에는 사스가 발생했다. 전국인민대표대회를 앞두고 있어 중국은 국민에게 사스의 발생 사실을 감추었다. 그 결과 전 세계에 사스가 확대되었고 국민을 죽음의 공포에 떨게 했다. 뿐만 아니라 네 발 달린 것이라면 뭐든 요리해 먹는 중국인의 못 말릴 혐오식품 식습관과 중국이 전염병 천국임을 전 세계에 광고한 꼴이 되었다. 수없이 발생하는 광산사고, 쑹화강 오염사건으로 대표되는 환경오염사건, 티베트와 신장 소수민족 사태는 널리 알려졌다. 하지만 그 사태에서 누가 죽고 누가 살았는지, 결과는 아무도 모른다. 모조리 축소와 은폐다.

중국인들은 옛날부터 못 말릴 정도로 건강 지향 욕구가 강한 민족이다. 그래서 중국은 서방세계에는 없는 의식동원(医食同源)이라는 독특한 음식문화를 갖고 있다. 도교의 영향이지만 먹는 것이 동시에 약이라는 사고이고 그만큼 먹는 것을 중요시한다는 것이다. 진시황제가 불로장생의 약초를 구하러 사람을 보낸 것도 바로 이런 사상의 연장이다.

공산주의가 집권한 지금 중국은 종교가 없다. 그리고 사유재산 제도가 오랫동안 없었기 때문에 먹는 것이 인생의 최고 낙이다. '먹는 것'이 종교다. 인당 소득수준 3,000달러대의 못사는 나라에 진귀한 요리의 초호화판 식당이 넘치고, 마치 종교단체가 주말에 같이 예배를 드리는 것처럼 적게는 수백 명, 많게는 수천 명이 동시에 식사할 수 있는 대형 식당들이 중국에는 많다. 매일 저녁 중국의 근사한 식당들에는 사람으로 넘쳐난다. '식신(食神)'에게 예배드리러 온 것이다. 중국을 망하게 하려면 중국의 식품, 양식회사를 모두 M&A해서 식품가격을 확 올려버리면 된다. 중국에서 먹는 것은 종교와 같기 때문이다. 의식동원이라는 사고가 공산주의를 겪으면서 음식문화를 종교처럼 만들었다.

지금 중국에서는 삶의 아주 기초적인 요구이자 생명과 직결되는 먹을거리의 안전을 돈과 맞바꾸는 일이 비일비재하다. 돈만 밝히는 잘못된 자본주의적 행동에 저주가 없을 수 없다. 여기에 초대형사고는 정부의 고위관리와 관계가 있기 때문에 정부가 나서서 사건을 은폐하고 축소한다.

2008년에 올림픽을 앞두고 멜라민 분유사건을 은폐했다가 수만 명의 아기가 신장결석에 걸렸다. 멜라민 사태를 전 세계로 확산시켰고 그 파급효과는 전 세계에 중국산 제품에 대한 공포를 조성했다. 중국은 국민의 목숨보다 국가행사가 중시되는 나라라는 꼬리표가 붙었다.

13억이 먹고 마시는 일은 다른 중소 규모 국가의 그것과는 다르다. 중국의 정보통제의 갑옷은 먹는 문제를 은폐하는 데서부터 균열이 생길 수 있다. 원초적 본능인 먹는 문제는 종교나 이데올로기보다 우선한다. 중국의 역사는 재해가 만든 생존문제로 인한 정권교체의 연속이라 할 수 있다.

홍수가 수십만, 수백만의 유민을 만들고, 그 유민들이 먹을거리를 구하기 위해 떼지어 있는 자들을 털면 그것이 역성혁명이고 신왕조의 창출이다. 은폐하는 데 익숙해진 중국은 역사적으로 증명된 먹는 문제의 심각성에 대해서, 국가적인 재난을 숨겼다는 사실에 대해서도 별다른 반성이 없다. 지금까지 해오던 대로 하는 것이다.

단단한 갑옷을 입은 나그네의 옷을 벗기는 것은 강한 비나 바람이 아니라 햇볕이다. 햇볕을 쬐지 않아 신체 일부가 썩어 들어가면 갑옷은 의미가 없다. 상상을 초월한 중국정부의 통제 메커니즘은 은폐를 낳고, 은폐는 결국 돈벌이와 연계된 부패나 짝퉁 만들기와 궁합이 맞다. 그 은폐와 통제가 수십만, 수백만 중국인의 목숨을 위협하면, 그리고 전 세계인에게 중국산 제품에 대한 신뢰의 상실을 안겨주면 중국은 톈안먼사태나 위안화 절상보다 더 심각한 상황을 맞을 수 있다.

정보통제로 성공한 중국의 최대 리스크는 내부에 있다. 공룡이 멸종한 직접적인 원인은 생태계의 변화가 아니라 과도한 출혈 때문이라는 농담이 있다. 너무나도 비대해진 공룡이 배고프긴 한데 움직이긴 싫고 눈앞에 먹음직한 먹잇감, 즉 자신의 거대한 꼬리가 보였다. 공룡은 그게 자기 꼬리인 줄도 모르고 덥석 베어 물었다. 그런데 한참 뒤에야 아랫도리에서 신호가 왔다. 너무나 길어진 몸 때문에 자기 꼬리가 보이지도 않고 통증을 일으키는 신경도 꼬리가 잘려나간 한참 뒤에야 뇌에 도달한 것이다. 차 지나가고 나서 손 들어봐야 헛일이다.

어떻게 변할지는 더 두고 봐야 하겠지만, 중국의 최대 위협은 미국의 핵무기 공격이 아니라 중국 자신이 갖고 있는, 은폐와 축소를 위한 과도한 정보통제 시스템이다. 정보 시스템 내부에 다시 통제 시스템이 생김으로써 이는 내부모순과 함께 엄청난 사회적 비용과 문제를 야기할 가능성이 있다.

6장

중국의 부상,
한국에는 큰 위기다

1_ 한국과 중국의 2,000년간의 커플링, 디커플링
2_ '용'을 길들일 재간이 한국에 있을까
3_ 금융대국 중국이 한국 기업을 싸게 먹는 방법
4_ 중국시장이 한국 재벌의 순위를 바꾼다

SECTION ___ 1

한국과 중국의 2,000년간의
커플링, 디커플링

1,900년간의 커플링, 운명에 순응한 결과?

과거 2,000년간 중국의 역사는 한족을 제외한 주변 민족과의 전쟁의 역사다. 흉노, 선비, 돌궐, 여진, 몽골, 말갈, 만주족 등 많은 민족과 전쟁을 했지만 지금 중국인들의 호적에는 그런 민족이 없다. 심지어는 원나라, 청나라 같은 몽골족과 만주족이 세운 나라까지 한족의 역사로 편입해버렸다. 중국은 만만디(慢慢的)라고 하는 긴 '시간'이라는 연료로 불을 지펴 무엇이든 녹여버리는 용광로 같은 엄청난 융화력을 가진 나라다.

그러나 중국의 동쪽에 있는 작은 나라 한국은 2,000년간 중국에 융화되지 않고 굳건하게 단일민족의 피를 지켜왔다. 과거 중국과 한국의 역사를 보면 중국은 한국을 침략하거나 한반도의 전쟁에 참여해서 재미를 본 적이 별로 없다. 수나라가 동방의 작은 나라 고구려를 침략하다 전쟁 후유증으로 망했다. 명나라는 일본이 한반도를 침략하는 임진왜란이 발생하자 별 실력도 없으면서 한반도 지원에 나섰다가 결국 국력이 쇠퇴하여 만주족인 청나라에 나라를 내주었다.

현대에 들어서 중국은 1949년에 막 공산당 정부를 세워 힘도 없는 상황에서 명분에 못 이겨 한국전쟁에 인해전술로 지원했다. 그 후유증으로 중국은 한참 동안 그 침체에서 벗어나지 못했다. 그런 역사의 교훈 때문인지 지금 중국은 한반도의 핫이슈인 북한문제에 대해서는 깊이 발 들여놓기를 꺼리고 있다.

한국이 중국에 동화되지 않고 단일민족으로 살아왔다는 것은 일면 대단한 일이다. 하지만 한편으로 한국인의 성씨를 보면 이미 오래전에 모두 중국에 '창씨개명'을 했거나 중국의 이민을 엄청나게 받아들인 것으로 보인다. 한국 대부분의 성씨가 중국인의 성씨에 있기 때문이다. 250여 차례에 이르는 중국과의 크고 작은 마찰과정에서 국가의 존재는 그대로 있었는지 모르지만 국가를 구성하는 인력의 교류는 엄청나게 이루어진 것으로 보인다.

그리고 또 하나, 한국이 중국에 융화되지 않고 살아남은 이유는 중국을 형님으로 모시고 열심히 조공을 한 결과다. 고려와 이조 500년간 강대국 옆에서 생존할 수 있었던 비결은 바로 사람부터 특산품까지 풀 라인업으로 조공을 바치고 왕은 물론이거니와 왕세자, 심지어 왕비의 책봉까지 베이징의 허락을 받은 데 있다. 중국은 말 잘 듣는 동생인 한반도 국가를 굳이 M&A할 이유가 없었던 것인지도 모른다.

중국에 한류가 유행하고 이영애가 출연한 〈대장금〉이 중국인의 저녁 시간을 사로잡은 적이 있다. 중국인이 한류에 관심을 보인 것은 공산주의 50년간 잊어버린 유교사상의 원형을, 조공을 받았던 나라 한국의 드라마에서 발견했기 때문이다. 한국의 문화가 진정으로 위대하고 존경스러웠기 때문은 아니다. 이미 중국본토와 홍콩에서 한국 드라마와 스타들에 대한 추문을 만들고 한류를 폄하하는 일들이 빈번하게 발생하고 있다.

한국의 2,000년 역사를 되돌아보면 한국과 중국은 사연이 무엇이든 간에 서로 깊이 얽히고설켜서 같은 방향으로 움직였다. 중국이 세계의 강국이 되었을 때 한국도 잘살았다. 당나라가 강했을 때 신라가 융성했고, 명나라가 해상대국을 건설한 시절에 조선왕조도 태평성대를 누렸다.

50년간의 디커플링, 공산주의가 가져다준 행운

1,900여 년간 서로 미운 정 고운 정 들었던 한국과 중국은 제2차 세계대전 이후 50년간 각각 자본주의와 사회주의로 갈라져 서로 완전히 잊고 지냈다. 중국의 젊은 세대는 한국을 모르고 한국의 젊은이들은 한자와 중국을 모른다. 한국은 비행기 타고 열서너 시간을 가야 하는 먼 나라 미국에 대해서는 잘 알면서 기차 타고 서울에서 부산 가는 시간보다 가까운 중국은 잘 모른다.

중국 땅은 넓지만 사람이 살 수 있는 땅은 황허강과 양쯔강 주변과 동해안 해변밖에 없다. 중서부와 북부지방은 모두 사막과 고원으로 사람이 살기 어려운 지역이다. 이 때문에 중국은 역사상 늘 개방경제를 통해 강대국을 이루었다. 당, 원, 명나라를 보면 해상교역과 실크로드를 통한 대외무역과 개방경제를 통해 아시아와 유럽에 걸친 대제국을 건설했고 경제가 번영했다.

항상 자원과 식량이 부족한 나라였던 중국이 공산당 집권 이후 명, 청 시대로 돌아가 폐쇄정책을 썼다. 결과는 뻔했다. 과거 50년간 중국은 줄을 잘못 서 죽의 장막을 친 공산주의로 가는 바람에 쇠락의 길을 걸었다. 반면 한국은 자본주의로 줄을 서 단군 이래 처음으로 중국을 앞서가고 있다. 우리로서는 다행이다.

역사 이래 언제 우리가 중국에게 훈수를 두고 중국이 우리에게 한 수 배우기를 청한 적이 있었던가. 과거 500년간 우리 조상들이 중국에게 조공을 바치며 설움 받았던 한풀이를 바로 지금 우리 세대가 시원하게 하고 있는지도 모른다.

10~20년 안에 승부 내지 못하면 다시 조공이다

2008년은 중국이 죽의 장막을 걷고 개방해 자본주의 시장경제로 나온 지 30년이 되는 해였다. 중국은 1600년대까지만 해도 세계 최강자였고 4대 문명 중 유일하게 살아남은 문화 선진국이었다. 그러나 중국의 지난 100년은 청나라의 몰락과 공산당의 실정으로 세계사에서 완전히 잊혀진 시기가 되었다.

그런데 1978년 개방 이후 30년 만에 이루어낸 중국의 성적표는 놀랄 만하다. 덩샤오핑이 검정 고양이든, 흰 고양이든 돈만 벌면 된다는 획기적인 발상으로 개혁개방을 한 지 30년 만에 중국은 세계무대에서 다시 우뚝 섰다. 지난 30년간 중국은 값싼 노동력과 외자를 기반으로 제조대국을 이루었고, 무역을 통한 세계 1대 교역국에서 제조업 경쟁력에 힘입은 엄청난 무역흑자로 세계 최고의 달러보유국이 되었다.

물은 높은 곳에서 낮은 곳으로 흐르지만 돈은 성장률이 낮은 곳에서 높은 곳으로 간다. 선진국 투자가들은 지금 신흥시장의 잘나가는 기업을 사들여 성장의 과실을 탐닉하고 있다. 그 대표적인 지역이 중국이다. 전 세계가 중국에 투자해 돈을 벌려고 혈안이 되어 있다.

앞으로 10~20년 동안 중국은 빠른 성장을 지속함으로써 아시아를 지배하고 세계를 제패할 가능성이 높다. 중국 고성장의 핵심요소는 7억여 명 농촌 인구의 도시 진입에 따른 도시화가 이루어지고, 베이비붐 세대의 경제활동과 소비가 활발해지며, 사회주의 시대에 무료로 제공되던 각종 서비스가 유료화되어 서비스산업이 급성장함으로써 산업구조가 바뀌는 것이다.

낙후되었던 금융산업이 선진국 수준으로 발전하면서 전 세계의 돈이 모여들고 그 돈들이 중국의 신선한 제조업과 결합하면 그 성장력은 더 강해진다. 그리고 중국의 계획대로 위안화 국제화에도 성공하면 중국의 파워는 지금과는 차원이 다른 형태로 간다. 게다가 중국이 중화주의가 아니라 세계화의 글로벌 마인드가 생기면 진정한 강대국의 길로 들어선다.

선진 강대국의 사례로 보면, 중국이 초강대국으로 부상하는 시점은 도시화율이 60%에 근접하고, 산업구조에서 3차산업 비중이 60~70%에 달하는 시점이다. 2001년 WTO 가입 이후 20년이 지나는 2020년쯤이 되면 서비스업 비중이 중국 GDP의 60~70%를 차지할 것 같다. 향후 10~20년 안에 중국이 초강대국으로 완벽히 부상하기 전에 한국이 확실하게 자리 잡지 못하면 과거 500년간의 우리 선조들과 같은 신세에 처할 가능성이 높아 보인다.

우리가 먼저 들어가지 않으면 중국이 나온다. 중국이 이런 추세로 외환보유고가 늘면 4~5년이면 외환보유고는 4조 달러를 넘어선다. 위안화 절상압력을 줄이기 위해 매년 4,000억 달러씩 늘어나는 외환보유고를 빼서 국부펀드를 계속 만들면 그 투자대상에 중국이 가지지 못한 IT산업 같은 중요산업에서 잘나가는 한국이 빠질 수 없기 때문이다.

중국의 발전에 전략적으로 중요한 핵심산업 10여 개 분야에 2대, 3대 주주가 한국의 기관투자가가 되어 있어야 한다. 한국을 보라. 공업화와 도시화의 필수자재인 철강을 만드는 포스코를 한국인들은 굴뚝산업이라고 쳐다보지도 않았지만, 워렌 버핏 같은 투자가는 슬그머니 투자해 대박을 냈다. 포스코는 외국인 지분이 내국인 지분보다 높다. 앞으로 20년간 진행될 중국의 도시화와 중공업 성장의 수혜를 볼 중국 핵심 전략산업의 최대 기업 주요 주주가 한국이 되어야 한다.

미국이 강대국이 되면서 70년간 부동산 가격이 올랐다. 20년 전 우리나라 서울의 핵심지역 부동산 개발상황을 생각하면 중국의 정치수도 베이징과 금융수도인 상하이 핵심지역 부동산에 한국 돈을 묻어야 한다. 지금 중국에서 건물 값이 제일 비싼 푸동 루지아쭈이 거리가 20년 전에는 황푸강가의 채소 농지였다. 가까이 보면 최근 1년 사이 베이징의 4환 도로와 5환 도로 사이에 있는 집값이 배로 뛰었다.

타이완 기업, 싱가포르 기업들이 중국에서 비즈니스하는 모델을 보면 답이 있다. 지역사회에 강한 영향력이 없으면 중국에 흡수되어 녹아 없어진다. 국가의 전략적 판단이 없으면 개별기업 수준에서 뛰어봐야 중국의 손바닥에서 놀다 제풀에 지쳐 모두 털리고 나온다.

한국의 기업도 중국 전역에 산재해 모래알처럼 투자할 게 아니라 정부가 나서서 교통정리를 해야 한다. 그리고 중국이 전략적으로 키우는 특정지역에, 예컨대 내륙 2선도시의 핵심거점, 중국이 새로이 금융도시로 키우는 톈진과 같은 지역에 초대규모의 한국 전용공단과 한국인 전용주거지역을 확보해 예전에 우리 선조가 그랬듯이 신라방(新羅坊) 같은 초대형 '중국판 코리아타운'을 건설해야 할 것이다.

SECTION __ 2

'용'을 길들일 재간이 한국에 있을까

타이완과 중국이 합쳐지면 한국 IT가 위험하다

일본의 모 총리가 일본은 '신(神)의 나라'라고 허풍을 섞어 폼 잡다가 낙마했다. 일본이 신의 나라면 한국은 무슨 나라일까? 한국은 IT의 나라다.

세계시장에서 10%의 점유율이면 그 분야에서는 강대국이다. 아시아 동쪽의 척박한 땅, 조그마한 나라 한국이 전 세계인의 필수품이 된 컴퓨터, TV, 휴대폰의 핵심부품인 반도체, LCD에서 미국, 일본, 타이완을 제치고 세계 1위다. 휴대폰에 있어서도 한국의 삼성과 LG가 유럽의 노키아 다음으로 달려가고 있다.

역사상 우리 조상들이 세계를 상대로 장사하고 세계시장에서 시장점유율 50%가 넘는 품목을 지녀본 적이 있는가. 한국의 IT는 정말 대단하다. 진정 한국은 IT의 나라, IT 강국이라고 부를 만하다.

그런데 중국의 급부상으로 이런 잘나가는 한국의 IT산업에 노란 불이 커졌다. IT 기술은 기술의 차이라고 보기보다는 단연코 기술개발의 시간 차, 즉 속도의 문제다. 반도체의 최첨단 기술일지라도 선발국과 후발국의 차이는 1년 미만이다. 돈과 사람을 투자하면 시간이 문제지 따라잡는 것은 가능하다.

한국이 자랑하는 반도체와 LCD 분야에서 한국을 뒤따라 추격하는 나라가 타이완이다. 타이완은 후발자인 탓에 고정비 부담이 커 반도체와 LCD에서 적자를 내고 있고, 금융위기 및 자금문제로 투자하기 곤란한 처지에 있다.

타이완은 마잉주 총통이 취임하면서 양안관계가 급속도로 개선되고 있다. 서로 총부리를 겨누던 타이완의 국민당과 중국의 공산당이 지금은 서로 손잡고 잘 먹고 잘살자고 하고 있다.

2009년 타이완은 중국의 타이완 기업 투자를 허용해 중국 자금이 타이완의 100여 개 업종에 투자할 수 있게 되었다. 2010년 들어 타이완은 중국에 대해 금융 분야도 개방해 조건에 부합하는 은행, 증권선물, 보험회사에 대해 타이완 금융시장 참여를 허용하면서 양안 간의 금융교류도 시작했다

최근 중국에서 폭발적으로 성장하고 있는 첨단 휴대폰의 '산자이 버전'은 타이완의 칩과 중국의 가공능력 그리고 중국본토의 구매력이 합쳐진 결과다. 타이완의 IT는 미국 실리콘밸리의 중국인 엔지니어와 연계돼 있고 화교 자본과도 연계돼 있다. 지금 타이완의 IT기업들이 상하이 부근과 쑤저우에 엄청난 규모의 공단을 지어 타이완의 돈과 기술, 중국의 손으로 제품을 만들고 이를 전 세계로 수출하고 있다.

타이완공단의 성공 요인은 간단하다. 우리의 개성공단과 같은 원리다. 한국의 개성공단도 정치문제만 없다면 세계 최고의 IT 가공단지,

경공업 가공단지로 일어설 수 있다. 뛰어난 손재주와 낮은 인건비 그리고 의사소통 문제가 없어 생산성이 높을 수밖에 없다.

중국 타이완공단의 타이완인들은 푸젠성 민난 지방의 중국어, 그리고 보통화(普通話)와 98% 유사한 국어(國語)를 구사한다. 할아버지 아버지의 고향에서 비즈니스를 하기 때문에 해당 지역의 시장, 국장, 촌장들이 한 다리 건너면 모두 우리로 치면 4촌, 5촌, 6촌의 범주에 들어가는 친척이다. 한국이나 일본처럼 중국정부 관리들에게 안면을 트는 '꽌시'를 쌓느라 애써 노력할 필요가 없다. 피는 물보다 진하기 때문이다. 그리고 그 피는 바로 중국이나 타이완 모두에게 있어 돈이다.

금융위기로 한국을 제외한 세계 메모리 반도체업계가 구조조정에 들어가고 있다. 그런데 그 구조조정의 중심에 타이완이 있다. 일본의 엘피다, 독일 인피니온, 미국 마이크론이 모두 타이완 기업과 손잡고 기술과 돈을 투자해 타이완에 반도체 생산기지를 건설하고 한국업체를 위협하고 있다. 한국에는 잠재적인 큰 위협이다.

또한 IT 하드웨어의 최대 시장으로 부상한 중국시장 공략에는 중국과 사촌관계인 타이완이 최적이다. 연간 2,500만 대 이상의 LCD TV가 생산되는 중국의 C-TV 기업들이 핵심부품인 LCD 패널을 타이완에서 구입하겠다고 나섰다. 한국 기업들이 기술유출 문제로 중국 공장 건설에 주춤거리는 사이 중국과 타이완이 손잡고 거래를 트고 1위인 한국의 LCD 업계를 견제하기 시작한 것이다.

남녀 사이에 우정은 가식인 것처럼 국가 사이에 친구는 없다. 오로지 이익만이 있다. 서로 총부리를 맞대고 싸웠던 어제의 적이 오늘은 서로 어깨동무하고 같이 돈벌이를 한다. 지금 중국과 타이완이 그런 관계다. 반도체, LCD에서 한국을 뒤쫓고 있고 여타 PC, TV, 휴대폰 등 IT 부품의 세계 최대 공급지가 바로 타이완이다. 중국의 넘치는 돈이 타이완의 IT 기술과 만나 손잡으면 한국에는 큰 위협이 될 수밖에 없다. 이렇게 큰 용과 작은 용이 만나 함께 춤출 때 한국이 그 두 마리 용을 길들일 재간이 있을까?

IT 기술의 속성, 오히려 중국과 인도에 딱 맞다

한국이 IT 하드웨어에서 강국을 이룬 것은 한국인의 빨리빨리 문화가 큰 역할을 했다고 한다. IT 하드웨어를 OEM으로 만들다가 리버스 엔지니어링으로, 이를 다시 독자적인 기술로 키운 것이 한국 IT 신화창조의 비결이다.

그러나 IT 기술의 본질은 디지털(digital, 단순화)과 컨버전스(convergence, 잡종교배)고, 제조의 본질은 규모의 경제(economy of scale, 대량생산)의 원리다. 이런 IT 기술의 본질은 중국이나 인도가 한국보다 더 맞는다.

모든 전자부품의 핵심인 반도체는 0과 1의 신호를 만드는 기계다. IT의 핵심인 디지털 기술은 2진법 0, 1의 원리다. 아라비아 숫자의 원형이 인도에서 시작되었고 중국의 음양오행설도 현대식으로 말하자면 바로 디지털이다. 즉, 주역의 음(陰), 양(陽), 변(變)의 원리가 바로 디지털 기술의 핵심인 2진법이다.

IT는 디지털 기술을 이용해 모든 것을 통합하는 잡종교배, 융합의 기술이다. IT 기술의 핵심은 하드웨어가 아니라 다양한 정보와 지식을 교환하고 이를 통해 부가가치를 창출하는 데 있다.

중국은 56개 민족이 교류하는 잡종교배의 능력이 뛰어난 나라다. 미국이 IT에서 최강국인 것은 바로 세계 인종의 백화점 같은 인구 구성에, 이들의 다양한 생각과 아이디어가 디지털 기술에 녹아들면서 기가 막힌 IT 기기를 탄생시켰기 때문이다.

미국 IT의 메카인 실리콘밸리는 IC산업이라고 한다. IC는 반도체 집적회로를 나타내는 Intergrated Circuit의 약어지만 실리콘밸리를 움직이는 중요한 핵심 엔지니어들이 모두 중국인, 인도인이라는 의미에서 IC(India China)산업이라고도 한다. 실리콘밸리는 중국인과 인도인이 본국으로 돌아가면 연구실과 공장 돌릴 사람이 없어 망한다는 우스갯소리가 있을 정도다.

IT 기술은 손톱 절반 크기의 실리콘 칩 위에 머리카락의 1,000분의 1보다 가는 선을 수백만에서 수억 개씩 그리는 산업이다. 이런 회로 배치에는 3차원, 4차원의 사고가 필요한데 여기에는 수학, 물리학, 논리학 그리고 깊은 철학과 상상력이 필수적이다. 2,000년간 내려온 심오한 철학과 종교 그리고 표의문자를 쓰던 중국과 인도의 후예들이 디지털 기술을 익혀 실리콘밸리의 주역으로 등장했다.

디지털 기술은 통합과 융합의 컨버전스 기술이다. 모든 문화와 인종을 시간의 용광로에 녹여 넣어 하나로 만들어버리는 놀라운 잡식성 문화를 가진 중국이 디지털 기술을 빠르게 익히고 있다. 7억 5,000만 명의 인구가 휴대폰을 통해 디지털 기술을 맛보고 3억 8,000만 명의 인구가 인터넷을 통해 정보공유를 하기 시작했다. 만만디의 나라에 엄청난 정보유통의 고속도로와 통합의 플랫폼이 만들어지고 있다.

앞으로 IT 콘텐츠에서 중국이 세계시장을 제패할 날이 멀지 않았다. 한국이 온라인 게임의 세계강국이라고 자랑하지만 엄청난 규모의 내수시장을 등에 업은 중국이 이를 카피해서 이미 한국의 수준을 넘어섰다.

7억 5,000만 명의 엄지족과 3억 8,000만 명의 인터넷족이 만들어낼 중국 IT 콘텐츠의 미래가 무섭다.

IT의 개발단계를 지나 생산단계에서의 핵심은 선투자와 대량생산이다. 선발자 이익의 극대화와 규모의 경제를 통한 고정비 절감이 IT 하드웨어 가격우위 확보의 메커니즘이다. 생산량이 두 배가 되면 원가가 전형적으로 27~33% 하락하는 학습효과가 나타나는 것이 반도체, LCD 같은 IT 하드웨어 산업이다.

남보다 더 많이 투자해 생산량을 두 배로 늘리면 후발주자보다 원가가 30% 내려간다. 그리고 수천억에서 수조 원대에 달하는 R&D 비용도 생산량이 커지면 더 빨리 감가상각할 수 있으므로 선발자 이익효과가 중요하다. 한국의 반도체 기업들이 기를 쓰고 차세대 반도체를 개발하고 남보다 먼저 양산에 들어가는 것은 바로 이 때문이다.

중국은 인구가 많아 인해전술에 강하다. 전 세계 경공업 제품 시장에서 단시간 내에 시장을 석권한 것은 값싼 노동력도 노동력이지만 단시간에 세계 최대의 생산규모를 만들었기 때문이다.

첨단기술 산업에서도 중국은 규모의 경제인 인해전술 방식을 쓴다. 중저가 가전제품 시장은 이미 중국의 가전회사들이 세계시장을 쥐고 흔들고 있다. 중국의 대표적인 가전회사인 하이얼의 본고장 칭다오에 가보면 하이얼공장 전체가 하나의 도시다.

중국 기업은 대부분 민영의 가면을 쓴 국유기업이기 때문에 무식하게 규모를 키워 규모의 경제를 만들 수도 있다. 적자가 나도 결국 국가가 책임지는 시스템이니 시장점유율을 확보하기가 쉽고 시장이 확보되면 일정기간이 지나 바로 규모의 경제를 통해 수익을 확보한다.

한국에는 별로 알려지지 않은 화웨이라는 중국 통신장비회사가 있다. 인민해방군 장교 출신인 런정페이라는 인물이 창업한 기업으로 중국정부의 지원을 받고 있다. 세계 통신산업에서 한참 후발주자인 화웨이가 지금 중국 내수시장의 석권은 물론이고 유럽 통신장비 시장을 휩쓸고 있다. 화웨이의 성공은 기술개발도 개발이지만 정부지원과 내수를 업은 규모의 경제 효과가 크다.

하이테크 산업은 기술뿐 아니라 경영자의 결단력과 다소 과감한 투자, 적자를 감내할 수 있는 배짱 그리고 시장개척 능력이 중요하다. 한국의 IT 하드웨어 산업의 성공이 이런 모델의 전형이라 할 수 있다. 만일 후발주자 중국에 이 형식을 대입하면 어떻게 될까?

국가가 엄청난 자금이 있기 때문에 한국보다 더 과감하게 투자할 수 있고 재벌 대신 국가가 나서서 산업을 키울 수도 있다. 게다가 세계 최대 규모로 부상해버린 IT 내수시장을 자체적으로 가지고 있어 투자 리스크도 적다.

한국의 IT산업이 이렇게 커버린 중국을 따돌리고 앞으로도 계속 앞서가려면 새로운 전략이 필요하다. 그렇지 않으면 미국, 일본, 한국으로 이전되어온 IT 하드웨어 산업의 국제적 이전과정을 고스란히 중국에 물려줄 수밖에 없다.

중국증시가 개방되면 한국증시에는 해일(海溢)이?

물은 높은 데서 낮은 데로 흐르지만 반대로 돈은 성장률이 높고 금리가 높은 곳으로 흐른다. 전 세계가 제로금리와 마이너스 성장에 신음했지만 중국은 8%면 낮은 성장이고 10% 정도는 돼야 과열이라고 보는 나라다. 여기에 고성장에 따른 자금수요와 통화증가로 금리상승의 압력이 상존하는 나라다.

중국의 자본시장은 QFII 제도를 도입해 초기 개방의 흉내는 내고 있지만 아직 바늘구멍만 내어놓은 상태지 실제로는 시장개방을 하지 않았다. 중국이 자본시장을 개방하면 전 세계에서 돈이 몰려올 수밖에 없다. 그 시장규모 때문에 글로벌펀드가 모두 몰려와 투자를 하기도 하겠지만 그 성장성 때문에 시가총액 비중보다 더 많이 투자할 가능성도 높다.

우리도 중국 자본시장이 개방되면 외국인이 한국시장에서 떼돈을 벌듯 크게 한탕할 수 있을 것 같지만, 오히려 중국이 개방하면 그전에 한국증시에 먼저 해일(海溢)이 올 수 있다.

이미 홍콩과 중국증시의 규모를 합치면 중국증시의 시가총액은 미국시장의 3분의 1에 이르는데, 향후 3~5년간 이런 속도로 기업을 상장시키고 기업의 이익이 증가하면 미국시장 규모를 추월하는 것은 시간문제다.

금융시장에서는 돈이 돈을 부른다. 시가총액 세계 1, 2위면 전 세계 돈이 모두 몰려오게 되어 있다. 중국이 자본시장을 개방하면 한국을 포함한 아시아시장의 수급 균형은 중국 때문에 깨지게 되어 있다. 잘난 놈보다 더 잘나고 예쁜 놈이 나오면 주인공은 바뀌기 마련이다.

만약 중국이 홍콩증시와 중국증시를 유럽처럼 거래소 단위로 합치고 증시를 개방하면 한국시장에는 태풍이 불어올 가능성이 높다. 한국시장에서 외국인들은 통신, 금융, 자동차, 철강, 화학 등 한국의 주요산업에 투자한 자금을 회수해 한국의 비중을 절반 이상 줄여야 한다. 아시아시장에서 새로운 시장의 포트폴리오 조정 때문이다. 2010년 2월 기준으로 중국시장은 시가총액이 4,000조 원으로 한국의 네 배다.

지금은 한국의 주력 제조업이 중국과 경쟁우위에 있어 떼돈을 버는 산업이지만 중국증시가 개방되고 나면 중국 때문에 매물 폭탄을 맞을 가능성이 높다. 외국인이 팔고 나간 자리를 국내 기관이 메우는 것이 아니라 손절매(로스컷) 규정 때문에 국내기관도 같이 팔아야 하는 상황이 올 수밖에 없다.

투자가들도 블룸버그나 CNBC, 한경TV나 매경TV 채널이 아니라 중국 CCTV-2번의 재경 채널이나 신화통신을 열심히 봐야 하는 상황이 올 수 있다. 그러면 한국증시로서는 정말 마른 하늘에 날벼락이다.

지금 중국에는 외국자본과 직간접으로 연계된 사모펀드가 홍수를 이루고 있다. 리스크가 있다고 한국 금융기관이 쳐다만 보고 있는 사이 서방세계의 헤지펀드와 사모펀드는 리스크를 안고 이미 투자를 시작했다.

그리고 글로벌 IB들은 모두 홍콩이 아니라 상하이와 베이징에 몰려가 사무소를 내고 리서치와 딜 소싱을 하고 있다. 중국에 잘 보이려고 꼬리를 친다. 특히 타이완 IB들은 중국과 사촌인 관계를 이용해 공모전 투자와 사모펀드 형태의 투자를 가속화하고 있다.

한국은 미국에서 유행하는 M&A 전용 사모펀드인 SPAC 제도를 만들어놓았지만 구조적으로 인수를 허용하지 않기 때문에 해외기업, 특히 중국 기업의 SPAC 사모투자는 불가능하다. 그러나 SPAC에서 가장 잘나가는 나라 미국의 SPAC 투자의 30%에 이르는 M&A 대상기업이 중국 기업이다.

한국은 상장규정만 만들어놓고 실용성은 고려하지 않고 있다. 지금 중국 민영기업들은 모두 고성장에 따른 자금수요로 상장을 원하지만 차이넥스트 시장은 대기행렬이 2~3년은 된다. 별수 없이 해외투자를 받아 해외증시에 상장할 욕구가 강한데 여기에 딱 맞는 구조가 M&A 전용 사모펀드인 SPAC다.

미국은 M&A 전용 사모펀드인 SPAC의 대상으로 중국 기업이 가능한 데 비해, 한국은 리스크가 있다고 규정을 막아놓고 있는데 이는 타이밍을 놓치는 것이다. 결국 한국도 미국을 따라가게 되겠지만 그때는 이미 일류는 가버리고 이류와 삼류만 남는다.

국제적 산업이전의 기러기형 패턴이 깨질 수 있다

금융위기 전까지 선진국이 후진국을 지배하는 구조를 보면, 우선 식민지에서 해방시킨 다음 오염산업과 저부가가치 산업을 이전시켜 제품을 만들어 수입해 판다. 그리고 다음 단계에서 다국적기업 혹은 OEM이라는 테두리 안에서 기술이전을 통해 고부가가치 산업을 생산하고 이익을 챙긴다.

만일 기술개발 단계에서 문제가 생기거나 제조업이 한계에 부딪히면 자본시장을 개방하게 해 자본을 수출하고 금융시장을 장악한다. 그래서 제조업이 벌어들이는 이자와 배당 그리고 시세차익을 누린다. 선진국은 후진국 금융시장에서 번 이 돈을 가지고 후진국의 제조업이 만든 물건을 사서 쓴다. 돈을 수출한 대가로 돈을 벌어 제조업의 성과를 사들이는 것이다.

1960년대 이후 철강, 자동차, 조선, 기계, 가전, 반도체, 통신산업의 국제적 이전과정을 보면 미국과 유럽에서 일본, 한국, 타이완으로 마치 기러기가 날아가듯이 이전됐다. 이제 이러한 주력 제조업이 중국이라는 종착역에 도달할 차례다.

그런데 금융위기가 이러한 산업의 국제적 이전과정 패턴을 바꾸어놓고 있다. 기러기형 산업이전의 패턴이 깨질 수 있다. 토끼와 거북이의 경쟁에서 핵심은 속도다. 그런데 누군가가 쓰던 롤러브레이드를 하나 거북이에게 주었다. 롤러브레이드를 탄 거북이와 맨발인 토끼가 경쟁을 하면 누가 이길까? 토끼는 아직도 잠에서 덜 깨 거북이가 롤러브레이드를 신고 있다는 사실조차 모르고 있다면?

IT와 같은 선진국형 산업과 서비스업 그리고 금융 비중이 높은 나라는 금리와 선진국 경기의 민감성이 높아 경제가 몹시 불안정해진다. 반면 제조업 비중이 큰 나라는 상대적으로 안정되었다. 선진국 국가들이 지금 불황과 자금난 때문에 기업과 기술을 중국에 팔고 있다.

선진국이 중진국에 제공하던 기술과 산업이전이 중진국을 제치고 바로 후진국인 중국으로 이전하는 현상이 나타나고 있다. 금융위기로 엄청난 규모의 외화를 보유한 중국이 부도난 선진국 기업과 기술을 사들이는가 하면, 선진국시장이 불황에 허덕이자 판매시장을 찾지 못한 다국적기업들이 중국의 상위 10% 인구의 구매력에 끌려 중국시장으로 몰려오고 있다.

황당한 것은 선진국의 기술을 사고 배운 중진국 기업들이다. 예전 같으면 중국이 중진국의 바짓가랑이를 잡고 기술을 배우겠다고 애원할 텐데, 지금은 다르다. 중국은 시장을 무기로 중진국 기업과 합작하는 것은 시큰둥해한다.

한국에도 마찬가지다. 이제 중국은 서양이 제공하는 기술 덕분에 한국이 필요 없어지고 있다. 중국은 지금 연간 컬러TV 생산 대수가 9,899만 대고 그중 액정 TV가 6,761만 대다. 이동통신 단말기의 연간 생산 대수가 6억 1,924만 대다. 이런 상황이다 보니 노키아, 모토로라가 휴대폰 기술을 싸 들고 온다. 한국의 휴대폰 기술에 매달릴 이유가 없다. 지금 중국은 내수시장 폭발로 포춘 500대 기업 모두가 중국에 들어와 합작투자를 하고 있다.

중국은 롤러브레이드를 신은 거북이 같다. 이젠 한국의 전임 경쟁자가 모두 중국 편이 될 수 있는 상황이다. 그러면 한국이 한물간 기술과 장비를 팔아먹을 기회가 없어지는 것이다. 지금 타이완과 한국의 주 경쟁자였던 선진국 IT 기업들이 합작을 해 중국에 진출하고 있다.

한국에 뒤진 선진국 기업은 폐기할 기술에다 한국에 먹힌 기술이면 중국에 팔든 그냥 버리든 관계가 없다. 한국과 경쟁하는, 약간은 수준이 떨어지는 기술을 똥값에 팔아버리면 결국 한국이 중국에 기술을 이전하고 이득을 취할 기회가 없어지는 것이다.

포춘 500대 기업이 모두 중국에 기술을 제공하고 공장을 짓고 내수시장을 공략하면 중국의 성장과 기술축적은 과거와는 완전히 다른 패턴으로 나올 가능성이 크다. 여기에다 만약 금융시장이 개방되어 세계 10대 은행과 IB들이 자금까지 제공한다면 중국의 성장은 어떻게 될까?

금융위기로 리스크를 비교하자면 자본주의 대기업이 훨씬 더 불안하다. 엄청나게 넓은 시장과 정부의 보증 그리고 선진국의 기술이 더해지는 중국 기업에 투자하지 않거나 대출을 하지 않는 금융기관은 바보다. 중국의 대형 국유기업에 불안해서 대출을 못 해준다는 금융기관이 과연 있을까? 오히려 그런 때가 되면 중국 기업이 선진국 금융기관을 선택하는, 지금은 상상하기 어려운 일이 현실로 다가올 가능성이 크다.

SECTION ___ 3

금융대국 중국이
한국 기업을 싸게 먹는 방법

한국 금융회사, 이미 중국의 벤치마크가 아니다

　금융위기 전만 해도 중국은 인구로 보면 중국의 26분의 1에 불과한 한국이 세계 GDP 순위로 15위권에 들고 각종 첨단금융기법을 도입해 자유로운 운영능력을 발휘하는 것에 감탄했다. 중국 금융기관들은 한국과 합작하기를 원했다. 돈을 주고서라도 한 수 배우기를 청했다. 금융에서 미국과 일본이 잘하는 것은 알지만 중국의 내부 인프라 수준을 보면 10~20여 년 앞서간 한국이 최적의 벤치마크였기 때문이다. DOS 버전밖에 안 써본 중국에 윈도XP를 줘봐야 의미가 없고 윈도2003이면 최적이라는 생각을 한 것이다.

　금융위기 전 중국의 주요 금융기관에서 한국방문을 하는 인사들의 수준은 최고경영자급이었고, 한국의 금융기관 CEO가 중국 금융기관을 방문하면 CEO나 회장을 쉽게 만날 수 있었다. 그러나 이제는 판이 완전히 바뀌었다. 중국 금융기관의 '돈이 말하는 시대'가 와버렸다.

요즘 한국 주요인사가 중국의 금융기관을 방문한다고 하면 중국의 한국 주재원들은 죽어난다. 상대는 만나주려 하지 않는데 한국 인사는 상황이 변한 것도 모르고 당연히 회장을 만나야 한다고 생각하기 때문이다. 주재원이 그렇게 해주지 못하면 그들이 놀고 있다고 생각한다.

과거 시티은행이 세계 1위였을 때 한국 시중은행 임원이 월가의 시티은행 대표를 만날 수 있었을까? 지금 중국 3대 은행은 세계 은행업종의 시가총액 순으로 세계 1, 2, 3위다. 한국 시중은행의 순위는 두 자릿수 한참 아래다. 한국 시중은행의 임원이 공상은행, 건설은행, 중국은행 대표를 쉽게 만날 수 없는 상황이 되어버린 것이다. 한국 최대 증권사의 시가총액은 4조 원대다. 그런데 지금 중국 최대 증권사의 시가총액은 31조 원대다. 한국의 LG전자, SK텔레콤 같은 기업의 시가총액의 두 배가 넘는다. 요즘 한국 증권사 대표가 중국을 방문했을 때 중국 증권사 CEO들과 면담하기 어려운 이유가 여기에 있다.

특히 한국 IB는 더 이상 중국의 벤치마크 대상이 아니다. 중국은 그간 미루던 주가지수선물시장을 2010년 4월에 도입했다. 예전에 중국 증권사들은 선물시장에서 세계 최고를 자랑하는 한국 증권사의 시스템과 운영방법을 배우고 싶어 안달이었다. 한국에 인력을 파견해 연수도 하고 시스템을 공동으로 개발해 한국의 노하우를 배우고 싶어 했다. 그것도 안 되면 돈을 주고라도 사고 싶어 했다.

그런데 변화가 생겼다. 한국을 벤치마크하려던 중국의 관심이 식어버렸다. 중국 증권사는 최근 3~4년간의 호황과 상장으로 막대한 자금을 보유하고 있다. 그 돈으로 시스템과 인력을 사는 게 아니라 아예 첨단금융기법에 시장점유율을 가진 기업을 사버리는 방법을 쓰고 있다.

예를 들면, 2009년 중국의 하이통증권은 선물시장 거래수수료 비중이 순이익의 16%나 되는 홍콩의 대복증권을 인수해버렸다. 하이통증권은 홍콩시장에서 단번에 선물시장 점유율을 높였다. 그 시스템과 기술을 상하이로 가져오는 것은 시간문제다. 이런 상황에서 중국이 한국에서 선물시장 기법을 전수받으려고 기다릴까?

한국 IB들이 중국에 처음 사무소를 낸 이래로 벌써 십수 년이 지났다. 중국 IB들과 업무협약으로 뭔가를 해보자고 한 것도 벌써 7~8년이 흘렀지만 뚜렷한 성과 하나 없다. 이유가 뭘까? 중국이 시장을 안 열어주기 때문일까?

미국과 유럽 IB들이 어떻게 장사해서 돈을 벌고 있는지 봐야 한다. 중국의 증권사는 국유여서 CEO가 5년, 10년 단위로 일한다. 한국은 3년마다 사장이 바뀌면서 바뀔 때마다 중국사업의 정책이 달라진다. 그런 상황에서 새로 사장이 취임할 때마다 중국에 와서 새로운 걸 해보자고 말만 하고 제대로 실천한 게 없다. 중국은 그사이 두서너 번 이런 일을 당해봤기에 이제는 상대도 잘 하지 않으려 한다.

중국 IB들의 표현을 빌리면 한국 증권사 MOU는 '그냥 MOU'다. 한국과 MOU 체결 후 한국 증권사 사람들을 다시 만난 적이 없다는 게 모 중국 증권사 고위간부의 말이다. 한국 증권사의 중국 업무는 마치 자라지 않는 토끼 꼬리 같다. 토끼의 꼬리는 달려 있긴 하지만 자라지 않는다.

2009년 한국의 최대 규모 증권사의 이익은 3,000억 원 수준인데 중국의 최대 증권사인 중신증권의 이익은 90억 위안, 한화로 1조 5,000억 원 수준이다. 4~5위권이 50억 위안, 한화로 8,500억 원 수준이다. 한국 증권사 상위 3개사 이익을 다 합쳐도 중국 1위 기업의 이익에 못 미친다. 시가총액에서는 말할 것도 없다.

이런 상황에서 한국의 증권사들은 이들과 어떻게 대처해야 할까? 이미 형보다 몸집이 다섯 배나 커져버렸고 커지는 속도가 더 빨라지는 동생들을, 한국의 IB들이 형 노릇 하면서 중국 IB를 관리할 수 있을까?

한국판 엑슨플로리오 법이 필요하다?

중국은 금융위기 덕분에 해외에서 쏟아지는 M&A 시장에서 큰손으로 부상했다. 전 세계에서 바겐세일하는 기업을 사들이고 있다. 최근 타이완이 중국본토 기업에게 100여 개 업종에 대해 타이완투자를 허용했고 금융기관의 진출도 허용할 태세다. 중국은 타이완을 통해 자본주의가 쌓아놓은 노하우를 단숨에 얻어가는 압축성장을 노리고 있다.

타이완의 처지에서는 어차피 돈도 없고 경쟁력도 없어지는 판에 팔아치운다면 차라리 중국본토 기업이 마음 편하다. 타이완의 영향력 있는 기업들은 모두 본토에서 건너온 기업인들이 세운 것이다. 그래서 본토 기업들과는 할아버지, 삼촌과 같은 관계다.

서방세계는 거덜난 제조업과 금융기관을 국유화하는 데 전력을 쏟고 있다. 돈이 필요해 국채를 무제한으로 찍어내다가 문제가 생기자 기업들을 해외에 매각하기 시작했다. 경기활황에 M&A는 '독이 든 술잔'이지만 사상 최악의 불황에서 M&A는 조금 비싸게 줘도 나중에 토해낼 가능성이 적다.

중국은 해외 원자재를 무차별로 사들이고 있다. 경기가 회복되고, 엄청나게 풀린 돈이 제대로 돌면 인플레이션이 생기기 마련인데, 이때를 대비해 위험회피의 한 방법으로 원자재를 사는 것이다.

여기에 한술 더 떠 중국은 서방세계가 내수문제로 우왕좌왕하는 사이에 아프리카, 중동, 라틴아메리카, 호주의 원자재 광산과 유전을 독식하고 있다. 서방세계는 돈이 없어 해외에서 개발 중인 광산과 유전도 팔아치우는 판인데 말이다.

더 드라마틱한 것은 금융이다. 서방세계는 금융위기를 계기로 개혁을 한답시고 규제강화를 내세우고 있지만, 실제로는 업무영역 축소이고 그마저 법안통과가 안 되어 우왕좌왕이다. 중국은 이 금융위기를 절호의 기회로 삼아 금융기관의 국제화와 중국 돈의 해외수출을 가열차게 추진하고 있다.

금융의 후진국 중국은 지금 금융을 '열공' 하고 있다. 금융위기를 계기로 월가와 홍콩 등지의 금융 전문가들을 대거 영입하고 금융기관의 조직변경과 홍콩을 통한 해외시장 진출을 본격화하고 있다.

중국은 국가가 나서서 미국과 호주 등의 기업을 M&A하려다 실패한 아픈 경험이 있다. 넘치는 달러로 해외에서 펀드를 만들고 그 펀드로 우회하여 기업을 사든지, 머리에 노랑 물감 들인 사모펀드를 만들어 사면 될 것을 정부가 나서서 M&A하다가 상대국 여론에 밀려 좌초했다.

지금 중국에 필요한 것은 원자재와 하이테크 기술이다. 한국은 하이테크 기술에서 세계적인 경쟁력이 있다. 그리고 대부분이 상장된 기업이고 한국증시는 외국인에게 100% 개방되어 있다. 중국 기업이 펀드를 통해 우회하여 주식시장에서 한국 상장기업을 사들인다고 할 때 이를 막거나 제재할 아무런 수단이 없다.

중국의 주요 상장기업은 국가 소유다. 따라서 조그만 중국 기업도 세계적인 기업을 M&A할 수 있다. 2010년 3월, 중국 자동차업계의 꼬마, 동북의 지리(吉利)자동차가 스웨덴의 유명 브랜드인 볼보자동차를 미국 포드사로부터 18억 달러에 인수했다. 볼보는 10년 전 포드자동차가 인수할 때 64억 달러를 지불한 기업이다. 중국은 금융위기와 미국 자동차산업의 몰락으로 헐값에 볼모를 건진 것이다. 인수대금 중 10억 달러는 중국의 은행이 빌려주었다. 중국이 아니면 할 수 없는 딜의 구조다.

중국은 이제 국가발전에 필요한 기술이건 기업이건 원자재건 정부가 지정하면 중국의 은행을 등에 업은 기업들이 해외기업을 사들인다. 원자바오 총리가 공식석상에서 국가가 해외기업 인수를 지원하겠다고 발표했다.

한국은 지금 신규 상장기업이 별로 없어 해외기업의 한국상장도 허락하고 있다. 만약 중국이 중국의 10대 기업을 한국에 2차 상장시키면 어떻게 될까? 경쟁기업인 한국 기업의 주가는 기관의 포트폴리오 비중 조절 때문에 폭락한다. 이때 중국이 중국투자공사(CIC)를 통해 2,000억 달러 중에서 300억 달러를 떼어 20~40개 정도의 펀드에 분산해 한국의 주요 기업을 사들이면 최대 주주의 지분 확보는 누워서 떡 먹기보다 쉽다.

한국 최대 IT기업의 시가총액이 100조 원 정도니 33% 지분을 확보하면 경영권은 바로 넘어간다. 한국 최대 기업의 경영진을 갈아치우고 50년간 축적된 경영 노하우와 지적재산을 빼간들 막을 방법이 있을까? 핵심 라인과 기술연구소를 서서히 중국으로 이전한다고 하면 기업 내부의 경영 의사결정을 정부가 강제로 막을 방법이 있을까?

미국은 엑슨플로리오 법(Exon Florio Act)을 도입해 국가안보와 관련된 기간산업에 대해서는 외국인 지배에 대해 사전승인을 받도록 하고 있다. 이는 외국자본의 무차별적인 기간산업 M&A를 막는 방안이다. 한국도 몇 년 전에 모 국회의원의 발의로 한국판 엑슨플로리오 법을 추진했다가 흐지부지되고 말았다.

도입의 실효성이 문제가 아니라, 만의 하나 그 가능성이 1%라도 있다면 안전장치를 안 할 이유가 없다. 지금 국부펀드가 제3의 금융기관을 통해 기업지배에 나설 경우 미국마저 막을 방법이 없어 전전긍긍이다.

중국이 금융업을 마스터해 엄청난 자금으로 미국채를 사는 대신 사모펀드와 합작해 레버리지를 일으켜 전 세계에 대해 M&A를 시작한다고 하면, 제조업과 하이테크 산업에서 세계적인 경쟁력을 가진 한국 기업이 중국의 헌팅 리스트에 올라가지 말란 법이 없다.

지금 중국은 나라 전체에 사모펀드 열풍이 불고 있다. 중국 내 차이넥스트 시장에 상장을 해 대박을 내는 사모펀드 공부이긴 하지만 얼마 지나면 해외기업 M&A의 사모펀드가 등장할 가능성도 배제할 수 없다. 한국은 첨단기술이 해외에 유출된다는 점을 걱정하지만 중국 기업이 한국 기업을 사버리면 기술유출 문제는 애초부터 없다. 아시아 금융위기 때 지프차와 액정 관련 기업이 이미 중국에 팔려갔다. 지프차와 액정 관련 기술이 유출되었다는 게 문제가 되긴 했지만 배상받을 방안은 없었다.

중국의 미래 30년의 그림

1949년 공산주의 국가 건설 이후 중국의 초반 30년은 체제를 확고히 하고 이념 체계를 공고히 하는 데 시간을 보냈다. 1978년 이후 30년은 개혁개방 정책을 도입하면서 안 먹고 안 써서 돈을 모으는 기간이었다.

앞으로 30년은 어떨까? 앞으로 다가올 중국의 새로운 30년은 번 돈을 소비하고 투자하고 운용하는 시기가 될 것 같다. 그 첫 10년이 바로 2010~2020년이다.

중국의 명목 GDP는 세계 3위, 구매력 기준 GDP는 2위다. 이에 비해 국민의 1인당 소득수준이 세계 120위인 것은 공산주의에서 막 벗어나는 바람에 현금과 은행예금 외에는 개인의 자산축적 수단이 없었기 때문이다. 돈을 굴리는 시장도 없었거니와 번 돈에 대해 레버리지를 일으켜 투자하는 방식을 몰랐기 때문이기도 하다.

중국의 개성상인이라고 불리는 원저우 상인들이 잡화에서 시작해 부동산, 광산, 상품 시장에 투자하고, 심지어 미국, 프랑스, 북한에까지 들어가 부동산을 투자해 떼돈을 벌었다. 중국 개인들이 저축이 아닌 투자로 눈길을 돌린 대표적인 사례다. 중국의 원저우 상인들의 투자 패턴은 서방세계 방식으로 말하자면 투자대상을 가리지 않고 절대수익을 추구하는 '중국판 헤지펀드'다.

향후 30년간 중국은 공유제가 아니라 사유재산 제도로 사회제도가 바뀌면서 부의 편차가 커지게 되어 있다. 편차가 커질수록 은행예금이 아니라 주식, 채권, 선물 등의 금융상품과 부동산, 원자재 등의 실물자산에 더 심하게 투자할 수밖에 없는 시기가 되리라 본다.

앞으로 10여 년간 중국은 제조업의 경쟁력에서, 인구구조에서, 그리고 금융산업에서 폭발적인 성장을 할 가능성이 있다. 이 타이밍을 놓치면 한국은 다시는 중국과 맞상대할 기회가 없을 듯하다.

지금은 우리가 중국에 가서 골프 치고 마사지 받고 황제 대우를 받으며 폼 잡고 있다. 그러나 10년이 지나면 우리가 중국 관광객에게 발 마사지를 해주고 공손하게 골프장 안내를 해야 하는 불상사가 생길 수 있다.

앞으로 다가올 중국의 향후 10년은 과거 30년과는 다르다. 중국은 세계 1위로 올라서는 가장 역동적인 성장을 할 가능성이 크다. 대국이지만 아직은 강국이 아닌 분야가 많은 중국에 그간 한국이 자본주의에서 배우고 경험한 것을 투자하고 튼튼하게 자리 잡아야 한다. 그렇지 않으면 한국은 중국의 힘에 설자리가 없을 뿐만 아니라 잡아먹힐 가능성이 클 것이다.

SECTION ____ 4

중국시장이 한국 재벌의
순위를 바꾼다

일본통 회장이 아니라 중국통 회장이 뜬다

한국의 현재 재계 1위 그룹의 창업자와 회장님은 최고의 '일본통(通)' 회장님들이었다. 왜 일본통 회장이 한국 최고의 재벌이 되었을까?

세계의 경제 구조적인 측면에서 1위는 일을 하는 나라가 아니라 화폐주조권을 가지고 돈을 찍어 그 돈으로 전 세계 물건을 사기만 하면 되는, 소위 놀고 먹는 나라다. 2위는 1위에게 필요한 물품을 공급하면서 세계 실물경제를 좌지우지하는 나라다.

최근까지 세계 2위 경제대국은 일본이었다. 1970, 1980년대 세계의 공장은 일본이었다. 1980년대에 미국은 일본 때문에 제조업이 크게 몰락했다. 그래서 일본을 때려주자는 '재팬 배싱(Japan Bashing)'이라는 말을 만들 정도였다.

지금 세계 최고의 컴퓨터 CPU 기업으로 군림하고 있는 인텔은 원래는 메모리 반도체 전문기업이었다. 그러나 일본 메모리 반도체 기업이 워낙 악착같이 덤벼드는 통에 미국의 메모리 반도체 기업은 모두 두 손을 들었다. 그 유명한 인텔도 일본 기업의 등쌀에 못 이겨 1985년에 메모리 반도체 생산을 포기하고 CPU에 집중했는데 결과적으로는 대박을 맞았다.

인텔이 메모리에 대한 미련을 못 접고 일본 기업과 메모리 반도체 경쟁을 했더라면 지금 우리가 쓰는 노트북에 'Intel Inside'란 문구는 없었을 것이다.

제조대국 세계 2위 국가의 변화 방향과 기업 전략을 보면 제조업에서 잘 먹고 잘사는 방법이 보이고, 사업이 보이는 것이다. 해마다 신년 초면 항상 일본통 회장님들이 일본에서 일본의 경제인들과 교류하면서 한 해의 전략을 세우고 돌아와 경영을 시작했다. 물론 그것이 가능했던 것은 일본에서 공부를 해 일본어로 일본의 최고지도자들과 교류할 수 있는 기반이 되어 있었기 때문이다.

지금 중국이 세계 2위로 올라섰다. 앞으로 한국의 재벌 순위는 어떻게 될까? 지금은 믿기지 않겠지만 한국의 최대 기업인 삼성전자는 창업 때부터 1980년대 중반까지 LG전자를 따라가지 못했다. 1980년대 중반 이후 미국과 유럽이 주 수요자였던 반도체와 통신, 가전 등 전자 사업에서 성공을 거두면서 삼성은 한국 부동의 1위 재벌로 부상했다.

삼성은 창업자가 타계한 뒤 재벌가의 경영권 승계 등을 이유로 1988년에 반도체, 가전, 통신을 합병했다. 반면에 LG그룹은 반도체, 가전, 통신을 분리하는 바람에 디지털 컨버전스 시대에 제대로 대응을 못 했고, 이것이 LG가 삼성에 결정적으로 뒤처지게 된 이유가 되었다.

그뿐만 아니라 LG는 정치적인 변수에 휩싸여 IT산업의 핵심인 반도체산업을 현대전자에 빼앗기다시피 해 IT 세트 제품의 경쟁력에서 삼성을 따라잡을 수 없는 상황이 되었다. 그 결과 2위였던 삼성전자는 20년 만에 시가총액 100조 원짜리가 되었고, 우왕좌왕했던 LG는 15조 원짜리가 되어 있다.

이제 세계의 주 시장은 미국이 아니라 중국으로 이전되고 있다. 지금 세계 최대의 자동차시장은 미국이 아니라 중국이다. 세계 최대의 휴대폰과 LCD TV 시장 역시 중국이다. 삼성이 과거 1980년대에 창립 20년 만에 LG를 제치고 1위로 올라섰지만 LG가 다시 고지를 탈환하려면 어떻게 해야 할까? 중국사업 성공이 관건이 될 것 같다. 앞으로 한국의 재벌 순위는 미국, 유럽이 아닌 중국시장에서 승부가 날 듯하다.

이제는 일본통 회장님이 아니라 중국어를 알고 중국의 최고지도자와 중국어로 교류할 수 있는 중국통 회장님이 뜰 것이다. 이미 정유와 통신이 주력인 S그룹의 젊은 총수는 중국에 베이스캠프를 차렸고, 일부 핵심 계열사의 심장부를 중국으로 옮기는 일까지 검토하는 것으로 알려져 있다. 또한 중국의 중요 포럼에 스폰서를 하고 중국사회의 아래위와 접촉해 만난 지도 한참 되었다.

한국 1위인 또 다른 S그룹의 젊은 후계자는 해외경영의 첫 번째 시발점을 상하이로 잡아 활동을 시작했다. 그는 삼성전자 전·현직 사장을 대동해 후진타오 주석 다음으로 중국의 주석 자리를 차지할 것으로 예상되는 중국의 2인자 시진핑과 면담하는 등 본격적인 중국시장 공략에 들어갔다.

부자는 3대가 못 간다는 말이 있다. 창업자 할아버지의 혜안이 손자 대에 이르러 세계 1, 2위를 만들었지만 수성(守成)은 이제 손자들의 몫이다. 청출어람이 될지, 할아버지 유산을 말아먹게 될지는 두고 봐야 하겠지만, 한국 재벌가 손자들의 진검승부는 향후 중국사업에서 결정이 날 듯하다. 중국을 이해하고 중국에서 성공하는 회장님이 21세기 한국의 새로운 최고 재벌이 될 것이다.

중국 내수를 잡는 자가 승리한다

개혁개방 이후 30년간 중국 성장을 주도한 부분은 투자였고 고용과 달러벌이의 수단은 수출이었다. 초저임금의 매력 덕분에 전 세계 제조공장이 중국으로 몰려와 중국이 세계의 공장이 되었다.

그러나 중국 노동자의 생활은 크게 나아지지 않았다. 제조업의 임가공을 영위하면서 3~5%의 낮은 마진으로 수출을 했기 때문에 환율이 5%만 절상돼도 수출기업은 줄초상이 났다. 중국의 경쟁력 있는 대기업은 모두 국유기업으로, 수입이 계속 늘어난 만큼 정부는 부유하지만 개인들은 여전히 가난하다. 구매력 기준 GDP 규모는 세계 2위지만 1인당 GDP는 세계 120위라는 수치가 이를 말해준다.

중국정부는 이번 금융위기를 계기로 경제성장의 전략을 바꾸었다. 수출 위주의 성장은 돈은 벌지 몰라도 국제사회에서 파워는 없다. 대신 수입대국은 모든 수출국을 쥐고 흔들 수 있는 파워를 갖는다. 수입이 늘면 힘이 생긴다. 미국이 센 것은 수입규모의 차이 때문이다. 미국은 연간 2조 2,000억 달러어치를 수입하고 중국은 연간 1조 1,000억 달러어치를 수입한다. 세계시장에서 중국의 영향력이 미국의 반 토막밖에 안 되는 이유가 여기에 있다.

중국은 개혁개방 이후 30년간 2조 4,000억 달러라는 천문학적인 규모의 돈을 모았다. 이는 금융위기로 나라가 부도난 미국을 세 번 구제할 만한 돈이다. 중국은 달러 보유가 최고인 줄 알았는데 금융위기를 계기로 이는 미국이 설사하듯이 마구 뿌리는 종잇조각에 불과할 수도 있다는 것을 알았다. 그래서 수출이 아닌 수입대국으로 방향을 틀고 있다.

중국에는 지금 매년 4,000억 달러가 들어오고 있는데 이것은 통화증발 요인이 되고 미국의 위안화 절상 압력이 날로 커지고 있다. 지금 미국과 중국은 환율절상을 놓고 줄다리기를 하고 있다. 미국은 무역적자를 빌미로 위안화 절상을 요구하고 있고, 중국은 9,000억 달러에 달하는 미국채를 조금씩 줄이면서 미국의 압력에 대처하고 있다.

사실 환율절상은 미국, 중국 모두에게 도움이 안 된다. 미국으로서는 매년 1조 달러 이상 발생한 재정적자를 메우기 위해 당장 눈앞의 국채 발행 문제를 해결해야 한다. 중국으로서도 환율절상은 환차손이 천문학적이지만 고용에도 치명적이다. 환율절상의 이름으로 압력을 넣는 미국의 진짜 의도는 미국채를 계속 사라는 것이다.

중국은 지금 국채 더 사주기와 환율절상을 맞바꾸기 하면 어느 것이 유리한지 머리를 굴리고 있다. 미국은 국가부채의 수출전략이 장벽에 부딪히자 힘으로 밀어붙이는 것인데 상대인 중국은 이미 패를 읽고 있다.

중국과 미국은 대국이고 정치인들에게는 여론이 크게 영향을 미친다. 미국의 재할인율 인상도 왜 미국은 긴축을 안 하느냐는 채권자들의 눈총을 의식해 별 효과도 없는 액션을 한 것이다.

중국도 내부에서는 중국정부가 바보짓 했다는 비난이 있다. 중국의 대표적인 경제학자 우징롄 같은 이는 미국달러의 덫에 걸려 중국 13억 인구의 피와 땀을 쓸모없는 종잇조각과 바꾸는 어리석은 짓을 했다고 강하게 비판했다. 중국 내부의 비난에 대해 중국정부도 미국달러 자산의 비중을 줄이는 시늉이 필요하다. 그래서 중국은 최근 홍콩을 통해서는 미국채를 사고 중국 명의로는 줄이고 있다.

중국은 지금 원자재와 석유시장을 통해 달러 리사이클링을 하고 있다. 국제 곡물시장, 석유시장의 메이저는 모두 미국이고 이들에게 다시 달러를 돌려주고 실물을 받아오고 있다.

중국은 당장 환율절상 압력을 줄이는 게 최우선이다. 그래서 수입을 대폭 늘리고, 원자재와 석유를 사들여 무역수지 흑자를 줄이고 있다. 중국은 이제 달러를 모으는 대신 수입을 늘린다. 무식할 정도로 많이 늘릴 것 같다. 2009년 GDP 성장의 기여도 90%를 투자에서 했던 것을 2010년에는 소비에서 달성할 계획이다.

이는 구체적인 수치에서 나타난다. 전 세계가 경기부진에 헤매지만 2010년 구정에 중국은 소비가 17%나 증가했다. 수입 물동량이 급증하여 2010년 1월 중국의 항구물동량은 33% 증가했고, 석탄 수입량은 440%나 늘었다. 2010년 들어 중국의 1월, 2월 수입은 매달 40~50% 가량 늘었다.

수입확대의 전제는 내수시장의 확대다. 미국과 유럽 선진국들이 경기를 회복하는 것은 요원해 보이고, 회복하더라도 그 폭이 클 수가 없기에 중국은 수출에 큰 기대를 할 수 없게 되었다. 이 때문에 중국은 내수시장 확대를 통한 성장으로 전략을 바꾸었다.

중국은 소득의 분배 중 노동의 배분비율이 매우 낮다. 하지만 내수가 살아나기 위해서는 7억 명에 달하는 농민들의 소득이 향상되어야 한다. 따라서 정부는 우선 감세와 면세를 통해 분배구조를 개선함으로써 소비부양을 시작했다.

2009년에 크게 효과를 본 가전하향과 자동차하향 정책이 세금감면과 보조금을 통한 소비확대의 예라 할 수 있다. 또한 농업세를 없앰으로써 농촌의 구매력을 높이고, 토지경작권 매매를 허용해 농지에 대한 규모의 경제 달성을 통해 농촌의 구매력 향상도 도모하고 있다.

여기에 노동자들이 2회 이상 계약을 갱신했을 때는 종신고용을 의무화하거나 4대보험을 의무적으로 가입하게 하는 것도 정부의 분배구조 개선을 통한 개인의 구매력 향상을 도모하기 위한 것이다. 그 외에도 중부지역 2선도시의 개발과 호적제도 개선을 통해 농촌 인구를 도시로 유인함으로써 농촌문제를 해결하는 동시에 내수확대를 꾀하는 효과도 추진하고 있다.

토지경작권의 전매 허용, 점진적인 호구제 변화를 통한 농업 잉여인력의 도시 전입 등은 남아 있는 농촌 인구의 소득증가를 도모하고 삼농문제, 즉 농업·농촌·농민 문제를 해결하는 데도 매우 중요하다. 현재 46%대의 도시화율을 선진국 수준인 60~70%선으로 올리는 것이 중국의 향후 10~20년간의 목표다.

중국은 지금 인구 100만이 넘는 도시가 100개가 넘는데 앞으로도 최소 2억 6,000만 이상의 인구가 도시로 진입할 것이다. 이는 지금의 인구 100만 이상의 도시가 260개 더 생겨야 한다는 뜻이다. 따라서 매년 1%의 도시화가 가져올 경제성장의 기여도는 4~5% 정도로 크고, 이를 위한 SOC 건설과 건축공사는 향후 10~20년간 지속적으로 확대될 수밖에 없다.

이를 위해서는 엄청난 규모의 기초자재 수입이 필요하다. 이때 그간 벌어들인 달러를 사용함으로써 환율절상의 위험도 피하고 전 세계의 구매자가 되어 파워를 갖는 일거양득의 효과가 생긴다.

도시화의 진행은 내구소비재인 전자제품과 자동차의 수요증가를 포함해 패션과 가구까지 엄청나게 넓은 파급효과를 나타낼 전망이다. 전 세계 유명 브랜드가 중국을 겨냥해 마케팅을 하고 중국이 전 세계 자동차 기업의 각축장이 된 것도 이 때문이다.

2009년 말 기준 중국의 민간 자동차 보유량은 7,619만 대로 18% 증가했는데 그중 개인 자동차 보유량은 5,218만 대로 25% 증가했다. 중국은 2009년 한 해 동안 팔린 자동차가 1,364만 대다. 우리나라의 전체 자동차 등록 대수가 1,679만 대임을 감안하면 중국에는 매년 한국만 한 크기의 자동차시장이 생기는 것이다.

뿐만 아니다. 2009년 중국의 이동전화 가입자는 7억 4,738만 명으로 연간 1억 614만 명이 증가했다. 유선전화 가입자는 3억 1,369만 명이다. 인터넷 및 광대역 사용자 수는 2008년 각각 3억 명과 2억 7,000만 명이었으나, 2009년에는 각각 3억 8,000만 명과 3억 5,000만 명으로 연간 8,000만 명이 늘었다.

한국의 이동전화 전체 가입자가 4,800만 명 정도인 점을 감안하면 1년에 한국시장만 한 이동전화시장이 두 개씩 생기는 것과 같다. 연간 1억 명의 휴대폰 가입자와 8,000만 명의 인터넷 가입자가 증가하는 나라의 정보교류와 이로 인한 내수확대는 과거 어느 나라에도 없었던 빠른 성장을 할 가능성이 있다.

이외에도 거주이전의 자유와 자동차 등 교통수단 보급에 따른 여행과 관광소비의 증가를 들 수 있다. 2009년에 중국은 연 인원으로 19억 명이 국내 여행을 다녀왔다. 해외동포들의 고국방문과 외국인들의 소비도 어마어마하다. 2009년을 기준으로 중국에 입국한 사람은 1억 2,648만 명이다. 이 중 순수 외국인은 2,194만 명이고 홍콩, 마카오, 타이완인이 1억 454만 명이다. 중국 화교들의 본국 방문과 활동이 눈에 띄게 증가하고 있다. 화교들의 입국이 한국 전체인구의 두 배나 된다.

앞으로 10~20년간 중국의 도시화와 내수확대에 따른 소비 증가는 상상을 초월할 것이다. 이 때문에 한국의 향후 20년간의 수출은 중국에 달려 있다.

MBA가 아니라 C-MBA 시대가 온다

세계 초강대국 중국의 옆에서 중국에 흡수되지 않고 아시아를 누비며 2,000년의 역사를 지켜온 우리 조상의 지혜가 자랑스럽다. 바다의 전설 '장보고 장군', 중앙아시아를 가로질러 인도까지 다녀온 한국인 최초의 세계인 '혜초 스님', 고구려의 후예로 비록 당나라 군복을 입기는 했지만 파미르 고원을 넘어 중앙아시아 전역을 정복해 72개국이 당나라에 조공을 바치게 했고 서방에 제지기술을 전해준 동양의 한니발 '고선지 장군', 청나라 베이징에 가서 중국 상인들을 대상으로 떼돈을 번 장사의 신이며 조선의 거상인 '임상옥'의 피가 우리 몸에 흐른다.

우리는 21세기 세계의 강대국으로 재부상하는 중국 옆에서 우리의 자랑스런 중국통(通) 선배들처럼 중국을 휘젓고 다닐 준비가 되어 있는가. 지금 중국의 기업가들은 어떤가. 중국의 과거 30년은 공업화와 급속한 경제성장 속에서 정부와 유착관계로 기업이 성장하고 돈을 버는 시대였다. 낮은 학력, 정부와의 관계형 기업인 소위 '술 상무형 기업가'가 성공하는 시대였다.

이때는 명문대보다는 혁명세대로 통칭되는 명문가, 혹은 명문가와 손잡을 수 있는 사람들의 능력이 중시되었다. 부동산을 담보로 열 배 장사를 하는 시대, 정부로부터 3,000위안에 땅을 불하받고 개발을 하여 3만 위안에 파는 '땅 짚고 헤엄치는 장사'를 하는 사람들이 대박을 터뜨리던 시대였다.

그러나 앞으로 30년은 자본이 돈을 버는 시대, 즉 고학력에 지적 창의성이 높은 시장지향형, 소위 '명문대 EMBA형 기업가'가 뜨는 시대다. 중국도 명문대의 네트워크를 통해 고급정보를 얻고 글로벌한 시각으로 비즈니스를 한다.

금융에서는 레버리지를 일으켜 자금을 조달하고 이를 통해 기업을 30~50배로 키우는 시대가 온 것이다. 지금 중국의 잘나가는 그룹 CEO의 명함은 한 장이 아니라 겹으로 된, 두 장짜리 명함이 많다. 국내외 계열사가 20~30개가 넘기 때문이다.

중국이 더 크게 일어서기 전에 우리가 먼저 자리를 잡아야 한다. 그러기 위해서는 중국어에 능통하고 중국을 잘 아는 중국통을 양성하는 일이 시급하다. 중국은 영어가 잘 안 통하는 나라 중의 하나다. 또한 중국은 중요한 의사결정은 회장이나 사장이 결정하는 특이한 구조다.

40대 중반 이상, 학번으로는 66~85학번인 중국의 리더들은 문화대혁명의 영향으로 대학 교육을 제대로 받지 못해 영어가 약하다. 그러나 중국이 세계의 중심이라는 생각에 이제는 돈까지 넘쳐흘러 그 기세가 하늘을 찌른다.

중국은 감독당국의 외국법인 허가조건에 외국 투자은행의 중국 현지법인 대표는 중국어를 알아야 한다는 나라다. 중국어가 가능한 경제 전사들을 중국에서 키우는 일이 시급하다. 한국에서 중국으로 진출한 모든 기관에서 의무적으로 한 기업당 1년에 10명씩 한국 유학생의 인턴을 교육시키게 하면 어떨까? 당장은 부담될지라도 그렇게라도 하지 않으면 중국어가 가능한 인재를 확보할 수 없다.

1년에 수천 명 이상의 중국 인력이 자연스럽게 한국의 산업계로 흘러들어올 수 있는 통로를 만들어야 한다. 중국이 앞으로 20~30년간 한국이 돈을 벌어야 할 중요한 대상이라면 이 정도의 노력은 반드시 수반되어야 한다.

5,000만 인구를 가진 한국시장을 제대로 분석하는 데 필요한 대형 IB의 리서치 인력은 대략 100여 명선이다. 한국 전체로는 1,000여 명이 넘는 리서치 인력이 있다. 13억 인구에 시가총액이 한국의 네 배가 넘는 중국을 조사하고 분석하기 위한 한국의 전문인력은 얼마나 있어야 할까?

중국이 한국의 최대 교역국이 되었고 한국경제에 가장 큰 영향을 미치는 국가가 되었지만, 한국에는 중국 연구를 전문으로 하는 국가급 '중국연구소'도 하나 없다. 각 산업과 기업들이 중국조사를 중복함으로써 엄청난 낭비를 하고 있다. 연구소를 만드는 게 어려우면 당장 연구되고 있는 각종 국내외 중국투자 관련 자료를 한 군데 모아두는 통합 포털 정도라도 만들 필요가 있다.

꽌시가 중요한 중국 비즈니스에서는 인적 네트워크가 중요하다. 이젠 타이완이 아닌 중국본토의 인맥관리를 잘해야 한다. 베이징과 상하이, 선전의 유명대학 출신 인력이 중요하다. 하지만 한국에는 아직 중국의 석박사 DB를 갖춘 헤드헌터도 하나 없다. 이런 상태로는 중국에서 돈 먹기가 어렵다.

과거 50년간 한국에서는 MBA라고 하면 당연히 미국 또는 유럽에서 하는 소위 영어권 MBA가 진짜 MBA라는 인식이 강했다. 그래서 한국의 지식인과 고위공무원, 교수 등의 집단에도 미국 석박사들이 대부분이다. 한국에서 미국 석박사가 주류가 된 이유는 간단하다.

부존자원이 없어 수출에 의존하는 경제구조를 가진 한국은 6·25전쟁 이후 한국의 최대 무역 대상국이 미국이었다. 미국은 한국이 국제사회에서 살아가는 데 가장 중요한 달러벌이의 원천이었기 때문에 미국 MBA로 대표되는 미국전문가들이 중요했다.

그러나 2003년부터 한국의 최대 교역 대상국이 미국에서 중국으로 바뀌었다. 향후 10~20년을 내다보면 MBA 앞에 China의 머리글자 C자가 붙는 'C-MBA'가 뜨는 시대가 올 것 같다.

미국 박사 일색인 한국 유명대학의 경영학과, 경제학과의 교수직도 두고 봐야 하겠지만, 경제 변화 추세를 보면 중국에서 공부한 중국전문가 박사들이 상당한 비중을 차지할 날이 그리 멀지 않은 듯하다.

한국정부에 중국에서 공부하고 중국어로 중국의 장관급들과 대화할 수 있는 석박사 출신의 고위관료나 장관이 있다는 얘기는 듣지 못했다. 중국처럼 학연, 지연, 혈연을 따지는 나라에서 중국의 칭화대, 베이징대, 푸단대 등 명문대 출신의 고위공무원과 외교관, 장관이 있다면 한중관계에서 발생하는 많은 문제들이 훨씬 부드럽게 해결될 수 있을 것이다.

한국 기업도 마찬가지다. 중국에 진출한 많은 기업이 중국에서 대박 났다는 말보다는 망했다, 돈을 까먹었다, 사기 당했다는 말을 많이 듣는다. 왜 그럴까? 중국에 진출한 한국 기업의 가장 큰 애로사항은 인재다. 중국 파견 인재들의 상당수는 언어소통을 우선요건으로 하다 보니 MBA 출신이 아니라 중어중문학 전공자가 많다.

어문학 전공은 본인이 특별히 생각이 있어 공부하지 않으면 재무분석이나 현금흐름 분석, 사업타당성 분석 같은 재무 및 투자 분야를 경험하기 어렵다. 중국에 파견된 후 중국 파트너와 프로젝트를 하는 내용은 주로 사업타당성 분석인데, 그들은 그 분야 프로들이 아니다. 배워서 하는 데에는 한계가 있다. 말로 하는 꽌시 중심의 영업은 바로 한계에 부딪힐 수밖에 없다.

중국에서 사기 당했다고 하는 기업에 상대방 CEO가 중국의 어느 대학 출신인지 물어보면 답이 나온다. 중국도 칭화대, 베이징대, 푸단대 등 일류 명문대를 나온 사람들이 기업과 정부 등에서 힘쓰는 자리에 있고, 이들 역시 한국처럼 동문(同門), 즉 중국 말로 '샤오유(校友)'라면 껌뻑 죽는다. 한국도 마찬가지지만 본고사 치던 시절 경기고등학교와 서울상대 나온 사람이 사기 치고 다닌다고 하면 그는 동문 모임에서 바로 제명이다. 학교의 수치이고 자동 매장이다.

삼류들과 교류하고 비즈니스하면 사고 날 확률이 높다. 중국에서 기업 성공의 관건은 결국 중국의 일류들과 어떻게 교류하고 비즈니스를 하느냐에 있다. 이들 일류들과 교류하고 네트워크를 하려면 외국인들은 학연밖에 없다. 따라서 파견하는 인재를 중국의 일류대학 출신들 쪽으로 보내면 실패할 확률이 낮다.

중국에서는 우리 조선족 동포에 대한 실망과 폄하가 많다. 조선족 동포와 거래했다가 당했다느니, 중국의 기업과 정부 고위직과의 중요한 만남에서 통역을 시켰는데 제대로 못 해서 일을 망쳤다는 등의 말들을 한다.

우리 동포들이 사는 곳은 중국 동북의 변방 지린성이다. 이들은 일평생 중국 대기업의 고위층이나 정부 고위층 사람들을 대면한 적이 없다. 그리고 중국 각 성은 말이 서로 다르다. 제주도 방언으로 말하면 서울 사람들은 못 알아듣는 것과 같은 정도다.

통역에서 의사전달이 잘못되었다면 우선 통역을 한 그 조선족 동포의 학력을 물어보라. 칭화대, 베이징대, 푸단대 등 일류대학을 나왔는가? 중국의 일류들과 교류하려면 통역도 일류를 써야 한다. 우리 조선족 동포들 중에도 그 어렵다는 칭화대, 베이징대, 푸단대 등에 우수한 성적으로 입학한 사람들이 많다.

칭화대에서 만난 우리 동포 학생은 중국 전역의 수학 올림피아드에서 1등을 한 친구였다. 상하이 푸단대에서 만난 또 다른 동포 학생은 지린성 전체에서 대학 학력고사 1등을 했다. 이런 일류들을 통역으로 써야 실패가 없다.

국가의 백년대계를 위해서 한국 정부 차원에서 중국의 칭화대, 베이징대, 푸단대 등의 일류대학에 뛰어난 인재를 많이 보내야 한다. 한국의 명문대학들도 이들 대학과 석박사 교류를 통해 중국통을 양성해야 한다. 하버드, MIT, 스탠퍼드, 인시아드 등 세계적인 명문대들은 모두 칭화대, 베이징대, 푸단대 등과 복수학위 과정을 운영하고 있다. 중국 명문대학 수준이 이 정도다. 한국 명문대학이 중국 일류대학과 교류하는 것은 이미 늦었다. 더 시간이 지나면 한국 대학과는 교류를 안 할지도 모르겠다.

한국 기업도 중국의 명문대학에 장학금을 주어 자기 기업을 알리고 현지 직원들의 훈련도 이런 명문대학의 네트워크 안에서 할 필요가 있다. 중국에 주재하는 주재원들을 이들 명문대학의 CEO 과정에 보내 중국 인맥 쌓기를 하고, 이를 DB로 관리하고 활용해야 한다. 그렇지 않으면 중국에서 대박은 없다.

중국의 아킬레스건, 중국 금융에 승부를 걸어라

중국은 운이 참 좋은 나라다. 금융가의 뒤처진 국제화와 수준 때문에 이번 전 세계적인 금융위기에서 무사할 수 있었다. 영어가 약해서 파생상품이라는 것을 잘 몰랐던 덕분에 중국 금융기관들은 세계의 금융위기 속에서 유일하게 살아남았다.

G20의 거의 모든 은행들은 파생상품으로 인한 손실이 너무 커 신용창출 기능을 상실했다. 2009년에 중국은 신용창출 기능이 살아 있는 은행을 통해 10조 위안, 한화로 약 1,700조 원을 퍼부으면서 8%가 넘는 경제성장을 달성하고, 보란 듯이 세계 넘버투의 자리를 꿰찼다.

금융은 기본적으로 그 자체로는 불임산업이다. 금융기관끼리 아무리 거래를 해봐야 거품만 만든다. 제조업의 생산과정에 돈이 들어가야만 진정한 금융의 부가가치가 생겨난다.

이번 미국의 부동산파생상품은 근본적으로 실패할 수밖에 없는 상품이었다. 국가라는 개념이 중요한 시대에는 영토와 같은 부동산이 중요했지만 지금 같은 국제화 시대에는 그런 개념이 중요하지 않다. 따라서 부동산파생금융상품은 국제화 시대에 잘못 태어난 기형아였다.

제조업이 주력인 중국과, OECD 국가 중 제조업을 주력으로 하는 한국이 불황의 수렁에서 가장 먼저 탈출한 것은 우연이 아니다.

중국은 모든 제조업 분야에서 경쟁력을 갖추었고 WTO에 가입하여 시장을 개방했지만, 여전히 자신 없어 하는 분야가 금융이다. 금융시장을 운 좋게 개방하지 않아 이번 금융위기는 비켜 갔지만, 이제 자체적인 문제 때문에 금융시장을 키우고 시장을 열지 않으면 안 되는 단계에 왔다.

아무리 제조업에서 돈을 많이 벌어와도 그 돈을 제대로 간수하지 못하면 헛일이다. 중국은 매년 4,000억 달러를 버는데 국내에는 이 돈을 운용할 시장이 없다. 날강도에게 사기 당하는 것 같아도 다른 대안이 없어 미국에 돈을 맡기는 상황이다. 중국의 은행은 시가총액이 세계 1, 2, 3위지만 국제업무 비중은 5%도 안 된다. 돈은 넘치지만 돈을 굴리는 재주는 꽝이다. 자본시장의 꽃이라는 주식시장에 2009년까지 신용융자와 대주제도가 없었다. 2010년에 겨우 도입하고 있다. 지수선물시장도 투기가 겁난다고 몇 년째 개설할까 말까를 반복하다가 이제 막 시작하고 있다.

중국경제의 아킬레스건은 제조업이 아니라 금융이다. 중국경제로 치면 바다의 여신 테티스의 아들 발뒤꿈치가 바로 금융이다. 그래서 중국은 발뒤꿈치에 두꺼운 보호갑옷을 입혀두었다. 그러나 빨리 달리려면 그 갑옷을 벗고 맨발로 뛰는 게 최고다. 실물과 엄청난 괴리를 가진 금융이 빨리 발전하지 못하면 미국이 재정적자 불균형이 문제인 것처럼 중국은 제조와 금융의 불균형으로 헛고생하는 일이 발생할 수밖에 없다.

자동차가 위험한 것은 과속하기 때문이다. 기업의 성장도 마찬가지고 금융의 성장도 마찬가지다. 최근 중국증시가 폭등·폭락한 것도 결국 '과속=위험'이라는 등식을 증명한다. 빈부격차, 동서격차 등 여러 가지 불균형이 문제긴 하지만 미국의 경우가 보여주듯이 금융과 실물의 불균형이 가장 무섭다. 중국도 이 범주에 들어간다. 미국은 제조가 없어서 불균형이고 중국은 금융이 약해서 불균형이다. 중국은 마치 고등학생에게 억 대의 돈을 맡긴 것과 같은 불균형이다.

금융에는 관성과 가속의 법칙이 있다. 금융은 과열을 못 막으면 끝난다. 금융에서 투자와 투기는 사춘기 청소년에게 사랑과 성욕을 구분하라는 것과 같다. 금융 거품은 정의하긴 힘들지만 역사의 교훈에서 보면 터무니없는 고평가, 사회 전반에 만연해 있는 일확천금의 욕망, 다른 이의 수익을 내 손해로 여기는 초조한 마음 등이 넘쳐날 때 생긴다.

중국은 실물경제의 급성장, 기업이익의 급증, 경제에 대한 오만에 가까운 자신감, 줄을 서 있는 올림픽·엑스포·아시안게임 등 초대형 이벤트에 대한 기대, 사회주의 정부에 대한 신뢰 등으로 금융시장이 과열되었다. 오를 때는 한없이 오르고 하락할 때는 끝없이 추락한다. 중국이 최근 5년간 겪은 증시의 급등과 추락의 경험은 바로 이 때문이다. 중국은 이제 창문을 열고 과열을 식혀야 한다. 시장개방을 통해 외부의 신선한 공기를 들이마시고 내부의 열기를 밖으로 내보내는 것이 당장의 과제다.

아무튼 중국은 제조대국에서 무역대국으로 그리고 금융대국으로 올라섰지만 아직 금융강국은 아니다. 큰 것과 강한 것은 다르다. 빠른 것이 큰 것을 먹고 강한 것이 큰 것을 먹는 것이 금융이다. 한국은 지금 중국의 금융에 승부수를 띄워야 한다. 그렇지 않으면 기회가 없다.

지금 중국 금융기관들은 금융위기를 전후해 엄청난 속도로 성장하고 있다. 금융에서도 중국은 규모의 강점을 가지고 힘쓰기 시작했다. 그간 벌어놓은 돈으로 금융위기에 쓰러진 선진국 금융기관을 헐값에 사들이며 기세를 부리고 있다.

이미 경제규모에서 일본과 독일을 제친 데다 10~20년 뒤에는 미국을 제치고 세계 1위를 하겠노라고 큰소리치는 나라, 불과 30년 만에 세계의 경제대국 2위로 올라선 나라 중국을 어떻게 관리하고 투자할 것인가가 한국금융의 과제다. 한국 내 금융기관끼리 서로 M&A를 하네 마네 하는 사이 옆집의 억만장자는 어마어마하게 몸집을 불리고 있다. 더 이상 한국의 금융기관과는 거래를 하지 않을 가능성이 크다.

중국은 대국이기 때문에 큰 것만 상대한다. 그룹은 그룹끼리 상대하려고 한다. 이제 상업은행 업무만 가지고는 중국에서 승산이 낮다. 상업은행 업무와 투자은행 업무를 겸해서 들어가야 유리하다. 따라서 금융기관은 은행, 증권, 보험, 투신, 벤처 단독으로 가기보다는 금융그룹으로 진출하는 게 상대적으로 리스크가 적어 보인다.

중국은 인구가 13억이다. 인해전술에 도가 튼 중국에 조그만 한국 금융기관들이 각개전투로 사무소를 내고 직원 한두 명을 내보내 성공할 일이면 전 세계가 중국에서 돈을 벌었다. 중국은 항공모함으로 또는 편대로 가지 않으면 이길 승산이 애초부터 없다. 중국이 외국기업과 일을 시작할 때 맨 처음 물어보는 것이 포춘 500대 기업 중 몇 위인가다. 지금 그 정도가 아니면 중국의 상대로는 약하다.

세계 1, 2, 3위의 시가총액을 자랑하는 중국 은행업계에 한국은행이 지점 몇 개를 낸다고 승산이 있겠는가. 2009년부터 한국 증권사들이 앞 다투어 중국에 사무소를 내고 있지만, 한국의 선두 증권사 5개가 모여도 중국 1위 증권사 1개의 이익에도 못 미치는 상황을 한국 IB들은 인정하려 하지 않는다. 한국 증권사가 중국에서 성공하려면 적어도 50명 내지 100명은 내보내야 한다. 그렇지 않으면 젓가락으로 고기를 뒤적거리기만 하다가 먹을 기회는 다 놓치는 꼴이다.

한국 금융기관이 중국에 진출하는 일에서도 다른 전략이 필요하다. 중국은 1개 국가가 아니라 34개 국가가 모인 연합국이다. 전 세계 금융기관들이 모두 치열하게 경쟁하는 베이징, 상하이에 점포와 법인을 낼 것이 아니라 또 다른 선택과 집중이 필요하다. 산둥성의 인구는 한국의 두 배고, 인구 4,000만이 넘는 성이 15개가 넘는다. 중국의 돈 많은 현(縣)이 집중돼 있는 성은 산둥성, 장쑤성, 저장성이다. 중국의 평균성장률이 9.7%지만 20개 성의 성장률은 11%를 넘어선다.

작은 고기들이 큰 고기를 위협하는 방법은 편대를 형성해 같이 연합하고 협조하는 것이다. 서로 경쟁상대가 아니고 큰 파이를 나눠 가질 동반자들이다. 사무소를 내는 것도, 인력을 파견하고 영업을 하는 것도 서로 정보를 공유하고 협조만 하면 엄청난 시간과 비용이 절감되는 것을 각자가 처음부터 따로 시작하는 바람에 항상 그 자리다.

한국의 금융당국도 금융기관이 후진국시장으로 진출하는 경우 기업 간 경쟁보다는 협조를 장려할 필요가 있다. 국가적인 손실을 방지하는 길이고 1+1을 2가 아닌 3으로 만드는 지혜가 필요하다. 중국에 진출하는 금융기관들도 먼저 진출해 있는 기관을 찾아가 한 수 가르침 받고 서로 협조하는 방안을 찾아야 한다. 천만리 길을 갈 때는 같이 가는 사람이 모두 동반자인 것이다.

기러기나 나약한 제비가 수천 리 먼 길을 갈 수 있는 것은 멀리 날아갈 때는 서로 도와 같이 가기 때문이다. 그런데 한국 금융기관들은 중국에 진출할 때 기러기의 지혜를 쓰지 못하고 있는 것 같다. 중국의 변화 속도를 고려해볼 때 한국 금융기관들이 앞으로 3~5년 안에 중국에서 확실히 자리 잡지 못하면 더 이상은 기회가 없다고 본다.

7장

한국의 중국투자: 21세기 조공은 배당과 이자다

1_ 한국의 중국펀드 투자, 장님투자를 멈춰라
2_ 중국, 아직은 경제대국이지 경제강국은 아니다
3_ 현대차 주가 100만 원 만들기 전략
4_ 21세기 조공은 배당과 이자다
5_ 한국의 중국투자, 타이밍인가
6_ 중국투자는?

SECTION ___ 1

한국의 중국펀드 투자, 장님투자를 멈춰라

감각의 승부, 오래갈 수 없다

최근 3년간 한국 해외투자의 최대 화두는 중국펀드였다. 한국의 많은 주식투자자들이 중국펀드에 투자했다. 그래서 중국이 지수 2,000에서 6,000을 가는 동안은 즐거웠고, 폭락하는 장에서는 모두가 고통스러웠다. 중국펀드에서 우리가 고통 받은 진짜 이유는 무엇일까?

우리는 중국시장이 좋을 거라는 느낌에 감각의 승부를 걸었다. 제대로 된 조사분석은 없었다. 중국경제의 변화를 면밀히 관찰하고 철저히 분석해 변화가 생기면 바로 대응하는 제대로 된 조사분석도 없이 덜렁 큰돈을 집어넣고 기다린 것이다.

세계 넘버투에 대한 투자는 더 가속화하는 것이 맞지만 지금 같은 중국펀드에 대한 '장님투자'는 멈추어야 한다. 한국 개인 투자자들은 10년 전 벤처투자하듯이 중국펀드에 투자했다. 내 중국펀드에 어떤 종목이 들어가 있는지, 펀드매니저(기금운영자)가 누구인지도 모른 채 투자했다. 작은 아파트 전세를 얻어도 집주인부터 집안 곳곳까지 살살이 살피는 우리가 수천만 원, 수억 원을 퍼 넣은 중국펀드에 대해서는 제대로 체크한 게 없다.

펀드를 만들어 판 금융기관은 더 심각하다. 외국계 IB들은 해외진출을 할 때 수억 원을 주더라도 그 나라 현지에 있는 최고 애널리스트(분석전문가)들을 스카우트해 시장과 기업에 대해 완벽한 리서치부터 한다. 그다음은 IB 상품을 만들고 영업사원을 통해 상품판매를 시작한다. 현지 기업에 대한 철저한 조사분석 없이 투자상품을 만들거나 판매하는 일은 있을 수 없다. 외국계 IB들이 한국시장에 들어왔을 때도 마찬가지였다.

우리는 어떠했는가. 우리는 외국 IB들과는 정반대로 했다. 상품 먼저 팔고, 큰일이 터지고 나서부터 조사하고 분석한다고 난리를 쳤지만 전문 인력도 없고, 그사이 차는 이미 지나갔다. 손님들은 큰 손실을 보고 떠나가버렸다. 신뢰가 생명인 금융기관으로서는 큰 실수를 한 것이다.

중국의 유명한 병서(兵書) 《손자병법(孫子兵法)》에는 '이기는 싸움'을 하는 방법이 나와 있다. 이기는 싸움은 '적을 알고 나를 아는 싸움'이다. 그러면 백전백승이다. 중국펀드를 산 펀드운용회사와 증권사에 전화해 확인해보라. 당신네 기업에 중국시장을 조사하고 문제가 생겼을 때 중국 현지와 바로 연락해 대책을 세울 만한 중국 전문 인력이 몇이나 있는지 말이다. 그러면 우리가 왜 이길 수 없었는지를 알 수 있다.

절대 이길 수 없는 조건이었는데도 우리는 행운이 찾아올 거라는 막연한 대박의 꿈을 꿈꾸었다.

리서치 없는 투자, 성공하기 어렵다

　제대로 된 중국 기업에 대한 분석보고서 하나 없이 수천 억, 수조 원의 중국투자 상품을 만들어 판 금융기관은 비난받아 마땅하다. 이제는 금융당국도 해외펀드의 불공정 판매를 조사하는 단계에서 더 나아가 금융기관이 해외투자에 대한 정보분석과 투자판단 능력이 있는지를 조사할 필요가 있다.

　해외펀드와 해외주식 중계의 경우, 적정한 해외정보 수집능력과 투자 판단력, 그리고 투자자들에게 충분한 정보를 제공할 능력이 없는 금융기관에 대해서는 해외상품 판매를 제한해야 한다. 그렇지 않으면 금융기관의 장님펀드 판매와 장님투자는 계속될 것이고, 사고가 나면 그 손실은 모두 투자자의 부담으로 돌아간다.

　중국이 미국이 되는 판에 중국 리서치에 돈을 쓰지 않는 IB와 금융기관들도 한심하다. 물론 3년 임기인 CEO의 단기적인 이익에 입맛을 맞추다 보면 당장의 국내 일에 매달리게 되지만, 미래를 위해 투자하지 않는 것은 소탐대실하는 것이다.

　2009년 한국증시는 중국시장과 대부분 움직임을 같이했다. 중국증시를 제대로 분석했더라면 한국시장에서 중국투자가 아니라 한국주식으로도 대박을 낼 수 있었다. 한국의 최대 수출국이고 최대 무역 흑자국인 중국의 한국증시에 대한 영향력은 앞으로 더 커지면 커지지 줄어들지는 않을 것이다.

　그런데 한국의 주요 IB들 중에서 중국에서 공부하고 중국인과 자연스럽게 의사소통하면서, 중국 자료들을 한국어 자료처럼 읽고 중국의 경제와 금융정보를 한국 투자자들에게 전달할 수 있는 전문인력이 몇이나 되는지를 보면 참 답답해진다.

두서너 명씩밖에 없는 한국 증권사의 중국 리서치도 어서 빨리 전문가 수를 늘려야 한다. 중국 기업에 대해 제대로 된 보고서 하나 쓸 능력도 없는 기관이 전문가 행세를 하며 중국펀드와 중국주식 거래에 대해 TV, 신문, 라디오 광고를 하며 투자를 권유하는 것은 말도 안 된다.

증권사들의 중국 리서치팀 보고서도 그렇다. 중국어를 조금만 아는 사람이라면 누구나 할 수 있는 중국의 대표 포털, 가령 소후나 야후 사이트의 증권 면에 나오는 시장동향을 번역해 다음 날 중국보고서라고 돌리는 건 문제가 있다. 중국의 돈 되는 기업과 산업을 분석해야지 지나간 시장뉴스를 여러 증권사가 중복해서 중계 방송할 필요는 없지 않은가.

중국은 외국 금융기관이 중국에 사무소를 내면 사무소 대표의 중국어 실력을 테스트하는 '웃기는' 나라다. 그래서 중국어가 안 되면 아무 것도 안 된다. 이런 상황인데 중국어를 유창하게 하는 애널리스트, 펀드매니저, IB 뱅커 하나 없이 어떻게 중국투자를 하고 IB 업무를 할 수 있겠는가.

중국 기관을 대상으로 한 중국의 세미나에서 다른 나라는 영어와 중국어가 유창한 이들이 표준 중국어 발음으로 설명하는데, 우리는 한국말로 프레젠테이션을 한다면 중국의 기관 투자가들에게 어느 쪽이 더 설득력 있을까? 이제라도 늦지 않았다. 중국본토로 바로 쳐들어가 베이징과 상하이에 리서치센터를 만들고 제대로 중국연구를 시작해야 한다.

자산운용사는 지명도 제고와 고객확보 차원에서 홍콩이 유리한 점이 있겠지만 중국 리서치는 홍콩은 적절하지 않다. 제주도에서 서울과 부산에 있는 기업을 리서치한다고 생각해보면 답은 간단하다. 다시 한 번

강조하지만 제대로 된 중국연구와 조사분석 없이 중국투자에서 성공하기는 어렵다.

IB, 이젠 IPO가 아니라 PE다

한국 IB들은 증권거래소가 3년 전부터 열심히 중국 기업 상장유치를 부르짖을 때는 뒷짐 지고 있더니, 이제 와서 경쟁적으로 중국 기업을 한국에 상장시키겠다고 서로 나서고 있다. 그러나 버스는 이미 떠났다.

중국 기업이 해외로 나가고 싶어 난리였고 정부당국의 규제도 약했던 4년 전에 중국 기업을 적극 유치해 50~100여 개를 상장시켜서 한국증시에 '중국부'를 만들었어야 했다. 그래서 중국본토 주식을 사는 게 아니라 한국에 상장된 중국 기업을 포트폴리오에 넣고 펀드를 만들어 투자했어야 했다.

중국에는 이제 한국 코스닥보다 PER이 두 배나 높은 차이넥스트 중국 성장주시장이 출범했는데 잘나가는 중국의 중견기업이 한국에 오겠는가. 더구나 중국정부는 자국시장을 육성해야지 옆 나라 한국시장을 육성할 이유가 없다.

한국 IB들은 중국정부의 규제를 피해 해외에 페이퍼 컴퍼니(paper company)를 만들어놓은 중국 기업들(레드칩 방식)을 찾아 상장 유치를 하려고 한다. 하지만 요즘 중국에서 한국증시는 홍콩, 미국의 나스닥, 독일, 영국, 싱가포르 다음에 오는 고려대상이다. 지금 중국에서 한국 증권시장에 대한 평가가 이 정도 수준이다.

지금 중국은 증권거래소 상장 전의 기업에 투자하는 프리 IPO(Pre-IPO) 사모펀드가 붐이다. 예전에 어느 유명대학의 사모펀드 CEO 반에서 중국의 해외상장을 주선하는 기관의 유명강사가 중국 기업 해외상장에 관한 특강을 했다. 그런데 강의교재 안에 한국증시는 없었다. 특강이 끝나고 수강생이었던 내가 그 강사에게 한국증시를 소개하고 한국증시 상장 시의 매력을 한 시간 동안 얘기했다. 참으로 안타까웠다.

한국 IB들은 이제 와서 중국 기업의 한국상장에 매달리고 있는데 중국의 일류기업들은 이미 선진국 시장 또는 차이넥스트로 갔다. 중국 리서치를 제대로 해 이제는 IPO 대신 중국 기업에 투자해서 상장 후 대박을 노리는 사모펀드 투자를 시작해야 한다. 달러를 위안화로 바꾸는 게 어려워 못 한다고 하지만 방법을 연구하고 찾아보면 반드시 통로가 있다. 되는 것도, 안 되는 것도 없는 곳이 중국이다.

중국 기업공개를 할 때 2년간 죽어라 중국을 왔다 갔다 하며 고생해 받는 IPO 수수료는 몇 퍼센트에 불과하다. 하지만 제대로 된 기업에 투자해 나중에 그 기업이 나스닥이든, 코스닥이든, 차이넥스트든 상장에 성공하면 그 차익은 몇 배가 된다. 물론 리스크가 있다. 10건 투자해 2건 성공하면 본전이고 3~5건이 되면 대성공이다. 물론 1건 투자해서 반드시 성공해야 한다는 마음이라면 은행에 돈을 넣고 이자를 받는 것이 낫다.

한국의 IB들이 중국 기업 상장에 목매지 말고 상장 전 기업의 투자에 집중한다고 하면 이런 방법은 어떨까? 가령, 중국 진출 의향이 있는 IB들 10개 기업이 공동으로 기업을 발굴하고 초기에 100억씩 1,000억 원의 펀드를 모은 다음, 중국 측 IB 파트너를 잡아 매칭 펀드로 2,000억 짜리 펀드를 만들어 중국에 투자하는 것이다. 중국투자와 중국시장 진출의 경험을 쌓을 수 있을 뿐 아니라 리스크도 서로 분담할 수 있다.

만만디의 나라에서 3년이 길다고?

우리는 단타(短打)에 익숙해 오래 기다리는 투자를 잘 못한다. 경제가 고성장하는 과정에서 경기의 변동성을 타고 주가가 춤을 춘 영향도 있겠지만, 무엇보다 우리는 길게 투자해본 적이 별로 없다. 입으로는 워렌 버핏의 장기투자를 말하면서도 하루 상한가를 치면 팔고 싶어 손가락이 근질근질하다.

중국은 만만디(慢慢的)의 나라고 1,000년을 기다리는 사람들이다. 중국과 대결할 때 초조해하면 절대 이길 수 없다. 중국투자는 적어도 3년은 내다보고 해야 한다. 중국시장은 단타로 먹기에는 정보가 너무 부족하다. 정보가 부족할 때는 펀더멘탈(fundamental)이 좋은 종목을 시세 따라 사서 모아 경기가 피크를 칠 때 파는 장기투자를 할 수밖에 없다. 외국인들이 한국시장에서 10여 년 동안 연속 매수해 몇십 배 수익을 내며 파는 것을 보았으면서도 우리는 여전히 중국투자에서 이를 실행하지 못하고 있다.

미국의 투자 대가들이 인덱스펀드를 사서 대박을 터뜨렸다는 소식은 없다. 뉴욕증권거래소가 무너져도 살아남을 만한 종목을 사서 기다리는 것이 미국의 워렌 버핏, 피터 린치의 투자방법이다. 워렌 버핏도 2000년 초반에는 당시 잘나가던 IT 붐에 편승하지 못해 수익률이 좋지 못했다. 그러나 꾸준하게 미국의 전통산업에 집중한 결과 IT 버블에서 살아남았고, 10년 만에 미국에서 가장 주목받는 주식투자가가 되었다. 미국에서도 투자를 해 제대로 수익을 내려면 10여 년 이상이 걸린다.

지금 중국은 미국 다음가는 대국이다. 중국 전체를 대표하는 인덱스펀드를 사서 대박을 터뜨리려면 10년이 걸린다. 중국에 투자할 때는 시장을 사는 것이 아니라 시장에서 가장 빨리 성장하는 섹터와 종목을 사야 한다. 금융위기로 주가가 폭락했을 때 중국펀드는 망했다고 했지만 1년 만에 절반을 회복했다.

그러나 중국펀드가 아니라 중국의 잘나가는 업종에 투자를 했다면 어땠을까? 중국이 국가적으로 관심을 두고 투자한, 인플레이션 헷지(inflationary hedge)를 위해 사들인 원자재와 금 관련 업종은 2009년만 해도 주가가 두 배 이상 오른 종목이 수두룩하다. 금융위기 중에 중국시장 전체를 사는 중국펀드는 팔고 대신 중국의 원자재와 금 관련 업종에 투자하는 섹터펀드에 투자해 3년을 묵혔다면 펀드투자 원금을 회수하고도 수백 퍼센트의 수익을 냈다. 중국투자는 최소 3년 이상 기다릴 자신이 없으면 포기해야 한다.

SECTION ___ 2

중국, 아직은 경제대국이지 경제강국은 아니다

이름도 없고 힘과 덩치만 있는 코끼리

중국은 세계 2위의 경제대국이지만 경제강국은 아니다. 중국은 세계 1위 무역대국이지만 무역강국도 아니다. 포춘 500대 기업에 명단을 올린 기업은 43개에 불과하고 그런 기업들조차 세계적으로 자랑할 만한 독특한 자기 수익모델이 없다. 중국은 제대로 된 1위가 하나도 없다. 브랜드와 기술이 아닌 오로지 시장과 생산능력만으로 1위를 했다.

미국경제는 계속 쇠락하고 있지만 구글, 월마트, 존슨앤드존슨, 인텔, 코카콜라, 타임워너, P&G, 마이크로소프트, 맥도날드, GE 등 서비스 업종에서 제조업까지, 전통산업에서 첨단산업까지, 소비재에서 내구재까지 모든 산업에서 세계 1위인 대표기업들을 보유하고 있다. 각각의 기업들은 전 세계에 자사의 수익모델을 수출해 떼돈을 벌고 있다.

중국은 경제규모로는 세계 2위지만 개별기업으로 보면 글로벌 경쟁력을 가진 대기업이 없다. 중국이 자랑하는 렌샹, 하이얼, 화웨이 등은 대기업이지만 이들의 국제화 수준이나 역량은 아직 선진국 다국적기업에 비하면 한참 아래다.

중국은 몸집은 코끼리지만 코끼리의 이름도 없고 오로지 힘과 덩치만 있을 뿐이다. 전 세계 신발공장이 모두 중국의 칭다오, 다롄, 옌타이, 샤먼에 들어와 제품을 만들어 세계에 공급하고 있지만, 중국 전체 신발공장의 이익을 다 합쳐도 나이키 한 기업의 이익보다 적다. 2위에서 10위까지 하는 중하류 기업들의 집합체다 보니 제품의 가격결정력이 없는 것이다.

중국은 세계 최대의 무역대국이자 가장 큰 수입국이면서도 곡물, 석유, 철광석 등의 국제 원자재 시장에서 가격결정권이나 발언권조차 없었다. 최근 들어 철강의 최대 생산국이자 소비국으로 부상한 중국이 국제 철강가격 결정에 이제 겨우 목소리를 내기 시작했다. 일본과 한국을 제치고 호주와 중남미의 철광석 가격을 좌지우지하는 단계에 이르렀다. 그러나 여타 대부분의 업종은 이런 수준에 이르지 못하고 있다.

중국은 세계에서 가장 돈이 많은 나라지만 국제금융시장에서 역할이 없다. 초대형 중국 기업의 홍콩상장도 미국계 IB가 주관사가 되어 상장시키고 수수료를 챙긴다. 진정한 금융대국은 큰 물건을 사고팔고 하면서 큰돈을 버는데 중국은 국제금융시장에서 대형 M&A를 성공한 적이 별로 없다. 금융위기 직전과 직후에 몇 건의 금융기관에 대한 투자를 했지만, 엄청난 손실을 내 비싼 수업료만 냈다.

중국은 대국이지만 허기진 배를 움켜쥐고 허리띠를 졸라맨 상태에서 죽어라 안 먹고 안 쓰고 버는 데만 악착같아서 이래저래 세계시장에서 대접을 못 받고 있다.

위안화 문제, 한국이 카드가 될 수 있다?

중국은 악착같이 돈을 모아 2조 4,000억이라는 '달러로 쌓은 만리장성'을 갖고 있는 덕분에 이번 금융위기에서 웃을 수 있었다. 그런 면에서 중국은 참 대단한 나라다. 그런데 이런 중국을 등쳐먹는 더 대단한 나라가 미국이다. 미국은 1달러에도 못 미치는 인쇄 원가를 들여 종이에 푸른색 잉크로 링컨 대통령의 얼굴을 그리고 100달러라고 찍어 부가가치 99배의 마진을 남기는 '돈 찍는 비즈니스'를 하고 있다. 이를 통해 미국은 거의 공짜로 중국 물건을 사서 소비하고 있다.

중국이 보유한 2조 4,000억 달러로 쌓은 만리장성은 유지비용이 어마어마하다. 중국은 달러가치가 10%만 떨어지면 한 방에 2,400억 달러가 날아간다. 금융위기에 빠진 미국은 제조원가가 1달러에도 못 미치는 100달러 지폐를 무한정 찍어 전 세계에 뿌리고 있다. 중국은 미국에 완전히 사기 당한 느낌이다. 중국의 지도자들은 미국이 화폐를 종이처럼 뿌려대는 바람에 밤잠을 못 이룬다. 조 단위의 미국 국채가 발행될 때마다 미국의 최대 채권자인 중국은 미칠 지경이다.

국제통화의 사용량에서 본다면 실물거래는 금융거래에 비하면 새 발의 피다. 중국이 국제통화의 지위를 얻으려면 국제금융시장에서 위안화가 유통되어야 한다. 밤새워 일해 셔츠 8억 벌을 만들어야 A-380 비행기 한 대를 사지만, 2조 4,000억 달러를 미국처럼 30배, 60배 레버리지를 일으켜 전 세계에 투자해서 한 번만 성공하면 하늘을 나는 호텔이라는 최신기종 A-380 비행기 수백 대를 살 수 있다.

그래서 지금 중국은 소리 소문 없이 모든 역량을 모아 '위안화 국제화'와 '상하이 국제금융중심 건설' 프로젝트를 진행 중이다. 세계 무역대국인 중국이 중국과 거래하는 모든 거래의 결제통화를 위안화로 하면 그 규모는 세계 교역량의 8%나 된다.

역사를 보면 '아시아를 먹는 자'가 세계를 지배했다. 중국은 '돈 찍는 기계' 만드는 작업을 같은 유교문화권인 아시아에서 먼저 시작하고 있다. 중국이 우선적으로 하고 싶은 것은 금융에서 '아시아의 지방은행'이다. 일본의 자리를 대신하는 아시아의 큰형님 자리다.

중국은 이번 금융위기를 계기로 '돈 찍는 기계'를 만드는 목표를 정했다. 앞으로 10년 뒤인 2020년까지 4:3:3이 목표다. 즉, 국제통화에서 달러 4, 유로 3 다음으로 위안화가 3의 반열에 들어가겠다는 것이다.

중국 위안화가 기축통화에 들어가려면 같이 가기 위한 동지가 필요하다. 미국이 기축통화국이긴 하지만 각국의 중앙은행들은 미국의 달러 외에도 영국, 프랑스, 일본의 통화를 같이 사용한다. 이는 같은 경제권의 역할분담을 의미한다.

아시아에서 중국의 통화패권 확보에 있어서는 미국의 달러를 중국 다음으로 많이 가지고 있는 일본, 한국, 타이완의 태도가 중요하다. 타이완은 원래 중국 땅이니 그렇다 치고 구매력 기준 세계 GDP 규모 3위인 일본과 15위인 한국이 있다. 이들 나라는 모두 미국이 50년 넘게 공들여놓은 나라다. 타이완, 한국, 일본을 잘 다루지 못하면 아시아 통화권의 맹주는 쉽지 않다. 그래서 중국은 조심스럽다.

중국이 아시아의 기축통화국으로 부상한 다음에도 같이 갈 친구들이 필요하다. 아시아에서 교역과 경제규모로 보면 일본 다음은 한국이다. 중국 입장에서 일본은 경쟁상대다. 당장은 아시아에서 위안화의 역할을 강화하는 것은 일본엔화와의 통화전쟁을 야기할 수밖에 없다. 그렇기 때문에 중국이 일본과 공조해 아시아의 기축통화국으로 부상한다는 것은 어렵다.

　미국이 기축통화국이 되면서 영국과 프랑스도 같이 기축통화국의 군단에 끼어들었다. 한국은 일본과 중국이 아시아의 기축통화국 다툼을 할 때 유로화에 유럽 각국의 보조통화가 있듯이 한국이 캐스팅보트 역할을 하면서 아시아 기축통화시장에서 유리한 고지를 점령할 수 있다.

후기공업화 단계, 신중산층이 폭발한다

　선진국의 경험에서도 나타났지만 한 나라의 경제발전 단계가 농업국에서 공업국으로 탈바꿈하고, 공업화가 성숙하여 후기공업화 단계로 들어서면 신(新)중산층이 폭발한다.

　중국은 지금 후기공업화 단계에 진입했다. 상하이, 베이징, 선전, 광저우, 쑤저우 등 11개 주요 대도시의 인당 소득이 1만 달러를 넘어섰다. 구매력 평가 GDP로 환산하면 2만 달러가 넘는다는 말이다. 이들 지역의 인구는 9,385만 명으로 한국 인구의 두 배다. 경제성장의 가속화에도 불구하고 베이징에서 150킬로미터만 떨어져도 10년 전이나 지금이나 생활형편이 나아진 게 별로 없지만, 베이징은 갈수록 더 부유해져 빈부격차가 커지고 있다. 중국에는 매년 천만장자, 억만장자가 대량으로 양산되고 있다.

　중국의 후룬연구소가 매년 집계해 발표하는 중국의 부자 순위를 보면 아주 흥미롭다. 매년 1, 2, 3위 순위가 바뀌는데 그 바뀌는 순서가 바로 중국의 당해 연도 최고의 성장을 구가한 산업 순이다. 중국 상위 부자들은 최근 5년간 400%의 증가속도로 성장했다. 신흥부자들의 탄생도 어마어마한 숫자지만 기존 부자들의 성장속도는 가히 놀랄 만하다.

중국 주요도시별 천만장자 및 억만장자의 수(2008) (단위: 1,000명)

순위	도시	천만장자	1만 명당 비율(%)	도시	억만장자	1만 명당 비율(%)
1	베이징	143.0	88	베이징	8.8	54
2	상하이	116.0	62	상하이	7.0	38
3	항저우	42.3	54	광저우	3.3	33
4	선전	40.6	47	선전	2.8	32
5	광저우	43.8	44	항저우	2.3	29
6	샤먼	10.0	41	원저우	1.9	25
7	난징	19.7	27	샤먼	0.6	23
8	원저우	18.2	24	난징	1.5	20
9	쑤저우	13.9	22	쑤저우	0.8	13
10	닝보	12.0	21	닝보	0.8	13
11	다롄	9.9	16	다롄	0.6	10
12	푸저우	9.0	13	톈진	0.9	8
13	칭다오	9.6	13	푸저우	0.5	7
14	톈진	13.1	12	청두	0.7	6
15	청두	12.2	11	칭다오	0.5	6

자료: Kevin H Zhang, *Innovation Management*, Fudan University, 2009.

후기공업화 시대의 특징인 신중산층과 부자들의 대량 출현은 중국의 소비를 업그레이드시키고 부의 운용을 위한 자산관리와 투자산업의 성장을 촉진시켰다. 중국의 주요 명문대에 개설된 CEO들을 대상으로 하는 1년짜리 벤처투자, 주식투자, 부동산 투자 교육과정이 성황을 이루는 것도 이 때문이다.

지금 중국 부자들은 부동산과 유통업에 종사하는 이들이 주류를 이루지만, 향후 10년간 중국의 자본시장이 더 발달하면 증시를 통해 재테크를 하는 중산층과 기업상장을 통한 주식 부자들이 엄청나게 늘어날 수밖에 없다.

중국은 전형적인 2:8 법칙이 적용되는 나라다. 국민의 80%가 가난하다. 예금액이 5,000위안도 안 되는 사람이 대부분이다. 그런데 돈 있는 상위 20%의 수가 2억 6,000만 명이나 된다. 이들 부자들 중 45세 이하의 부호는 80%를 넘는다. 이들이 중국을 전 세계 사치품과 명품의 최대시장으로 끌어올리고 있다.

전 세계가 불황으로 신음했지만 중국의 명품시장은 2009년에만 15% 증가했다. 전 세계 명품 브랜드의 28%를 중국이 소비한다. 일본에 이은 세계 2위다. 루이비통, 구찌, 베르사체, 코치 등의 명품 브랜드 기업들은 중국 매장의 확대와 중국시장에 특화한 상품개발에 열중하고 있다.

중국의 자동차시장이 판매 대수에서 미국시장을 넘어서고 벤츠, 아우디 등 세계 유수의 자동차 기업들이 중국 현지에 자동차 공장을 짓는 것도 중국 중산층의 소비폭발 때문이다. 중국의 공업화가 가져온 신중산층이 중국의 소비와 투자의 역사를 바꾸고 있다.

중국은 한참 전에 펀드가입자가 1억 명을 넘어섰다. 아이러니하게도 사회주의 국가 중국에서 예금, 주식, 부동산에 이어 펀드가 재산증식 수단으로 자리 잡았다. 한국에서도 은행들이 자산관리 상품을 판매한 역사가 불과 5년이 안 되는데 지금 모든 중국 은행에서 자산관리 상품을 파느라 전쟁이다.

중국은 본격적으로 공업화와 도시화 단계에 접어들었다. 후기공업화 시대에 들어서면 중산층이 대거 양산되고, 이들의 자산을 운용할 시장은 폭발한다. 한국의 자산운용사들이 운용실적을 쌓고 브랜드를 만들어 빨리 진출해야 할 시장은 바로 부자들이 넘치는 중국이다.

중국 주식을 운용할 펀드매니저와 애널리스트를 양성하고 중국의 파트너와 빨리 합작을 시작해 중국 자산운용시장에 얼굴 알리기를 해야 한다. 시장이 폭발한 뒤에는 기회가 없다.

하수는 제품을, 고수는 브랜드를 판다

중국의 산업은 외형은 거인이지만 창출되는 이익은 난쟁이와 같다. 이익이 자라나지 못한다. 중국의 힘은 저부가 대량생산이다. 중국의 경공업 수출기업의 마진은 3%를 넘지 못한다는 통계가 있다. 5~17%에 달하는 수출세환급금(보조금)이 없으면 모두 문 닫아야 한다. 2010년 3월 중국이 미국을 따라서 시도한 위안화 절상에 따른 수출중소기업의 스트레스 테스트에서 2.6%만 환율이 절상되면 적자로 돌아선다는 결과가 나왔다.

중국 기업들은 수출세환급제가 없으면 수지를 맞추기 어렵다. 중국이 미국의 위안화 절상 압력에도 굴하지 않는 이유는 이들 수출기업의 도산과 이로 인한 실업이 겁나서다. 2010년 3월 조사에 따르면 중국의 섬유산업에 5만 개 기업이 있는데, 이 중 위안화가 3% 이상 절상하면 90%인 4만 5,000개가 적자로 장기적인 도산에 이른다고 한다. 이들 기업의 종업원 수는 약 2,500만 명이다.

중국은 내수확대를 부르짖지만 내수확대는 산업의 업그레이드를 통한 부가가치가 향상되어야 이루어질 수 있다. 고용도 중요하지만 이익을 못 내면 의미가 없다. 중국이 30년의 초단기간에 세계의 정상으로 올라선 것은 아이러니하게도 기술이 없어서다. 게다가 중국은 기술이 없어 지적재산권을 보호할 필요가 없었기 때문에 선진국의 제품이 들어오면 미투상품(me too), 아니 미쓰리, 미포, 미파이브 상품까지 다수의 모방제품을 순식간에 쏟아냈다.

그런데 문제는 이런 모방제품의 수익성이다. 기업들의 마진율에는 1, 2, 3, 4의 법칙이 있다. 일반 가치사슬의 맨 끝단에 있는 제조업의 마진은 10%이고 엔지니어링을 하는 기업은 20%, 핵심부품을 만드는 기업은 30%, 브랜드와 유통채널, 소위 가격주도권이 있는 기업은 40% 이상의 마진을 남긴다.

경기하강기가 도래하면 중국 기업이 수천 개씩 도산하면서 위기에 봉착하는 이유는 중국은 가치사슬의 맨 끝단에 있어 수익 악화와 도산의 위험이 크기 때문이다. 중국은 지금 전 세계에서 가장 낮은 원가로 제품을 생산하고 있고 더는 원가를 낮출 수 없다. 이것이 지금 중국 기업의 한계다.

기업의 진정한 실력은 시장의 수요를 창출하는 능력이다. 중국의 제조는 외국기업의 OEM 생산을 주로 하고, 시장 역시 외국이다. 중국은 찻잎 생산과 소비 모두 1위지만, 중국의 찻잎 생산기업 6~7만 개의 매출액이 영국의 티백(tea bag) 차 전문기업인 립톤사 하나에도 못 미친다.

중국은 내수시장이 커지긴 했지만 필요한 기술과 시장을 바꾸지는 못했다. 중국인이 마시는 코카콜라는 중국에서 생산하지만 기업가치는 미국의 본사가 거둬간다. 중국 전역에 산타나 자동차가 있지만 기업의 가치는 독일의 폭스바겐에 있다. 중국은 가치사슬의 맨 끝에서 이익의 일부를 나눌 뿐, 기업가치를 나누는 것이 아니다.

중국이 자랑했던 홍콩과 동관지역 공단의 수출경쟁력은 인건비의 우세에 있었고, 타이완과 합작인 쿤산공단의 컴퓨터 제조경쟁력은 타이완의 기술 덕분이었다. 그래서 이번 금융위기에 이들 두 지역은 거의 초죽음이었다. 또한 중국의 원저우 시와 이우 시는 전 세계 잡화제품의 메카였지만 브랜드가 없었다. 이 때문에 이번 금융위기에 이들 지역은 모두 줄도산 위험에 처했다.

이에 더해 많은 외자기업들까지 철수하면서 많은 곤란을 겪었다. 중국에 들어온 외자는 산업자본이지 금융자본이 아니다. 중국의 직접투자 자본은 모두 잠재적으로 중국의 경쟁자들인 외국기업들의 돈이다. 그래서 외자는 중국 브랜드가 커지는 것을 원치 않는다.

중국은 지금 내수시장에서 소비수준이 급속도로 높아지면서 원가가 아닌 가격결정력이 있는 브랜드가 경쟁력이 있는 시대에 진입했다. 예를 들면 야거얼(雅戈尔), 치피랑(七匹狼) 등의 패션기업들은 엄청난 돈을 들여 브랜드를 만들고 있다. 중국도 이제 브랜드가 수요를 만든다는 것을 알았기 때문이다.

한국의 기업과 상품도 브랜드에 승부를 걸어야 한다. 특히 금융회사들이 중국 내에서 브랜드 만들기를 시작해야 하다. 상하이의 야경은 와이탄에서 푸동의 동팡밍주 방향이 최고다. 한국의 미래에셋이 황푸 강변에 빌딩을 하나 사서 밤마다 네온사인을 멋지게 밝히고 있다. 이는 엄청난 광고 효과를 낸다. 상하이 금융가 사람들은 한국의 대형증권사 이름은 몰라도 미래에셋이라면 다 안다. 미래에셋은 한국 기업으로는 처음으로 중국과 합작 자산운용사를 추진하고 있다고 알려져 있다.

SECTION ____ 3

현대차 주가
100만 원 만들기 전략

현대차를 국제반 1호로?

삼성전자를 세계 IT기업 중 시가총액 세계 1위로 만들기 위해서는 어떻게 해야 할까? 미국이 잘나갔을 때 삼성전자가 나스닥에 상장되어 있었다면 삼성전자 주가가 100만 원은 갈 수 있었다고들 했다. 나라를 잘못 만난 탓에 코리아 디스카운트 되어 제값을 못 받은 거라고 했다.

변변한 글로벌 IT기업 하나 없는 중국증시에 삼성전자를 상장시킨다면 PER을 얼마나 받을까? 중국의 시장평균이 25배, IT기업이니 프리미엄을 줘서 35배라고 치면, 삼성전자의 시가총액은 지금의 2.5배 내지 3.5배로 250~350조 원이 된다. 바로 세계 1위가 되는 것이다.

중국은 지금 자동차, IT, 사치품 할 것 없이 전 세계 최대 시장으로 부상했다. 중국의 상위 20% 2억 6,000만 명이 쓰는 상품이 세계 최대의 시장이다. 예전에는 미국, 유럽에서 살아남아야 세계 1위였는데 이제는 중국에서 살아남으면 세계 1위가 된다. 반대로 중국에서 1위를 못

하면 세계 1위의 꿈은 멀어지는 것이다.

중국은 2009년에 세계 최대 자동차시장이 되었다. 자동차 대중화기를 맞아 중국의 자동차시장이 폭발하고 있다. 중국 자동차산업의 높은 성장성에 중국시장의 높은 PER을 같이 적용받는다면 현대차 주가가 일곱 자릿수로 갈 수도 있을 듯하다.

예전에 중국은 싸구려만 사는 시장으로 인식되었지만 이제는 완전히 뒤바뀌었다. 무서운 소비 파워가 생긴 것이다. 전 세계 명품, 명차들이 모두 중국에서부터 판매를 시작한다. 전 세계 자동차 기업들의 차세대 콘셉트카(concept car)를 상하이 모터쇼에서 처음으로 선보이고 세계 최대 규모의 비행기인 A-380의 첫 비행지 역시 베이징이었다.

중국은 지금 위안화 국제화의 한 방안으로 금융시장에서 위안화를 쓰게 하기 위한 중국 자본시장의 몸집 불리기 작업을 하고 있다. 상하이증권거래소에는 국제반을 만들기로 했다. 뉴욕증권거래소는 저리 가라 할 정도의 세계 블루칩들의 '엑기스'만 모은 시장을 만들겠다는 것이다.

P&G, 코카콜라, 뉴욕증권거래소, 로이터, 유니레버, 까르푸, 월마트, 지멘스, 폭스바겐, GE, IBM, HSBC, 동아은행, 항셍은행, 창장실업, 강스푸 같은 미국계, 유럽계, 홍콩계, 심지어는 소련의 원자재 관련 기업 등의 다국적기업과 홍콩에 상장된 중국이동통신 등 중국 대형 국유기업들이 모두 관심을 보이고 있다.

상하이에는 포춘 500대 기업이 중국 내수시장을 먹으려고 모두 들어와 있다. 중국에서 허용만 한다면 포춘 500대 기업은 모두 중국증시에 상장한다. 전 세계에서 가장 높은 PER로 공모를 할 수 있고, 돈 있고 여유 있는 1억 명의 중국 주식투자자들에게 돈 한 푼 안 들이고 확실한 광고를 할 수 있는 좋은 기회가 되기 때문이다.

중국으로서는 위안화로만 공모하면 달러가 유출되어 나갈 일도 없다. 공모자금은 중국 내 투자에만 한정한다고 못 박으면 된다. 초대형 기업이기 때문에 시가총액이 엄청나게 커질 수 있고, 공시를 강화하면 다국적기업이 모두 중국 금융감독기관의 통제에 들어온다. 여기에 전 세계 초대형 기업들이 줄을 서서 상장하려 할 것이므로 과거 QFII 자격을 선심 쓰듯 부여했듯이 외국기업 상장도 또 다른 카드로 사용할 수 있다.

중국은 투자가들의 국제반 기업에 대한 투자는 해외투자를 하는 것과 같기에 사전 리허설이 필요하다고 생각하고 있다. 또한 국제반이, 외국기업이 중국에서 현금을 뽑아가는 현금 자동인출기가 되어서는 안 된다고 생각한다. 달러의 해외유출 없이 개인 투자가들에게 해외투자의 경험을 만들어주기 위해 홍콩증시 기업의 ETF를 상하이증시에 상장하는 방안도 추진하고 있다.

상하이증권거래소의 2010년 주요업무계획이 국제반 개설인데도 진행이 느린 것은 내부에 반대하는 이익집단이 있기 때문이다. 간단히 말하면, 국제반 개설로 인한 A주에 미칠 영향 때문이다.

예를 들면, 세계적인 화학회사 P&G와 시노펙의 경우, P&G가 시노펙보다 월등히 좋은 기업이지만 미국시장에서의 PER은 상하이의 시노펙이 높다. 투자가들이 이것을 어떻게 생각할까? P&G가 저평가되었다고 생각하면 좋은데 시노펙이 고평가되었다고 판단하면 국제반을 개설하는 순간 중국증시는 폭락한다.

기관투자가와 자산운용사들이 운용하는 펀드의 자산가치는 형편없이 낮아질 가능성이 있다. 기관들 입장에서는 국제반 상장이 새로운 종목을 발굴할 수 있는 기회이기도 하지만, 기존 포트폴리오의 수익률에 치명적일 수 있어 쌍수를 들고 환영할 입장이 못 되는 것이다.

포춘 500대 기업을 상장하는 시장을 만들고 이들 상장주관사를 모두 중국 증권사로 한정하면 중국 증권사는 엄청난 IPO 경험과 수익을 얻을 수 있다. 그래서 중국의 국제반은 중국 내부에 미치는 영향과 함께 자본시장이 개방되고 나서는 아시아 여타 시장에도 막대한 영향력을 끼칠 수 있기에 중국이 여러 가지 생각을 하고 있다.

중국의 국제반에 한국의 대표기업인 현대차와 삼성전자가 가장 먼저 상장한다면 중국 내에서 인지도나 소비자에 대한 광고효과는 엄청나다. 그리고 한국보다 높은 PER로 자금조달을 하다면 기업 입장에서는 상장을 못 할 이유도 없고 장기적인 중국시장의 금융과 산업의 성장성을 고려해 오히려 적극 상장을 추진하는 것이 답이다.

지금 중국에서 홍콩에 상장된 중국 기업 중 국제반 1호 상장기업은 중국이동통신이고 외국기업은 HSBC가 1호가 될 것이라는 얘기들이 많다. 중국이 국제반 1호 상장을 홍콩에 상장된 중국의 레드칩으로 한다면 국제반이라는 의미가 퇴색한다. 미국과 일본 기업을 1호로 상장하기에는 중국인의 정서에 맞지 않는다. 영국의 HSBC가 유력한 것 같지만 중국에 필요한 건 이제 더 이상 돈이 아니다. 기술과 브랜드와 원자재다.

그래서 중국 일각에서는 국제반에 1호로 상장시킬 기업은 그 상징성 때문에 중국이 가장 필요로 하는 국제 원자재 관련기업이 될 것이라는 설도 있다. 하지만 삼성전자의 IT 제품과 현대차의 자동차는 세계적인 브랜드일 뿐 아니라 IT와 자동차는 중국인이 가장 가지고 싶어 하고 중국에 반드시 필요한 기술이라는 상징성도 포함하고 있다. 따라서 한국도 1순위 상장을 꿈꿔볼 만하다. 문제는 이 안에 대해 중국 증권사와 합작해서 중국정부를 설득하고 딜을 성사시킬 만한 한국의 IB가 없다는 것이다.

한국의 증권사는 경영권을 보장받지 못한다고 합작증권사 설립에 주저할 게 아니라 수업료를 낸다 생각하고 중국과 합작으로 증권 업무에 진출했어야 했다. 한국의 초대형 기업들이 중국 기업 고객을 사귀면서 중국 국제반 시장에 상장할 때 당당하게 주관사 역할을 하면서 중국 IB 비즈니스의 초석을 닦아야 한다. 시장개방이 다 된 뒤 들어가면 먹을 게 없다.

대 중국 금융엔지니어가 필요하다

어느 기업이든 관건은 기업 경쟁력인데 기업 경쟁력의 핵심은 인재 경쟁력이다. 중국은 저급인력은 넘쳐나고 고급인력은 모자라는 인재 버블이 있다. 떼돈 버는 백만장자 기업인들이 쏟아져 나오지만 기업 조직 안에 제대로 된 금융엔지니어가 없어 경기의 충격이 한번 오면 제대로 대응을 못 해 와르르 무너지기 쉬운 게 중국이다.

이번 금융위기에 경제는 선진국보다 나쁘지 않은데 중국증시가 폭락한 데 대한 중국 금융계의 반성이 재미있다. 중국 자본시장은 문을 닫아놓아 동네 꼬마들끼리 치고받고 놀았다. 사자가 없으면 원숭이나 여우가 왕이다. 중국은 이번 중국의 부동산과 주식 버블의 문제는 중국 증권회사의 인재 결핍 때문이라는 반성을 하고 있다.

경제위기는 선발자를 낙마시키고 후발자에게는 기회를 준다. 제2차 세계대전은 미국을 일으켜 세웠고 중동의 석유위기는 일본을 대국으로 만들었다. 이번 서브프라임은 중국을 역사의 무대에 주인공으로 재등장시키는 계기를 만들었다.

　금융위기는 진정한 기업 가치판단의 기회다. OEM과 브랜드, 내수와 수출 투자와 소비로 대변되는 내수의 중요성을 알게 한다. 금융위기 이후 중국은 모든 방면에서 자신감이 생겼다. 그러나 중국은 정치가 경제를 통제하는 나라다. 2011년 이후 실행될 12차 5개년 계획과 이에 대한 5~10년의 판단이 중요하다. 이를 위해서는 중국 실물과 정치를 같이 봐야 한다.

　좀더 길게 보면 중국의 향후 30년의 큰 그림을 볼 수 있어야 한다. 민주화, 금융화, 빈부격차, 노동문제, 원자재와 부존자원, 환경문제, 외부 공격 등 중국에는 많은 난제가 있고 또 엄청난 성장의 기회도 있다.

　소비, 금융, 부동산이 중국에서 앞으로 30년의 대박을 결정짓는 키워드다. 이를 제대로 해석하고 판단해서 투자하는 것이 바로 대(代) 중국 금융엔지니어들이 할 일이다. 한국에 이런 일을 제대로 수행할 수 있는 대 중국 금융엔지니어가 과연 몇이나 될까?

　중국 유명대학 박사과정에 한국의 뛰어난 인재들이 유학하고 있다. 그런데 재미있는 것은 금융을 전공하는 박사들은 중국 전역을 통틀어 손으로 꼽을 정도다. 한국도 마찬가지다. 각 대학의 금융 전공 교수들은 대부분 미국 박사들이지 중국 박사는 거의 없다. 지금 우리는 중국 금융전문가가 너무 부족하다. 중국 인재 양성이 시급한 시점이다.

한국 IB, 중국 금융지도의 변화를 읽어야 한다

　중국에서 IB를 하려면 중국 금융지도의 변화를 읽을 필요가 있다. 중국의 금융지도는 그 주도권이 남쪽에서 북쪽으로 정치권의 부침에 따라 올라가고 있다.

중국 기관의 이름에는 '○○ 중심(中心)'이라는 표현이 많다. 중국이 세계의 중심이라고 생각하는 것이다. 그런데 그런 중국의 중심은 어딜까? 중국의 중심은 베이징이다. 중국의 거래소와 많은 금융기관들이 상하이에 있지만 주요 금융기관의 회장들은 베이징의 재정부 앞에 있는 금융가에 사무실이 있다. 정부가 모든 것을 다 좌지우지하기 때문이다.

중국의 금융시장을 보면 정치적인 역학구도가 있다. 덩샤오핑이 개혁개방을 주창하고 남순강화(南巡講話)를 하면서 광저우와 선전이 각광을 받았다. 선전에 잘나가는 IT산업과 부동산 기업이 중심이 된 선전거래소가 세워졌다. 덩샤오핑 다음으로 상하이 출신의 장쩌민이 주석이 되면서 상하이의 푸동을 개발하고 상하이의 루지아쭈이를 미국의 월가처럼 만들었다. 중국의 대형 제조업이 모두 상하이거래소에 상장되었고 상하이거래소가 중국의 대표 거래소가 되었다.

후진타오 주석이 집권하면서는 톈진이 뜨고 있다. 톈진은 지금 정부의 실세인 원자바오 총리의 고향이다. 얼마 전까지 톈진 시장은 중국 금융계의 대부이자 전 인민은행장이었던 다이샹룽이었다. 이런 정치적인 배경으로 중국 금융기관들이 톈진에 천문학적인 숫자의 금액을 투자하고 있다.

톈진은 베이징과 지척의 거리다. 각국 수도의 역사를 보면 정치도시는 금방 쇠락하지만 정치와 금융이 합쳐진 도시는 오래 번영한다. 런던과 도쿄가 바로 정치와 금융도시다. 그러나 미국은 워싱턴이 정치도시고 뉴욕이 금융도시다. 금융이 없는 미국의 수도 워싱턴은 한적한 시골마을 같다.

이런 정치도시의 한계를 잘 아는 후진타오 주석과 공조하는 베이징파들은 톈진의 교통망을 확장시켜 베이징과 연결시킴으로써 톈진을 새로운 금융도시로 만들려는 꿈을 꾸고 있다. 이를 위해 톈진에 상하이 푸둥신구보다 더 큰 빈하이신구(浜海新区)를 개발하고 베이징과 톈진을 한 시간 내에 주파하는 고속철도를 놓아 동일 생활권으로 만들었다.

베이징은 현재 외곽순환도로가 6환 도로까지 있는데 이것이 9환, 10환까지 확장되면 베이징과 톈진은 서울과 인천처럼 서로 병합된다. 그러면 베이징은 자연스레 정치 기능에 금융 기능까지 갖게 된다

사모펀드와 펀드, 벤처투자 등의 소위 신(新) 금융산업이 톈진에 뿌리내리게 하기 위해 이들 산업에 대해 톈진에서 창업을 할 경우 우대조치를 한다. 금융위기 때문에 무산되긴 했지만 중국 개인의 해외 주식투자의 창구를 톈진으로 통일하려고 했다. 먼저 홍콩에 투자하게 하는 직통차(直通車)의 제도를 톈진에서만 허용했다. 선전과 상하이의 유통시장을 아무리 발전시켜봐야 덩샤오핑과 장쩌민의 업적이지, 후진타오의 업적이 아니기 때문이다.

중국은 역사적으로 남쪽과 북쪽이 사이 좋게 지낸 적이 별로 없다. 장강을 사이에 두고 위, 촉, 오가 서로 쌈박질하면서 수많은 명언과 고사를 만들었다. 베이징과 상하이는 지금도 서로 치고받는 관계다.

베이징은 상하이 사람을 돈만 아는 쫀쫀한 것들로 보는 시각이 강하고, 상하이는 북방 오랑캐들이 실속도 없으면서 큰소리나 친다고 하는 식이다. 칭화대 CEO 반에 상하이 출신은 거의 없고, 푸단대 CEO 반에 베이징 사람은 없다. 상하이를 금융 중심으로 지정해놓고 칼자루를 쥔 베이징 정책당국이 상하이에 화끈하게 정책지원을 안 하는 것도 상하이가 돈자루를 쥐고 흔드는 꼴을 아니꼽게 보기 때문이다.

중국 베이징파들의 애국심은 대단하다. 13억의 앞날을 자기들이 짊

어지고 간다고 생각한다. 그래서 중국의 금융가에 금융지도와 관련된 우스갯소리가 나돌고 있다. 베이징이 칼자루를 놓으면 안 되는 이유가 재미있다. 그 척도는 애국심이다. 금융같이 중요한 국가 기간산업은 베이징에서 틀어쥐고 잘 관리해야 한다는 것이다. 이유는 중국의 베이징에서 거리가 멀어질수록 애국심이 약해지기 때문이란다.

상하이는 일찍부터 서방 강대국의 점령지였기에 이미 외국과 바람이 난 지역이다. 각종 규제로 잘 통제하고 관리해야 바람기를 막을 수 있다. 선전과 광저우는 아편전쟁 때 마약을 하다가 나라를 팔아먹은 전력이 있다. 금융이라는 아편을 먹이면 선전, 광저우는 나라도 팔아먹을 동네라 중요한 권한을 주면 안 된다는 것이다.

아시아의 금융중심지 홍콩이 있지만 이곳은 이미 수렁에 빠진 딸이다. 조상들이 잘못한 탓이지만 200년 전부터 영국에 강간당해 이미 혼혈의 자식을 낳았다. 시간이 너무 흘러 이들은 아예 중국에 대한 애국심이라는 개념조차 없기에 베이징이 모든 것을 쥐고 통제해야 한다고 한다. 이것이 베이징파들이 남쪽을 바라보는 시각이다.

지금 중국의 한 세대 정치권력은 20년이다. 중국의 주석은 5년씩 두 번의 임기를 연임하지만 전임자의 영향력은 퇴임 후 10년을 간다. 퇴임한 지 7년이 지난 장쩌민 전 주석이 여전히 중국 공산당의 주요행사에 참석하여 후진타오 주석 옆에 서서 존경을 받으며 중요한 인사에도 영향력을 끼친다.

후진타오 주석이 아직 권력을 완전히 장악하지 못했다는 설도 나돌지만 사실이 아니다. 멋진 전관예우(前官禮遇)의 선례를 보여주는 머리 좋은 칭화대 출신 천재의 계산된 연출일 뿐이다. 평화적 정권교체를 통해 전임 주석이 퇴임 후 적어도 10년은 권좌에서 멀어지지 않게 하는 관례를 만드는 것으로 보인다. 장쩌민을 모범답안으로 만들면 첫 번째 수혜자는 후진타오다. 그리고 후진타오 뒤를 이을 시진핑이나 리커창도 절대권력자의 말로를 알기 때문에 권력의 소프트랜딩을 반대할 이유가 없다.

이를 감안하면 앞으로 적어도 20년간은 중국 권력지도의 중심은 베이징이다. 중국의 권력은 예전에는 연안파, 상하이파, 베이징파 등 조금은 촌스러운 지연 중심이었다. 이제 권력의 패션이 좀더 세련된 학연 중심으로 변하고 있다. 앞으로 20년을 내다보면 한국의 엘리트들이 하버드, MIT가 아니라 칭화대와 베이징대로 가야 한다. 칭화대를 나온 후진타오의 뒤를 이을 시진핑, 리커창도 칭화대와 베이징대 출신이다.

덧붙여 중국의 1인당 GDP 순위 분포를 보면 상하이, 베이징, 저장, 톈진, 광저우, 장쑤성 순이다. 중국 부호들의 분포를 보면 베이징, 상하이, 항저우, 선전, 광저우 순이다. 상하이와 인접한 항저우와 상하이를 합치면 부자들의 수는 베이징을 넘어선다.

중국의 금융중심지가 상하이인 이유다. 또한 중국의 금융가에서 상하이의 명문 푸단대, 자오퉁대가 뜨는 이유도 이것 때문이다. 따라서 상하이의 금융가에서 일하려면 푸단대와 자오퉁대가 좋다. 한국 금융기관이 중국에서 자산관리, 펀드판매 영업을 한다면 어디서 해야 하는지가 명확해진다.

SECTION ___ 4

21세기 조공은 배당과 이자다

한국, 제조업에서는 승산이 없다

중국이 미국의 달러 덫에 걸린 것처럼 이미 한국도 중국의 덫에 걸렸다. 정치, 경제적으로 모두 중국의 영향력 하에 들어가 버렸다. 북한문제가 한반도 최대 이슈인데 북한을 컨트롤하는 키는 미국이 아니라 중국이 쥐고 있다.

중국은 지금 20년 내에 세계 1위로 도약하느냐 못 하느냐의 갈림길에 서 있다. 그래서 중국으로서는 앞으로의 10년이 매우 중요하다. 적어도 2020년까지는 북한이 사고 치지 않고 조용히 있었으면 하는 바람이 크다. 중국의 코앞에서 불꽃놀이를 자꾸 하는 북한이 불을 내면 바로 중국으로 옮겨 붙기 때문이다.

그래서 중국은 보험을 하나 들어놓았다. 3장에서 밝힌 것처럼 북한에 에너지 공급을 해주는 송유관 밸브로 북한을 통제하는 것이다. 북한은 중동에 미사일 제품을 수출하던 해상수송로가 막히는 바람에 달러

와 오일을 구할 방법이 없어졌다. 중국 이외의 루트에서는 국가를 운영할 에너지를 얻을 방법이 없다

전쟁해서 총을 쏘아 죽이는 것보다 굶겨 죽이기가 쉽고, 그보다 더 쉬운 것은 얼려 죽이는 것이다. 중국의 에너지와 식량 원조가 없으면 북한의 상황은 매우 어려워진다. 더구나 한국은 형제의 나라기 때문에 영수증 없이 퍼주지만, 50년 전 옛날 마오쩌둥 시절에나 혁명동지였지, 지금은 남남인 중국은 자산을 담보로 차용증을 받고 북한에게 돈을 빌려준다.

북한이 개방되면 원조는 남쪽이 하고 돈은 중국이 챙겨갈 공산이 크다. 북한의 '서해안 불꽃놀이'가 심각한 듯 보이지만 배후에 있는 중국의 안전 때문에 한반도의 안정을 원한다면 앞으로 10년간은 한반도 내부적으로 큰 정치적 리스크는 없을 것 같다.

경제적으로 한국은 지금 중국 덕분에 잘 먹고 잘살고 있다. 연간 200억 달러 이상의 무역흑자가 모두 중국에서 나오고 중국이 후기공업화 단계에 들어서면서 과거에 일본이 한국에 그랬던 것처럼 공업생산에 필요한 중간재를 공급하면서 호황을 누리고 있다. 그러나 금융위기 이후 전 세계가 중국의 폭발하는 내수시장을 보고 기술공여와 생산공장 건설을 하고 있어 과거 일본이 누렸던 것보다 한국의 호황이 길지 않을 수도 있다.

경제의 상호의존도가 높아지면 서로가 서로를 죽일 수 없다. 금융위기 이후 전 세계가 중국을 비난하지만 중국이 생산공장 문을 닫아버리면 세계는 아담과 이브 시대로 돌아가야 한다. 신발을 못 신고, 옷을 못 입고, 빗이 없어 머리를 못 빗고, 밥 먹고 나서 이를 쑤실 이쑤시개가 없다. 중국의 덫에 걸린 것이다.

한국은 당장 식당에 김치가 없어지고, 서해안에서 대포 쏘고 하는 북한은 중국이 송유관을 닫기만 하면 모든 시스템이 올스톱이다. 한국의 밥상 물가는 유가가 100% 상승해도 견딜 수 있을지 몰라도 김치, 마늘, 고추 값 폭등에는 견딜 수 없다. 이미 중국산 농산물의 한국 밥상 점유율이 너무 높아졌다.

중국 자본시장이 열렸을 때 발생할 수 있는 금융 쓰나미는 이보다 더 무섭다. 홍수나 화재에는 불우이웃돕기를 해서 살아갈 수 있다. 재난이 생기면 국민의 단결력이 높아지고 부부애는 더욱 돈독해지는 법이다. 그러나 과거 우리의 경험으로 보면 금융 쓰나미는 수많은 불임으로 이어진다. 이혼율이 증가하고 거지와 노숙자가 생길 뿐 아니라, 교육비용이 없어 아이를 안 낳는다. 이렇게 되면 국가의 백년대계는 끝이다.

지금까지는 한국의 반도체, 자동차, 철강, 화학, 휴대폰, LCD, 조선이 대중국 비즈니스에서 효자였다. 그러나 이들 제조업의 수명이 얼마나 될까. 세계 최강의 반도체 국가였던 미국이 1970년에 시작해 1985년에 메모리 반도체를 접었다. 이어 일본이 1985~1995년, 즉 10년 만에 메모리 반도체산업에서 한국에 손을 들었다. 한국은 얼마를 더 갈 수 있을까. 20년? 아니면 30년?

미국과 일본이 반도체산업을 내준 것은 기술이 뒤져서가 아니다. 실제로는 생산이 문제였다. 한국도 앞으로 이 문제에서 벗어날 수 없다. 예를 들어 지금 잘나가는 반도체와 조선업을 보자.

반도체공장은 특성상 365일, 24시간 공장을 돌려야 한다. 연휴도 없고 밤낮 3교대 일을 하는 힘든 작업환경이다. 먼지가 나면 안 되므로 작업장은 절대 청정지역이다. 파운데이션의 미세 가루도 현미경으로 보면 바윗덩이다. 바로 제품 불량이 난다. 화장도 못 하고 땀도 마음대로 못 흘리는 열악한 작업환경이다. 20대의 꽃다운, 금이야 옥이야 키운 우리의 아들 딸들이 과거 삼촌, 이모들처럼 눈만 내놓고 온몸을 흰 작업복으로 감싼 답답한 작업환경에서 얼마나 견딜 수 있을까?

앞으로 반도체가 10년을 더 간다면 지금 초등학교 3, 4학년짜리들이 그 생산현장의 담당자들이다. 컴퓨터 게임에 물들어 있는 지금의 '초딩'들이 10년 뒤에 그런 환경에서 일하라고 하면 도망갈 확률이 높다. 그러면 기술이 문제가 아니라 생산원가를 못 맞춰 미국과 일본처럼 눈물을 머금고 중국에 달러 박스를 내줘야 한다.

지금은 세계에서 1위를 점하고 있는 조선업도 마찬가지다. 중국의 조선소를 가보라. 그 규모가 한국을 넘어섰다. 한국의 대우조선을 포함한 주요 조선소의 중국 현지공장을 가보면, 산업의 국제적 이전이 이미 시작되었음을 알 수 있다. 수십 미터 공중에 매달려 한여름에 얼음 조끼를 입으면서, 한겨울에는 살을 에는 강풍에도 위험한 철판용접 작업을 하는 한국의 조선업 엔지니어들이 40대를 넘어서고 있다. 10년 뒤 한국의 20대들이 이런 위험한 작업을 하려고 할까? 모르긴 몰라도 차라리 집에서 백수로 지낼지언정 조선소 용접공으로 일하는 건 꺼릴 확률이 높다. 일본 조선소의 경쟁력 약화는 반도체와 마찬가지로 생산인력의 문제였다.

향후 한국의 10~20년의 인구구조를 보면 한국의 제조업은 기술문제가 아니라 생산문제로 산업 기지를 해외로 옮겨야 한다. 그러면 연간 200억 달러의 돈은 어디서 벌충해야 할까?

1990년대 초반 한국증시가 개방된 후 한국에는 '비자발적인 다국적 기업'들이 대거 등장했다. 삼성전자, 포스코, 국민은행 같은 한국 대표 기업들에 국내 대주주보다 지분이 높은 외국인 주주가 등장했다. 좋게

보면 기업의 국제화 수준이 높아진 것이지만, 다르게 생각하면 조공을 바치는 새로운 대상이 생긴 것이다

 회의 성원을 위해 주주총회 때마다 전 세계를 돌아다니며 외국인 주주들로부터 주주총회 참석 위임장을 받아오는 것이 IR 팀의 중요임무가 된 지 오래다. 주주총회에서 외국인 주주의 단기적인 이해관계가 기업의 장기적인 경영전략보다 더 중요한 지경에 이르렀다. 한국의 최대 기업인 모 전자회사는 연간 10조 원의 이익을 내지만 그중 절반이 외국인 몫이다. 그리고 주가관리와 주주이익을 환원한다고 매년 2조 원에서 많게는 4조 원을 풀어 자사주를 사주고, 그때마다 외국인들은 보유주식을 팔아 차익을 챙겼다.

 금융의 세계 최대강국인 미국은 재정적자, 무역적자가 1조 달러를 넘어도 여전히 잘 먹고 잘산다. 철강, 자동차, 가전 등 주요 제조업체가 모두 망해도 미국은 전 세계 금융시장에 깔아놓은 자본이 벌어들이는 배당과 이자로 자국의 부동산시장이 망가지고 투자은행이 부도나도 끄떡없이 잘 지내고 있다.

 결국 21세기에는 창과 칼로 다른 나라를 정복하는 제국이 아니라 금융으로 지배하는 금융제국이 진짜 제국이다. 이런 시대에 21세기 현대판 조공은 이자와 배당이다.

금융, 삶의 흔적만으로 돈 버는 산업

 1984년 미국의 자산운용사인 스커더캠퍼사가 만든 코리아펀드의 수익률은 1990년대 후반까지 미국의 컨추리펀드 중 가장 높았다. IT 강국 한국의 IT 주에 주로 투자해 십수 년간 원금을 수십 배 불렸기 때문

이다.

어떻게 가능했을까? IT의 대표인 반도체는 1970년 초 미국이 개발해 1985년까지 세계 1위를 차지했다. 그 후 1980년 중반 일본에 1위 자리를 내주었고, 1995년 이후에는 한국이 세계 1위 자리를 차지했다. 미국은 반도체산업의 선두자리를 일본에 내주었지만 15년간 자국산업의 경험을 토대로 일본 반도체산업에 투자해서 큰돈을 벌었다. 또한 그 경험으로 다시 한국에 투자해 대박을 낸 것이다.

과거 자동차, 철강, 조선, 전자 등 주요 제조업의 국제적 이전과정을 보면 미국에서 일본, 한국, 중국으로 마치 기러기가 날아가는 모양으로 이전되고 있다. 한국도 금융산업에서 과거 제조업의 경험을 살려 중국 산업에 투자하면 얼마든지 승산이 있다.

현재 1인당 GDP 3,500달러대인 중국은 한국의 1980년대 중후반과 유사하다. 1980년대 중반 한국의 최대 수출 품목은 섬유였다. 최근 중국증시에서 높은 수익을 낸 업종은 반도체, 인터넷, 자동차가 아니라 섬유업종 주식이었다.

우리가 살아온 '삶의 흔적'만으로, 살아온 경험을 바탕으로 투자해서 돈을 벌 수 있는 분야가 중국의 금융시장이다. 21세기의 조공은 배당과 이자고, 잘나가는 나라의 주요기업 주식을 사서 성장의 수혜를 탐닉하는 것이 21세기 금융시대의 돈벌이 방식이다.

국부펀드, 연기금 10년에 100배 먹을 투자를 하라

해외투자는 대국에 해야 하고, 안전해야 한다. 지금 전 세계 선진국은 국가건 금융기관이건 모두 신용불량이다. 세계적인 신용평가사들의 신용평가도 모두 엉터리다.

그러나 미국이 사고를 친 덕에 금융위기로 전 세계가 동시에 불황에 빠진 지금이 10년 지나서 되돌아보면 투자하기 가장 좋았던 시기일 수 있다. 한국의 국부펀드와 연기금들이 해외로 진출하는 데 지금이 가장 좋은 시기일 수 있다.

물론 지뢰가 어디서 터질지 몰라 불안하기는 하지만 지뢰가 모두 제거되고 나면 수익이 없다. 한국의 큰손들이 안심하고 투자해서 큰 수익을 낼 수 있는 곳이 어디일까? 신용불량인 미국과 유럽의 선진국일까? 아니면 이번 금융위기를 피해가서 오히려 경기과열을 우려하는 중국 같은 개도국일까? 선진국은 재정적자로 모두 부도 위기에 있지만 중국은 달러가 넘쳐서 고민이다. 애초부터 부도위험이 없다.

연기금과 국부펀드는 길게 투자하고 크게 먹어야 한다. 금융위기에도 고성장하고 있는 중국의 기업과 정부가 나서서 적극적으로 투자하는 SOC 건설과 같은 대형 프로젝트에 돈을 넣어야 한다. 한국의 국부펀드와 연기금은 아직 중국 기업과 중요 프로젝트에 대해 겁이 나서 손이 나가지 않는다. 위험한데 어떻게 투자하느냐는 것이다. 실제로는 투자전문가가 없고 중국을 잘 알지 못해서 위험하다는 것이지, 투자대상 자체가 위험한 것은 아니다.

우리보다 국부펀드의 선배이자 선발주자인 싱가포르의 국부펀드는 이미 한참 전에 중국투자를 시작했다. 그리고 미국의 워렌 버핏, 짐 로저스, 조지 소로스 등 살아 있는 투자계의 전설들은 이미 오래전부터 중국투자를 해서 대박을 냈다.

그렇다면 이들 기관의 선진국 투자의 성과는 어떠했을까? 이들 기관들은 미국과 유럽의 서브프라임 관련 금융기관의 지분을 사서 모조리 손실을 입었다. 싱가포르의 경우는 어쩔 수 없이 UBS 주식을 앞으로 20~30년간 장기보유하겠다고 발표했다. 빚쟁이 선진국에 투자했다가 비자발적인 장기투자가가 되어버린 것이다.

홍콩에 상장된 중국 상장 대기업의 주요 대주주를 보면 HSBC, 뱅크 오브 NY, JP 모건, AIG, ABN-AMRO 홀딩, 피델리티 등의 이름이 줄줄이 나온다. 이미 전 세계 유명한 IB와 투자회사들은 모두 중국 대기업의 5대 주주 안에 들어가 있다.

글로벌 펀드와 IB들이 한국의 기관투자가와 IB들보다 정보 분석력이 떨어질까? 전혀 그렇지 않다. 글로벌 시장의 프로선수들은 앞으로 10년을 잘나갈 기업에 이미 찜해놓고 기다리고 있는 것이다.

나중에 모든 게 다 알려지고 안전하다고 생각되고 시장이 완전히 열렸을 때 후발자들이 몰려 들어가면, 먼저 들어간 선수들은 이때다 하고 덤프트럭으로 물량을 쏟아내고 유유히 돈을 챙겨 나갈 것이다.

국부펀드와 연기금 등은 10년에 100배를 먹는 투자를 해야 한다. 10년을 내다보면 세계 최고의 투자대상이 중국임이 분명한데 잘 몰라서 손이 안 간다는 것은 말도 안 된다. 중국에 대해서 잘 모른다고 언제까지 손 놓고 있을 수 있을까?

1조 원의 자금을 투자한다고 가정하면 거기서 5%만 떼어 조사분석 비용으로 쓰면 어떨까? 100%를 먹는데 5%는 비용으로 쓸 만하다. 100억 원을 조사비용으로 쓰고 종목당 5억 원의 비용을 들여 중국의 잘나가는 기업 20개만 분석하고 투자를 한다 치자. 종목당 5억 원을 준다고 하면 중국 최고의 애널리스트에게 보고서를 받고 그 기업의 일거수일투족을 3년간 무료로 실시간 체크할 수 있다.

지금까지 한국에서 해외주식 펀드가 40조 넘게 팔렸다. 이 중 한 번

가본 적도 없는 나라를 포함해 전 세계에 잡탕밥처럼 투자하는 게 아니라, 5%를 정보비용으로 쓰고 40종목만 골라서 투자했으면 지금쯤 어떻게 됐을까? 종목당 50억 원의 조사비용을 들였다면 한국의 해외주식펀드의 수익률은 어떻게 되었을까?

한국의 중국펀드 판매회사들은 무늬만 자기 것인 양 포장하고 실제로는 수조 원의 돈을 외국인과 외국계 기업에 맡겨놓고, 한국 측에서는 현지 조사분석이 전혀 안 돼서 운용이나 종목선정에는 제대로 관여하지도 못했다. 외국 펀드의 처분만 기다리는 펀드가 높은 수익을 내기는 애초부터 어렵다.

한국도 펀드수수료와 운용보수를 낮추고 깎는 경쟁에 혈안이 될 게 아니라 제대로 분석하고 투자하는 데 돈을 써야 돈을 불릴 수 있다. 정보분석 비용은 안 쓰면서 감이 떨어져주길 기다리고만 있는 투자는 한 번쯤은 우연히 대박을 맞을지 몰라도 두 번째는 어렵다.

워렌 버핏이 한국어를 할 줄 알아서 포스코를 사고 중국어를 알아서 페트로차이나를 산 게 아니다. 중국어를 모르는 워렌 버핏, 짐 로저스, 조지 소로스가 중국투자를 하는 데 별 무리가 없는 것은 충분한 정보비용을 들여 좋은 정보를 사기 때문이다.

3년에 두서너 배를 먹는데 정보비용 5%가 아까울 턱이 없다. 이런 식으로 중국투자를 한다면 국민들이 맡긴 돈에 6% 수익이 아니라 60% 수익을 낼 수 있다. 큰돈 쓰고 큰돈을 벌어야지, 안 쓰고 안 버는 전략으로 가면 만날 그 자리고 좋은 투자기회는 날아가 버린다.

SECTION __ 5

한국의 중국투자, 타이밍인가

먹기 위해 일하는 나라, 놀기 위해 일하는 나라

주가가 잘 오르는 나라와 그저 그런 나라의 차이는 무엇일까? 답은 이렇다. 먹고살기 위해 일하는 나라는 경제도 고성장하고 주가도 잘 올라간다. 그러나 놀기 위해 일하는 나라는 성장의 활력이 없고 주식시장도 빌빌거린다.

고속도로에 고급 승용차가 줄을 서서 달리는 나라는 성장의 활력이 없다. 한 달 휴가를 가기 위해 5개월을 죽어라 일하는 나라는 주식이 재미가 없다. 사회보장이 잘돼 있어 직업이 없어도 먹고살 만하고 휴가 계획만이 관심사인 나라는 돈도 함께 휴가를 가버린다. 미국과 유럽, 일본이 딱 이 상황이다.

한국의 고속도로에 수십 톤짜리 트럭이 과적을 하면서 시커먼 매연을 내뿜고 꼬리를 물고 달릴 때 한국의 성장률은 8~10%를 달렸고, 주가는 5년 만에 7~8배가 올랐다. 하지만 지금 주말에 영동고속도로에 나가 보라. 승용차 100대가 지나갈 때 트럭은 서너 대 지나가면 많이 지나가는 거다. 이러면 주식투자 지역으로 한국은 재미가 없다. 한국도 먹고살기 위해서 일하는 나라에서 놀기 위해 일하는 나라의 반열에 올라선 것이다.

그러면 성장의 활력은 처지고 주식시장은 재미가 없다. 그리고 이런 추세를 알아챈 돈들은 잽싸게 해외로 도망을 간다. 최근 몇 년간 한국의 해외펀드가 수십조 원이 팔린 것은 우연이 아니다.

중국은 소득수준 3,500달러 수준으로 경제가 한참 꽃피는 시기의 나라다. 연간 630만 명의 대학생이 쏟아지고 1,300만 명의 노동자가 일자리를 찾아 도시로 들어온다. 국민들이 먹고 마시는 문제가 정부의 최대 관심사다. 석유가격은 올라봐야 그저 그렇지만 돼지고기 가격이 급등하면 소비자물가가 급등해 난리가 나는 나라가 중국이다. 먹고살기 위해 그리고 돈을 벌기 위해 물불 안 가리고 미친 듯이 일하는 나라다.

그런데 먹고살기 위한 일자리 창출 때문에 두 자릿수 성장도 부족하다고 보는 나라에 구조적인 변화가 생기고 있다. 있는 것이라고는 사람밖에 없던 나라에 돈이 생겼다. 세계 최대 규모의 자금을 보유하고 있고, 그 돈을 보고 전 세계 투자자들이 중국으로 몰리고 있다. 마치 미국 서부개척 시대에 금광을 개발하러 전 세계 금광 기술자들이 다양한 기술을 갖고 미국 금광에 모여들던 형국이다.

과거 중국은 '술 상무'를 고용해 정부 관리를 꼬셔서 이권사업을 따내 돈을 버는 사람들이 부지기수였다. 그러나 이제는 뛰어난 머리와 재능으로 미국과 유럽, 호주 등지에서 유학을 하면서 최첨단 광통신, 풍력발전, 태양광 기술을 배워 와 후진국인 모국의 경제발전에 기여하고, 이를 기특하게 여긴 정부가 화끈하게 밀어줘서 고성장을 한 기업들도 많다. 이들 기업은 한술 더 떠 미국과 유럽에 상장을 해서 일확천금을 벌어들이고 있다.

사람과 돈 그리고 기술이 3박자를 이루면 성장의 최적조건을 갖춘다. 누가 노다지를 캘지는 모르지만 금을 캘 때 입는 작업복인 청바지는 필요하다. '21세기 청바지'는 금융이다. 중국 전역이라는 광산에서 노다지를 캐려면 작업복과 같은 돈이 필요하다. 청바지 장사는 누가 대박을 낼지는 모르지만 그것은 싹수가 있는 광산업자를 고르는 혜안이 있어야 한다. 그렇지 않으면 야반도주하는 광산업자에게 걸려 패가망신한다. 지금 중국에 투자하는 전 세계 투자자들이 이 형상이다.

미국이 서부에서 실리콘밸리의 노다지를 캔 선수들을 서부에 잡아둔 방법이 바로 네바다 사막에 만든 환상의 도시, 카지노의 천국 라스베이거스다. 광산에서 번 돈을 모두 여기서 쓰고 네바다 주는 사막 위에서 가만히 앉아 황금을 건졌다.

중국의 연간 해외여행자 수는 2009년에 4,766만 명이었다. 한국 인구만 한 숫자가 해외로 돈을 쓰러 간다. 금융위기 중에도 중국의 따뜻한 남쪽 섬, 골프와 스파 그리고 물놀이의 천국 하이난다오의 집값이 배 이상 올라간 것은 돈 있는 중국인들의 휴가 때문이다.

중국정부가 금융위기로 공무원의 해외출장을 막아버리자 하이난다오가 중국 기업이 공무원을 접대하는 최적의 장소가 된 것이다. 하이난다오 5성급 호텔의 하루 숙박비가 300만 원을 초과하는데도 방이 없다. 수백억 대의 이권사업이 왔다 갔다 하는데 기백만 원의 호텔비는 문제가 안 된다. 그래서 지금 중국 전국의 5성급 호텔 중 방값이 가장 비싼 곳이 중국의 남쪽 해안 하이난다오 지역이다.

우리나라 제주도에는 얼마 전부터 의료법인을 유치하는가 마는가의 문제로 갈등을 빚고 있다. 그런 문제로 다투지 말고 중국의 부유한 기업 관광객이 제대로 즐길 수 있는 위락시설과 세계 최고의 라스베이거스식 엔터테인먼트를 만들어놓으면 어떨까? 아마 대박을 터뜨릴 것이다. 지금 라스베이거스의 유명 카지노 호텔은 모두 마카오에 진출했거나 진출에 눈독을 들이고 있다. 지금 마카오는 금융위기에도 불구하고 중국인이 너무 몰려 중국 내지인은 출입의 연간 횟수를 제한하는 상황에 이를 정도다. 제주도에 미국의 하와이, 유럽의 스위스를 모델로 한 위락시설들을 만들어놓고 중국어 마을이나 중국어만 사용하는 시티를 조성해놓는다면 한국은 땅 짚고 헤엄치면서 중국인의 달러를 모을 수 있다.

한쪽에서는 먹고살기 위해 죽어라 일하고 한쪽에서는 이미 대박을 내어 흥청망청하는 곳, 이런 곳이 투자하기 좋은 나라다. 가치는 높지만 수요와 공급이 안 맞아 가격이 왜곡되어 있는 나라가 가치투자하기는 좋은 나라. '72의 법칙'을 적용하면 중국이 앞으로 연평균 9% 성장을 할 경우 8년 뒤에 경제규모는 두 배가 된다. 우리 경험으로 보면 경제규모가 두 배가 될 때 주식시장은 서너 배 이상 커진다. 개별종목으로 보면 시가총액이 수십 배가 커지는 종목도 부지기수가 될 것이다.

한국도 성장률 3%대인 나라에서 채권식 가치투자를 자랑할 게 아니라, 이런 나라에 그동안 갈고 닦은 노하우를 접목해 30년 가치투자할 것을 10년에 끝내고 돈 가방을 싸매고 유유히 은퇴여행을 가야 한다.

2위가 1위 될 때가 최고의 시기다

지금은 미국이 세계 최고지만 세계의 패권국으로 지낸 역사는 불과 100년이다. 중국은 1600년대까지 세계 1위였다. 근세 350년간은 방황의 시기였지만 최근 50년간 무서운 속도로 성장해 세계 2위로 우뚝 섰다.

중국은 미국과 무역전쟁이 아닌 금융전쟁을 시작했다. 오바마 대통령이 2009년 하반기에 중국을 방문했을 때 정치도시 베이징이 아닌 금융도시 상하이를 첫 방문지로 잡았다. 베이징대 학생들과 토론하는 게 아니라 금융중심지 상하이의 푸단대 학생들과 토론을 벌였다. 오바마는 왜 상하이에 먼저 갔을까?

미국의 경쟁력이 유일하게 살아 있는 분야가 금융이다. 무역분쟁이니 뭐니 하지만 실제로 미국의 관심사는 중국의 금융시장이다. 오바마가 금융도시 상하이에 간 것은 금융시장, 특히 미국이 최강인 분야 IB 시장에 대해 중국의 개방을 요구하기 위해서다. 미국의 관심은 무역이 아닌 금융에 있다는 걸 보여준 것이다.

70년 전에 프랑스는 겁 없이 잘나가는 미국의 화폐가치에 토를 달다 미국이 달러의 금불태환 선언을 하자 슬그머니 꼬리를 내렸다. 지금 중국이 겁 없이 미국의 달러가치 폭락에 반기를 들었다. 이번에 중국은 어떻게 할까? 중국이 프랑스의 전철을 그대로 밟을까?

이번은 약간 다른 양상이다. 금융과 군사력으로 세계를 지배한 미국은 지금 '근육이 터져버린 거인' 이다. 월가의 불장난에 그간 200년 동안의 역사를 다시 써야 할 판이다. 미국이 우방이라고 믿었던 모든 나라가 이제는 미국을 못 믿겠다고 뒷구멍으로 달러 자산을 내다 팔 궁리를 하고 있다.

미국의 군사력도 예전 같지 않다. 핵무기가 등장하면서 큰 것이 작은 것을 이긴다는 법칙이 적용되지 않게 되었다. 아무리 작은 나라도 핵을 보유하고 있으면 함부로 다루기 어려운 상황이 되어버렸다. 아프가니스탄, 중동, 북한 등 부시가 벌여놓은 전선에 돈이 무한정 들어가 오바마는 정신이 없다. 지금 미국은 중국과 전쟁을 할 형편이 못 된다. 오히려 잘 협력해 이 난관을 넘기고 그간 까불었던 나라를 손봐도 봐야 하는 형편이다.

그리고 미국은 후손들이 갚아야 할 빚을 너무 많이 당겨 썼고 그 채권자가 대부분 아시아다. 아시아에 대해 금리를 올려 달러가치를 또 한 번 폭등시켜 새로운 금융위기를 만듦으로써 아시아의 돈을 터는 방법을 생각할 수 있다. 하지만 그전에 아시아 채권자들이 채권을 내다 팔면 월가가 먼저 무너진다. 이번 금융위기로 미국의 일방적 게임에서 중국과 미국의 용호상박 게임으로 양상이 바뀌었다.

게임이 오래 지속되면 결국 지구력이 부족한 놈이 지게 된다. 장기전에 이골이 난 중국이 이길지, 기상천외한 방법을 고안해내는 데 능숙한 미국이 이길지는 두고 봐야 한다. 그러나 빛보다 빠른 인터넷, 우주를 날아다니는 기술, 집을 담보로 60배씩 레버리지를 일으켜 돈을 버는 금융기술보다 더 반짝반짝하는 아이디어가 미국에서 나올 수 있을지는 의문이다.

하여간 이번 금융위기를 계기로 상승 엘리베이터를 탄 중국과 하강 엘리베이터를 탄 미국의 전쟁이 시작되었다. 주식시장은 장기적인 상승세일 때, 1위가 자리를 완전히 잡았을 때보다는 2위가 1위에 오르려 할 때가 성장탄력도 좋고 추세적인 강한 상승을 한다.

미국도 영국을 제치고 세계 1위를 하는 시기에 자동차, 전기를 포함한 주력산업들이 장기적인 상승을 하면서 대박을 냈다. G2로 올라선 중국은 특별한 이변이 없는 한 짧으면 10년, 길면 20년 안에 미국을 제치고 1위 자리에 올라설 것 같다. 2위에게 투자하고 1위에 오르면 팔아 치우는 게 주식투자의 정석이다.

슈퍼 유동성의 시대, 돈은 어디로?

이번 금융위기로 전 세계는 거의 20조 달러를 방출했다. 구멍 난 금융기관의 장부를 메우는 데 들어간 것이다. 그러나 유동성의 원천인 미국은 수조 달러를 더 퍼부어도 끝이 날지는 알 수 없다. 세계는 바야흐로 슈퍼 유동성 시대에 들어섰다.

금융은 '금(金)의 융통(融通)'의 준말이다. 돈은 속성상 돌아다닌다. 지금 각국이 출구정책이니 뭐니 하지만, 돈은 풀기는 쉽지만 회수하기는 쉽지 않다. 지금은 금융 시스템이 마비돼 화폐의 유통속도가 떨어져 돈을 아무리 풀어도 인플레이션 가능성이 없지만, 일정한 시간이 지나면 달라진다. 20조 달러 이상 풀린 돈이 자기복제 과정을 거치면 어쩔 수 없이 세계는 다시 슈퍼 유동성 시대로 들어간다. 인플레이션과 새로운 대버블을 맞을 수밖에 없다. 슈퍼 유동성 시대에 돈은 어디로 갈까?

제조업이 모두 해외로 나가버린 미국에서는 부동산과 금융, 엔터테인먼트 외에는 돈 벌 기회가 없다. 미국은 금융에서 전 세계를 상대로 복잡한 파생상품을 만들어 팔았다. 금융파생상품 수익률이 너무 높아 미국은 자신이 사거나, 다른 이를 꼬시기 위해서 자신이 먼저 샀다. 지금도 비슷한 상황이다. 경기부양을 위한 돈이 필요해 국채를 발행하지만 국채의 70%를 미국 연준이 샀다는 보도가 있다.

빚을 너무 즐기다 보면 '죽음의 고리'는 혈관이 가장 약한 놈부터 터진다. 빚으로 만든 1인당 GDP 수만 달러의 아이슬란드가 가장 먼저 터졌고, 사막 위에 형제들의 돈으로 사상누각을 올린 두바이가 깨졌다. 서유럽의 그리스와 포르투갈 등 소위 유럽의 PIGS(포르투갈, 이탈리아, 그리스, 스페인) 국가들에도 전염되었다. 다행히 아시아는 1998년에 이미 홍역을 치러 면역이 생겨 안전했다.

  제조업이 없고 금융과 서비스만 남은 나라에서는 1930년대의 루스벨트식 실물경기 부양책이나 일본식 돈 풀기 정책은 효과가 없다. 망가진 시스템과 위축된 심리 때문에 소비를 유도하기가 쉽지 않기 때문이다. 예전에 일본이 경기를 부양하겠다고 국민들에게 상품권을 나눠주며 소비를 유도했지만 사람들은 상품권을 돈으로 바꾸어 저축을 했다. 미국도 마찬가지다. 지금 미국은 소비가 부족한데 오히려 저축률이 올라가고 있다.

  제조업이 떠나고 소비만 남은 나라에 찾아온 금융위기는 경기부양의 약발이 잘 먹히지 않는다. 미국 소비가 다시 조금씩 살아난다고 하지만 그것이 바로 미국 제조업의 경기회복으로 이어지지는 않는다.

  미국이 돈을 풀어 내수를 부양한다고 PC를 사면 타이완과 한국의 메모리와 보드 업체가 좋아지고, 자동차를 사면 독일과 일본의 자동차 기업이 콧노래를 부른다. 운동화와 옷을 사면 중국으로 돈이 가고, 가솔린을 사면 중동으로 돈이 흘러가버린다. 미국은 유효 수요가 부족한 게 아니라 제조업의 공동화로 미국산 제품이 없다. 제조업을 보내버리고 '종이 돈' 달러로 만든 무임승차권으로 고속열차를 공짜로 탄 대가를 치르는 것이다.

  지금 미국, 유럽, 일본의 상황을 보면 사이버 금융, 종이 금융에 된통 당한 돈은 실물과 제조업으로 돌아갈 가능성이 커 보인다. 미국과 유럽의 제조업은 이번 위기로 대거 도산했고 아시아 기업에 팔려 나갔다. 이번 금융위기에서 제조업이 강한 아시아의 중국, 한국은 경기회복이 빨랐다.

  앞으로 다시 인플레이션이 오거나 이로 말미암은 버블붕괴가 또 온다면 누가 더 위험할까? 인플레이션과 불황에는 있는 자가 더 번다. 빚쟁이는 이래저래 괴롭다. 지금 전 세계의 달러가 모두 아시아에 와 있다. 미국과 유럽은 아시아의 채무자다. 다시 한 번 더 버블붕괴가 오면 미국이 타격이 클까, 중국이 클까?

기술과 사람은 근본이나 계급을 따지지만 돈은 아무것도 가리지 않는다. 30년간 인분을 퍼다가 배추농사 짓던 사람이 졸지에 토지가 개발되면서 토지 보상비로 졸부가 되어 BMW를 타도 차는 아무 말을 않는다. 학벌도, 출신도 따지지 않는다. 최근 100년간 조상들의 판단 오류로 구차하기 이를 데 없이 살았던 아시아에 지금 전 세계 헤지펀드가 모두 모여드는 것은 돈이 모여 있고 탄탄한 제조업이 있기 때문이다. 누차 강조하지만 제조업이 없는 금융업은 불임산업이다. 제조업이 있는 곳에서만 금융이 힘을 쓰는 법이다.

한국에서 '놈' 자 시리즈 영화가 히트한 적이 있다. 그 영화에서 쓰인 표현을 빌리면 중국은 정말 '질긴 놈'과 '독한 놈' 부류에 드는 나라다. 우리가 중국의 상징으로 알고 있는 베이징의 자금성은 한족의 것이 아니라 만주족인 청나라의 문화유산이다. 서방세계는 자금성은 당연히 한족의 중국문화라고 생각한다. 중국의 한족은 몽고족 원나라와 만주족 청나라와 같은 북방의 오랑캐를 상전으로 모셨지만, 그 흔적을 모두 없앴고 최후의 승자는 항상 한족이었다.

중국의 문화는 세계 4대 문명 중 유일하게 2,000년간 살아남은 문화이며 4대 발명품의 나라다. 서방세계가 반도체 통신, 항공, 우주기술 등의 첨단기술의 특허료를 주장하지만, 만약 1,000년 전에 특허청이 있었더라면 중국은 4대 발명품의 특허사용료 1,000년어치를 전 세계에서 받아야 할 나라다. 아시아 대부분의 한자문화권 나라들도 한자 사용료를 내야 할 판이다.

　미국이 화폐 발권력을 가지고 있는 한 외형상 미국이 세계의 패권을 그럭저럭 유지하겠지만 세계의 금융가를 막후에서 조정하던 마피아 보스의 면모는 사라진 지 오래다. 2010년 초에 벌어진 미국과 중국의 환율전쟁에서도 미국채를 팔아치운 중국에 미국이 할 수 있었던 것은 위안화를 절상하라는 협박성 구호밖에 없었다.

　지금 미국과 유럽은 금융기관 부도뿐 아니라 국채가 부도사태다. 컨트리와이드가 부도난 걸 BOA가 인수했고, BOA를 다시 정부가 인수했다. 미국의 작은 금융기관을 큰 기관이 인수했지만, 결국 정부가 나서서 썩은 물고기를 전부 처리했다. 게다가 지금 미국은 지방정부가 재정적자로 인해 부도가 줄을 서 있다.

　안전한 것이 미국 국채가 아니라 가장 불안한 채권이 미국 국채와 미국 지방채가 되어버렸다. 유럽에서는 그리스 다음으로 영국이 부도위기에 있고 미국은 내부적으로 캘리포니아와 오바마의 출신지인 일리노이 주가 부도 직전 상태다. 중국은 이런 상황에서 미국의 환율절상 협박에 '너나 잘하세요'라고 한마디하고는 끝이다.

　미국경제의 심장은 금융이다. 미국은 이미 심장에 병이 든 닭이다. 다시 새벽을 알리는 신선한 울음소리를 내기는 틀렸다. 지금 미국과 세계와의 관계는 심근경색증이 걸려 숨쉬기가 괴로운 미국이 통화 발권력을 이용해 전 세계를 볼모로 잡고 그 치료비를 세계에 부담시키는 꼴이다.

　그러나 미국은 더 이상 성한 혈관이 없어 중국과 일본, 한국, 타이완의 혈관을 빌려다 쓰고 있다. 서서히 사지에 마비가 올 수밖에 없다. 미국경제는 쇠퇴의 속도가 문제지, 기적이 일어나지 않는다면 옛날의 영화로 돌아가기는 틀렸다.

맛있는 미역국을 끓여 팔려면 요리사의 실력도 중요하지만 좋은 미역과 질 좋은 국산 한우고기가 있어야 장사가 된다. 지금 서방세계에는 금융의 달인, 금융의 요리사는 천지 빛깔로 다양하지만 좋은 국거리 고기가 없다. 200년 만에 다시 세계의 패권과 제조업과 돈이 아시아로 돌아오고 있다. 약삭빠르고 영악한 세계의 스마트 머니들이 싱싱한 국거리가 넘치는 아시아를 놓칠 리 없다.

강대국 미국, 영국은 금융자산으로 먹고사는 나라이므로 자국 금융시장의 붕괴는 무슨 수를 써서라도 막아야 한다. 이번 금융기관이 친 사고는 정부가 책임지고 수습할 수밖에 없다. 그런데 금융이 사고를 치는 바람에 이들 국가들의 제조업이 줄도산을 했다.

그러나 이번 위기에서 다행인 것은 전 세계적으로 보면 경쟁력 없는 선진국의 산업이 퇴출되었지 신흥국의 생산라인은 다치거나 파괴된 것이 하나도 없다는 점이다. 또한 지금까지 과도했던 금융 중심의 자금흐름도 제조업으로 자금이 회귀하는 수순으로 가는 과정을 겪을 전망이다. 그러면 후진국 제조업은 전 세계적인 노후설비의 퇴출, 선진국 자금의 유입으로 이래저래 경사다.

선진국은 경기가 회복되더라도 자국에 투자할 제조업이 없어 오히려 자금의 해외 진출이 더 커질 수밖에 없다. 그러면 그 투자대상은 어디일까? 그 첫 번째 대상은 아시아고 그중 최고의 투자대상은 중국이다. 그러나 중국은 아직 자본시장이 개방되어 있지 않다.

아시아에서 시장도 개방되어 있고 아직도 제조업이 강한 나라는 한국이다. 한국증시에서 외국인 투자가들이 들락날락하는 것에 대해서는 당분간 큰 걱정을 안 해도 된다. 한국이 중국 부상의 최대 수혜국이므로 중국이 시장을 개방하기 전까지는 외국인 투자가들이 한국시장을 절대 포기하지 못한다.

중국증시가 개방되기 전까지는 한국이 호시절이지만, 중국증시가 개방되면 대량의 외국계 자금이 중국으로 이전되어 한국증시에 금융 쓰나미가 올 위험이 있다. 이런 관점에서 보면 세계의 유동성은 미국과 유럽이 아니라 아시아에서 큰 판을 벌일 수밖에 없다. 아시아와 선진국의 진검승부가 이제는 뉴욕과 런던이 아니라 아시아에서 벌어진다. 중국은 서방세계의 방식으로 철저하게 길들여진 홍콩에서 판을 벌일까?

아니다. 중국이 상하이를 국제금융중심으로 만들고 위안화 국제화를 하겠다는 것은 '서양식 포커'가 아니라 '중국식 마작'으로 승부를 내자는 것이다.

판돈과 국거리는 중국이 쥐고 있기 때문에 이번 게임은 '월가식 게임'이 아니고 '상하이식 게임'이다. 게임의 룰을 잘 모르면 애초부터 승산이 없다. 세계적인 프로 투자가 짐 로저스가 일찌감치 미국의 헤지펀드와 작별하고 중국에 목매고 딸에게 중국어를 가르치는 데는 이유가 있다. 앞으로 20~30년간 벌어질 슈퍼 유동성 게임에서 중국을 철저히 연구하고 중국 금융의 심장인 상하이에 친숙해야 하는 이유는 바로 이 때문이다.

한국에게 중국은 황금 10년?

포커게임을 할 때 돈을 잃지 않는 방법은 잘 모르는 사람과 함께 치지 말라는 것이다. 사기 당할 위험이 크기 때문이다. 전 세계에서 한국만큼 중국을 잘 아는 나라가 있을까? 중국과 영토를 맞대고 치고받고 하면서 2,000년을 살았고, 중국에서는 공산주의로 인해 사라져버린 공자문화의 원형을 그대로 보존하고 있는 나라가 한국이다.

과거 50년간 중국은 줄을 잘못 서서 공산주의로 가는 바람에 쇠락의 길을 걸었다. 우리는 다행히 자본주의로 줄을 서서 단군 이래 처음으로 중국을 앞서가고 있다. 그런데 그랬던 중국이 이제는 10~20년 안에 다시 세계의 넘버원으로 복귀할 준비를 하고 있다. 한국은 과거 500년간 중국에 조공을 받치며 국가를 보존하고 단일민족의 피를 보존하며 살았다. 21세기의 조공은 무엇일까? 자본주의 세계에서 21세기의 조공은 배당과 이자다.

삼성전자가 아무리 돈을 많이 벌어도 40%는 외국 투자가의 돈이다. 미국이 제조업에서 망했어도 전 세계에 깔아놓은 주식, 채권에서 나오는 배당과 이자, 시세차익을 합하면 무역수지 적자폭을 넘어선다.

현재와 같은 성장 추세라면 중국의 GDP는 구매력으로는 10년 안에, 명목상으로는 20년 안에 미국을 앞선다. 앞으로 10년은 한국이 1980년대에 그랬던 것처럼 중국의 고성장시대가 지속되고, 한국 투자가들에게 투자하기 좋은 '황금 10년'이 온다.

중국펀드에 투자해서 망했는데 무슨 헛소리냐고 할지 모르지만, 1인당 소득 3,000달러에서 1만 달러로 오를 때까지 한국증시는 어떤 변동성을 거쳤는지 회상해보라. 2009년 중국의 1인당 GDP는 3,500달러다. 2010년에 9.7% 성장에 3% 내외의 환율절상을 가정하면 중국의 1인당 GDP는 4,000달러에 안착한다. 이는 한국의 과거와 비교하면 한국이 잘나가던 1980년대 후반 수준이다.

금융은 살아온 '삶의 지혜'만으로 돈을 버는 산업이다. 신진국 투자자들이 한국에서 장기투자해 대박을 낸 것은 우리보다 10~20년 앞서 산업과 기업의 변화를 경험한 덕분이다.

한국과 타이완의 1인당 GDP와 주가 추이

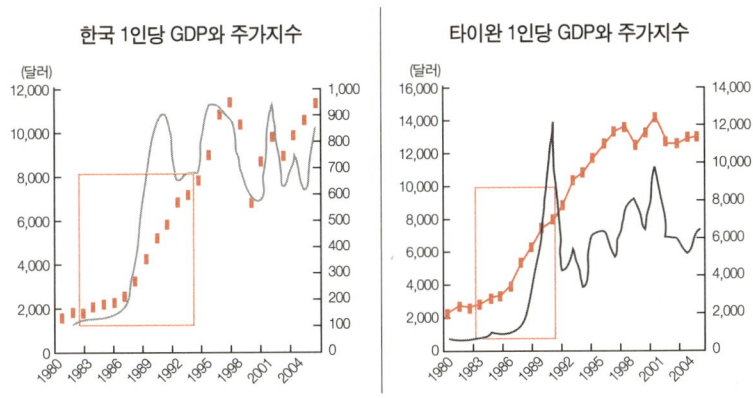

자료: 한화상해투자자문

　중국증시에는 앞으로 10년간 한국이 경험한 것보다 더 심한 주가변동성이 두세 번은 올 것 같다. 그래서 앞으로 10년은 중국의 황금시대가 아니라, 중국이 드라마틱한 경기변동을 겪을 때 이런 변동성을 서너 번 겪은 한국 투자가들이 중국투자를 해서 대박을 낼 수 있는 황금시대다.

　2008년에 증시가 폭락한 이후 중국펀드를 판 자산운용사들과 증권사들에 대해 비판과 비난이 많았다. 그러나 2009년 중국증시에는 200~300%의 수익률을 낸 종목이 많았다. 이들 운용사와 증권사들이 중국시장에 대해 깊이 있는 조사와 철저한 분석을 할 수 있었다면 2009년에 본전을 회복하고도 한참 더 수익을 낼 수 있었다. 앞으로도 이런 가능성은 여러 차례 더 있을 것 같다.

　21세기의 조공은 배당과 이자다. 중국이 열심히 일해 초고성장한 성과를 배당과 이자로 가져오는 것이 500년간 중국에 조공을 바치며 살아온 우리 조상들의 역사를 반전시키는 길이다. 1~2년에 100%가 아

한국 주가와 중국 주가의 비교(주가시작점: 한국 1980년, 중국 2000년)

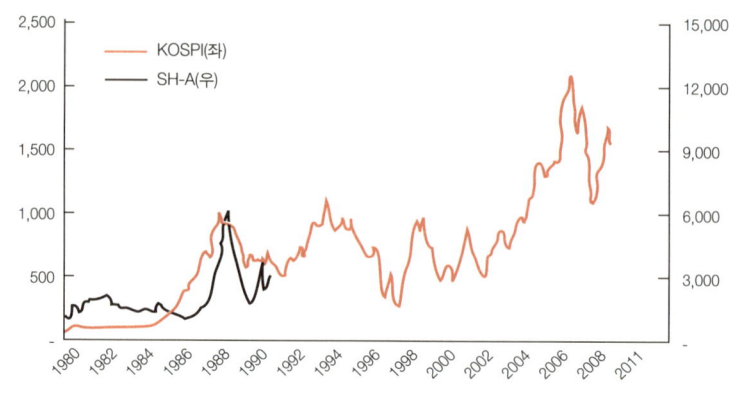

자료: 한화상해투자자문

닌 10년에 100배를 먹는 방법을 한국의 사례에서 연구하여 중국투자에 활용해야 한다.

1985년에 삼성전자를 5,000원에 사서 보유하고 있다가 지금 팔았다면, 25년 만에 160배를 벌 수 있었다. 중국처럼 변동성이 심한 나라는 정보력만 있다면 더할 나위 없이 돈 먹기 좋은 시장이다. 그러나 정보 분석력이 강하지 않다면 중국투자는 사막에서 낚시하듯이 오래 기다려 큰 고기를 잡는 방법을 쓰지 않으면 안 된다. 작은 변동을 같이 타서 단타로 벌기에는 중국은 리스크가 있다.

중국의 위안화 국제화와 상하이 국제금융중심이 제대로 진행되면 10년 뒤 상하이 푸동의 루지아쭈이 거리는 '아시아의 월가'가 될 것이다. 상하이가 '아시아의 뉴욕'이 된다. 지난 30년간 중국에서 가장 싼 것은 인건비였지만 이제는 아니다. 지금 중국은 넘치는 달러로 돈의 값이 가장 싸다. 중국은 미국 월가를 세 번 구제할 만한 돈이 있으면서도 운용할 곳이 마땅치 않아 제로금리인 미국시장에 투자하고 있다. 중국이 제조업에서 30년 벌어들인 돈을 투자하고 운영하는 시장을 중국에 만들고 있다.

아직은 우리보다 경쟁력이 떨어진 중국의 금융시장에 빨리 돈을 묻어야 한다. 3~4년 안에 지금 6자를 보이는 환율이 4자로 가면 환차익만 해도 금리는 무조건 빠진다. 한국이 4대 강에 수십조 원을 투자한다는데, 그중 10조를 빼서 중국의 황허를 비롯한 4대 강 유역 환경사업에 투자한다면 10년 뒤에 수익이 얼마가 될까? 한국의 4대 강을 서너 번은 더 개발할 만한 돈이 되지 않을까?

200년 전 세계의 은이 중국의 차와 도자기를 사기 위해 중국으로 몰렸고, 중국이 가진 은을 빼앗으려고 영국이 아편을 팔아 아편전쟁이 일어났다. 중국은 싸움에서 패했고 청나라는 망했다. 서방세계의 산업혁명, 기술혁명의 최종 수혜자가 아이러니하게도 후발자인 사회주의 국가 중국이다. 제조업의 최종 종착지로 중국이 당첨되었다. 지금 전 세계 달러가 중국으로 몰리고 있다.

21세기의 차와 도자기는 중국이 만드는 '메이드 인 차이나' 제품이고 은은 '달러' 다. 중국에서 미국과의 패권전쟁, 화폐전쟁이 일어날 판이다. 중국이 무서운 속도로 성장하고 있지만 아직은 산업혁명, 기술혁명의 범주에서 벗어나지 못하고 기술 베끼기인 산자이 혁명(山寨革命) 수준에 있다. 한국투자가와 IB들이 좀더 철저히 중국을 조사·분석하고 더욱 단합하여 인내심 있게 투자한다면 중국투자는 충분히 승산이 있다.

SECTION __ 6

중국투자는?

사막에서 낚시하는 것처럼

사막에서 낚시를 한다면 어떻게 해야 할까? 미친 사람 취급을 받을 수 있지만 그래도 사막에서 낚시하는 사람들이 있다. 물이 있는 곳은 어디든 물고기가 산다. 사막을 깊이 파보면 지하에 호수와 연결되어 수맥이 흐르는 강이 있다. 그 강에는 사람 키만 한 물고기도 산다고 한다. 그 물고기는 아주 아름다워서 함부로 쳐다보지 못할 정도라고 한다.

사막에서 물고기를 낚는 낚시꾼은 특별한 낚시 방법을 써야 한다. 강과 호수에서 잡는 것과는 기본적으로 다르다. 몇 미터나 깊이 모래를 파야 수맥을 만날 수 있는지는 알 수 없다. 또 그 수맥에 도달해도 사람 키만 한 아름다운 물고기가 올 때까지 기다려야 한다. 그것이 열 시간일지, 열 달일지, 혹은 1년, 아니 10년이 걸릴지는 알지 못한다. 일단 수맥을 발견하면 그때부터는 물고기와의 시간싸움이다. 사막의 물고기는 한 번도 낚시꾼을 본 적이 없기 때문에 순진하다. 그래서 미끼가 필요 없다. 루어 낚시처럼 흔들면 바로 문다. 그래서 사막의 수맥을 발견하고 물고기가 올 때를 기다리는 게 어렵지 낚시하기는 너무 쉽다. 엉덩이가 가벼운 낚시꾼은 아름다운 사막의 물고기를 잡을 기회가 절대 없다.

사막의 낚시꾼이 언제 잡힐지 모르는 사막의 물고기에 집착하는 이유는 물고기가 너무 크고 아름답기 때문이다. 그런 물고기는 잡기만 하면 낚시꾼의 평생 수입이 보장된다. 중국시장은 수맥과 물고기는 이미 발견된 사막과 같다. 이젠 누가 사람 키만 한, 세상에서 가장 아름다운 물고기가 나타날 때까지 끈질기게 기다리는가에 성패가 달린 것 같다.

중국에 투자하기 전에 할 일

중국은 외국이라는 심리상의 거리가 멀지, 실제로는 무척 가까운 곳이다. 비행기를 타면 고속철도로 서울에서 대구에 가는 시간이면 베이징, 상하이에 도착한다. 아침 첫 비행기로 상하이에 들어가 미팅 하나 한 뒤 점심을 먹고, 오후에 기업을 방문해 두 건의 미팅을 하고 고객과 저녁까지 먹고 9시에 비행기를 타면 한국으로 돌아올 수 있다. 항공료는 인터넷으로 구매하면 왕복 약 20~30만 원대다.

중국의 금융도시 상하이에 40층 이상의 오피스 빌딩이 얼마나 있는지를 보면, 중국의 고급 아파트가 잘 팔리는 이유를 알 수 있다. 중국의 공항과 항구에서 비행기가 얼마나 연착하는지를 보면 중국의 경기를 알 수 있다. 금융위기 전에 베이징의 수도공항이나 상하이 푸동공항은 출발이 30분에서 한 시간씩 지연되는 것이 다반사였다. 이착륙하는 비행기가 하도 많아 활주로에 대기하는 비행기가 마치 명절 날 고속도로 톨게이트 앞에 승용차가 대기하듯 서 있었다. 이런 때 투자하면 손해

볼 일이 없다. 요즘 중국 공항에는 지연 출발이 없다.

중국에서 반드시 가봐야 하는 곳이 고속도로와 항구다. 고속도로 톨게이트의 대기시간과 운행하는 차량 중에서 대형 컨테이너 수송트럭 수를 보면 중국경기를 알 수 있다. 야간 고속도로를 타고 가보면 물동량의 움직임을 알 수 있다. 운송비를 아끼려고 단속이 없는 야간에 과적을 하고 헤드라이트도 안 켜고 과속질주하는 트럭이 많으면 중국경기는 문제 없다. 수출 상황은 상하이 항 부두 야적장에 쌓인 컨테이너 박스를 보면 알 수 있다.

중국경기의 또 다른 핵심지표는 고급식당이 붐비는 정도다. 중국은 모든 중요한 비즈니스가 사무실이 아니라 식당에서 밥을 먹으면서 이루어진다. 1인당 300위안(5만 원) 이상 하는 식당에 손님이 붐비면 중국경기는 누가 뭐라 해도 끄떡없다. 금융위기로 전 세계 고급식당들이 문을 닫고 있는데 중국의 고급식당은 호황이다.

그다음은 5성급 호텔과 골프장이다. 요즘 중국도 행사를 대부분 호텔에서 한다. 5성급 호텔에 논단이니, 세미나니 하는 글이 박힌 붉은색 휘장이 어지럽게 걸려 있으면 경기호황이다. 베이징과 상하이의 주말에 그린피 1,200위안(20만 원) 이상짜리 골프장에 손님이 없으면 외국기업 현지법인의 경기는 좋지 않다. 요즘 베이징, 상하이의 고급 골프장에 외국어가 줄고 중국 말을 쓰는 100타 돌이 골퍼들이 대거 등장하고 있다. 외자기업의 줄도산과 퇴출의 영향이다.

중국의 외환관리를 보려면 중국은행 지점에 가서 달러로 예금하고 출금을 해보면 금방 알 수 있다. 언론에서 중국에 핫머니가 어쩌니 저쩌니 하지만 실제로 핫머니가 들어와서 왜 쉽게 나갈 수 없는지를 알 수 있다. 공상은행, 건설은행, 중국은행 창구에서 입출금 업무를 한번

해보면 한국 금융기관이 왜 경쟁력이 있는지 알 수 있다. 증권사 지점에 가서 노인들이 와글와글 떠들고 있는 객장을 한번 보라. 왜 중국증시가 변동 폭이 그리 큰지, 한국 증권사가 중국에서 장사하면 돈을 벌지, 잃을지 금방 판단이 선다.

중국의 소비를 보려면 1980년 이후와 1990년 이후 출생자들, 소위 빠링허우와 지우링허우들이 주로 가는 바이롄, 완다광창, 동팡광창 등의 의류매장에서 손님 숫자와 옷값을 보면 된다. 한국에서 중국에 진출한 이랜드, 베이직하우스, 더휴컴퍼니 같은 패션기업들이 중국에서 왜 그렇게 급성장하고 돈을 잘 버는지 금방 알 수 있다.

중국에서 IT 기기가 얼마나 보급·확산됐는지를 알려면 시장에 가보라. 말이 끄는 마차 위에서 윗옷도 안 입고 반바지 차림으로 수박을 파는, 소득계층 분포의 최하위에 속하는 수박장수도 휴대폰을 들고 통화를 한다. 그 옆으로는 벤츠, 아우디를 탄 선글라스 낀 사모님들이 휴대폰으로 통화하며 짜증 섞인 얼굴로 클랙슨을 울려대고 있다. 21세기 정보대국 중국의 모습이다. 왜 한국의 휴대폰 업체들이 중국에 목을 매는지 짐작이 간다.

서울에 가본 사람과 안 가본 사람이 싸우면 안 가본 사람이 이긴다. 모르면 용감하기 때문이다. 눈으로 보면 내 상상과 얼마나 다른지를 알 수 있다. 내 돈을 투자하는데 투자하는 지역에 가보지도 않고 덜렁 수천만, 수억 원을 던지는 것은 고기 잡는다며 연못에 붕어 밥만 던져놓는 격이다. 투자 원금의 1%를 털어서 반드시 중국의 베이징, 상하이, 선전을 한번 직접 돌아보고 투자하기를 권한다. 그 1%는 날려버리는 것이 아니라 자신이 투자한 돈의 리스크를 줄이는 보험료다.

8장 중국투자, 이런 분야를 주목하라

1_ 13억 인구가 만들어내는 성장산업
2_ 중국의 성장과 함께 가는 산업
3_ 중국만의 독특한 산업
4_ 중국의 신성장산업

SECTION ___ 1

13억 인구가 만들어내는 성장산업

13억 켤레 운동화 타령, 이젠 진실?

예전에는 중국의 13억 인구에 신발 한 켤레씩만 팔아도 13억 켤레라는 말은 허구라고 생각했다. 10년 전만 해도 중국인들은 나이키 운동화 한 켤레를 살 돈이 없는데 무슨 운동화 타령이냐고 했다. 맞는 얘기였다. 구매력이 없는데 머릿수가 아무리 많은들 무슨 소용이 있겠는가.

그런데 이제 중국의 13억 인구가 만들어내는 소비가 세계를 먹여 살리는 시대가 왔다. 지금 중국의 1인당 GDP는 3,500달러로 우리나라의 1980년대 중반과 같다. 되돌아보면 1970년대 초반은 한국도 검정고무신, 흰고무신의 시대였고, 1980년대 초반은 시커먼 비닐 재질로 가죽 축구화를 흉내낸 '차범근 축구화'가 운동화의 대명사였다.

1980년대 중반 이후 부유층들이 테니스 코트에서나 신던 하얀색 레오파드 운동화가 드디어 서민들의 발에도 신겨졌다. 구매력이 생긴 것이다. 88 올림픽을 지나면서 한국에서는 휴대폰이 불티나게 팔렸다. 포니 자동차로 통칭되던 소형 자동차가 소위 자동차 대중화(Motorization) 시기를 거치면서 급성장했고, 지금 한국은 세계 4위의 자동차 수출국이 되었다.

레오파드 운동화를 신고, 올림픽을 치르고, 휴대폰을 사기 시작하던 1980년대 중반 한국에서는 종합주가지수가 100 언저리에서 시작하여 처음으로 1,000을 넘었다. 수출이 성장의 견인차 역할을 했지만, 기업들은 수출에서는 적자를 내고 내수에서 돈을 벌었다. 모든 수출품목에서 규모의 경제를 만들어 원가를 낮추려고 물량 떼기 저가수출을 하는 대신 내수가격을 비싸게 받아 이익을 낸 것이다. 4,500만이 먹고 쓰는 시장에서 대박이 난 것이다.

2009년에 중국정부가 4조 위안(680조 원)을 풀었다고 전 세계가 놀랐지만 중국의 인구를 생각하면 별것도 아니다. 4조 위안을 13억 인구로 나누면 1인당 3,000위안, 우리 돈 50만 원씩을 푼 것뿐이다.

한국의 26배 되는 인구가 지금 한국이 경험했던 1980년대 후반의 소비단계로 들어가고 있다. 소비는 불가역성이 있다. 소비는 쓰기 시작하면 가속화하지 후퇴하는 법이 없다.

1980년대 후반 이후 한국의 4,500만이 만들었던 성장의 활력과 소비를 되돌아보라. 한국의 26배로 레버리지가 걸리는 중국의 소비대중화 시기는 한국이 수출을 하든, 투자를 하든 결코 놓쳐서는 안 되는 기회의 시기다.

중국은 이제 의식주와 인구 관련 시장(食, 衣, 住, 行, 育)이 폭발한다. 중이 고기 맛을 알면 빈대의 껍데기도 안 남긴다고 농담을 하는데 중국인들의 입맛이 그렇다. 중국은 원래는 채소와 탄수화물이 주식이었다가 소득수준이 오르면서 고급스런 지방과 단백질 수요가 급속히 늘고 있다. 몇 년 전 중국에서, 죽으면 돼지의 귀가 파래지는 전염병인 청이병으로 돼지 수천만 마리가 병사하자 돼지고기 가격이 급등했다. 돼지고기 가격상승이 물가상승을 불러와 실질금리를 마이너스로 만들어버렸다. 그러자 은행예금이 높은 투자수익을 찾아 은행을 떠나는, '돼지가 은행을 터는' 현상이 나타났다.

예전에는 생산의 도구로서 13억 인구였다면, 이제는 그 많은 인구가 구매력이 뒷받침되면서 중국은 이제 13억의 소비시장, 곧 '시장'이 키워드가 되었다. 지금 전 세계가 중국시장을 보고 기술을 싸 들고 오고 있다. 중국은 시장의 동질성이 커 단시간에 수천만, 수억 개의 제품을 팔 수 있다.

이런 배경으로 중국 기업들도 대기업은 과거 10년보다 더 급성장하고 있다. 중국은 거대한 시장이지만 아직은 경쟁이 불충분하다. 그래서 중국은 지금까지 보통은 40~60년 걸린 일들을 20~30년 만에 이루었다. 지금 40여 개에 불과한 포춘 500대 기업도 10~20년 안에 내수시장이 커지면서 200개 이상 나올 것이라고 예상된다.

땅이 넓어도 살 만한 땅은 좁다

중국 부자 순위를 보면 상위 랭킹에 들어 있는 사람은 IT나 자동차 기업 회장이 아니다. 모두 부동산 개발기업 회장이거나 부동산 개발상 오너의 자녀들이다.

중국은 땅은 넓지만 살 만한 땅이 좁다. 중국인들은 예전부터 황허강과 장강 두 곳에 모여 살았다. 옛 기록을 보면 황허강 주변에 전체인구의 80%가 모여 살았다고 한다. 사람은 살아가는 데 물과 소금이 필수

적이기 때문이다.

농업시대에는 물과 비옥한 토지, 집합노동 때문에 황허 근처에 모여 살았지만 공업화의 길을 걸으면서 상황이 바뀌었다. 2차산업 비중이 급속도로 커지면서 도시화가 급진전되고 있다.

동남해 연안과 황허강, 장강 두 개의 강 주변 대도시가 급속도로 커지고 있다. 1950년 상하이 인구는 540만 명이었는데 지금은 1,900만 명이다. 매년 도시화가 0.9~1.3%씩 진행되면서 연간 1,000~1,600만 명이 도시로 들어오고 있다.

지금 중국은 인구 100만 이상의 도시가 100개나 된다. 1위인 충칭의 인구는 2,800만 명이고 100위인 허베이성의 인구는 107만 명이다. 7억 2,000만의 농촌 인구가 계속 도시로 향하고 있다.

중국은 토지를 정부가 소유하고 지방정부 세수의 20~30% 이상이 부동산 사용권의 매각 수입이다. 그래서 중앙정부는 부동산 규제를 노래 부르지만 세원이 충분하지 못한 지방정부는 중앙정부와는 별도로 수많은 개발사업을 벌이고 토지사용권을 판다. 그래서 중국은 부동산 경기가 구조적으로 죽을 수가 없다.

부동산 개발은 비리도 많고 수익도 높다. 중국의 대표적인 부동산 개발기업인 완커(万科)가 떼돈을 버는 데는 이유가 있다. 중국정부가 규제를 많이 하고 통제를 가장 많이 하는 것도 부동산이다. 부동산이 비리도 많고 먹을 것이 많기 때문이다.

현재 46%선인 도시화율이 매년 1%씩 상승해 60%대에 도달할 때까지는 중국 부동산에 버블이 있고 부동산 가격도 올라갈 수밖에 없다. 물론 정부 규제로 단기적인 변동은 불가피하지만 10년을 본다면 베이징, 상하이, 선전 어디든 지하철이 들어오는 부근의 시내에 있는 부동산이면 충분한 투자수익이 날 수 있다.

아직도 1,000년 된 도시 베이징의 4환 도로와 5환 도로 사이에는 빈 공터가 많다. 상하이도 시속 430킬로미터로 달리는 푸동공항에서 시내로 들어오는 자기부상열차를 타고 오다 보면 채소농사를 짓는 농토와 농가가 아직 즐비하다.

지금 중국의 부동산은 외국인의 경우는 1년 이상 합법적으로 체류한 거류증이 있어야 매입할 수 있다. 중국의 부동산을 살 조건이 안 되면 토지를 많이 보유한 중국의 부동산 개발상의 주식을 사서 묻어두면 된다. 베이징, 상하이, 선전, 중칭 등에 소재하고 있는 1위 부동산 개발상이 대상이다. 그전에 기업의 영업보고서를 통해 현재 정부에서 불하받은 토지의 면적이 얼마나 되는지 반드시 확인해야 한다.

7억 농민이 쓰는 것이 신성장산업이다

중국은 전체인구 중 54%인 7억 2,000만 명이 농촌에서 살고 있다. 도시에 나와 6개월 이상 있으면 이들은 농촌 인구 통계에 잡히지 않는데 이들 농민공을 합치면 중국 농민은 약 9억 명이다. 원자바오 총리는 시간만 나면 농촌으로 달려간다. 미국이 환율을 절상하고 미국에 물건 팔아 번 돈으로 미국 국채를 사라고 강요하면 이를 피해가는 핑곗거리가 7억의 농촌 인구다. 우리도 어려운데 남 돌볼 여유가 없다고 둘러댄다.

중국의 경제성장은 농민에게 달려 있다. 중국정부가 연초에 처음 발표하는 정부시책을 1호 문건(一号文件)이라고 하는데 이것은 중국정부가 가장 중요시하는 민생문제다. 그런데 1호 문건은 7년 연속 3농개혁이 핵심주제로 발표되었다.

중국이 현대화를 하는 데 왜 중국의 농민, 농촌, 농업을 거론하는 걸까? 중국은 전통적인 농업국가고 농민이 중요한 자원이었다. 그러나 공업화가 진전되면서 농업이 GDP에서 차지하는 비중은 10%대인 데 반해 인구는 54%가 농촌에 산다. 도시가 아무리 빨리 성장해도 인구의 절반을 넘는 시골 사람들이 잘살거나 도시로 나오지 않는다면, 중국의 빈부격차는 더욱 확대되고 사회문제가 커져 어렵게 이룬 경제성장이 농민봉기로 도로아미타불이 될 수도 있다.

따라서 중국은 농촌 인구를 도시로 유입하고 남아 있는 농촌 인구의 소득을 높이는 것이 정책의 핵심이다. 또한 광대한 토지에 빈부격차가 심해지고 도농 간 격차 확대로 농촌 지역의 SOC 투자와 구축의 요구는 커지는데, 농촌은 인구분포가 너무 넓어 인구당 투자효율이 너무 낮다. 따라서 국가예산의 효율적 집행을 위해서라도 농촌 인구의 도시 유인이 필수적이다.

그래서 중국정부는 경제성장의 초점을 도시화, 공업화, 시장화 3가지에 맞추고 있다. 중국의 산업구조에서 농업 비중을 보면 농촌 인구 7억 명은 1.5~2억 명 내외로 줄어도 문제가 없다. 농민을 도시의 노동자로 전환하지 않으면 중국의 농업문제는 해결할 수 없다.

중국의 지도자들이 입만 열면 농촌! 농촌! 부르짖는 이유는 바로 중국의 7억 농민이 일면으로는 골칫덩이 같지만 중국 고성장의 원천이기 때문이다. 한국의 경우도 농촌 인구의 도시 유입으로 도시화가 빠르게 진행되고 성장동력도 가장 강했을 때가 1980년대인데, 중국이 지금 이 단계에 있다.

중국이 앞으로 10~15년간 지속적으로 고성장할 힘은 농촌에서 나온다. 어느 나라건 마찬가지지만 사람, 기술, 돈이 기업의 핵심이다. 기술

중국의 도시화 진행과 GDP

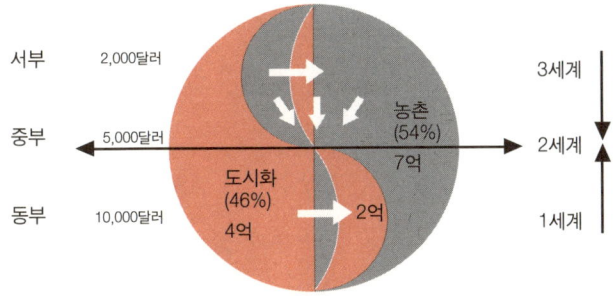

- 도시화율 진행속도: 0.9~1.3%
- 도시 인구 진입속도: 1,170만~1,690만 명
- 도시화율 60% = 14년, (-1.8억 명)
- GDP 기여도: 4~5%
- GDP 1차 산업비율: 11%, 인구 1.5억 명(-5.5억 명/0.13=42년)

자료: 한화상해투자자문

과 돈은 선진국에서 가져오면 되지만 인건비가 올라가면 모든 산업은 인건비가 더 싼 나라로 도망가버린다. 경공업과 중공업이 미국, 일본, 한국을 거쳐 중국으로 이전해버린 이유도 바로 이 때문이다.

중국은 매년 1,000~1,300만의 농촌 인구가 도시로 들어가 신규 노동력의 공급원 역할을 하고 있다. 중국정부는 중국 농촌에 토지경작권의 전매 허용, 거주이전의 자유 허용 등으로 도시화를 위한 준비를 착착 진행 중이다.

1인당 소득 3,000~4,000달러대면 한국으로 보면 새마을운동이 꽃피던 1980년 중반 수준이다. 중국은 지금 한국의 새마을운동을 모방한 '신농촌 건설운동'을 벌이고 있다. 과거에 한국도 그랬지만 농촌은 정부지원이 가장 확실하고 빠르게 먹히는 시장이다.

자본주의의 대표적인 상품을 2가지만 꼽는다면 자동차와 TV다. 아이러니하게도 정보통제와 이동의 자유가 제한되었던 사회주의 나라 중국에서 이들 제품이 활짝 꽃피고 있다. 이번 금융위기를 계기로 못사는 7억 농촌 인구가 새로이 소비하는 내구재가 공업화된 자본주의 국가를 먹여 살릴 가능성이 커졌다.

금융위기의 탈출 대안으로 중국정부는 내수를 부양하기 위해 농촌에 가전제품과 자동차를 보조금을 주고 싸게 공급하는 가전하향(家電下乡), 자동차하향(汽车下乡) 정책을 실시했는데 대박이 났다. 정부는 경기부양을 위해 돈을 써야 하는데 돈을 써서 국민들에게 인심을 얻으니 좋고, 기업은 불황에 수출이 안 되어 죽을 지경인데 물건을 팔아서 좋고, 농민은 가전제품을 싸게 사서 좋은, 일거삼득의 효과를 냈다.

TV에 가끔 나오는 중국의 농촌 풍경을 본 사람이라면 가난한 지역인데 LCD TV가 웬 말이고 자동차를 누가 사느냐고 반문할 것이다. 하지만 중국 농민의 평균을 보면 안 된다. 그들의 상위 10%를 봐야 한다.

한국의 1970~1980년대 시골을 되돌아보자. 시골 어디든 상위 10%의 시골 유지들은 TV와 전축, 전화가 있어 도시인 부럽지 않은 생활을 했다. 그런 수준의 중국 농촌의 상위 10% 인구가 7,000~9,000만 명, 가구 수로 약 2,000~3,000만 호나 된다.

한국 인구의 두 배 정도 되는 인구가 LCD TV와 전자레인지, 태양열 온수기 등의 가전제품과 소형 승용차를 살 능력이 있는 사람들이다. 이들에게 보조금을 주면 가전제품 3,000만 대가 팔릴 수 있다고 하니 가전회사가 비명을 지르며 덤비지 않을 수 있을까? 중국정부가 이를 간파한 것이다. 2009년에 중국 가전회사들은 이미 LCD TV 2,500만 대를 만들어 팔았고, 2010년에는 3,500만 대를 목표로 하고 있다. 2009년에 중국은 컬러 TV를 1억 514만 대 생산했다.

2009년 중국 최대 가전유통회사의 황 모 회장이 주가조작 혐의로 구속되는 사건이 있었다. 중국정부가 돈 있는 농민들에게 가전제품을 싸게 보급해 내수경기를 부양하는 데에는 전국의 가전유통망과 A/S 망이 필요했다. 그것을 갖추는 데 그 가전회사의 협조가 절대적으로 필요했다.

　　그런데 이 시장의 엄청난 잠재력을 알고 있는 황 회장이 정부가 조국과 민족을 위해 벌이려는 사업에 돈 욕심을 부렸다. 서부지역 모든 제품의 유통을 자기 회사를 통해서 해야 한다고 우기다가 결국 정책 실행의 방해자라는 이유로 제거되었다는 설이 인구에 회자되었다.

　　2009년 불황의 한복판에서 한국의 LCD 기업 CEO가 기자회견에서 LCD 경기가 바닥을 지났다는 자신감을 표현한 적이 있다. 그 CEO의 자신감은 선진국 시장에서 나오는 것이 아니다. 한국의 대표적인 가전회사 실적이 불황 중에 서프라이즈를 만들었다. 물론 환율효과가 크지만 중국시장에서 판매가 선방했기 때문이다. 지금 미국과 유럽은 TV를 살 여유가 없다.

　　한국의 LCD, 가전, 반도체, 자동차 산업의 호황은 바로 중국의 내수확대 정책에 힘입은 것이다. 얼마 전까지만 해도 가동률 걱정을 하던 LCD와 반도체 업계가 가동률이 상승하고 가격이 오른 것은 모두 중국의 수요가 증가했기 때문이다. 소형 승용차에 강점을 가진 기아자동차의 주가가 세 배 오른 것도 중국 소형차 시장이 급성장했기 때문이다. 전 세계 자동차시장이 불황에 처해 있는데도 현대자동차의 실적이 호전되고 주가가 강세를 보이는 것도 중국 자동차시장의 호조 때문이다. 독일의 폭스바겐이 세계 수위를 차지한 것도 유럽시장 때문이 아니라 상하이 따중(大衆)자동차와의 합작 때문이다.

반도체가 계절적 비수기인데도 반도체 가격이 강세이고 일본과 타이완 업체가 디램(DRAM) 가격을 올리겠다는 것도 중국 전자제품 시장의 영향이 크다. 반도체 기업의 주가도 강세다. 중국은 7억 명이 넘는 휴대폰 가입자와 미국 인구보다도 많은 3억 8,000만 명의 인터넷 가입자가 있다. 타이완이 만든, 칩을 이용한 고성능 산자이 전자제품이 대량 유통되어 관련 부품들의 수요 강세로 이어지고 있다. 중국은 2009년에 6억 1,000만 대의 핸드폰을 생산했다. 산자이 핸드폰 제품도 1억 대 이상 만들어 판 것으로 알려진다. 짝퉁이든 정품이든 엄청난 수요가 몰고 오는 수량 효과로 반도체, 액정 같은 중간제품 공급상들의 수혜는 계속될 전망이다.

중국의 농촌에 대한 가전제품 보급정책은 예전에 한국이 새마을운동을 하면서 정부보조금으로 지붕을 개량하고 다리를 놓았던 것과 같다. 당시 한국이 그랬듯이 지금 중국정부의 보급정책은 정치적인 효과도 만점이고 경제적 효과도 좋다. 중국정부가 지속하지 않을 이유가 없다. 따라서 2010년 이후 몇 년간 IT 수출주들의 동향은 중국 농촌에 달려있을 것 같다. 하이얼, 하이신(海信), 캉자(康佳), 메이디(美的) 같은 중국의 가전회사들을 주목할 만하다.

SECTION 2

중국의 성장과 함께 가는 산업

시외버스 없던 사회에 시외버스가 다니면

예전에 중국은 거주이전의 자유가 없었다. 그러나 개혁개방과 경제발전 바람을 타고 이러한 제한이 없어졌다. 시외버스가 없던 사회에 버스가 다니면 그다음에 뜨는 산업은 자동차다.

자동차 다음은 패션산업과 화장품산업이고, 다음은 골프용품 산업이다. 친척 집에 버스 타고 다니다 자가용 타고 가면 다음은 몸치장이다. 그리고 좀더 가면 골프채 메고 푸른 잔디밭을 누비는 게 경제발전 단계에서 보이는 생활 패턴의 변화다. 지금 중국은 자동차와 패션, 화장품업이 폭발하고 있다. 골프는 막 시작단계다.

2009년에 상하이에서는 '2009 상하이 모터쇼'가 열렸다. 전 세계 자동차 기업들이 870여 종의 차를 전시하면서 상하이가 전 세계 자동차 업체들의 보이지 않는 전쟁터가 되었다. 후진국 중국에서 한국 모터쇼의 세 배나 되는 규모의 전시회가 열렸다는 건 무엇을 뜻할까? 중국 자동차시장이 금융위기 중에 세계에서 유일하게 성장하는 시장이자 최대 자동차시장이 되었다는 것이다.

2009년 중국은 미국을 제치고 세계 최대의 자동차 판매시장이 되었다. 중국 자동차제조협회는 중국의 자동차 판매가 2009년에 1,364만 대를 돌파하여 1,043만 대에 머문 미국을 앞질렀다고 발표했다. 미국은 세계 자동차시장을 주도해온 자동차 왕국의 이미지를 여지없이 망가뜨렸다.

중국은 자동차산업 구조조정진흥계획이 본격 시행됨에 따라 배기량 1.6리터 이하 차량을 중심으로 자동차 판매가 더 가속화될 전망이다. 지금 중국은 배기량 1.6리터 이하로 차를 바꾸면 최대 1만 6,000위안(270만 원)을 보조금으로 준다. 정부의 배기량 1.6리터 이하 승용차 지원에 따라 2009년 들어 중형차가 주력인 도요타, 혼다, 닛산 등 일본 업체의 판매는 부진했다. 반면, 소형차 위주의 중국계 자동차 회사와 현대차(베이징 현대), 상하이GM 등의 판매가 눈에 띄게 증가했다. 현대차 그룹이 중국에 올인하려는 데는 이런 이유가 있다.

2010년 중국경제의 최대 화두는 소비를 통한 내수확대. 내수확대의 핵심은 도시화 촉진을 통한 내구소비재의 보급이다. 2009년에 이어 2010년에도 도시화를 가속화시키는 2선 도시의 부동산 투자와 가전과 자동차의 보급 확대는 계속된다. 중국은 자동차산업에 있어서 현재 배기량 1.6리터 이하의 자동차뿐만 아니라 내수 부진으로 더블 딥이 올 가능성이 있으면 배기량 2.0리터까지 확대정책을 쓸 가능성도 있다.

중국의 자동차 내수판매가 미국을 제치고 세계 1위로 올라서는 놀라운 일은 정부의 자동차산업지원책(汽車下鄕)의 약발을 받은 것도 있지만 더 큰 그림에서 보면 중국의 대도시에 자동차 대중화(Motorization)

중국의 주요 내구재 구입 여력 비교

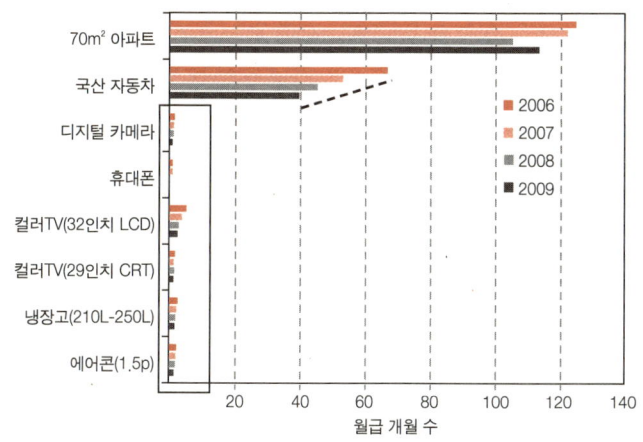

자료: 가오화(高华)증권, 2009. 10.

시대가 도래했기 때문이다.

선진국의 자동차 보급 역사를 보면 한 가족의 1인당 소득의 합계가 자동차 1대를 살 수준이 되면 자동차 수요가 폭발한다. 한국은 1980년대 후반에 이 시기가 도래했다. 중국의 연안지방 대도시의 1인당 소득은 7,000~1만 달러 수준이다. 위안화로 환산하면 가구당 소득이 13~21만 위안인데 지금 중국의 중소형차 가격이 이 수준이다.

미국 자동차산업은 구조적인 추락기지만, 중국은 2009년의 자동차 판매를 계기로 추세적인 성장기로 들어선 것으로 보인다. 골드만삭스의 중국 이름인 가오화(高华)증권이 2009년 베이징에서 기관을 대상으로 발표한 설명회 자료에 따르면, 중국의 인당 주택구입 여력은 집값 상승으로 크게 개선되지 못했지만 자동차 구입 여력은 현저히 개선되고 있다.

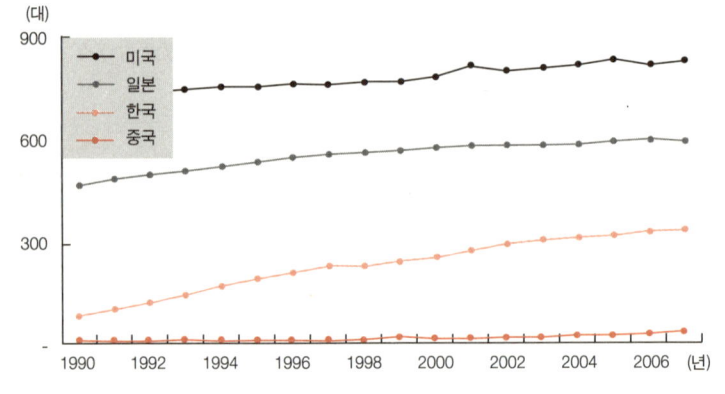

자료: 한국자동차공업협회, 한화상해투자자문

　자전거에서 소형차로 이어지는 자동차가 이끄는 경제의 발전이 중국에서 급속도로 일어나고 있다. 중국인들이 시대별로 갖고 싶어 하는 대표적인 3가지 품목(三大件)의 변화를 보면 중국사회의 소비추세를 알 수 있다. 못살던 경제개발 시기에는 자전거, 재봉틀, 라디오가 히트였다. 이후 경제가 발전하면서 주로 TV, 냉장고, 세탁기 같은 가전제품이 인기품목이었다. 그러나 지금은 자동차, 주택, 휴대폰이 가장 선호하는 품목이 되었다.

　오래전 홍콩에 휴대폰이 처음 보급되었을 때 홍콩의 젊은 남자들은 휴대폰이 없으면 연애를 못 했다. 콧대 높은 홍콩 아가씨들이 휴대폰도 살 형편이 안 되는 남자와 연애할 수 없다는 것이었다. 지금 중국 대도시의 젊은 남자는 차가 없으면 연애하기가 어려운 지경이다.

　이런 중국의 상황을 고려하면 2009년 중국의 자동차 판매의 서프라이즈는 일과성이 아닐 가능성이 크다. 중국의 1,000명당 자동차 보급대수를 한국, 일본과 비교해볼 때 향후 자동차 판매의 잠재력은 상상을 초월한다. 2009년의 자동차하향 정책이 자동차 보급확산의 불을 지폈다. 1차 자가용 붐은 해안선을 따라 일어났지만 2차 붐은 내륙의 배후도시와 농촌에서 특용작물로 고소득자가 된 농민들 사이에서 일어나고 있다. 그리고 해안선 부근 2억 3,000만 인구의 자동차 보유비율도 아직은 10%선에 머물고 있다.

향후 중국경제의 고성장에서 반드시 눈여겨봐야 할 업종을 하나 선택하라면 자동차 업종을 들 수 있다. 상장된 한국의 자동차 관련기업 중에서도 중국 자동차시장 폭발의 수혜주들을 관심 갖고 볼 필요가 있다.

유럽 침략자들이 남긴 100년의 역사가 담긴 산업

중국에 100년의 역사를 가진 포도주회사와 맥주회사가 있다는 것을 아는 외국인은 드물다. 중국은 아편전쟁의 후유증으로 다롄, 톈진, 칭다오, 상하이 등 연안 북방도시를 일본, 독일, 프랑스에 조차지로 내주었다. 100년이 지난 지금 서방의 늑대 같은 침략자들은 중국에 아픈 상처를 남기고 물러갔지만 남겨놓은 것이 있다. 바로 100년 역사의 맥주와 포도주 공장이다.

독일과 프랑스 점령군들은 중국이 내준 조차지에서 유럽풍 맥주와 포도주 공장을 만들어 고향의 맛을 즐겼다. 그들이 물러가고 난 후에는 유럽 수준의 품질을 가진 100년 역사의 맥주와 포도주가 중국에 남게 되었다.

중국의 대표적인 맥주는 칭다오맥주다. 칭다오맥주(青岛啤酒, www.tsingdao.com)는 홍콩증권시장에 중국기업 1번으로 상장한 기업이다. 칭다오는 1897년 독일이 선교사 피살사건을 구실로 점령한 독일의 조

차지였다. 지금도 칭다오 시내에 독일풍의 붉은색 건물이 많은 것은 이 때문이다. 칭다오맥주는 독일 조차지 때 전수받은 맥주 양조기술과 유명한 라오 산의 지하 100미터 지하 광천수가 함께 어우러져 만들어진다.

한국에도 강남에, 독일에서 생맥주 양조기술을 배우고 돌아와 생맥주를 만들어 파는 카페들이 있지만, 비닐봉지에 담아 파는 칭다오 생맥주와는 비교할 수 없다. 한여름에 칭다오 식당에서 식사를 하고 생맥주를 주문하면 식당 종업원이 근처의 생맥주 공장에 가서 신선한 생맥주를 하얀 비닐봉지에 담아 온다.

생맥주를 마시는 방법도 재미있다. 벽에다 비닐봉지를 걸어놓고 젓가락으로 봉지에 구멍을 내면 생맥주가 분수처럼 쏟아져 나온다. 이것을 맥주잔에 받아 바로 마시는 것이다. 구멍을 막을 수 없기 때문에 자리에 함께한 사람들은 순서대로 맥주가 잔에 차면 무조건 마셔야 한다. 이 때문에 자동으로 파도타기가 되어 식사 분위기는 금방 거나해진다.

한국도 소득수준이 올라가면서 막걸리에서 소주, 소주에서 맥주로 술 소비가 이전했다. 중국의 소득수준 향상을 고려하면 반드시 관심을 둘 곳은 칭다오맥주와 옌징맥주(燕京啤酒)와 같은 맥주업체다.

실크로드를 답사한 적이 있다. 중국의 신장 위구르 지방을 가다 보면 반드시 투루판 분지를 지나가게 된다. 투루판 분지는 일조량은 많고 강수량이 적어서 매우 건조하다. 서리가 내리지 않는 날이 일 년에 270일에 달하고, 연간 일조량은 3,200시간 이상이다. 지열이 높아 포도, 하미과 같은 과일이 풍부하게 생산된다.

이런 자연조건으로 이 지역 과일은 당도가 무지 높다. 투루판 분지 한가운데에 인구 60만의 중국 최고의 포도 도시 투루판이 있다. 이 도시는 사막의 찌는 태양과 톈산에서 내려온 눈 녹은 물로 포도나무를 재배하는 중국 최고의 포도 산지다.

투루판은 온 도시의 가로수가 전부 포도나무다. 투루판의 건포도는 10위안이면 한 포를 살 수 있는데, 그 한 포의 양은 관광버스 전체 탑승인원이 온종일 먹어도 될 정도로 많다. 당도도 캘리포니아 건포도는 명함도 못 내밀 정도로 높다. 잘 몰라서 그렇지 중국은 포도의 나라다.

중국에는 독일의 맥주 양조기술을 전수받아 포도주를 만드는 100년의 역사를 자랑하는 포도주 공장이 있다. 바로 1892년에 설립된 장위(张裕, www.changyu.com.cn)가 그렇다. 뿐만 아니라 장위포도주와 함께, 1980년에 프랑스 레미 마르탱(Remy Martin)과 합작으로 설립된 왕차오(王朝, www.dynasty-wines.com), 창청(长城, www.greatwallwine.com.cn)은 중국의 3대 포도주로 불린다. 이들은 모두 서방세계에는 잘 알려져 있지 않지만 큰 성장 잠재력이 있는 좋은 기업들이다.

중국의 상류사회에도 요즘은 50도짜리 독한 백주보다 중국인들이 홍주(紅酒)라고 부르는 포도주를 마시는 것이 일반화되고 있다. 소득 향상과, 과음을 자제하는 분위기 덕에 낮은 도수의 포도주가 인기를 얻고 있다.

워렌 버핏이 코카콜라를 사서 대박을 낸 것처럼 중국에서 숨겨진 가치주를 하나 찾는다면 장위포도주(张裕葡萄酒)와 같은 포도주 회사다.

중국 실물경기의 척도인 산업

중국은 지금 세계의 공장이자 시장이 되었다. 미국의 경우 1930년대부터 각 주를 연결하는 고속도로가 건설되어 전국의 물류가 제대로 유통될 수 있게 되면서 제조강국으로 부상했고 산업의 부가가치가 높아졌다. 또한 자동차와 기계산업이 뜨면서 강대국으로 올라설 수 있었다.

누차 강조하지만 중국은 엄밀히 보면 한 나라가 아니라 미국처럼 34개의 연방국가다. 중국도 도로 교통망의 확충과 경제발전으로 각 성 단위의 물동량이 늘면서 물류산업이 급성장하고 있다.

중국은 철도, 고속도로, 항만, 공항 등 사회간접시설을 운영하는 기업들이 모두 상장되어 있다. 중국의 수출품목은 주로 공산품이기 때문에 내지에서 만든 공산품들이 철도와 고속도로를 타고 항구로 나와 부두에서 컨테이너에 실려 수출이 된다. 그래서 중국의 수출 정도를 알려면 고속도로와 항만 주식들의 동향을 보면 된다. BDI 지수를 볼 필요 없이 중국 해운회사의 주가가 바로 BDI 지수다.

중국 실물경기의 척도는 전력 사용량과 철도, 고속도로, 항만, 공항의 물동량이다. 중국은 독일을 제치고 세계 1위 무역대국으로 올라섰다. 전 세계의 모든 원자재가 중국의 항구와 공항으로 실려 들어오고, 중국 내륙에서 만든 모든 상품이 철도를 통해 연안지방으로 나오고 항구와 공항을 통해 수출된다.

지금은 전 세계가 금융위기로 소비가 준 탓에 중국의 수출이 크게 늘지 않아 이들 철도, 고속도로, 항만, 공항 업종의 주가가 별로지만, 수출경기가 회복되면 주가상승의 1순위가 이 업종들이다. 이 업종들의 주식이 본격적으로 움직이면 세계 실물경기는 봄날이 온 것이라고 봐도 된다. 수출경기가 살아나면 반드시 매수할 만한 주식들이다.

중국정부는 지금 도로, 철도, 항만, 공항 건설에 목을 매고 있다. 중국정부는 2009년에 4조 위안 중 상당량을 주로 SOC 건설, 특히 운송시스템을 구축하는 데 쏟아부었다.

중국의 주요 SOC 비교

도로(만km)			고속도로(만km)			철도(만km)			전력설비(억kW)			공항(수)	
미국	중국	일본	미국	중국	일본	미국	중국	일본	미국	중국	일본	미국	중국
643	193	123	8.87	5.3	0.9	22.8	7.7	2.7	9.9	6.2	2.9	14,858	486

자료: 중국국가통계국(2007)

　중국이 기초 SOC에 집중 투자하는 이유는 강대국으로 가는 조건으로서도 SOC 확보가 필요할 뿐만 아니라 미국과 비교해봐도 중국의 SOC가 절대적으로 부족하기 때문이다.

　중국은 지금 세계 최대의 자동차 판매국이고 저축률도 최고로 높은 나라다. 앞으로 자동차와 교통수단 보급률은 급속도로 높아질 전망이다. 그러나 중국 각지를 연결하는 도로와 교통수단이 아직 많이 부족하다. 중국 베이징과 상하이에 가보면 러시아워가 따로 없이 차가 막힌다.

　중국 남쪽의 보이차 산지인 윈난성의 수도 쿤밍에 간 적이 있다. 그 시골도시인 쿤밍도 차가 막혀 시내를 다닐 수 없을 지경이었다. 현지 중국 친구에게 왜 이리 차가 막히는 거냐고 묻자 시내가 공사 중이라고 한다. 그런데 그가 덧붙이기를, 지금 중국 도시 중에서 차 안 막히는 도시는 도시가 아니라 시골이라는 것이다.

　중국의 수도는 베이징이다. 중국 말로 차가 막힌다는 것을 '두처(堵车)'라고 하는데 중국에서 차가 가장 많이 막히는 도시(首堵)가 수도(首都)라고 농담을 했다. 차량은 기하급수적으로 늘고 있는데 도로 건설은 그 숫자를 못 따라가는 것이 원인이다.

　선진국이 회의석상에서는 금융위기 탈출을 위해 보호무역을 하면 서로 죽는 지름길이라고 침 튀기면서 말하지만 돌아와선 언제 그랬냐는 듯이 먼저 보호주의를 쓴다.

전 세계의 통 큰 형님을 자처하는 미국부터 '바이 아메리칸(Buy American)' 정책을 쓰고 있다. 수출에 강한 나라 중국이 이런 와중에서 속 편하게 내수 부양을 하려면 SOC 건설에 돈을 퍼부으면 된다. 외국기업이 와서 공사를 할 수 없기 때문이다. 가장 확실한 '바이 차이나(Buy China)' 전략이다.

그중 중국 SOC 건설의 수혜 주는 건설회사보다는 시멘트회사다. 현재 중국 전체적으로는 시멘트가 공급과잉이지만 지역별로는 공급이 불균형이다. 가령, 동쪽에서 서쪽까지 가려면 비행기를 타고 네 시간을 가야 한다. 그래서 상하이에서는 공급과잉일지라도 서쪽 신장은 수송이 불가능해 공급부족이 생기고, 그러면 그 지역 시멘트회사는 대박이 나는 것이다.

SECTION ___ 3

중국만의 독특한 산업

'산업의 비타민' 쟁탈전이 벌어진다

　IT 제품을 뜯어보면 시퍼런 판 위에 노란색 선이 있고 그 위에 납땜한 많은 전자부품이 붙어 있다. 가장 중요한 부위에 반도체가 위치하고 있다. 시퍼런 판은 화학제품인 에폭시나 페놀수지이고 노란색 선은 구리다. 그래서 이름 짓기 좋아하는 일본 사람들이 산업의 쌀은 '반도체'라고 명명했다. '산업의 보리쌀'은 철강과 화학이다.

　쌀밥, 보리밥만 먹으면 비타민이 부족해진다. 희소량이지만 비타민 등의 영양소는 인체에 반드시 필요하다. 요즘 새로 유행하는 말이 '산업의 비타민'이다. 전자산업이 발달하면서 많이는 아니지만 소량으로 반드시 필요한 핵심소재가 있다. 바로 산업의 비타민인 '희토류 금속(Rare-Earth Metal)'이다. 화학 주기율표 51~72번 사이에 들어가는 희토류 금속은 휴대폰, 컴퓨터, 전기자동차나 고효율 전등 등 차세대 청정 에너지 제품을 제조하는 데 필수 원료다.

중국은 현재 전 세계 희토류 금속 공급량의 95%를 차지하고 있다. 윈난성과 내몽골 등지에 광산을 가지고 있고, 매장량에서도 전 세계의 60%를 차지한다. 그래서 희토류 금속은 중동이 가진 석유에 맞먹는 중국만의 자원이다. 덩샤오핑은 1992년 중국의 개혁개방을 위해 남쪽지방을 방문한 자리에서 "중동에 석유가 있으면 중국에는 희토류 금속이 있다"는 의미심장한 말을 했다. 20년이 지난 지금 중국은 희토류 금속을 가지고 전 세계 하이테크 산업을 쥐고 흔들고 있다. 지구상에 존재하는 네오듐의 93%, 텅스텐의 90%, 안티몬의 80%, 인듐의 55%가 중국에 매장되어 있기 때문이다. 네오듐이 없으면 휴대폰, 냉방기, 하드디스크의 크기를 줄일 수 없다. 망간이 안 들어가면 고급강철을 만들 수 없다. 인듐이 없으면 LCD를 생산할 수 없다. 란타늄 등 희토류 금속은 하이브리드 자동차에 들어가는 고성능 전기 모터의 핵심소재다. 최근 리콜 문제가 대두된 도요타 전기차 프리우스에 들어가는 희토류 금속도 중국산이다. 이게 문제가 되면 일본은 전기자동차를 못 만드는 상황이 올 수도 있다. 하이테크 첨단제품일수록 희토류 금속 사용이 많다.

중국은 지난 10년간 희토류 금속을 저렴한 가격에 미국과 일본 등지로 수출했다. 그러나 이제는 쿼터 도입을 통해 수출량을 제한할 방침인 것으로 알려졌다. 《뉴스위크》에 따르면, 중국이 주요 선진국들에 대해 중국산 희토류 금속을 쓰고 싶으면 중국 내에 관련시설을 지으라고 요구하고 있다고 한다.

한국도 공업용 희토류 금속을 중국에서 수입하고 있다. 희토류 금속을 가장 많이 사용하는 산업은 IT산업이다. 예를 들면, LCD 편광판, 발광다이오드(LED), 삼파장 전구를 만들기 위해서는 반드시 이트륨(Y), 테르븀(Tb) 등의 희토류 금속을 형광물질로 사용해야 한다.

중국은 선진국의 무역분쟁에 맞서 희토류 금속의 무기화를 선언하고 나서 물량조절을 시작했다. 이에 따라 관련 금속의 가격도 춤을 추는 상황이 발생하고 있다. 아프리카의 남아프리카공화국(크롬, 망간), 짐바브웨(크롬, 리튬), 마다가스카르(망간), 중남미의 브라질(망간), 칠레(몰리브덴, 리튬), 페루(몰리브덴), 볼리비아(텅스텐, 리튬), 인도(크롬, 희토류) 등이 조달시장 다변화 지역이지만 절대 매장량은 많지 않아 그 효과가 크지 않다.

중국의 상장기업 중 희토류 금속 관련 기업은 중커싼환(中科三环), 시투하이테크(稀土高科), 중궈시투(中国稀土), 후난유색금속(湖南有色金属), 신장신신광업(新疆新鑫矿业), 루어양롼촨몰리브덴(洛阳栾川钼业) 등이다.

불로장생의 노하우를 주목하라

진시황이 불로장생의 약초를 구하러 신하를 보낸 이래로 중국은 건강과 장수에 대한 관심이 지대했다. 그래서 중국의 전통 한방약인 중약산업이 매우 발전해 있다. 중국에는 지금 전통 중약 방면의 민간요법이 현대 기술과 접합하면서 제약산업의 새로운 성장의 축으로 등장하고 있다.

후발국의 제약업이 갖고 있는 난점은 이미 선진국의 거대 제약사가 신물질에 대한 특허를 보유하고 있어 신규진입이 어렵다는 것이다. 그러나 중국의 중약은 이런 지적재산권의 구속에서 자유롭다. 또한 임상실험이 문제인데 이미 1,000년을 내려온 처방이어서 임상에서 리스크도 별로 없다.

중국은 중풍, 심장질환 등의 성인병에 전통적으로 전해오는 한방의 처방이 유명하다. 지금 중국은 노령화 단계로 들어가고 있어 성인병과 노인성 질환의 치료약 수요가 장기적으로 급증할 전망이다. 또한 생활 수준 향상에 따라 고단백과 지방의 과도한 섭취와 운동부족으로 인한 성인병도 급증하고 있는데 이와 관련된 전통 의약도 주목할 만하다.

불로장생하려면 우선 '잘' 먹어야 하는데 이를 위해서는 건강한 치아가 중요하다. 중국은 생활수준이 향상되면서 설탕 소비가 급증했지만 구강 청결 면에서 그다지 신경을 쓰지 않았다. 그래서 2선 도시 이하에는 어른 아이 할 것 없이 이가 내려앉고 있다. 그러나 치과 시술기술이 낮아 임플란트는 꿈도 못 꾸고 의치나 보철도 변변치 않아 주민들이 엄청난 고생을 한다. 구강 청결과 치과 제품 관련시장이 향후 중국에서는 엄청나게 큰 시장이 될 것이다. 중국에서 감기가 걸려 약을 사 보면 외형은 캡슐 형태로 한국의 감기약과 똑같은데 성질 급한 한국인 입장에서 보면 도무지 잘 낫지 않는다. 약의 포장지를 자세히 읽어보면 한국과 같은 양약이 아니라 우리로 말하면 한방약이다. 중국의 제약사들은 중약을 현대 약품 제조기술로 정제하고 포장해 캡슐로, 마치 서양의 약처럼 포장해서 판다. 반응이 늦게 올 수밖에 없다.

중국의 중약회사들은 지적재산권에 대한 로열티 지불이 없다. 전통약을 현대화하는 것이기 때문에 연구개발비도 많이 들지 않는다. 또한 전국의 명산에 약초가 널려 있고 이를 채취하는 인건비가 너무 싸기 때문에 원재료 가격이 얼마 들지 않는다. 그래서 리주의약(丽珠医药) 같은 중국 중약회사의 순이익률은 경기가 좋을 때는 20~30%나 된다.

중국에는 26만 종의 동식물과 미생물이 존재한다. 그리고 56개 민족이 수백 년 지켜온 각각의 민간 한의약의 노하우가 현대기술의 힘을 빌려 상품화되면 그 잠재력은 상상을 초월한다. 중국의 중의약 산업의 현대화를 면밀히 들여다볼 필요가 있다.

SECTION ___ 4

중국의 신성장산업

녹색 고양이와 날개 달린 고양이

1978년 개혁개방을 주도해 오늘날의 중국을 만든 덩샤오핑이 유명한 말을 남겼다. 쥐를 잡는 데는, 즉 돈을 버는 데는 검정 고양이든 흰 고양이든 관계없다는 것이다. 소위 흑묘백묘론(黑猫白猫论)이다.

그러나 30년이 지난 지금은 고양이의 털 색깔이 중요해졌다. 덩샤오핑이 다시 살아 돌아온다면 지금 중국에 필요한 고양이의 털 색깔을 뭐라고 할까? 이젠 흑묘백묘가 아니라 녹색 고양이(綠猫)여야 한다고 할 것 같다. 친환경과 재생에너지 사업이 중국을 변화시킬 핵심사업이기 때문이다.

중국은 이제 검정 고양이 흰 고양이가 아니라 녹색 고양이(신재생 에너지와 환경)와 날개 달린 고양이(바이오)가 중국을 바꿀 듯하다. 최근 중국의 태양광, 풍력발전 등의 신성장산업에는 버블이 있었다. 그러나 이런 버블은 아직 시작 단계다.

세상을 바꿀 큰 산업의 조류가 올 때 버블은 항상 있었다. 그러나 인터넷 버블이 세상을 하나로 연결하는 지구촌을 만들었고, 바이오 버블이 성체줄기세포를 만들어 주름살에 고민하고 관절염에 눈물짓던 60대, 70대들을 환호하게 만들었다.

중국은 지금 리사이클링 에너지, 소위 녹색경제 바람이 거세게 불고 있다. 13억 인구가 버리는 쓰레기의 양은 어마어마하다. 한국은 서울의 난지도 쓰레기 매립장에서 나오는 가스를 통해 발전을 하고 있다. 이전까지 중국은 쓰레기 매립장에서 에너지를 만든다는 것을 생각하지 못했다. 그러나 이제는 독일 등 유럽의 기술을 도입하고 한국의 난지도 쓰레기 매립장을 벤치마크해서 대도시 주변의 쓰레기 매립장을 경쟁적으로 새로운 에너지원으로 개발하고 있다.

리사이클링 에너지 분야에서 또 주목할 것은 충전식 자동차 배터리다. 전기자동차가 전 세계 자동차산업의 화두인데 핵심은 전기자동차용 배터리다. 홍콩에 상장된 비야디(比亞迪, BYD)는 원래 휴대폰 배터리를 만드는 기업이었다.

배터리에 미친 사장이 휴대폰이 아니라 한 번 충전해 시속 150킬로미터 속도로 400킬로미터를 갈 수 있는 충전식 자동차 배터리를 개발해 전기자동차를 만들었다. 오마하의 현인이라 불리는 워렌 버핏이 중국의 비야디의 지분을 대규모로 인수하며 세계를 놀라게 했다. 비야디는 중국의 자동차 분야에 있는 대표적인 녹색 고양이다.

지금 중국은 휘발유를 넣는 오토바이는 별로 없고 전기로 충전해서 달리는 전기자전거가 연간 4,000~5,000만 대씩 생산되어 중국과 전 세계에 팔려나가고 있다. 전기자전거가 전기자동차로 바뀌는 날 중국은 전기자동차의 세계 최대 시장이 될 가능성이 크다.

날개 없는 닭을 만들고, 날개가 달려 날아다니는 고양이는 바이오 기술로만 가능하다. 통닭으로만 사용되는 요즘 닭에 날개는 필요 없다. 바이오 기술로 날개 대신 몸통이 더 커지는 닭을 만들면 양계장 주인은 대박이다.

이런 바이오산업은 약간은 용감해야 성과가 있다. 한국의 경우도 꿈의 기술인 줄기세포 연구는 인간생명 존중을 철석같이 지키는 의대가 아니라 동물 치료를 주로 연구하는 수의과 대학에서 시작되었다.

바이오는 결국 인체에 대한 임상실험이 중요하다. 중국은 일본에 마루타 실험을 당해본 나라다. 초기에는 인권문제를 피할 수 없겠지만 성공한다면 수많은 불치병 환자와 장애인, 고통에 신음하는 노인 환자들, 그리고 후대에 올 수억 명의 사람들에게 천당과 같은 세상을 열어주는 길이다. 중국은 다양한 민족이 어울려 살고 있어 바이오 분야에서 다양한 연구가 가능하다. 또한 법체계가 그리 엄격하지 않아 연구와 임상 그리고 시술에 제약이 적다.

예를 들면, 지방세포에서 줄기세포를 채취해 배양한 다음 신체에 이상이 있을 때 치료를 하는 성체줄기세포 치료기술의 경우, 한국에서는 설사 자기 몸에서 채취한 것을 다시 자기 몸에 넣어도 약품으로 간주한다. 임상실험의 결과가 나와 안정성이 검증되어야 시술이 가능하다.

그러나 중국에서는 자기 몸의 일부에서 줄기세포를 채취해 배양하고 다시 자기 몸에 주입해서 치료를 하는 성체줄기세포 기술의 치료는 문제가 없다. 한국의 경우 뛰어난 성체줄기세포 치료기술이 있음에도 그 치료는 중국이나 일본에서 할 수밖에 없다. 그래서 성체줄기세포의 치료지역으로 중국이 급부상하고 있다.

10~20년 후 줄기세포 바이오산업은 마치 지금 휴대폰과 TV의 최대

시장이 중국인 것처럼 최대시장이 중국이 될 것 같다. 중국의 경우 10~20년 뒤면 인구 노령화가 급속히 진전된다. 고혈압, 당뇨병, 뇌졸중, 심장질환 등의 노인성 질환에 최고의 치료는 줄기세포를 이용한 치료다.

중국은 향후 10~20년 후면 소득수준이 향상되어 젊음을 되살 수 있는 비용을 가진 인구가 몇천만 명으로 늘어난다. 이때가 되면 줄기세포 바이오 시장에서도 최대의 시장이 중국이 될 가능성이 높아 보인다.

경제성장과 지재권 보호가 환경파괴를 막는다

중국에서 환경파괴는 근본적으로 보면 재산에 대한 소유권이 없고 사용권만 있으며, 지적재산권의 보호가 없기 때문에 일어나는 것이다. 중국은 재산권에 소유권이 아닌 사용권만 있어서 자연환경을 남보다 먼저 많이 사용해 돈을 벌고 일정기간이 지나면 국가에 돌려준다. 지적재산권이 있는 선진국의 기술을 그대로 복사해서 선진국이 뭐라고 하기 전에 대량 생산하고 돈 벌면 그만이라는 심리적 압박감이 무리한 생산과 환경오염을 가중시키고 있는 것이다.

중국의 경제성장과 환경오염 문제를 해결하는 방법은 무엇일까? 아니러니하게도 결자해지(結者解止)다. 경제가 성장해 일정수준 이상에 도달하면 환경오염도 줄어든다.

한국도 낙동강 페놀오염 사건 등이 어제 일 같은데 지금은 환경보호는 물론이고 이젠 한술 더 떠 4대 강 정화작업에 엄청난 돈을 들이고 있다. 예전의 한강에서는 서울 주변의 모든 오수가 한강으로 흘러들어 악취로 물고기가 살지 못하는 상황이 심심치 않게 발생했다. 상류에 염

색공장이 많아 오염의 대명사처럼 보였던 중랑천에 이제는 잉어와 물고기가 떼를 지어 노닌다. 경제성장이 없었으면 한강의 정화와 지류천의 정비, 오수 처리가 가능했을까.

중국의 베이징은 대기오염으로 악명이 높았다. 2008년 베이징 올림픽 때 서방 마라톤 선수들이 공기오염을 핑계로 마라톤 참가를 거부할 정도였다. 요즘 베이징에 가보면 공기가 확실히 좋아졌고 시야도 훨씬 넓어졌다. 올림픽 전에 중국정부는 베이징의 모든 굴뚝공장을 이전하고 도로를 포장하고 엄청나게 많은 녹지공간과 나무를 심었다. 그리고 중국이 자랑하는 인공강우 기술로 심심하면 비를 내리게 해 대기중의 먼지를 청소했다.

요즘도 베이징은 중요한 행사가 있으면 인공강우로 하늘을 깨끗이 청소하고 행사를 진행한다. 2009년 톈안먼광창에서 중국건국 60주년을 기념하는 군대의 대규모 열병식 때 맑은 하늘과 깨끗한 대기를 보인 것도 중국이 인공강우로 만든 작품이다.

이런 일들 모두가 중국의 경제성장이 없었으면 절대 불가능한 일이다. 한쪽에서는 환경오염을 통해 수출해서 돈을 벌고, 한쪽에서는 오염된 환경을 치료하면서 부지런히 성장하는 나라가 중국이다. 중국은 지적재산권 문제에는 아직 소극적이지만 환경보호에는 철저해졌다. 이제는 외자기업이 들어올 때 환경오염 설비는 애초부터 발을 못 붙이는 상황이다.

미국이 중국을 때려잡으려면 위안화 절상이 아니라 이산화탄소세를 물리면 된다는 걸 중국은 잘 안다. 지금 전 세계 CO_2 배출량 1위가 중국이기 때문이다. 지금 미국과 선진국이 탄소세와 CO_2 배출로 인한 환경문제를 들고 나오면, 중국은 최근 200년간 서구의 공업화 때문에 지구의 하늘이 구멍 난 거지 중국의 공업화 때문이 아니라고 주장하며 빠져나간다. 선진국도 할 말이 없다.

그러나 중국은 앞으로 20년을 내다보면 이런 변명이 먹히지 않으리라는 걸 잘 알고 있다. 또한 저질러놓고 발뺌하는 것이 세계 1위를 꿈꾸는 강대국의 태도가 아니라는 걸 알기에 2009년 기후협약에서 후진타오 주석은 세계 환경문제에 중국이 적극 협조하겠다고 선언했다.

중국에서 주석이 한 말은 반드시 지킨다. 중국의 저탄소 경제와 환경보호 산업이 최근 30년간 보지 못했던 양상으로 커질 것으로 보인다. 2010년 3월 개최된 중국 최대 정치행사의 하나인 양회(兩會) 중 전국인민정치협상회의의 제1안건으로 논의된 것이 '저탄소 경제'다. 환경보호에 대한 중국정부의 관심과 정책의지가 매우 강하다. 이 분야의 투자에 있어서 중국은 검정 고양이든 흰 고양이든 관계없이 전 세계 기술과 돈, 사람을 무조건 받아들일 것이다.

미국은 서부 대개발 시대에 전 세계 노동자가 모여들어 일을 하다가 먼지와 풍토병으로 죽어갔다. 그러나 온종일 뜨거운 차 병을 들고 다니는 중국의 노동자들은 먼지와 풍토병에도 한 명도 죽지 않고 살아남아 미국 서부에 세계 최대의 차이나타운을 만들었다. 차를 마시는, 1,000년을 내려온 중국인의 삶의 지혜가 최악의 환경이었던 미국에서 중국인들을 구했다. 지난 30년간 중국은 미국달러와 후손에게 물려줄 물과 공기, 토양을 맞바꾸었다. 돈이 생긴 지금은 환경보호에 대해 엄격해졌다.

이제는 중국인들이 미국의 서부 대개발 시대에 살아남게 해준 중국인의 지혜가 환경 분야에서 사업모델로 나올 차례다. 오염된 검은 강과 희뿌연 중국 대도시의 하늘이 청명한 가을 날처럼 될 때까지 중국의 물, 공기, 토양과 관련한 환경산업은 잭의 콩나무처럼 하늘에 닿을 정도로 성장할 전망이다. 중국의 물과 공기가 맑아지기 시작하면 중국의 환경산업은 이미 세계의 초대형 산업으로 성장해 있을 가능성이 백 퍼센트다. 투자는 중국의 하늘이 희뿌열 때 해야 돈을 벌 수 있다.

사막과 고원과 바람이 돈이다

IT 혁명의 종결은 정보를 나르는 에너지인 전기를 만들 수 있다는 데에 있다. '땅에서 나는 기름'이 아닌 '하늘에서 떨어지는 기름'으로 세상을 뒤바꿀 수 있다. 작열하는 태양과 집도 날려 보내는 강한 고원의 광풍이 반도체, LCD 그리고 메카트로닉스 기술과 만나면 하늘에서 떨어지는 석유가 된다.

두바이 사막에 7성급 호텔을 세우고 아이스링크와 골프장에 공급하는 에너지가 땅속 유정에서 올라오는 것이 아니라 하늘에서 무한정 쏟아지는 태양 에너지라면 어떨까?

강대국의 흥망은 에너지와 함께한다. 일본이 제2차 세계대전 때 미국의 진주만을 공격한 것은 동남아의 석유를 미국이 장악하고 있어서 에너지 확보를 위해 불가피하게 미국과 일전을 벌여야 했기 때문이다.

링컨 대통령이 공업화로 인력이 절대적으로 부족했던 북부 공업지대 공장주들의 꼬임에 빠져 남쪽지방 농장의 흑인 노예를 해방시킨 남북전쟁도 따지고 보면 사람 에너지의 쟁탈전이었다. 지금도 뉴욕 월가의 화장실 청소, 신문배달, 세탁 등의 허드렛일을 하는 이들은 대부분 흑인과 개도국 이민자들이다. 상대적인 개념으로 보면 할아버지 때 남부의 흑인 노예들 생활이나 지금 미 북부 대도시의 흑인 빈민들 생활은 별로 나아진 게 없다.

중국은 지금 넘치는 달러를 가지고 석유 사재기를 하고 있다. 중국의 석유 비축량은 2005년에 35일분이었고, 2010년에는 50일분이 목표인데 OECD의 비축량이 80일분이다. IEA의 가이드라인에 따르면 90일분에 달하는 석유를 비축해야 한다. 세계에서 경제성장이 가장 빠른 국가로, 중국이 비축량을 급격히 늘리면 국제시장에 큰 영향을 미치게 된다. 지금 중국은 1차 석유 비축창고가 차버려 2차 비축기지를 건설하고 있다.

갈수록 커지는 중국의 석유수입 의존도는 국제 원유가격과 중국의 군사정책을 비롯한 여러 분야에 영향을 미치고 있다. 중국은 동남아시아와 중동지역의 석유공급 선을 확보하기 위해 현재 막강한 9만 톤급 핵 항공모함을 제작하는 등 해군 군사력 구축에 엄청난 투자를 하고 있다. 이는 중동에서 아시아로 들어오는 석유공급 루트를 미군이 모두 장악하고 있기 때문에 유사시 석유수입의 해상안보를 확보하기 위한 것이다.

이런 화석연료 확보 외에 중국은 전략적으로 태양광, 풍력발전 등의 신재생 에너지에 돈을 쏟아 붓고 있고 이 분야에서는 이미 미국을 앞서 가고 있다. 차세대 친환경 에너지 산업에서 중국의 집중과 발전은 무서울 정도다.

중국 수출품의 대다수가 석유를 기반으로 한 에너지 다소비성 제품이며 환경오염을 대가로 치르고 있다. 그래서 중국은 탈석유화의 길에 집중하고 있다. 중국은 국가의 정책적 지원으로 2차 전지 분야에서 이미 자동차 분야에 진출할 정도로 높은 기술력을 확보했다. 중국이 2020년을 목표로 계획한 것은 그린에너지 비중을 전체 에너지의 8%까지 끌어올리는 것이다.

중국의 그린에너지 촉진을 위한 법규도 미국보다 앞서 있다. 미 의회는 2009년에 재생에너지를 이용한 전력 발생 비율을 늘리도록 하는 법안을 승인했지만, 중국은 이미 2007년에 유사한 법규를 만들어 시행했다. 중국정부는 지난 2007년 9월, 대형 전력업체들이 2010년부터 전체 전기의 3% 이상을 재생에너지로 발전하도록 했다.

현재 세계 10대 태양광업체 중 3개가 중국 기업이고, 생산량 기준 세계 최대 태양광 기업은 중국 기업인 썬텍이다. 과거 일본이 1위에 있다가 독일에게 자리를 넘겨주었고 지금은 중국이 생산량 기준 1위에 올라섰다. 태양광 분야에서도 중국은 낮은 원가를 무기로 판매를 크게 늘렸기 때문이다.

중국이 또 하나 그린에너지 분야에서 세계 최대로 올라선 분야가 풍력발전이다. 중국의 서부와 북부는 바람과 고원의 고향이다. 지금 중국은 화석연료 개발과 수송을 위해 서부에 원래의 서부 대개발보다 더 큰 규모로 풍력, 태양광발전에 대한 투자를 시작했다. 제2의 서부 대개발이 시작된 셈이다.

중국의 신에너지 개발사업은 서북부의 광활한 고비사막을 거점으로 추진되고 있다. 바람 불고 뙤약볕이 내리쬐는 쓸모없던 황무지 사막이 이제는 하늘에서 기름을 뽑아내는 유전으로 탈바꿈한 것이다. 중국의 2009년 풍력발전 생산량은 1만 메가와트로 미국의 풍력발전량보다 약 3,000메가와트 더 많은 수준이다. 중국 풍력발전 시설 규모는 최근 4년 동안 매년 두 배씩 증가했다.

중국은 고비사막에 막대한 자금을 투입해 2020년을 목표로 세계 최대 규모의 풍력발전소를 세울 예정이다. 2008년 현재 1,200만 킬로와트 규모의 풍력발전량이 2020년에는 1억 킬로와트 규모에 도달할 전망이다. 이렇게 되면 중국은 세계 최대 규모의 풍력발전 국가로 부상하게 된다. 2020년에 풍력발전은 중국의 전력산업에서 화력발전, 수력발전 다음으로 큰 전력공급원이 될 것이다.

전 세계 68억 인구 중 후진국의 56억 인구가 공업화와 도시화로 가는 과정에서 맞부딪히는 최대 과제는 선진국이 맘대로 썼던 화석연료의 문제다. 56억 인구가 도시화, 공업화 사회로 진입하면 필연적으로 에너지 전쟁이 벌어진다. 그러나 화석연료가 아닌 다른 에너지를 값싸게 확보할 수 있다면 기존의 화석연료 중심으로 구축된 세계질서와 판도는 완전히 뒤집힐 수 있다.

태양의 아들이고 바람의 손자인 인류가 태양과 바람을 잘 활용한다면 화석에너지에서 자유로워질 수 있다. 또한 에너지 문제에서 자유로워진다면 후진국 인구 56억 명은 선진국의 직간접적인 영향력에서 탈피할 수 있다. 선후진국의 모든 지도자들이 지금 신재생 에너지에 눈독을 들이고 있는 데는 이런 이유가 있다.

태양이 하루에 발사하는 빛을 모두 전기에너지로 바꾸면 전 인류가 1년간 쓸 수 있는 에너지가 된다. LCD의 박막기술과 반도체의 실리콘 다루는 IT 기술이 메카트로닉스와 만나면 에너지 시장에 획기적인 변화를 가져올 새로운 신화가 만들어질 수 있다. 이런 관점에서 보면 IT 이후의 가장 유력한 신성장산업은 그린에너지 기술(GT) 산업이 될 가능성이 크다.

지금 중국의 태양광과 풍력발전 장비산업은 공급과잉 상태다. 골프로 비유하면 중국의 신성장산업인 바이오와 녹색에너지는 18홀의 첫 홀이 지나갔다. 선수 실력을 알아보는 옥석 가리기는 아직 시작도 안 했다.

하지만 이런 인프라 산업에서는 분명 대박이 나온다. 신성장 첨단산업은 황금의 바다와 안양 교도소 사이의 담벼락 위를 오가는 산업이다. 첨단기술에서 성공하면 대박, 실패하면 사기꾼이 되기 때문이다. 그 중간에는 수많은 반짝 스타들이 나오겠지만, 진짜 스타 선수는 항상 후반에 나온다. 멀리 볼 것도 없이 한국의 인터넷을 보면 알 수 있다. 다음과 새롬기술(현 솔본) 등이 드라이버샷을 멋지게 날렸지만 최종 승자는 한참 뒤에 출전한 네이버와 엔씨소프트였다. 그들은 쇼트게임과 퍼팅에 성공해 떼돈을 벌었다.

사막을 가진 나라가 가장 복 받은 나라가 되고, 바람 부는 높은 고원과 산악을 가진 나라가 축복받는 시대가 도래했다. 그래서 세상은 평평하다. 기름 한 방울 안 나는 나라도 이제는 유전을 가질 수 있다.

주식시장은 알고 있다. 미국과 중국이 이 분야에 이미 손을 댄 것을. 나스닥시장에서 IT 다음의 최대 테마주는 태양광이었다. 그런데 나스닥에 상장된 태양광 3대 장비업체가 중국 기업이다. 2020년까지 중국의 그린에너지 산업의 투자규모와 전력생산 규모를 보면 중국에서 이런 정도의 기업은 앞으로도 수없이 나올 가능성이 크다.

중동의 사막에 유전을 소유하는 것은 불가능하지만, 고비사막 하늘에서 떨어지는 유전을 갖는 것은 중국 기업에 투자함으로써 가능하다. 세계 1위를 달리는 중국의 GT 산업에서 눈을 뗄 수 없는 이유가 여기에 있다.

부록 _ 중국의 주요 경제·금융 지표

1. 중국 경제 30년 성장 추이(1978~2009)

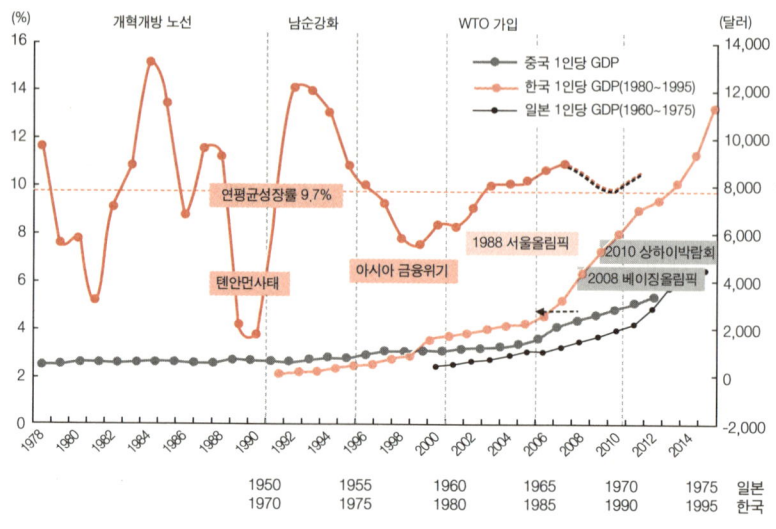

자료: 한화상해투자자문

2. 중국의 GDP 구성요소별 기여도 추이(1978~2009)

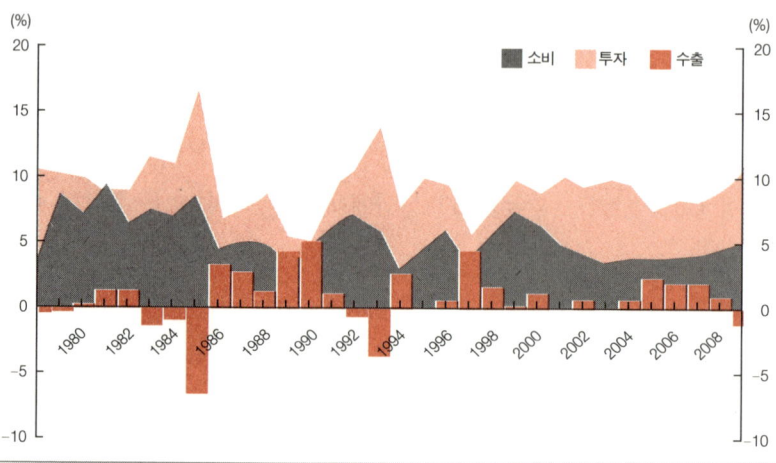

자료: 중국국가통계국

3. 중국 증권시장 주요지표(1992~2009)

	단위	1992	1994	1996	1998	2000	2002	2004	2006	2008	2009
국내상장기업수(A, B주)	(사)	53	291	530	851	1,088	1,224	1,377	1,434	1,625	1,718
국내상장외자기업수: B주	(사)	18	58	85	106	114	111	110	109	109	108
해외상장기업수: H주	(사)		15	25	43	52	75	111	143	153	159
총발행주식수	(억 주)	69	685	1,220	2,527	3,792	5,875	7,149	14,898	24,523	26,163
유통주식수	(억 주)	21	226	430	862	1,354	2,037	2,577	5,638	12,579	19,760
(유통주 비율)		31%	33%	35%	34%	36%	35%	36%	38%	51%	76%
시가총액	(억 위안)	1,048	3,691	9,842	19,506	48,091	38,329	37,056	89,404	121,366	243,939
유통주 시가총액	(억 위안)		969	2,867	5,746	16,088	12,485	11,689	25,004	45,214	151,259
주식거래금액	(억 위안)	681	8,128	21,332	23,544	60,827	27,990	42,334	90,469	267,113	535,886
일평균거래금액	(억 위안)						118	174	375	1,086	2,157
상하이종합지수	(종가)	780	648	917	1,147	2,073	1,358	1,267	2,675	1,821	3,277
선전종합지수	(종가)	241	141	327	344	636	389	316	551	553	1,201
주식계좌수	(만 계좌)	217	1,108	2,422	4,260	6,123	6,842	7,216	7,854	10,450	12,038
평균PER 상하이	(배)		23.5	31.3	34.4	58.2	34.5	24.3	33.4	14.9	28.7
선전	(배)		10.3	35.4	32.3	56.0	38.2	25.6	33.6	17.1	46.0
증권투자펀드수	(개)				6	34	71	161	301	439	557
펀드거래금액	(억 위안)				555	2,466	1,167	452	1,910	5,831	1,074

| 상하이지수와 시가총액 비중 추이 |

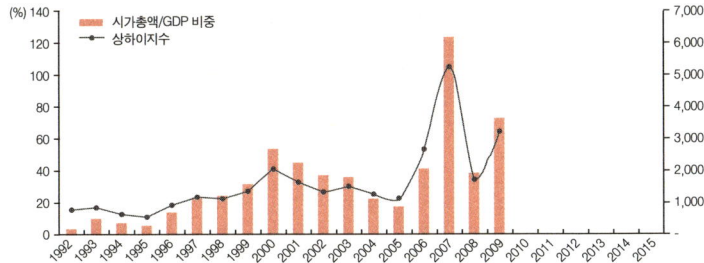

| 주요 금융지표 대비 시가총액 비중 추이 |

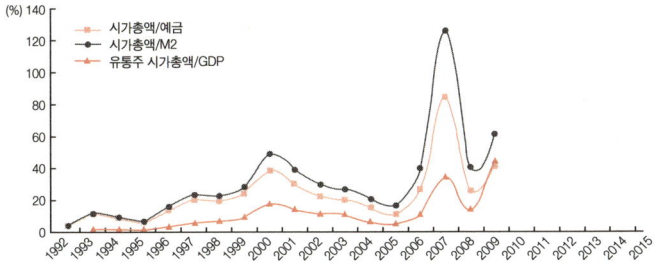

자료: 중국증권감독원

4. 중국의 연도별 10대 부자와 소속 산업(2004~2009)

순위	2004	2005	2006	2007	2008	2009
1	黄光裕	黄光裕	张茵	杨惠妍	黄光裕	王传福
2	陈天桥	严介和	黄光裕	张茵	杜双华	张茵
3	荣智健	陈天桥	朱孟依	许荣茂	杨惠妍	许荣茂
4	许荣茂	丁磊	许荣茂	黄光裕	彭小峰	杨惠妍
5	鲁冠球	许荣茂	施正荣	张力	刘永行	黄伟
6	李金元	荣智健	荣智健	彭小峰	荣智健	刘永行
7	丁磊	鲁冠球	陈卓林	荣智健	张近东	卢志强
8	陈丽华	宗庆后	钟声坚	许家印	施正荣	朱孟依
9	朱孟依	朱孟依	张力	张近东	许荣茂	王健林
10	刘永好	吕慧	许家印	郭广昌	张志祥	张近东
업종	2004	2005	2006	2007	2008	2009
1	부동산/가전	부동산/가전	제지	부동산	부동산/가전	자동차/배터리
2	온라인게임	건설	부동산/가전	제지	철강	제지
3	부동산/통신	인터넷서비스	부동산	부동산	부동산	부동산
4	부동산/호텔	인터넷서비스	부동산	부동산	태양광	부동산
5	자동차부품/금융	부동산	태양광	부동산	알루미늄/사료	부동산/금융
6	보건식품	부동산/통신	부동산/통신	태양광	부동산/통신	중공업/알루미늄
7	인터넷서비스	자동차부품/금융	부동산	부동산/통신	부동산/가전	부동산/금융
8	부동산	음식료	부동산	부동산	태양광발전	부동산
9	부동산	부동산	부동산	부동산/가전	부동산	부동산
10	사료/금융/부동산	무역	부동산	제약/부동산	철강/조선/기계	부동산/가전
금액(억)	2004	2005	2006	2007	2008	2009
1	105	140	270	1,300	430	350
2	88	125	200	770	350	330
3	85	117	165	550	330	320
4	70	102	160	450	270	310
5	61	100	155	420	250	300
6	60	90	145	400	250	300
7	50	80	136	400	220	300
8	50	65	110	400	215	300
9	45	65	108	380	210	290
10	45	63	100	360	200	280
기업명	2004	2005	2006	2007	2008	2009
1	鹏润投资	鹏润投资	玖龙纸业	碧桂园	鹏润投资	比亚迪
2	盛大网络	太平洋建设	鹏润投资	玖龙纸业	日照钢铁	玖龙纸业
3	中信泰富	盛大网络	合生创展	世茂集团	碧桂园	世茂集团
4	世茂集团	网易	世茂集团	鹏润投资	江西赛维	碧桂园
5	万向集团	世茂集团	无锡尚德	富力地产	东方希望	新湖集团
6	天狮集团	中信泰富	中信泰富	江西赛维	中信泰富	东方希望
7	网易公司	万向集团	雅居乐	中信泰富	苏宁电器	泛海建设
8	富华国际	娃哈哈	仁恒集团	恒大集团	尚德太阳能	合生创展
9	合生创展	合生创展	富力集团	苏宁电器	世茂集团	大连万达
10	新希望	香港嘉鑫	恒大集团	复星集团	建龙集团	苏宁电器

자료: www.hurun.net

5. 중국의 연도별 10대 폭리산업(2002~2009)

	2002	2003	2004	2005	2006	2007	2008	2009
1	부동산	부동산	부동산	에너지	의료업	부동산	부동산	화장품
2	출판업	초중교육	고속도로	의료업	장례업	고속도로	안경업	일상용품
3	의약업	장례업	장례업	교육	안경업	장례업	장례업	음료업
4	고속도로	출판업	운전학원	장례업	미용업	운전학원	통신	백주업
5	자동차	자동차	전력업	출판업	애완동물	전력업	약품	약품
6	매체업	안경업	케이블TV	고속도로	건강보건업	케이블TV	고속도로	건강보건
7	핸드폰	핸드폰	의료업	케이블TV	부동산	의료업	화장품	통신
8	유학중개업	의약업	교육	부동산	출판업	초중교육	교육	S/W
9	항공업	유학중개업	출판업	인터넷게임	교육업	미용성형업	웨딩업	가전
10	초중교육	인터넷게임	인터넷게임	미용성형업	정보	인터넷게임	인터넷게임	자동차

자료: 商界财视网 외

6. 중국의 20대 자산운용사(2009)

순위	기업 명	펀드수	펀드규모 (억 위안)	펀드규모 (조 원)	신규발행펀드 모집주(억 주)
1	华夏基金管理有限公司	25	2,658	45.2	435
2	易方达基金管理有限公司	19	1,595	27.1	398
3	嘉实基金管理有限公司	19	1,564	26.6	165
4	博时基金管理有限公司	18	1,505	25.6	145
5	南方基金管理有限公司	21	1,223	20.8	122
6	广发基金管理有限公司	12	1,105	18.8	157
7	大成基金管理有限公司	16	1,060	18.0	31
8	华安基金管理有限公司	16	930	15.8	68
9	交银施罗德基金管理有限公司	11	924	15.7	175
10	银华基金管理有限公司	13	747	12.7	78
11	富国基金管理有限公司	15	654	11.1	93
12	工银瑞信基金管理有限公司	11	627	10.7	81
13	华宝兴业基金管理有限公司	13	620	10.5	43
14	汇添富基金管理有限公司	9	615	10.5	138
15	鹏华基金管理有限公司	14	597	10.1	50
16	融通基金管理有限公司	11	595	10.1	30
17	国泰基金管理有限公司	15	594	10.1	84
18	上投摩根基金管理有限公司	10	585	9.9	26
19	景顺长城基金管理有限公司	11	537	9.1	9
20	诺安基金管理有限公司	9	512	8.7	49
	상위 10사 평균	17	1,331	22.6	177
	상위 20사 평균	14	962	16.4	119

자료: www.sac.net.cn

7. 중국의 펀드수익률 상위 20대 자산운용사(2009)

순위	자산운용사	자산규모 (억 위안)	(조 원)	펀드수	가중평균 수익률(%)
1	银华基金公司	615	10.5	7	93.75
2	中邮创业基金公司	442	7.5	2	88.16
3	光大保德信基金公司	367	6.2	4	85.17
4	国泰基金公司	401	6.8	9	84.14
5	国投瑞银基金公司	259	4.4	7	79.61
6	华宝兴业基金公司	495	8.4	9	79.34
7	交银施罗德基金公司	477	8.1	5	78.38
8	易方达基金公司	1,201	20.4	13	77.02
9	鹏华基金公司	504	8.6	9	74.04
10	广发基金公司	906	15.4	8	73.93
11	长城基金公司	405	6.9	7	73.33
12	兴业全球基金公司	398	6.8	4	73.29
13	融通基金公司	573	9.7	8	72.38
14	大成基金公司	866	14.7	12	71.55
15	建信基金公司	234	4.0	5	71.12
16	华安基金公司	733	12.5	10	70.85
17	嘉实基金公司	1,168	19.9	12	69.99
18	长盛基金公司	263	4.5	8	69.13
19	博时基金公司	1,242	21.1	12	68.43
20	华夏基金公司	1,922	32.7	18	68.31
	상위 10사 평균	567	9.6	7	81.35
	상위 20사 평균	674	11.5	8	76.10

자료: news.ourku.com, 2009年基金公司收益率排行榜(주식펀드 4조 원 이상 규모 기업 대상)

8. 중국의 20대 증권회사(2009)

순위	주식매매		인수금액(주식, 채권)		인수회사수	
	회사명	(조 위안)	회사명	(억 위안)	회사명	(사)
1	银河证券	5.7	中信证券	1,612	中信证券	55
2	国泰君安	4.7	中金公司	1,043	中金公司	31
3	国信证券	4.7	中银国际	559	国信证券	30
4	广发证券	4.1	中信建投	468	中信建投	28
5	海通证券	4.1	瑞银证券	458	平安证券	27
6	招商证券	4.0	招商证券	454	银河证券	26
7	华泰证券	3.7	国泰君安	419	国泰君安	24
8	申银万国	3.5	银河证券	412	招商证券	22
9	中信建投	3.4	国信证券	346	瑞银证券	16
10	光大证券	3.0	平安证券	319	华林证券	15
11	齐鲁证券	2.8	中投证券	242	海通证券	15
12	中投证券	2.6	广发证券	217	广发证券	15
13	安信证券	2.5	华泰证券	210	安信证券	13
14	中信证券	1.9	光大证券	200	西南证券	13
15	方正证券	1.9	宏源证券	199	中投证券	12
16	中信金通	1.8	华林证券	190	光大证券	12
17	华泰联合	1.8	长江保荐	181	中银国际	11
18	长江证券	1.4	海通证券	171	华泰联合	11
19	兴业证券	1.4	西南证券	155	华泰证券	10
20	宏源证券	1.3	安信证券	149	国元证券	10

자료: 중국증권업협회

9. 중국의 베스트 애널리스트와 소속 증권사(2009)

| 분야별 베스트 애널리스트 |

분야	1위 성명	1위 소속	2위 성명	2위 소속	3위 성명	3위 소속
(매크로분석)						
이코노미스트	诸建芳	中信证券	沈建光	中金公司	李慧勇	申银万国
투자전략	袁宜	申银万国	程定华	安信证券	周金涛	长江证券
파생상품	杨戈	联合证券	葛新元	国泰君安	提云涛	长江证券
채권전략	徐小庆	中金公司	姜超等	国泰君安		申银万国
(업종분석)						
부동산	孙建平	国泰君安	陈聪	中信证券	白宏炜	中金公司
은행	朱琰	中信证券	毛军华	中金公司	李伟奇	国金证券
비은행	周光	中金公司	邵子钦	平安证券	刘俊	长江证券
교통운수	马晓立	中信证券	郑武	平安证券	李树荣	申银万国
철강	周涛	国金证券	周希增	中信证券	赵湘鄂	申银万国
전력 및 가스	杨治山	中信证券	彭全刚	招商证券	徐颖真	国信证券
유색금속	李追阳	中信证券	叶洮	联合证券	衡昆	安信证券
기초화학	周小波	申银万国	张力扬	光大证券	时雪松	中金公司
석유화학	殷孝东	中信证券	裘孝锋	招商证券	郑治国	申银万国
전력설비	刘磊	中信证券		中信证券	刘江啸	国金证券
미디어, 방송	金宇	中金公司	赵宇杰	招商证券	廖绪发	国信证券
기계	刘荣	招商证券	董亚光	国金证券	郭亚凌	中信证券
의약바이오	罗鶄	申银万国	黄挺等	国金证券	贺平鸽	国信证券
자동차	李春波	中信证券	姜雪晴	申银万国	姚宏光	联合证券
석탄광업	龚云华	国金证券	卢平	招商证券		申银万国

| 분야별 베스트 애널리스트 |

분야	1위		2위		3위	
	성명	소속	성명	소속	성명	소속
통신	周励谦	光大证券	陈昊飞	中金公司		申银万国
도매	路颖	海通证券	吴红光	联合证券	金泽斐	申银万国
비철금속	贺国文	国金证券	潘建平	中信证券	韩其成	国泰君安
건축	潘建平	中信证券	韩其成	国泰君安	邱波	国信证券
가전	陈刚	东方证券	张良勇	招商证券	魏兴耘	国泰君安
컴퓨터	魏兴耘	国泰君安	陈美风	海通证券	尹沿技	申银万国
전자	陈刚	东方证券	张良勇	招商证券	魏兴耘	国泰君安
의류방직	李鑫	中信证券	王薇	招商证券	李质仙	国泰君安
인쇄제지	许骏	中信证券	周海晨	申银万国	王峰	国泰君安
농수산	赵金厚	申银万国	谢刚	国金证券	毛长青	中信证券
식음료		中信证券	朱卫华	申银万国	袁霏阳	中金公司
서비스	赵雪芹	中信证券	苏平	招商证券	陈海明	申银万国

자료: http://www.p5w.net

| 리서치 분야 베스트 증권사 순위 |

순위	2009				2008			
	증권사	팀수	인원수	종합	증권사	팀수	인원수	종합
1	中信证券	11	1	12	中信证券	4	6	10
2	申银万国	4		4	中金公司	4	1	5
3	中金公司	3		3	申银万国	4		4
4	国金证券	2	1	3	国泰君安	3	1	4
5	国泰君安		2	2	联合证券	2		2
6	联合证券		1	1	国金证券	1	1	2
7	招商证券	1		1	招商证券		2	2
8	光大证券	1		1	国信证券		1	1
9	海通证券	1		1	海通证券	1		1

자료: www.p5w.net

감사의 말

중국에 대해 아는 것보다 모르는 것이 더 많은 필자는 이 책을 쓰면서 참 많은 분들에게 도움을 받았습니다.

우선, 중국 각지의 생생한 현장 정보를 직간접으로 체험하게 해준 칭화대학교, 푸단대학교, 베이징사범대학교의 석사과정과 CEO 과정 그리고 박사과정에서 만난 중국 기업의 임원급 동기 400여 명이 가장 큰 힘이 되어주었습니다. 그중 칭화대 동기인 홍타이화 사장, 푸단대의 류용 사장, 베이징사범대의 시웅타이더 사장, 푸단대의 주루페이(朱如飞) 박사에게 고마움을 전하고 싶습니다.

필자에게 중국에 관한 공부의 방향을 제시해주신 경희대의 강재식 교수님과 중국경제의 많은 것을 가르쳐주고 지도해주신 칭화대 주우샹(朱武祥) 교수님, 푸단대 쿵아이궈(孔爱国) 교수님과 왕샤오쭈(王小卒) 교수님, 베이징사범대 리충(李翀) 교수님과 중웨이(钟伟) 교수님께 진심으로 감사드립니다.

중국의 금융업에 관해서는 중국 인허증권의 천훙조 총경리, 하이통

증권의 왕다오 연구소장, 션인완궈증권의 천샤오싱 연구소장, 중신증권의 리저취앤 수석 이코노미스트, 한화증권 상하이 사무소의 최영진 소장, 한화증권 리서치 본부의 마요곤 박사께 많은 도움을 받았습니다.

그리고 일일이 열거할 수는 없지만 장우창, 랑지앤핑, 왕사오동, 이펑, 장팅핑, 한더창, 리타오쿠이, 쉬훙차이, 송훙빙, 조우치런, 쉬샤오니엔, 천즈우 등 기라성 같은 중국 전문가들의 저서와 블로그도 인용했고 많은 참고가 되었습니다.

언제나 필자를 격려해주고 힘을 주는 푸단대 경제경영학과 석박사 동문회(FM-KOREA)의 한명수 회장님과 박사과정의 백석기, 송원진, 이지나, 이명, 김용민, 이상규 선생님, 푸단대 중국경제연구 동아리 FUVIC의 윤성민, 박석중 회장에게도 고마움의 마음을 전합니다.

회사의 임원으로 늦깎이 중국공부를 시작한다는 저에게 공부를 허락하고 격려해주신 전 대우증권 박종수 사장님, 손복조 사장님, 한화증권의 진수형 사장님께 깊이 감사드리고 싶습니다. 제가 어려울 때마다 나침반처럼 방향을 제시해주신 황원식 회장님, 조평규 회장님, 언제나 저에게 많은 조언과 힘을 주는 친구 KB생명의 황성식 상무, 이십년지기인 두산그룹의 장충린 상무에게도 감사드립니다.

필자의 더딘 집필을 무한한 인내로 기다려주고 책으로 엮어 내준 밸류앤북스 김중석 대표와, 원고 교정에 애써준 푸단대 박사생 강은지 님, 석사생 노지은 님께도 감사의 마음을 전합니다.

끝으로, 항상 일에 바빠 함께 놀아주지도 못하는 아빠를 언제나 웃는 얼굴로 맞아주는 영현, 영은과 아내에게 무한한 고마움을 전하고 싶습니다.